太極學報

(參)

自第十五號
至第二十號

圖書出版 韓國學資料院

태극학보 太極學報

1906년 8월 24일 일본 도쿄에서 태극학회가 창간한 기관지.

태극학회는 제국주의 침략하에서 나라를 구하는 방법은 국민 교육이라고 생각하고 서북 지방의 유학생을 중심으로 1905년 9월 조직된 단체이다. 1906년 8월 24일 기관지로 『태극학보(太極學報)』를 창간하였고, 1908년 12월 24일 총권 27호로 종간되었으나 『공수학보(共修學報)』, 『대한유학생회회보(大韓留學生會會報)』 등 일본 내 다른 유학생회의 기관지 발행에도 영향을 주었다.

『태극학보』는 태극학회의 창립 목적을 달성하기 위한 수단으로 1906년 8월 24일 창간되었다. 『태극학보』의 창간호 서문에는 "아동포국민(我同胞國民)의 지식(智識)을 개발(開發)하는 일분(一分)의 조력(助力)"이 될 것이라 하면서 발간 목적을 밝혔다. 학보의 발간 경비는 처음에는 전적으로 회원들의 의연금에 의지하였으나 점차 학보의 판매 대금과 이갑(李甲) 등 국내 서북 지역과 서울 지역 유지의 출연으로 확대하였다.

『태극학보』의 구성은 3호까지는 강단(講壇), 학원(學園), 잡보(雜報)로 나누었으나 4호부터는 강단과 학원을 구분하지 않았으며, 11호부터는 논단(論壇), 강단, 학원, 잡찬(雜纂), 잡보 등으로 세분하였다. 주된 내용은 애국 계몽 단체가 추구하였던 교육 구국 운동, 언론 계몽 운동, 실업 구국 운동, 국채 보상 운동, 신문화 신문학 운동, 국학 운동, 민족 종교 운동, 해외 독립운동 기지 건설 운동 등의 내용을 종합적으로 추구하였다

『태극학보』는 매월 1회 발간하였으며, 8월에는 하기 휴간하였다. 3

호까지는 일본 유학생을 중심으로 배포되었으나 4호가 발간된 1909년 11월부터는 국내 배포를 위하여 경성 중서에 위치한 주한 영사관에 『태극학보』 출판 지점을 설치하였고, 12월에는 캘리포니아 한인공동신보사에 배포소를 설치하였다. 1907년 7호부터는 국내 각 지역의 학교에도 잡지를 발송하였다. 『태극학보』는 태극학회 회원만이 아니라 국내의 지식인과 학부모까지를 망라하는 매우 폭넓은 필진을 보유하였다. 이는 『태극학보』에 대한 당시의 관심을 반영하는 것이라 할 수 있다.

『태극학보』는 개항기 일본 유학생이 조직한 태극학회의 기관지로 발간되어 태극학회가 목적으로 하였던 애국 계몽 운동의 주요한 선전 도구의 역할을 다하였다.

출처 세계한민족문화대전

大極學報」 目次

武十年九月二十四日
治卅九年九月廿四日 第三種郵便物認可

光武十年八月二十四日創刊

隆熙元年十一月廿四日發行（每月廿四日一回）

太極學報

第十五號

太極學會發行

注意

△本報를購覽코저ᄒᆞ시ᄂᆞᆫ이ᄂᆞᆫ本發行所로通知ᄒᆞ시ᄃᆡ居住姓名統戶를詳細히記送ᄒᆞ시며代金은郵便爲替로本會에交付ᄒᆞᆷ을要ᄒᆞᆷ

△本報를購覽ᄒᆞ시ᄂᆞᆫ僉君子씌셔住所를移轉ᄒᆞᄂᆞᆫ이ᄂᆞᆫ速히其移轉處所를本事務所로通知ᄒᆞ시옵

△本報ᄂᆞᆫ有志人士의購覽을便宜케ᄒᆞ기爲ᄒᆞ야出張所及特約販賣所를如左히定ᄒᆞᆷ

皇城中署東闕罷朝橋越便
朱翰榮册肆（中央書館內）

平安南道三和鎭南浦港築垌
金元爕家

平安北道定州郡南門內
洪成麟商店

北米國桑港韓人共立協會內
林致淀住所

◎投書注意

一、諸般學術과文藝詞藻統計等에關ᄒᆞᆫ投書ᄂᆞᆫ歡迎ᄒᆞᆷ

一、政治上에關ᄒᆞᆫ記事ᄂᆞᆫ一切受納치아니ᄒᆞᆷ

一、投書의揭載與否ᄂᆞᆫ編輯人이撰定ᄒᆞᆷ

一、投書의添削權은編輯人의게在ᄒᆞᆷ

一、一次投書ᄂᆞᆫ返附치아니ᄒᆞᆷ

一、投書ᄂᆞᆫ完結ᄒᆞᆷ을要ᄒᆞᆷ

一、投書ᄂᆞᆫ縱十二行橫二十五字原稿紙에正書ᄒᆞᆷ을要ᄒᆞᆷ

一、投書ᄒᆞ시ᄂᆞᆫ이ᄂᆞᆫ居住와姓名을詳細히記送ᄒᆞᆷ을要ᄒᆞᆷ

一、投書當撰ᄒᆞ시이에게ᄂᆞᆫ本報當號一部를無價進呈ᄒᆞᆷ

◎會員注意

本會々員은原籍、原居地、現住所、職業(學生은目的)生年月日을詳細히記送ᄒᆞ시며現住所를移轉ᄒᆞᆯ時ᄂᆞᆫ卽時其轉居ᄒᆞᄂᆞᆫ地名統戶를本會事務所로詳細通知ᄒᆞ시오

特別廣告

○ 內外圖書出版

○ 教科書類發兌

○ 新聞雜誌取次

○ 學校用品販賣

京城中署東闕罷朝橋越邊

本店 **中央書館** 朱翰榮

平安北道宣川邑川邊

支店 **新民書會** 安濬

太極學報第十五號目次

論壇

講壇

學園

寄書

文藝

雜錄

論壇 講壇 學園

特告

本報를購覽ᄒᆞ시는 僉君子는本報代金零條를今年十二月晦內로淸帳케ᄒᆞ심을至要

太極學會告白

太極學會

第十五號

隆熙元年十一月卄四日
明治四十年十一月卄四日 〔發行〕

勞働과人生 (前號續)

綱島梁川
白岳春史 譯

(六)

「上帝、光이有ᄒᆞ라ᄒᆞ시미곳光이有ᄒᆞ엿도다」。天地森然此를貫一ᄒᆞᆫ者ᄂᆞᆫ唯一個의働(Work、活動或勞動之意ㅣ니俗語에일ᄒᆞᆫ다ᄂᆞᆫ意)이라。宇宙의開闢史ᄂᆞᆫ此偉大ᄒᆞᆫ働으로써其開卷의第一頁을飾ᄒᆞ엿도다。働은天地歷史의始요또終이라。古聖이云ᄒᆞ되「天이何를言ᄒᆞ나뇨四時行ᄒᆞ야百物이生ᄒᆞᆫ다」ᄒᆞ셧고또云ᄒᆞ되「우리의父가至今ᄭᆞ지、일(働)ᄒᆞ신다」ᄒᆞ셧스니。吾人이天地에對ᄒᆞ야虛心으로몬저觀來ᄒᆞᆯ거슨其一息不斷의氣化流行이라。即働이라云ᄒᆞᄂᆞᆫ者이라。萬物은働으로因ᄒᆞ야恒常富ᄒᆞ며恒常完ᄒᆞ고恒常充滿ᄒᆞ도다。働이有ᄒᆞᆫ거슨即萬有의「有라」謂ᄒᆞᄂᆞᆫ바이라、上帝ᄂᆞᆫ即働이요、働은即上

帝라。如何ᄒᆞᆫ働이無ᄒᆞᆫ寂靜涅槃이라云ᄒᆞ는거슨矛盾의語이라。寂靜涅槃은働의極、活動의極、充實의極을指ᄒᆞᆷ이아닌가、如此히觀치아니ᄒᆞ는全消極的、虛無的涅槃觀은天地의實相을適實히寫描치못ᄒᆞᆫ言語니到底이吾人人心과深密ᄒᆞᆫ交涉을有키未能ᄒᆞ도다。天地의實相을働으로觀ᄒᆞ고、活動으로觀ᄒᆞᆫ然後에人則의極은立ᄒᆞ고道義의門은啓ᄒᆞᆯ거시라。故로「易」의作者는天行의健動에君子自疆의範을置ᄒᆞ고、猶太의神人은「天父는至今ᄭᆞ지아즉働(일)ᄒᆞ시며、我도ᄯᅩᄒᆞᆫ働ᄒᆞᆫ다」喝破ᄒᆞ엿도다。ᄯᅩ歐洲今代의儒流大家가大槪天地實在의本性은健動에在ᄒᆞ다는揆一의觀을立ᄒᆞ고此觀上에德敎彛倫의種々ᄒᆞᆫ系統論을布코저ᄒᆞᆷ은人의知悉ᄒᆞ는바이라。身을田塍間에起ᄒᆞᆫ我二宮尊德이一挺의鍬로ᄡᅥ幾多의廢田을興ᄒᆞ야窮村을救濟ᄒᆞᆫ秘訣은心을密케ᄒᆞ야天地健動의不息의流行에乘託ᄒᆞᆫ거시라고謂치아니ᄒᆞ는가。

(七)

勞働ᄒᆞᆷ은現在를勞働ᄒᆞᆷ이라、今의一念을勞働ᄒᆞᆷ이라。今의一念을勞働치아니ᄒᆞ는勞働은有치못ᄒᆞ도다。勞働은現在를充ᄒᆞᆷ이아닌가。過去는追치못ᄒᆞᆯ거지오、未來는雲務에墮ᄒᆞ도다。眞實로吾人게對ᄒᆞ야存在라謂ᄒᆞᆯ거슨다못現在ᄲᅮᆫ이로다。過去를想ᄒᆞ고未來를測ᄒᆞ는거시ᄯᅩᄒᆞᆫ現在의勞働이라。現在를充ᄒᆞ는勞働中에셔光輝잇는理想도湧出ᄒᆞ고偉大ᄒᆞᆫ希望도華發ᄒᆞ도다。汝의現在를充ᄒᆞ라、現在는汝의全宇宙라、汝의自身이라。眞正히勞働ᄒᆞ는者는가장切實히現在에立ᄒᆞ야現在를充코저ᄒᆞ도다。彼는當面의一事一念에全心魂을되ᄂᆞ지如此ᄒᆞᆫ報酬의受入을拒絶ᄒᆞ도다)、 吾人의淸白ᄒᆞᆫ良心으로ᄡᅧ獲得ᄒᆞᆫ報酬、 이거시眞正公明純淨ᄒᆞ야 一點俗世의薰染을帶치아니ᄒᆞᆫ者이라。 此眞正의勞作과此純潔ᄒᆞᆫ報酬가、 世上에如此ᄒᆞᆫ快美底의事相이또다시잇지못ᄒᆞᆯ듯。「中夜의音樂」이라ᄂᆞᆫ거슨如此ᄒᆞᆫ快美底의實驗을描出ᄒᆞᆫ言이라謂ᄒᆞ리로다。

(十)

或은上帝의恩寵을信ᄒᆞᄂᆞᆫ者가아즉自力의勞働을信賴ᄒᆞᄂᆞᆫ거슨驕慢不敬處의甚ᄒᆞᆫ者라謂ᄒᆞᆯ가、 然ᄒᆞ도다上帝의無限ᄒᆞᆫ恩寵은吾人의勞働으로ᄡᅧ言키도不足ᄒᆞᆫ無益의事라ᄒᆞᆯ지라、 吾人의區々ᄒᆞᆫ勞働、 上帝의前에何等의光이有ᄒᆞ리오、 上帝의恩寵은些少ᄒᆞᆫ吾人의勞働、 行業의有無大小如何에ᄂᆞᆫ繫關치아니ᄒᆞ도다。 此ᄂᆞᆫ優婉의思想이라、 謙虛의態度라、 歸依深厚ᄒᆞᆫ信仰이라。然이나아즉一步를深慮ᄒᆞ면上帝의恩寵이라도全혀吾人의勞働이無ᄒᆞᆫ處에ᄂᆞᆫ降下키無由ᄒᆞ고、 此에도勞働對報酬의原理가沈々然嚴正히行ᄒᆞᄂᆞᆫ바를볼지라。 上帝ᄂᆞᆫ世上의罪人을憐憫ᄒᆞ시사彼等을救ᄒᆞ기爲ᄒᆞ여ᄂᆞᆫ其最愛의獨子로ᄒᆞ여금十字架上에慘憺ᄒᆞᆫ血淚를灑케ᄒᆞ셧스니、 此가엇지上帝의大ᄒᆞᆫ勞働이아니냐。 다시吾等의十字架를仰ᄒᆞᄂᆞᆫ者ᄂᆞᆫ그大愛에感覺ᄒᆞ야猛然히改悔의新生活에入ᄒᆞᆷ을得ᄒᆞᄂᆞ니、 此가엇지信仰ᄒᆞᄂᆞᆫ者의大ᄒᆞᆫ勞働이아니리오。 如此ᄒᆞᆫ後에十字架ᄂᆞᆫ畢竟上帝即愛(사랑)ᄒᆞᄂᆞᆫ者의勞働과人即愛(사랑)를受ᄒᆞᄂᆞᆫ者의勞働을連結ᄒᆞᆫ心靈의救원ᄒᆞᄂᆞᆫ道이라。 誰가十字架로ᄡᅧ何等의働作이無ᄒᆞᆫ奇蹟的恩惠의贖罪法으로視ᄒᆞᄂᆞᆫ者이뇨。 十字架ᄂᆞᆫ

치아님을得치못홀지라、彼는此가同是天地勞働의事實이라。

（八）

勞働은現在의一念을充ᄒᆞ는現在主義가되지아니치못홀지라。明日爐中의火가될可恐홀自己의運命을思煩치아니ᄒᆞ고艷然히今의一念을가득ᄒᆞᆫ精心으로픠여香그러은野草澗花는、衰홈다우리人生이標範홀만ᄒᆞᆫ高調ᄒᆞᆫ現在主義의一節이아닌가。그러는現在主義의語가往々誤解를招키易ᄒᆞ도다、吾人이此에提出ᄒᆞ는勞働上의現在主義는彼通常所謂世俗的現在主義와는截然히其意義精神을殊異ᄒᆞ도다。世俗的現在主義는今日主義라「그날지니는」主義니、此는漁人樵夫其他一般勞働者의通有ᄒᆞᆫ生活形式이라。世俗的現在主義가반다시非치아니ᄒᆞ도다。其現在有ᄒᆞᆫ바에足ᄒᆞ야泊然히恬澹無繫生活을送ᄒᆞ는點에對ᄒᆞ야는자못自然을友ᄒᆞ는古聖의遺意를得ᄒᆞ엿다謂홀지라。彼等의單純簡素의生活에는往々剛毅木訥의仁을見ᄒᆞᄂᆞ니써彼聲利煩囂의巷에서暫時도一念의經營을抛치못ᄒᆞ는大俗의躁熱者類를愧死케ᄒᆞ기足ᄒᆞ리로다。然이나世俗的現在主義는畢竟勞働의眞福音이되기不足ᄒᆞ도다。世俗的現在主義와余가勞働上의現在主義가其現在를享受ᄒᆞ는形式에對ᄒᆞ여는相似ᄒᆞ나此를受用ᄒᆞ는바意義에至ᄒᆞ여는懸絶의差違가有ᄒᆞ도다。彼에在ᄒᆞ여는「我」는現在의呑埋ᄒᆞᆫ바되여다시現在以上을超脫키不能ᄒᆞᆫ趣意가有홈에反ᄒᆞ야此에在ᄒᆞ여는「我」는現在를支理ᄒᆞ야立ᄒᆞ도다。世俗的現在主義는現在가路終이니現在의奴隸뿐이오、吾人의現在主義는現在中에在ᄒᆞ면서現在를吾人

에게攝用ᄒᆞ야吾人의人格發揮의意味잇는器具를作홈이라。彼는現在單一의淺瀨에沈浮ᄒᆞᄂᆞ니此에在ᄒᆞ여는現在가久遠悠久의生活을打開ᄒᆞ는바深奧ᄒᆞᆫ滿足의意識이라單一의現在主義는人을局促ᄒᆞ고他의現在主義는人을開放ᄒᆞ도다。夫現在의一念을充ᄒᆞ야ᄡᅥ自足ᄒᆞ는吾人의現在主義에는悠々ᄒᆞᆫ不朽生活의味가有ᄒᆞ도다、吾人은如此ᄒᆞᆫ現在主義에立ᄒᆞ야基督과갓치明日은明日의事를思煩ᄒᆞ라「一日의苦勞는一日에足ᄒᆞ도다」言홈을得ᄒᆞ깃고孔子와갓치曲肱飮水ᄒᆞ는中에서라도名敎의樂地를享受ᄏᆡ得ᄒᆞ리로다。此에心靈의馨이有ᄒᆞ고理想의光이有ᄒᆞ고、天地恩寵에一任ᄒᆞᆫ歸依의調가有ᄒᆞ도다。基督、보ㅣ로이시시의후란시쓰와如ᄒᆞ니는다ㅣ如此ᄒᆞᆫ意味의現在主義的勞動者로다。念佛을正業으로見ᄒᆞ고衣食住其他의萬行을助業으로見ᄒᆞᆫ法然聖人과如ᄒᆞ니도또ᄒᆞᆫ如此ᄒᆞᆫ意味의勞働의福音을唱ᄒᆞᆫ者라謂ᄒᆞᆯ지라。此로ᄡᅥ彼「我等이今日에飮ᄒᆞ고또食ᄒᆞ리로다明日에는卽死ᄒᆞᆯ지라」ᄒᆞ는것과如ᄒᆞᆫ淺薄俗陋ᄒᆞᆫ物質的眼前主義感覺的功利主義에墮落ᄏᆡ易ᄒᆞᆫ世俗的現在主義와同視ᄒᆞ면謬解가莫甚ᄒᆞᆫ거시라。만일一切의思索瞑想을排ᄒᆞ고다못手足으로ᄡᅥ動ᄒᆞ는勞働만勞働으로解ᄒᆞ는一種의現在主義가吾人의所謂現在主義와相容치못ᄒᆞ는거슨반다시深辯을不要ᄒᆞ리로다。

(九)

勞働은神聖ᄒᆞᆫ지라、人으로ᄒᆞ여곰自己의手腕에立ᄒᆞ야獨立의生活을營케ᄒᆞ도다。大抵勞働치아니ᄒᆞ고報酬를得ᄒᆞ려ᄒᆞ는것갓치世上에奇怪ᄒᆞ고不自然ᄒᆞᆫ矛盾이無홈과如히、勞働ᄒᆞ고報酬를得ᄒᆞᄂᆞᆫ것갓치天然ᄒᆞ고順正ᄒᆞᆫ事相은無ᄒᆞ도다。 勞働이無ᄒᆞ고吾人은生存의理由가無ᄒᆞ니、 吾人은最後의一息(死)ᄭᆞ지何等의形式으로勞作치아니치못ᄒᆞᆯ지라、 勞働치아니ᄒᆞ고報酬를得ᄒᆞ려ᄒᆞᄂᆞᆫ思想은人類의耻辱이오、個人의墮落이오、 國家의滅亡이라。 吾人은「勞働치아니ᄒᆞ면食치아니」ᄒᆞᆫ다ᄒᆞᄂᆞᆫ覺心上에立치아니치못ᄒᆞᆯ지라、 此覺心과此精神갓치人으로ᄒᆞ여금剛毅勇敢케ᄒᆞᄂᆞᆫ者ᄂᆞᆫ更無ᄒᆞ도다。 或勞作ᄒᆞ고도아즉食을得치못ᄒᆞ노라言ᄒᆞᄂᆞᆫ者이有ᄒᆞᆯ가、 思惟컨ᄃᆡ如此ᄒᆞᆫ人은아즉眞正히勞働치아니ᄒᆞᄂᆞᆫ者即現在의一念을充實ᄒᆞᄂᆞᆫ勞作을經驗치아니ᄒᆞᆫ者의托言에不過ᄒᆞ도다。「自然」의組織은勞働ᄒᆞᄂᆞᆫ者에게衣食을給與치아니ᄒᆞ도록、 그다지不自然히貧寒에慳吝치아니ᄒᆞ도다。 如何ᄒᆞᆫ種類의勞働이든지勞働에ᄂᆞᆫ반다시此에相當ᄒᆞᆫ自然의報償이有ᄒᆞ도다。 織ᄒᆞᄂᆞᆫ者ᄂᆞᆫ卷말ᄒᆞ고、 耕ᄒᆞᄂᆞᆫ者ᄂᆞᆫ收獲ᄒᆞ며、 或、 人에게勞를藉與ᄒᆞ고一定ᄒᆞᆫ賃金을得ᄒᆞᄂᆞᆫ것도또ᄒᆞᆫ自然ᄒᆞᆫ報酬의一種이아닌가。 大凡自己가正直ᄒᆞᆫ額面에汗을流ᄒᆞ고淸白ᄒᆞᆫ良心으로獲得ᄒᆞᆫ報酬ᄂᆞᆫ다ㅣᄡᅥ天與의報酬라稱ᄒᆞ리로다。 (다못其如何ᄒᆞᆫ根源으로入來ᄒᆞᆫ報酬가自家의眞正ᄒᆞᆫ額汗을不汚ᄒᆞ고、 良心을滿足ᄒᆞᆯ者인지、此를決定ᄒᆞᄂᆞᆫ標準의如何ᄂᆞᆫ自然別論에屬ᄒᆞᆯ거시라、 吾人은他를苦害ᄒᆞ며他를撲倒ᄒᆞ고得ᄒᆞᆷ과如ᄒᆞᆫ惡者의財를受入ᄒᆞ야此로ᄡᅥ吾人의正直ᄒᆞᆫ勞作을粧飾ᄒᆞᄂᆞᆫ報酬라謂키不能ᄒᆞ도다、 此ᄂᆞᆫ吾人도亦是如此ᄒᆞᆫ報酬를受ᄒᆞᆷ으로因ᄒᆞ야間接으로他의殺人底惡行爲에關與ᄒᆞᄂᆞᆫ者이니吾人의良心은어

盡ᄒᆞ야다시其他ᄅᆞᆯ顧치아니ᄒᆞ도다。彼에對ᄒᆞ여ᄂᆞᆫ現在가惟一의事實이라。彼ᄂᆞᆫ貧賤에素ᄒᆞ야貧賤을行ᄒᆞ고、富貴에素ᄒᆞ야富貴ᄅᆞᆯ行ᄒᆞ고、病痾에素ᄒᆞ야病痾ᄅᆞᆯ行ᄒᆞ고、健康에素ᄒᆞ야健康을行ᄒᆞ도다。彼에對ᄒᆞ야ᄂᆞᆫ健康、病痾富貴、貧賤等이반다시關心ᄒᆞᄂᆞᆫ바이아니오、다못此等種々ᄒᆞᆫ現在事實境遇에處ᄒᆞ야自家의全人格와一念을充實ᄒᆞᄂᆞᆫ거시唯一의願이라。自己現在의一念을充實ᄒᆞᄂᆞᆫ거슬外에置ᄒᆞ면다시勞働이라ᄒᆞᄂᆞᆫ眞正合理의形式的解釋은有치못ᄒᆞ도다。가라일의其所謂「最近ᄒᆞᆫ義務」에重大ᄒᆞᆫ意義ᄅᆞᆯ附ᄒᆞᆫ거시自然히吾人의意와相參ᄒᆞᆫ거시아닌ᄀᆞ。만일勞働의義ᄅᆞᆯ如此히解ᄒᆞ면、此에믄득二個心靈上의貴重ᄒᆞᆫ賜與物은有ᄒᆞ도다、第一、吾人은一生間에如何ᄒᆞᆫ位置境遇ᄅᆞᆯ通ᄒᆞ여서도一貫의平安을得ᄒᆞᆯ거시오、第二、如何히殊異ᄒᆞᆫ位置境遇의人을通ᄒᆞ여서도萬人이다ㅣ平等의尊嚴을自覺ᄒᆞᆯ지라。ᄂᆡ가昨은貧ᄒᆞ고病ᄒᆞ고今日은富ᄒᆞ고健ᄒᆞᄂᆞ그러나現在의一念을充ᄒᆞᄂᆞᆫ「勞働」의人으로ᄂᆞᆫ、나ᄂᆞᆫ昨이ᄂᆞ今이ᄂᆞ同一平安의態度ᄅᆞᆯ持續ᄒᆞ야來ᄒᆞᆫ거시아닌ᄀᆞ。彼ᄂᆞᆫ天下의廣居에立ᄒᆞ고我ᄂᆞᆫ草茅無聞의人이라。그러ᄂᆞ現在의一念을充ᄒᆞᄂᆞᆫ「勞働」의人으로ᄂᆞᆫ彼我駢立ᄒᆞ야同一ᄒᆞᆫ尊嚴의自覺을有치아니ᄒᆞᄂᆞᆫᄀᆞ。蕾ᄂᆞᆫ蕾의現在의一念을充ᄒᆞ고。花ᄂᆞᆫ花의現在의一念을充ᄒᆞ도다。蕾ᄂᆞᆫ蕾의一念에住ᄒᆞ야開花의想을做치아니ᄒᆞ고、花ᄂᆞᆫ花의一念에住ᄒᆞ야結實의想을做치아니ᄒᆞᄂᆞ니、其現在의一念을充ᄒᆞᄂᆞᆫ勞働에對ᄒᆞ야ᄂᆞᆫ、彼此間서로軒輕ᄒᆞᆯ바이無ᄒᆞ도다。

。思維컨ᄃᆡ眞正히勞働에忠ᄒᆞᄂᆞᆫ者ᄂᆞᆫ如此

上帝와人의先輝잇는働作의感應이로다。吾人으로ᄒᆞ여금恩惠를說홈에專히勞作을閑却치말지어다。念佛하나이라도唱ᄒᆞᄂᆞᆫ働作이無ᄒᆞᆫ處에ᄂᆞᆫ如來도其大悲의手를下ᄒᆞᄂᆞᆫ樣子가無ᄒᆞᆫ듯ᄒᆞ도다、彼等은所謂緣이無ᄒᆞᆫ衆生이라。보ー로가「効績이無ᄒᆞ고義렵게된ᄃᆞ」ᄒᆞᄂᆞᆫ信仰이며、루ー터가「義人은信仰으로因ᄒᆞ야生ᄒᆞᆫ다」ᄒᆞᆫ信仰은、이거시ᄃᆞㅣ眞正ᄒᆞᆫ意味에對ᄒᆞᆫ心靈의働作이라稱ᄒᆞᆯ거시아닌가。信仰의二字、談은決코容易치아니ᄒᆞ도다。信仰은吾人의全人格을根底에서衝動ᄒᆞᄂᆞᆫ力이오、働作이라。形式儀文의外的働作은吾人으로ᄒᆞ여금上帝의恩寵에關與홈을得케못ᄒᆞ도다。오작信仰이能히上帝의恩寵에關與홈을得케홈은何故뇨、信仰은靈魂의偉大ᄒᆞᆫ働作인ᄶᅡ닭이니라。

(以上論文은故梁川先生이病褥中에在ᄒᆞ야起草ᄒᆞᆫ거신데執筆中十年의宿痾가猛發ᄒᆞ야全編을完結치못ᄒᆞ고永遠히彼世의人이되엿시니讀者로ᄒᆞ여금誰가痛切의憾이無ᄒᆞ리오

青年立志

金　志　侃

吾人々類ᄂᆞᆫ自由道德의動物이라各々自由의意志를抱ᄒᆞ고各々是非의智能을備ᄒᆞ야스며各々權利가有ᄒᆞ고各々義務가有ᄒᆞ야其盡ᄒᆞᆯ만ᄒᆞᆫ責任를盡ᄒᆞ며其守ᄒᆞᆯ만ᄒᆞᆫ道理를守ᄒᆞ면雖至賤車夫라도宇內에立ᄒᆞ야自由獨立의身이라世界上에生存ᄒᆞᆫ人類ᄂᆞᆫ如何ᄒᆞᆫ種族을勿論ᄒᆞ고雖天帝라도一毫를彼

의人權을能히犯치못ᄒᆞ나니何則고ᄒᆞ면設或大能力과大權利가有ᄒᆞ야도善良者를罰ᄒᆞ며無辜者를虐홈은決코其正義의本性에許치아니ᄒᆞᆫ바라昔時暗黑時代에ᄂᆞᆫ強者가弱者의人權을草芥로視ᄒᆞ야生殺與奪이皆強者의掌中에在ᄒᆞ얏ᄉᆞ나今日二十世紀文明時代ᄂᆞᆫ不然ᄒᆞ야人類道德의範圍內에自由로行動ᄒᆞ고獨立으로生活홈은吾人々類의生存原則이라我의天賦ᄒᆞᆫ自由人權으로世에立ᄒᆞ야國家에對ᄒᆞ야負擔ᄒᆞᆫ義務로正々堂々ᄒᆞ게實行ᄒᆞ면雖天帝의前이라도憚ᄒᆞᆯ바無ᄒᆞ거던況其同等人類의間이리오彼亦人이오我亦人이라且彼가三頭가有ᄒᆞ고我獨一頭만有홈은아니오彼가千手가有ᄒᆞ고我獨二手만有홈은아니라獨立自由의世界에彼我의優劣을豫定홈이아니오吾人이自暴自棄ᄒᆞ야自取其禍홈이로다世界에一種人類가有ᄒᆞ니此人類ᄂᆞᆫ自己가自己의人類된資格을失ᄒᆞ고自己가甘作ᄒᆞ야他人의犬도되고他人의豚도되야無理로鞭打홈을當ᄒᆞ야도怒ᄒᆞᆯ줄不知ᄒᆞ고耳를垂ᄒᆞ고尾를動ᄒᆞ야媚를呈ᄒᆞ고諂ᄒᆞ기에奔汨ᄒᆞ야他人의如何ᄒᆞᆫ詐欺가有ᄒᆞ며如何ᄒᆞᆫ譎計가有홈을不知ᄒᆞ고他人의膝下에匍匐ᄒᆞ며他人의蔭下에僥倖ᄒᆞ야犬도되고豚도되야安身偸命의計를求ᄒᆞ다가一朝에他人의嗜好ᄒᆞᆫ바되면終乃屠殺됨을免치못ᄒᆞ리로다嗚呼라如此ᄒᆞᆫ鄙陋의根性을絕ᄒᆞ라如此ᄒᆞᆫ犬豚의擧動은速히絕去ᄒᆞᆯ지여다我가犬豚이되야生ᄒᆞᆯ바에ᄂᆞᆫ차라리人이되야死홈만못ᄒᆞ도다吾輩相信相愛ᄒᆞᄂᆞᆫ大韓青年男子여願ᄒᆞ건ᄃᆡ自由天地에立ᄒᆞ야我의天授ᄒᆞᆫ自由人權을見奪치마시고犬豚과如ᄒᆞᆫ對接을受치마오시吾人의運命은自重自奮의厚薄과志

學精神의大小로부터伸縮消長홈이有ᄒᆞ난것이라諺에云ᄒᆞ되天은自助ᄒᆞᄂᆞᆫ者를助ᄒᆞᆫ다ᄒᆞ엿고又云ᄒᆞ되汝의腕으로汝의運命을造ᄒᆞ라ᄒᆞ엿고또西人의格言에我ᄂᆞᆫ正義와善良의間에自由로行動홀ᄲᅮᆫ이오世評의如何와時代의變遷이我의게何關이有ᄒᆞ리오我ᄂᆞᆫ千年을閱ᄒᆞ던지萬年을閱ᄒᆞ던지我ᄂᆞᆫ我의게有홀ᄲᅮᆫ이라ᄒᆞ얏ᄉᆞ니大槪天下에大名을擧ᄒᆞ고大業을成ᄒᆞᆫ者ᄂᆞᆫ다是와如ᄒᆞ도다人이人되ᄂᆞᆫ價値를得ᄒᆞ랴면獨立獨行ᄒᆞ야他人의게依賴ᄒᆞᄂᆞᆫ根性을絶ᄒᆞ고他人의게壓制박ᄂᆞᆫ根性을絶ᄒᆞ라自己가風波를冒ᄒᆞ고自己가運命을造ᄒᆞ라聖賢도人이오英雄도人이오哲人도人이라우리ᄂᆞᆫ人이아닌가

十

良民主義

石蘇 李東初

爰有一鄕ᄒᆞ니山盡水依ᄒᆞ고地平土饒ᄒᆞ야可謂別有天地라此ᄂᆞᆫ奇貨니可居라ᄒᆞ야或聚十人ᄒᆞ며又作百家ᄒᆞ야鷄鳴犬吠自成村이러라、村氓이利用地宜ᄒᆞ야作農爲業ᄒᆞ니地味甚適故로種播百穀則油々然豊登ᄒᆞ야八月凉風明月下에含飽鼓腹擊壤歌로一唱一和洋々曲에太平有像人々醉라自是由來로有彼田畯ᄒᆞ니田畯者ᄂᆞᆫ卽勸農都監이라監檢田家農人ᄒᆞ야勸奬出作入息ᄒᆞ고春耕秋獲을勿失其時케ᄒᆞ되布穀處々催春聲에告于農人以春及ᄒᆞ야各出西疇而叱犢耕耘케ᄒᆞ며滿地黃雲禾已熟커든戒以秋至ᄒᆞ야俶載南畝而打場溢廩케ᄒᆞ니一鄕農人이對其田畯ᄒᆞ야給養厚祿ᄒᆞ고敬仰遵信ᄒᆞ더

라、田畯이霄旰乾々ᄒᆞ야勤警實務而善履其責이면農人이亦感服膺ᄒᆞ야東作西成이順得就緖이어ᄂᆞᆯ田畯이素蔑資格者ㅣ라遲鈍無性ᄒᆞ고放逸懶蕩ᄒᆞ야日醉如泥ᄒᆞ니春經秋過가壺裏一夢이라序換을幾忘却ᄒᆞ니勸農이是何事오徒食常祿ᄒᆞ니果若飯囊이로라於是乎農人이亦從爲頑漫ᄒᆞ야不思家人生產自業ᄒᆞ고徒手虛暢에不惜時日ᄒᆞ야農時方及이로ᄃᆡ農人이皆曰田畯이不來ᄒᆞ니耕種何오秋節已屆로ᄃᆡ農人이皆曰田畯이不來ᄒᆞ니收獲何오ᄒᆞ야春旣醉中送이오秋纔夢裏過라於焉間에嚴冬酷寒이忽然來襲ᄒᆞ니江山冷淡ᄒᆞ고風雪紛紜이라愚且哀嗟一鄕農人이여飢寒이到骨可奈何오倉廩空虛兮며穀腹難計오機織不勤兮여絲身何策가喊喁其形은恍若涸轍之魚ᄒᆞ고哀惜其勢ᄂᆞᆫ恰似撲燈之蛾로다當此窮境ᄒᆞ야一鄕農人이怨呼泣訴호ᄃᆡ曰爾田畯아曰爾田畯아爾惟飢我며爾惟寒我로다可伐者ㅣ田畯이오可殺者ㅣ田畯이라爾能盡田畯之職이면我何失農人之責耶아ᄒᆞ더라

記者ㅣ又與喟撫膺ᄒᆞ고忠告于一鄕農人曰敬愛我鄕中農人이여試問ᄒᆞ노니「惟汝追憶乎아農時方及에田畯이不來ᄒᆞ니耕種何오云々事를? 且汝悔悟乎아秋節猶屆에田畯이不來ᄒᆞ니收獲何오云々事를?」汝若追憶이면何以怨他며汝若悔悟면豈不自責가憎彼田畯이溺瀆其職ᄒᆞ야不盡當務ᄂᆞᆫ法不可容이여니와嗟々農夫야汝之田庄土가旣非田畯之所有며汝之農作物이亦非田畯之所占이여든不耕不獲而不修己職은甚麼意思耶오先責者ᄂᆞᆫ自過니請勿怨尤ᄒᆞ고回思自警ᄒᆞ야各勉自營ᄒᆞ라自安其分ᄒᆞ고各盡其責ᄒᆞ야我計羸餘면他不嫌疑ᄒᆞᄂᆞ니一

鄕農人皆若是ㅣ면豈有如許田畯哉아ᄒᆞ노라

大抵不可思議者ㅣ人間萬事라佳名良譽之美事는豈是强欲歸功於自己ᄒᆞ고敗因惡果之醜罪는豈是每欲嫁禍於他的이로다縱觀環宇之大ᄒᆞ니國家之盛進과國家之衰退가互相軒輕ᄒᆞ야不一其有樣이로되雖然이는一定ᄒᆞᆫ版圖範圍內에所謂國家者ㅣ形成以上에는必有政府人民之關係ᄒᆞ야一爲治者ᄒᆞ고一爲被治者ᄒᆞ야維持秩序而欲全生活ᄒᆞ는組織上經緯는庶幾乎一軌也라

所謂政府者는元以國家之代表機關으로惟一目的이國家의安寧秩序를保維ᄒᆞ며人民의幸福泉源을增進케ᄒᆞ는거시라是故로國家가善良ᄒᆞᆫ法律을制定ᄒᆞ야百般行爲의規則을造成ᄒᆞ고確保의治道와制裁의手段을專由此制定法而斷不可容私ᄒᆞ니所以治隆於上ᄒᆞ며俗美於下ᄒᆞ야人民이各盡其職分之所當爲而俛焉ᄒᆞ야完全其社會的生活也니라

現二十世紀以來로盛進國은其法이寖備ᄒᆞ고此道ㅣ能行ᄒᆞ야政府機關之行政方畧이決非當局者即其人之私意私見이라一遵制定之原則故로各隨其機關之性質ᄒᆞ야選任適合之資格ᄒᆞᄂᆞ니以是로司法執權은法理達性者ㅣ오行政管掌은政學熟鍊者ㅣ라則旣以銳敏之常識으로附添以琢磨之工ᄒᆞ되出海洋而博其聞見ᄒᆞ며積研究而益明智慮ᄒᆞ야國際的에如有侵凌之手段이면神速以調停ᄒᆞ며治安上에少無妨碍之行動도록敏活以御和者流가各居其位則官有裕餘ᄒᆞ고民安堵墻ᄒᆞ야各守其職而以盡其力ᄒᆞ니文學之奬勵도從此濫觴이오實業之發達도亦得蹶起라上有政府ㅣ確保權利ᄒᆞ며下有人

民ㅣ另盡義務ᄒᆞ야上下가協恭調和ᄒᆞ며萬方이洽浹融泰ᄒᆞ니是謂富强國、文明國이러라

反之ᄒᆞ야衰退國은法文이不行ᄒᆞ며治道ㅣ泯滅ᄒᆞ야所謂在上政府者ㅣ實非治安之機關이오果是賊害之巢窟이로다雖有良法美規之陳編이나歸之文具而專不活用ᄒᆞ며或有達識敏腕之超材이나斷其緣路而難爲登薦ᄒᆞ고但以貴族華閥로世襲其位일세馬牛而襟裾者ㅣ多居其官ᄒᆞ니國体之保維와政化之普及을何嘗念之哉아圖貪國祿ᄒᆞ야以充私腹ᄒᆞ고蔑視民衆ᄒᆞ야待若草芥ᄒᆞ니於是乎에國人이大崩이라絶望煩悶ᄒᆞ야痛惱苛酷之政而漫然荒蕩에習成懶性ᄒᆞ더라、學校之政이不修ᄒᆞ되國人이皆曰政府不公ᄒᆞ니勉學何오ᄒᆞ며實業之務ㅣ不振ᄒᆞ되國人이皆曰政府腐敗ᄒᆞ니興業何오ᄒᆞ야自不頓着而昏然如醉ᄒᆞ니州庠鄕塾에未聞絃誦之聲이오荒原蕪野에難見開墾之機로다是故로教化淩夷ᄒᆞ고風俗頽敗라處々飢饉之色이오方々嗚喊之聲이로다國人이如斯ᄒᆞ니國勢ᄂᆞᆫ可知라隣邦遠國이窺瞰機會ᄒᆞ고越疆闖入ᄒᆞ야高据蠶食之機械然後에陰而銷溶ᄒᆞ며陽而爍嚇ᄒᆞ니哀々國人이여雪上加霜이로다江山이何不美리오마ᄂᆞᆫ一抔之土非我有오天地가豈不寬이리오마ᄂᆞᆫ五尺之軀自不容이라是日은曷喪고汝及與로偕亡이라ᄒᆞ야怨徹九天이라萬口齊唱曰惡哉政府야惡哉政府야爾惟敗國이오爾惟망國이로다先討者ㅣ政府오先滅者ㅣ政府라善盡機關之責ᄒᆞ얏스면惟我國家ㅣ何若至此며惟我億兆ㅣ何若至此리오是可忍也온孰不可忍也리오ᄒᆞ더라

記者ㅣ呑聲掩淚ᄒᆞ고傾瀉滿腔之血ᄒᆞ야警

告于國人曰猛省而顧慮哉어다猛省而顧慮哉여다國家之窘阨이是誰之愆이며國人之大崩이是誰之愆가、唯彼政府當局者가國家樞要之位에坐ᄒᆞ야榮典만誇張ᄒᆞ고唆膏肥己ᄒᆞ야國事日非ᄒᆞ되醜々無愧ᄒᆞᆷ이甚하可惡코可憎ᄒᆞᄂᆞᆫ彼亦國中同胞之一分子라本是同分子로相煎何太急가國家가既非其人之國家요領土가又非其人之領土라一國人各我之國家與領土也이여늘爾問國中同胞여「胡爲乎云耶政府不公ᄒᆞ니勉學何라고? 胡爲乎謂歟아政府腐敗ᄒᆞ니興業何라고?」顧慮而一省哉여다顧慮而再省哉여다家屋將傾에九人이力扶而一人이欲壞인들豈可得乎아勿論何國ᄒᆞ고居官者ᄂᆞᆫ少數오在野者ᄂᆞᆫ多數라多數人民이各有覺悟ᄒᆞ야誠盡義務ᄒᆞ며眞愛其國이면少數居官者가妄念惡意ᄅᆞᆯ對何表示리오然故로酷毒ᄒᆞᆫ壓制政治下에人民領顑ᄒᆞᆷ도人民의自贈自取之禍오猛烈ᄒᆞᆫ對時列強間에國家岌業ᄒᆞᆷ도國家가自虐自受之禍라誰怨誰仇리오由是觀之則惡政府下에豈有良民이며良民上에豈有惡政府라唯彼亂政國人의淩怨政府ᄒᆞᆷ이怠業失農人의待辱田畯ᄒᆞᆷ과表裏가無ᄒᆞ다ᄒᆞ노라

最敬愛最信仰ᄒᆞᄂᆞᆫ我韓帝國二千萬同胞!!!

今日我韓帝國이在乎盛進國之列乎아?抑在乎衰退國之班歟아?……記者ᄂᆞᆫ盛進國이라不能稱이며衰退國이라고도亦不敢稱이오新進國이라設言코져ᄒᆞ노라何者오ᄒᆞ면上以萬機一新ᄒᆞ고下以固染革除ᄒᆞ야立校興學이漸漸劈頭ᄒᆞ며實業開拓이稍々着手ᄒᆞ고出洋同胞ᄂᆞᆫ成業歸朝ᄒᆞ야敎鞭을執ᄒᆞ고青年을撫育ᄒᆞ니豈是進明의現象이라肝腎ᄒᆞᆫ時機에我韓帝國二千萬同胞

가希望의曙光을益發益輝ᄒᆞ야自警自醒自修自勉自勤自信ᄒᆞ면帝國臣民은壹是良人民이되고帝國々家도ᄯᅩᄒᆞᆫ自然隆盛ᄒᆞ리라ᄒᆞ노다

講壇

教授와教科에對ᄒᆞ야

(前號續) 張膺震

(七) 圖畵科

圖畵ᄂᆞᆫ吾人의思想을發表ᄒᆞᄂᆞᆫ方便이니吾人은此로由ᄒᆞ야實際의智識을表出ᄒᆞᆷ을得ᄒᆞ고圖畵ᄂᆞᆫᄯᅩ心理的發展과美術을理解ᄒᆞᆷ에基礎가되ᄂᆞ니大概吾人의有ᄒᆞᆫ觀念을發表ᄒᆞᆷ에惟獨言語로써ᄒᆞᄂᆞᆫ것보다다시圖畵의方便을利用ᄒᆞ야發表ᄒᆞᄂᆞᆫ거시一層容易ᄒᆞ고ᄯᅩ精確ᄒᆞ도다ᄯᅩ圖畵ᄂᆞᆫ物体를精確히識別ᄒᆞᆷ에必要ᄒᆞ고特히美術技藝工業發展上에缺치못ᄒᆞᆯ者이라然則圖畵가教育上에美的要素를養成ᄒᆞᆷ에重要ᄒᆞᆫ거슨多言을不要ᄒᆞᆯ거시어니와社會道德上經濟上에大ᄒᆞᆫ價値가有ᄒᆞᆫ것도ᄯᅩᄒᆞᆫ明瞭ᄒᆞ도다圖畵를學校에서教授ᄒᆞᆷ에至ᄒᆞᆫ거슨最初에ᄂᆞᆫ美術工藝의點에止ᄒᆞ여스ᄂᆞ挽近二三十年以來로此를普通教育에加入ᄒᆞ얏ᄂᆞᆫ데現時에至ᄒᆞ야漸次其眞價를重要視ᄒᆞᆷ에至ᄒᆞ엿도다

(八) 唱歌科

唱歌ᄂᆞᆫ兒童의發音聽音의技能을發達ᄒᆞ야音樂의趣味를養與ᄒᆞ고高尙純潔ᄒᆞᆫ心性을養成ᄒᆞ야德性의涵養을計ᄒᆞᄂᆞᆫ者이라大盖美感養成의必要ᄂᆞᆫ前述과如ᄒᆞ거니와美趣를感得ᄒᆞ야德性을涵養ᄒᆞᆷ에ᄂᆞᆫ音樂은圖畵보다도다시一層優勝의價値를有ᄒᆞ도다音

樂을嗜好ᄒᆞᄂᆞᆫ거슨人類의通有ᄒᆞᆫ天性이니幼弱ᄒᆞᆫ兒童과至於野蠻未開의人種ᄭᅡ지라도歌曲을唱치아니ᄒᆞᄂᆞᆫ者無ᄒᆞ며ᄯᅩ音樂을聞ᄒᆞ고此에感動歡喜치안ᄂᆞᆫ者無ᄒᆞ도다故로歌의其曲이野鄙淫猥ᄒᆞ면도로혀人心을墮落ᄒᆞᄂᆞᆫ弊가不少ᄒᆞᄂᆞ니高尙優美ᄒᆞᆫ歌曲을兒童의耳口에鍊熟케ᄒᆞᄂᆞᆫ거시必要ᄒᆞᆫ지고音樂中에學校敎授에最適當ᄒᆞᆫ者ᄂᆞᆫ唱歌라此가近來一般普通學校의敎科가되야漸次美的敎育의眞價를發揮ᄒᆞ도다

（九） 體操科

体操科의目的은身体의各部를均齊히發達시켜自然의優美ᄒᆞᆫ姿勢를保有ᄒᆞ고全身의健康을增進ᄒᆞ며皮膚를堅壯케ᄒᆞ고活動을機敏히ᄒᆞ며精神을快活케ᄒᆞ야豪氣忍耐의德을養ᄒᆞ고秩序를保全ᄒᆞ야共同一致의慣習을養成ᄒᆞᆷ에在ᄒᆞ도다敎育上에身体를發展ᄒᆞ야鍛鍊을加ᄒᆞᆯ必要ᄂᆞᆫ上述과如ᄒᆞ거니와此目的을達ᄒᆞᆷ에ᄂᆞᆫ다못身体를運動ᄒᆞᆷ으로써足치못ᄒᆞᆯ거시오반다시天然的法에適合ᄒᆞᆫ鍊習을行ᄒᆞ야此訓鍊的效果를收ᄒᆞᆷ에注意ᄒᆞᆯ거시라그러ᄂᆞᆫᄯᅩ다못此鍊習으로마ᄂᆞᆫ兒童의活動的衝動을滿足케ᄒᆞ기不能ᄒᆞᆫ則体操와갓치ᄯᅩ遊戱를課ᄒᆞ야活潑ᄒᆞᆫ自由의運動으로써運動의趣味를增進케ᄒᆞ고特別이ᄯᅩ個性人身의發達을助長ᄒᆞ야相倚相助로体操科의目的을達ᄒᆞ고終生에運動을廢치아니ᄒᆞᆯ만ᄒᆞᆫ習慣을養與ᄒᆞᆯ지라然則如此히組織的進動과遊戱ᄂᆞᆫ學校에서兩科로敎授치아니치못ᄒᆞᆯ거시라

（十） 手工科

手工은實際的勞働으로써兒童의調和的發展을成ᄒᆞ고工業上에直接의預備를供ᄒᆞ며ᄯᅩ實用的에ᄂᆞᆫ다ㅣ適用ᄒᆞᆷ에至치못ᄒᆞᆯ지라

도手腕의運動을敏捷히ᄒᆞ고身体的勢力을發展ᄒᆞ며目의觀察을養ᄒᆞ고活動的衝動을滿足ᄒᆞ야써意志陶冶에資供홈이라然則手工科ᄂᆞᆫ個人的으로言ᄒᆞ면手工的勞働에堪能이有케ᄒᆞ고社會的으로言ᄒᆞ면身体의勞働을重히ᄒᆞ야社會上各種階級의人으로ᄒᆞ여금互相間의各其勞働을尊重ᄒᆞ야他의職業을輕蔑ᄒᆞᄂᆞᆫ弊端이無케ᄒᆞ며經濟的으로言ᄒᆞ면國民의生産力을增進ᄒᆞ도다人類의發展上에勞働의價値가重大ᄒᆞᆫ거ᄉᆞᆫ일즉히世人의認識ᄒᆞᆫ바되여ᄉᆞᄂᆞ此를普通敎育의必要科로認定ᄒᆞᆫ거ᄉᆞᆫ十七紀에興ᄒᆞ엿든實科派의主張이라其後幾多의變遷을經由ᄒᆞ야挽近二三十年以來로手工의眞價를漸認ᄒᆞ야今日世界各國이一般普通敎育上의敎科로採用홈에至ᄒᆞ엿도다

(十一)　農商業科

農業商業兩科ᄂᆞᆫ世界各國普通敎育上에共通ᄒᆞᆫ敎科ᄂᆞᆫ아니ᄂᆞ一國의特別ᄒᆞᆫ事情을從ᄒᆞ야ᄂᆞᆫ大必要를見ᄒᆞᄂᆞ니日本은일즉히此必要를看破ᄒᆞ고一般小學敎科에農業商業科를加入ᄒᆞ엿ᄉᆞ니大槪同一ᄒᆞᆫ事情에處ᄒᆞᆫ我國에도同一ᄒᆞᆫ必要를認ᄒᆞᆯ깃고特히農業科에至ᄒᆞ여ᄂᆞᆫ純全ᄒᆞᆫ我農業國一般國民의農業思想과農業槪念을養成ᄒᆞᄂᆞᆫ거시最必要ᄒᆞᆯ깃도다蓋普通敎育의主旨ᄂᆞᆫ一般國民의普遍的共同ᄒᆞᆫ基礎를作홈이오特種ᄒᆞᆫ職業에便益을與ᄒᆞᄂᆞᆫ거시아니ᄂᆞ大凡人이國家와社會에向ᄒᆞ야應分의力을盡코져ᄒᆞ면各々適當ᄒᆞᆫ職業을執ᄒᆞ야써此에向ᄒᆞ야勤勞치아니치못ᄒᆞᆯ지라此를期必홈에ᄂᆞᆫ또職業上에必要ᄒᆞᆫ智識達鍊을要홈으로벼普通敎育을畢ᄒᆞᆫ後에ᄂᆞᆫ다시職業敎育을受ᄒᆞᆯ必要가有ᄒᆞ도다然이ᄂᆞ社會下層의人民의階

級에ᄂᆞᆫ小學校를修了ᄒᆞᆯ能力도困難ᄒᆞᆫ則다시職業學校에入學키ᄂᆞᆫ一層困難을生ᄒᆞ도다於此에小學校上級에서ᄂᆞᆫ普通敎育을施ᄒᆞᄂᆞᆫ餘暇에其地方土地狀況에應ᄒᆞ야何等의一實業的敎科를加入ᄒᆞᆯ必要가生ᄒᆞᄂᆞ니元來普通敎育學校에서此를敎授ᄒᆞᄂᆞᆫ者이ᄆᆡ何等의一實業科를敎授ᄒᆞᆫ다ᄒᆞᆯ지라도其職業에關ᄒᆞᆫ一般事實과其概念을敎授ᄒᆞᆷ에不過ᄒᆞᆯ거ᄉᆞᆫ論을不待ᄒᆞᆯ거시라

(十二)　法制經濟科

現時文明各國에서ᄂᆞᆫ立憲制度를立ᄒᆞ며自治制를施ᄒᆞ야ᄡᅥ一般國民은法律의制定과及法律의實行에參與ᄒᆞᆷ을得ᄒᆞᄂᆞ니此로由ᄒᆞ야ᄯᅩ不少ᄒᆞᆫ義務를有ᄒᆞ도다然則此義務를實行ᄒᆞᆷ에當ᄒᆞ여ᄂᆞᆫ個人의利害ᄂᆞᆫ全体를爲ᄒᆞ야或從屬도ᄒᆞ며共同的精神으로由ᄒᆞ야指導치아니치못ᄒᆞᆯ지라現時의國民이自治制에對ᄒᆞᆫ責任은다못個人의意志善良으로만此를十分盡키不能ᄒᆞ도다人事上의關係가複雜ᄒᆞ고利害의關係가ᄯᅩ複雜ᄒᆞᄆᆡ法律도ᄯᅩᄒᆞᆫ廣濶ᄒᆞᆫ範圍內에서制定ᄒᆞᆷ에至ᄒᆞᄂᆞ니國民된者不可不法律의主要ᄒᆞᆫ概點을理解ᄒᆞ고ᄯᅩ如何히ᄒᆞ야自負의責任을盡ᄒᆞᆯ거ᄉᆞᆯ理解ᄒᆞᆯ必要가有ᄒᆞ도다無論一〻法律의詳細를知悉케ᄒᆞ기ᄂᆞᆫ到底普通敎育上의能ᄒᆞᆯ바도아니오ᄯᅩ知悉ᄒᆞᆯ必要도無ᄒᆞ거니와現行法律의基礎觀念을授與ᄒᆞ야同胞의權利를尊敬ᄒᆞ고自己의義務權利의範圍를知得케ᄒᆞᆯ거시오ᄯᅩ經濟上의情勢에關ᄒᆞ여서도從前과ᄂᆞᆫ懸殊ᄒᆞ야亦通運搬의道가大開ᄒᆞ야一地方의生産으로ᄡᅥ他地方의需用、을充ᄒᆞᆷ을得ᄒᆞᄂᆞᆫ故로分業은益進ᄒᆞ고勞動者의制造全般을理解未能ᄒᆞᆷ에至ᄒᆞ엿도다如此히一小部分에서만勞働ᄒᆞ면各其職業

間에存ᄒᆞᆫ互相의關係를知키不能ᄒᆞ야勞働者의智識을陝隘케ᄒᆞ고其品格을偏劣케ᄒᆞᄂᆞ니故로人으로ᄒᆞ여금全혀無意味의活動을器械的으로働作ᄒᆞᆷ에陷치아니케코저ᄒᆞ면此等生産의理法을教授ᄒᆞ야分業의必要를知케ᄒᆞ고또如何히小ᄒᆞᆫ作業이라도此가全体의生産에必要ᄒᆞᆫ理由와及其互相의關係를明白케ᄒᆞᆯ거시라特히現時文明各國의經濟的現象을觀ᄒᆞ면機械工業이漸々盛ᄒᆞ미此로由ᄒᆞ야勞働者의一部分은職業을失ᄒᆞᄂᆞᆫ端이不少ᄒᆞᄂᆞ니此ᄂᆞᆫ時勢의然ᄒᆞᄂᆞᆫ바이라挽止키不能ᄒᆞᆫ거시오此等失業者로ᄒᆞ여금新關係에應ᄒᆞ야職業을求ᄒᆞ야獨立自活의道를講치아니치못ᄒᆞᆯ지니現時의情勢ᄂᆞᆫ一層經濟上에應化ᄒᆞᄂᆞᆫ力을有치아니치못ᄒᆞᆯ지라然이나또現時의經濟機關은一層顯著ᄒᆞᆫ者이有ᄒᆞ니即銀行貯金保險法等과如ᄒᆞᆫ過去人의想知치못ᄒᆞᆫ便利ᄒᆞᆫ거시有ᄒᆞ미現時의人으로ᄒᆞ여금此를利用케ᄒᆞᆯ거시라如此히法制와밋經濟의智識은現時生活上에必要ᄒᆞᆫ者이미法國瑞典等國에서ᄂᆞᆫ此를一教科로編ᄒᆞ야國民科라稱ᄒᆞ고教授ᄒᆞ도다然이ᄂᆞ小學校教科가現時頗多ᄒᆞᆫ則此를特히一科로教授치아니ᄒᆞᆯ지라도他教科를教授ᄒᆞᆯ際에利用教授ᄒᆞᆷ을得ᄒᆞ리니可令算術歷史地理自然科學에結合教授ᄒᆞᆷ을得ᄒᆞᆯ거시오中等以上學校에達ᄒᆞᆫ然後에一教科로教授ᄒᆞᆷ이適宜ᄒᆞᆯ듯ᄒᆞ도다

以上連載ᄒᆞᆫ以外에女子教育에對ᄒᆞ여ᄂᆞᆫ特別히添加ᄒᆞᆯ一二의教科가有ᄒᆞ니即家事科裁縫科等이是라

(十三) 家事裁縫科

女子ᄂᆞᆫ家政을整理ᄒᆞ고子女를教育ᄒᆞᄂᆞᆫ天職이有ᄒᆞ니然則女子의教育目的은第一良

母賢妻의主義를標準ᄒᆞ고其敎育의方法도또ᄒᆞᆫ此에適合치아니치못ᄒᆯ지라故로女學校의敎科ᄂᆞᆫ一体此主義에向ᄒᆞ야統一ᄒᆯ거시ᄂᆞ또女子에게特히加入치아니치못ᄒᆯ敎科ᄂᆞᆫ家事裁縫이是라大抵家庭을整理ᄒᆞ야善良ᄒᆞᆫ家庭을作ᄒᆞᆷ에ᄂᆞᆫ各般의智識을要ᄒᆞᄂᆞ니住居、衣服、飮食、衛生、養老等으로브터子女를敎養ᄒᆞᄂᆞᆫ等事에至ᄒᆞ기ᄭᆞ지近時自然科學의結果를利用ᄒᆞ야가장愉快ᄒᆞ고가장經濟的의生活을經營ᄒᆞ랴면不少ᄒᆞᆫ智識을要ᄒᆯ거시오特히家計管理方法에對ᄒᆞ여ᄂᆞᆫ經濟에適合ᄒᆞᆫ方法을知치아니치못ᄒᆯ지라此等事項은全体小學校에셔他敎科의敎授에關聯ᄒᆞ야敎授ᄒᆯ거시ᄂᆞ中等以上의程度에達ᄒᆞ면此等散漫ᄒᆞᆫ敎授로滿足키難ᄒᆞᆫ則家事裁縫等을一科로編入ᄒᆞ야敎授ᄒᆯ必要가生ᄒᆞ도다

歷史譚 (第十三回)

크롬웰傳

Der Historiker

今夫國勢가倒懸에人情이洶々ᄒᆞ고世路가崎嶇에生命이轉壑ᄒᆞ니此誠危急存亡之秋也라若使武候로生此時代런덜彼必不慨於蜀運而流血於我韓矣로다然則何爲면可也오只使吾等靑年으로發忿忘食而從事於學問則可乎아? 曰否라若徒着學問而攻究ᄒᆞ고不爲涵養國民的精神之大義而豫謀巡錫箕域ᄒᆞ야警醒二千萬昏夢同胞之爲也則余敢直言於諸子曰是ᄂᆞᆫ卽讀書之机上肉이며念佛之口頭禪이니此等微物은不若早坑於漢水之濱而以充魚鼈之餌라然則從何道而有何爲則可也오別無道也라先養我韓的國民精神ᄒᆞ며後修我韓合學問ᄒᆞ야以成精神的大韓帝國之爲也而成此精神的帝國은利

用宗敎가倍勝於專攻學問矣라溯察古事컨딘古昔帝王은荏位戰兢ᄒᆞ며求賢如渴故로湯有伊尹之得而萬物이畢羅ᄒᆞ고文有呂望之逢而烈士가壞植ᄒᆞ야殷周之道가於是乎大興矣나然이나爾後로風潮가日變ᄒᆞ고世態가月遷ᄒᆞ야上雖有漢宣之聽而延壽가腰斬於洛陽之市ᄒᆞ고下尙有成忠之警而寶藏이繫頸於蘇軍之門矣라何則고雖有二三之孤忠先覺이淚血警動이나無奈斯民之無知而如蛾之投燈에奈何며且以近事로觀之라도從此二三十年前에英軍은據巨文(島名)而垂涎三南ᄒᆞ고法艦은燒江華而窺隙兩西라가終得無事나然이나當此之時ᄒᆞ야上有聖德이如天에不下堯舜之　太上陛下ᄒᆞ시고下有二三先覺者가孤忠單血로孑々於朝野矣나然이나終以奸孽이壅蔽　聖聰에剝民飽己ᄒᆞ며賣官擅權에國運이否塞ᄒᆞ야先見雖無目前之暴威이나不忍於二千萬民族之以奸賊所誤로魚肉於外人ᄒᆞ며社稷之累卵於他邦ᄒᆞ야擧敢畏之事於輦轂之下에欲除此孽而以拯斯民ᄒᆞ며以存斯邦이라가時尙早矣며民尙愚矣라事遂不幸ᄒᆞ야身殘族滅ᄒᆞ며兄礫弟竄者果有幾人乎아不覺使人으로身慄心寒이로다故로余敢明告于我忠愛之同胞曰今則異古ᄒᆞ야非不全國々民이各自警醒ᄒᆞ야以完精神的帝國而奉此堯舜文武之　今上陛下ᄒᆞ며作此獨立意氣之人士則不出卅年ᄒᆞ야波蘭滅亡悲景은姑舍ᄒᆞ고非但三千里江山이化作他人種別天地라二千萬人衆이終不免新世界之紅人種과北海道之蝦夷族과北氷洋之小人群(指에스키모種이라)과하와이之赤色輩의慘禍矣리니勿誚余之過言激談而其有自思焉ᄒᆞ라余ᄂᆞᆫ非悲諸子之滅亡而吐此逆耳之言

이라不忍吾屋之焚而有此橫竪之說ᄒᆞ노라故로曰欲存彼此之母國而以免彼鳩之奪去我棲ᄒᆞ며欲防步々之漸進而以杜主客之易處其地딘不若存此精神的帝國而養此大韓的國民精神이며且存此二大要件엔宗教가爲最上良藥이나然이나不擇其醫則反速其命ᄒᆞ고過服其藥則反促其死ᄒᆞᄂᆞ니信何則可며飮幾則適고? 試擧二三前例而觀之컨딘土耳其ᄂᆞᆫ前以回教로興而今以回教로衰ᄒᆞ고印度ᄂᆞᆫ前以佛教로興而今以婆羅門教로亡矣라是何故也오有二件焉ᄒᆞ니曰溺信固守며曰不合時代故也라故로曰不擇其醫則反速其命이요且世多有不知其教意之若何而蟄居一室ᄒᆞ야口稱南無及(휘ㅣ휘)而身無所爲ᄒᆞ며心托未來ᄒᆞ야踈忽現世生存之義務而坐視其國之滅亡을如聞隣家之失鷄犬ᄒᆞ니是豈宗教之本意哉아必由於臆解教意而溺信之故也니故로曰過服其藥이면反促其死라然이나以若我忠愛無比之國民으로當此時代ᄒᆞ야何患乎彼等弊風乎아不待余言而各自料量愛國之本分矣리라마ᄂᆞᆫ內有數三蒙昧之愚氓이不知正々當々之教主가來臨於我國ᄒᆞ고掣肘於雜輩而蠅附於異端ᄒᆞ니是不可不警醒也며又有信者而臆解教意ᄒᆞ야至若祈禱於上帝之前而訴寃於教主之面則凡事가皆成이라ᄒᆞ고不知体天而實行ᄒᆞ며効主而實踐執行以後에야事乃作成ᄒᆞ니是ᄂᆞᆫ無異於對卵問時而不知孵化以後에야始有告我者이오니豈不沓沓哉아以故로余常忡々於斯ᄒᆞ야有機則欲明告其可不可之証於此等未覺之我帝國同胞나無奈無路에莫之奈何러니近接二偉人傳ᄒᆞ니即華盛頓傳及크롬웰記라留心看來ᄒᆞ니別非他人也라彼等은即清教之二人이며耶蘇

之復活者也라欲拯斯民於塗炭ᄒᆞ며欲攀斯國於自由ᄒᆞ야蹈白刄而不謝ᄒᆞ며赴水火而不避ᄒᆞ고上體天心ᄒᆞ며下拯蒼生矣라以其不得已之故로後者는雖有過激之事나此則在於吾人之參酌이라不必長論其短處요一言이蔽之曰可謂吾輩之師表며我國渴望之敎傑이라故로余敢先記크롬웰氏之事蹟ᄒᆞ야指示諸子之前途而幷告体天行事以後에야可也며若只稱아멘而唯待自然則余敢直告于諸子同胞曰大事定矣라韓國之運이休矣라ᄒᆞ노니其爲深諒에勿有汎過를切所伏望耳라

그렛ᄲᅮ리돈國西方에在ᄒᆞᆫ한팅우돈一帶는天作地秘의一大草原이라一望千里에綠草는靑々ᄒᆞᆫᄃᆡ牧歌漁謠는相和相唱ᄒᆞ며大우ㅣ스河流는錦波萬頃이라杳茫無涯에魚鼈은鱗々ᄒᆞᆫᄃᆡ濃雲淡霞는朝爽暮霏ᄒᆞ더라ᄯᆡ는千五百九十九年四月二十五日이라斜陽西路에堂前玄鳥는綠水에彷徨ᄒᆞ고傾喬東梢에黃金公子는柳營에出入ᄒᆞᄂᆞᆫᄃᆡ忽然크롬웰家에呱々之聲을擧ᄒᆞ더니唯我主義와霹靂精神의一蓋世兒가産出ᄒᆞ니이사람은다란사람이아니라곳十七世紀初頃에안쓸삭손民族을爲ᄒᆞ야左手엔聖經을持ᄒᆞ고右手로神釼을揮ᄒᆞ야錯乱無比의舊教와百鍊不屈의敵黨과階級固守의制度와物故不厭의廷官을掃滅ᄒᆞ고外侮를擊退ᄒᆞ며內治를克圖ᄒᆞ야生命의禍根을除去ᄒᆞ고自由의福音을傳播ᄒᆞ야드ᄃᆡ여只今갓치雄烈無類의大英國을産出케ᄒᆞᆫ그ㅣ男兒크롬웰이더라

크롬웰家는代々勤王黨이며世々金滿家라然故로오리쌔크롬웰도한팅우돈에閒居ᄒᆞ

야牧羊에從事할식十八歲에老紳士로버ㅣ드크롬웰氏는溘然長逝ᄒᆞ고貞烈博學의母親에리사버스敎鞭下에一心薰陶를受ᄒᆞ야後日如彼ᄒᆞᆫ大成功을樹ᄒᆞ니라에리사베스는天生傑出이라十八歲에크롬웰家에來ᄒᆞ야生子十八ᄒᆞ얏는ᄃᆡ오리ᄲᅡ는곳그第五子더라一自嫁後로內助外扶ᄒᆞ야令名이四轟ᄒᆞ더라크롬웰이그母親의言行擧動을一々模範ᄒᆞ야드디여淸淨嚴肅ᄒᆞᆫ宗敎的家庭敎育에感化ᄒᆞ야堅忍不屈의精神과百敗不撓의人格을養成ᄒᆞ니라

先是于五百八十八年에스펜아ㅣ마다(西班牙艦隊)는에리사베스女皇國旗下에一擧殲滅ᄒᆞᆫ後로英國黃金時代의綽名을得ᄒᆞᆫ時代라國泰平民安樂ᄒᆞ야萬民은擊壤於野ᄒᆞ고百官은拱手於朝ᄒᆞ야擧國이嬉然에文物이大盛ᄒᆞ고王朝(류ㅣ홀)가愈崇ᄒᆞ니라

噫라盛衰興亡은人之常事며物之是理라女皇晩年에貴族은驕橫ᄒᆞ고平民은困悶ᄒᆞ야質朴의風俗은虛飾에歸ᄒᆞ고神聖의神名은僞善을作ᄒᆞ야正義가掃地ᄒᆞ고道德이日敗ᄒᆞ니라

農業硏究談

金 志 侃

時의古今과洋의東西를勿問ᄒᆞ고吾人々類가地球上에出現ᄒᆞᆫ日로부터一日이라도缺치못ᄒᆞᆯ것은生活上의根本的業務되는農業이라其重ᄒᆞ고且大ᄒᆞᆷ은智者를不待ᄒᆞ고明知ᄒᆞᆯ바라然ᄒᆞᆷ으로吾人은此根本的業務되는農學에就ᄒᆞ야深히硏究ᄒᆞᆯ必要가有ᄒᆞ기에淺識을不拘ᄒᆞ고玆에數言을敢陳ᄒᆞ노라

現今의農學은範圍가廣大ᄒᆞ야部分이各有

ᄒᆞ니即農業科、森林科、獸醫科此三科를稱ᄒᆞᆷ이라此皆農學에屬ᄒᆞ야各々專門으로研究ᄒᆞᆯ必要가有ᄒᆞ나余의研究ᄒᆞᄂᆞᆫ것은農業科에不過ᄒᆞᆫ故로農業科의必要ᄒᆞᆫ種類를大略左에述ᄒᆞ노라農業科에各種部分이多ᄒᆞ나就中重大ᄒᆞᆫ部分만擧ᄒᆞ야閱者의參考에供ᄒᆞ노니即作物科、園藝科、牧畜科、此三科가是라作物科에ᄂᆞᆫ禾穀類、菽穀類、根菜類、飼料類等이오園藝科에ᄂᆞᆫ果樹類、蔬菜類、草花類等이오牧畜科에ᄂᆞᆫ家畜飼養法、家畜利用法、酪農法等類가是라此外에肥料、農具、土壤、養蠶、土地改良、等諸般分類가多ᄒᆞ나一々히盡述치못ᄒᆞ거니와其大略도如右히多ᄒᆞ도다目下我邦의農業現象을觀察ᄒᆞ면單純ᄒᆞᆫ一箇作物農業에不過ᄒᆞ야園藝　牧畜等農業은何許物인지名稱도不知ᄒᆞ니如許ᄒᆞᆫ單純農業으로엇지生活上食物原料를供給ᄒᆞ며農業上經濟를融通ᄒᆞ리오嗚呼라東半島三千里에土地가肥沃ᄒᆞ고氣候가適當ᄒᆞ야農業에有望ᄒᆞᆷ은世界가贊揚ᄒᆞᄂᆞᆫ바여ᄂᆞᆯ奈何로吾의同胞ᄂᆞᆫ農業의發達은姑舍ᄒᆞ고到處沃土를外人의게放賣ᄒᆞ야畢竟片土가無遺ᄒᆞᆯ地境이니此에念이及ᄒᆞ미毛骨이悚然ᄒᆞ도다金錢은雖得이나土地ᄂᆞᆫ難得이라土地를難得이면農業을何處에經營ᄒᆞᆯ가農業을未營ᄒᆞ면何物로生活ᄒᆞᆯ지生活이無路ᄒᆞ면死外無策이라父母妻子相携ᄒᆞ고滿洲로나向往ᄒᆞᆯ가滿洲에도日本人이農業에先着手라布哇에나向往ᄒᆞᆯ가布哇에도黃人勞働排斥이라四顧八路에吾의同胞生活ᄒᆞᆯ土地ᄂᆞᆫ一片도無ᄒᆞ도다土地가有ᄒᆞ야國家도有ᄒᆞ고人民도有ᄒᆞ고農業도有ᄒᆞ지오深思ᄒᆞ고深量ᄒᆞ라哀乞ᄒᆞ고伏乞ᄒᆞ노니百難千難萬難中이라도祖國土

地不賣ᄒᆞ고農業을發達ᄒᆞ이農業으로國權을挽回ᄒᆞ옵시다農業의必要ᄒᆞᆫ實行方法은次號에述ᄒᆞᆯ차

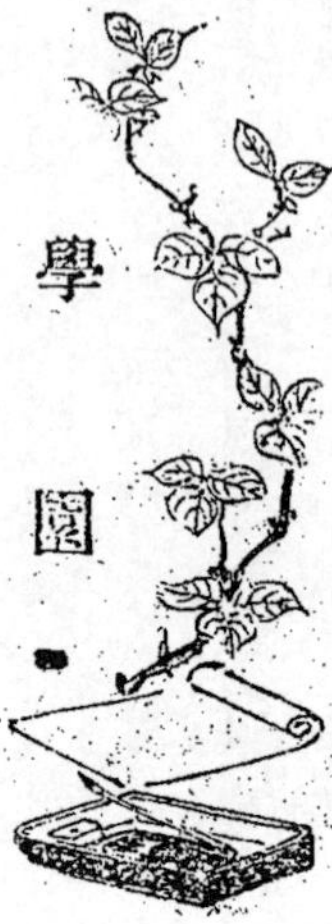

地中의溫度

研究生

大抵學問의主義ᄂᆞᆫ몬져正確無疑ᄒᆞᆫ知識範圍를廣博히ᄒᆞᆫ然後에此를各種方面으로利用ᄒᆞ야人生社會의幸福을圖劃ᄒᆞᄂᆞ니己爲透得ᄒᆞᆫ概要가此에至ᄒᆞᆫ以上에ᄂᆞᆫ一步를更進ᄒᆞ야實行ᄒᆞᆷ으로써目的을合을지라只今地下의溫度를舉ᄒᆞ야讀者諸君과共究코져ᄒᆞ노니所謂溫度라ᄂᆞᆫ거슨諸君의熟知ᄒᆞᆷ과ᄀᆞᆺ치當初에太陽熱을受ᄒᆞ야支配ᄒᆞᆷ이라故로晝夜를從ᄒᆞ야其溫度가變化ᄒᆞ고또ᄂᆞᆫ春夏秋冬의節季를從ᄒᆞ야其溫度의差異가生ᄒᆞᄂᆞ니此等變化ᄂᆞᆫ地上에在ᄒᆞᆫ作用이거니와萬一此等溫度가地中에셔ᄂᆞᆫ何許의形便으로되여잇스며또晝夜의寒暖과四時의氣候가무ᄉᆞᆷ變化가되여잇슬가地上의日陽이溫暖ᄒᆞᆯ時ᄂᆞᆫ地中에도亦是溫暖ᄒᆞ며地上의夜寒이現殊ᄒᆞᆯ時에ᄂᆞᆫ地中에도亦是寒冷ᄒᆞᆯ가ᄒᆞᄂᆞᆫ疑問이生ᄒᆞᆯ터히나此ᄂᆞᆫ그럴理가아니라此를硏究ᄒᆞᆷ에ᄂᆞᆫ寒暖計를入用ᄒᆞ면即席에解決ᄒᆞ려니와元体地上에셔一日間溫度의差ᄂᆞᆫ平常攝氏寒暖計로十度內外요正甚ᄒᆞᆫ處所에ᄂᆞᆫ二三十度差에至ᄒᆞᄂᆞ니이ᄀᆞᆺ치到底ᄒᆞᆯ時ᄂᆞᆫ即夜間이라도麻衣單衫에扇子를急揮ᄒᆞ거나晴天日陽이라도錦紬暖衣에火爐를緊擁ᄒᆞ도록酷熱酷寒의時가아니면不

然ᄒ리니此等溫度로도地下에서ᄂᆞᆫ深入홀ᄉᆞ록漸次減却ᄒᆞᄂᆞᆫᄃᆡ或地層의成質을從ᄒᆞ야多少의差異가有ᄒᆞ다홀지라도大畧地下三尺되ᄂᆞᆫ處에ᄂᆞᆫ晝夜平均溫度가되ᄂᆞ니此를初聞ᄒᆞ기에ᄂᆞᆫ皆是一異常의事로思홀듯ᄒᆞ나誰某던지地下로三尺만掘ᄒᆞ고寒暖計를入撿ᄒᆞ면直時解決ᄒᆞ리다

古來로地中溫度에對ᄒᆞ여東西學者의研究가甚多ᄒᆞ나就中十九世紀初頃에佛蘭西數理學者푸ㅣ리에가熱의波傳홈을數學的으로研究ᄒᆞᆫ結果로地中溫度의情況을能히解義ᄒᆞ엿더니그후數多ᄒᆞᆫ物理學者의觀測을一々히考據ᄒᆞᆫ즉果然地下三尺內外處에至ᄒᆞ야ᄂᆞᆫ不寒不熱ᄒᆞ다ᄒᆞ엿ᄉᆞ니此ᄂᆞᆫ今日學界의一經驗이되엿고其次에陳述코저홈은春夏秋冬四季溫度의差라諸君의宿知홈과ᄀᆞᆺ치春秋에ᄂᆞᆫ相半ᄒᆞ거니와冬夏에ᄂᆞᆫ溫寒이極殊ᄒᆞᄂᆞ니此가所謂時候의變化라前의晝夜溫差에比컨ᄃᆡ三百六十五倍의長久ᄒᆞᆫ時間에一次식廻還ᄒᆞᄂᆞᆫ거시니然則時候의變化ᄂᆞᆫ地下어ᄃᆡᄭᆞ지其影響이及홀가前의三尺의三百六十五倍의深處ᄭᆞ지效及ᄒᆞ랴ᄒᆞ면그럴것이아니라是도亦是地質을좃차多少의差異가有ᄒᆞ나大抵地下三十尺ᄭᆞ지ᄂᆞᆫ溫差가有ᄒᆞ고三十尺以下에ᄂᆞᆫ夏冬의差가업다ᄒᆞ니만일有餘ᄒᆞᆫ技能이잇서地下三十尺의深穴을堀入ᄒᆞ고거긔서捿居ᄒᆞ엿스면何許의寒節이라도爛爐의必要가無ᄒᆞ리로다

一日中晝夜와一年中夏冬의溫差ᄂᆞᆫ地下로入去홀ᄉᆞ록漸次減却ᄒᆞᄂᆞᆫᄃᆡ그減却되ᄂᆞᆫ방법은엇더홀가다만正比例로減却홀가假令晝夜溫度의差가三尺深處에서거의업서진다홀디경이면一尺五寸深處에ᄂᆞᆫ그半分이

요二尺深處에나려가면三分一이된다ᄒᆞ면이에셔더簡單ᄒᆞᆫ것이업ᄉᆞ리로다

大凡世上의所謂理致ᄃᆡ도되ᄂᆞᆫ거ᄉᆞᆯ主張ᄒᆞᄂᆞᆫ者를見컨ᄃᆡ正比例로되ᄂᆞᆫ것만合理라ᄒᆞ고만일他方法으로行ᄒᆞᄂᆞᆫ거시自家의推測ᄃᆡ로가지아니ᄒᆞ면無理를輒呼ᄒᆞᄂᆞᆫ者種々ᄒᆞ나決코其然ᄒᆞᆫ거시아니라人生의推測이라ᄂᆞᆫ거ᄉᆞᆫ긔어히合ᄒᆞᆯ必要가아니오그릇된推測이면差違될거ᄉᆞᆫ確然ᄒᆞᆫ일이니이ᄂᆞᆫ推測이그릇된거시요理致가잘못된거시아니라推測ᄒᆞᄂᆞᆫ者ᄂᆞᆫ推測ᄒᆞᆫ方法이잘못된거시아니요觀測ᄒᆞᆫ結果에差謬이잇스면그만ᄒᆞᆫ差가生ᄒᆞᄂᆞ니推測의罪도아니오理致의過도아니라所謂正確ᄒᆞᆫ知識이低卑ᄒᆞᆫ故로다

然則地下에降下ᄒᆞᆷ을從ᄒᆞ여溫差의減低되ᄂᆞᆫ方法은何如ᄒᆞᆯ가이ᄂᆞᆫ重利息複利息算의規則을逆行ᄒᆞ면됴ᄒᆞᆯ거시며其他ᄂᆞᆫ對數的減却法이有ᄒᆞ나더簡約히幾何的級數減却法으로ᄒᆞ면더됴ᄒᆞᆯ지니假令一尺을降下ᄒᆞ야溫差가半分이된다ᄂᆞᆫ律이有ᄒᆞᆯ던ᄃᆡ其次又一尺을降下ᄒᆞ면其半分即最初의四分一이되고又其次一尺을降下ᄒᆞ면其半分即第一始初의八分一이되리니如此히漸次深入ᄒᆞ면엇던一點에在ᄒᆞᆫ溫差의對數ᄂᆞᆫ그點의深邃에比例됨이라

地球表面으로브터三十尺可量을下去ᄒᆞ면太陽熱의影響이거의不及이되ᄂᆞ니如此히短少ᄒᆞᆫ사이에도熱効가消去됨은거긔熱의傳達ᄒᆞᄂᆞᆫ方便을思考ᄒᆞ면直時셔다를지라假令短少ᄒᆞᆫ火箸로火를拾ᄒᆞᆷ에도熱이直刻으로傳來ᄒᆞ여手執處에溫度가忽變ᄒᆞ지아니ᄒᆞ고徐々히波傳ᄒᆞ듯ᄒᆞ여오ᄂᆞ니此를見ᄒᆞᆯ지라도地下三十尺以上은太陽熱의影響

이傳及지못홈을觀測홀지가其次에는거긔셔좀더深入ᄒ면如何홀가ᄒ는問題니此를測知ᄒ기爲ᄒ야英美德澳等國에셔深穴을堀ᄒ야溫度의增進을硏究ᄒᆫ結果地層의質을從ᄒ여多少의差가有ᄒ나何處던지深入홀ᄉ록溫度는漸次增進ᄒ엿다ᄒ니然則此增度는何處ᄭ지深入ᄒ던저漸增홀가何如홀가ᄒ는疑問이生홀수有홀지라至今ᄭ지無上의深으로實測ᄒᆫ거시六千六百尺헐치고七千尺이요其以上은尙今未知ᄒ는바웨다

溫度의增進을觀測홈에는그方法이頗多ᄒ나一々히陳述치못ᄒ거니와伊太利와瑞士兩國間에有名ᄒᆫ섬트하트隧道에는華氏一度五十尺이니英國캄손氏와께ㅣ빈男爵이地球의冷却을計算홀時에此를用ᄒ엿고其後美國알렉산드리아、잉그氏는四千四百七十五尺穴로試驗ᄒ엿스나二百二十四尺에一度식增ᄒ엿고日本셔實驗ᄒᆫ結果는七十七尺에對ᄒ야一度식增進ᄒ엿다ᄒ오。

엇더턴지地球의溫度가深홀ᄉ록增進홈은確然ᄒᆫ事이라然則何如ᄒᆫ深處에達ᄒ면非常ᄒᆫ溫度가될가此問題를解決홈에는一種의假定이잇셔야홀지라此假定은地球를冷却体即本熱이漸次放熱ᄒ여數年間에冷却ᄒ여가는것으로숨고物体가放熱홈으로써冷却ᄒ여가는것은푸ㅣ리ㅣ에氏의硏究ᄒᆫ結果物体의大小에關ᄒᆫ거시라諸君도已悉ᄒᆫ바와如히一個碟子에一勺溫水를滴ᄒ여두면瞬息間에成冷ᄒ고鐘子에다充入ᄒ여두면五分或十分間에成冷홀거시요만일큰盆甕에다充入ᄒ여두면其溫度가一兩日을支過ᄒ는니地球도巨大ᄒᆫ物이라宇宙로比見ᄒ면小ᄒ나吾人身体와比見ᄒ면巨大ᄒᆫ

冷却物体라此物体는幾多의時間을經ᄒᆞ면現今모양으로七八十尺에華氏一度식温度의增進이될가ᄒᆞ면最初表面温度가華氏七千度로잇슬時보터現今樣子가되엿다ᄒᆞ면最少年限이라도一億年은必要ᄒᆞᆯ지니然則地球의年齡은一億年以上이될거시오잉그씨의觀測ᄃᆡ로地中温度를二百尺以上에一度로見ᄒᆞ건ᄃᆡ十六億年以上이되지아니ᄒᆞ면不可ᄒᆞᆯ지라이와ᄀᆞᆺ치冷却体로見ᄒᆞ면地下温度의增進도解決키容易ᄒᆞᆯ터히니此法으로依ᄒᆞ여假令岩石의溶解點이何邊에達ᄒᆞᆯ가ᄒᆞ면只今五十尺에對ᄒᆞ여一度增進ᄒᆞᆷ으로計算ᄒᆞ건ᄃᆡ大畧二十哩以下에서熔解點이되겟고또二百二十四尺에一度로計算ᄒᆞ면八十哩近所에서物体가盡溶ᄒᆞᆯ거시요二十哩로말ᄒᆞ면大段히깁흘듯ᄒᆞ되地球로比觀ᄒᆞ면極淺ᄒᆞᆯ터히오吾人의堀出ᄒᆞᆫ바六千六百尺은上皮와恰似ᄒᆞ리니其深을擧論ᄒᆞᆯ바無ᄒᆞ나此以下에는溶液이되여잇는지固体가되여잇는지地質學動物學者間에議論이不一ᄒᆞ나萬一液体가되여스면漏裂이容易ᄒᆞ겟스니如許히淺薄ᄒᆞᆫ地皮로包圍될수도無ᄒᆞ거든又況不絕運動을維持ᄒᆞᆷ이라內部는비록熱ᄒᆞᆯ지라도固体가되여잇지아니ᄒᆞ면天文觀測으로得ᄒᆞᆫ運動結果에는不合ᄒᆞᆯ줄自度ᄒᆞᆷ으로異日餘力이有ᄒᆞ거든諸君들과同機益研코져ᄒᆞ노라

接木法(樹木졉부치는法)

朴 相 洛 (譯)

(一) 總說

接木法이라ᄒᆞ는거슨某樹의幹을切斷ᄒᆞ고其根株에다他樹의枝或은萌芽를切取ᄒᆞ야

接生케ᄒᆞᄂᆞᆫ法이라此法의由來가甚久ᄒᆞ야何時代頃에始作된것은古史에도徵據ᄒᆞᆯ바가無ᄒᆞ나此法이各國園藝上에널리行用ᄒᆞᄂᆞᆫ거슨東西洋이一般이오我國에도曾前보터此接木法이有行ᄒᆞ야農夫閒人等이此를果實業上에大槪使用ᄒᆞ여스나今日外國에서使用ᄒᆞᄂᆞᆫ法에比ᄒᆞ면아즉幼穉의嘆을未免ᄒᆞ겟도다

大抵接木法은如何ᄒᆞᆫ種類樹木에ᄅᆞ도施치못ᄒᆞᆷ이無ᄒᆞ고特히果樹栽培에從事ᄒᆞᄂᆞᆫ者ᄂᆞᆫ맛당히此理에精通熟達치아니치못할지라大抵樹木에此法을施用ᄒᆞᄂᆞᆫ所由ᄂᆞᆫ開花結實ᄒᆞᆷ에自生樹와如히變性의念慮가少ᄒᆞ고또그成長이一層迅速ᄒᆞᆯ뿐만아니라稀品良種의果樹를蕃殖增加케ᄒᆞᆷ을得ᄒᆞ고衰退ᄒᆞᆫ老樹의勢力을恢復ᄒᆞ며早生種으로써晩生種을變作ᄒᆞ며晩生種으로써早生種을變作키도能ᄒᆞ고弱性의種類를强性으로變ᄒᆞ야其發育을完成케ᄒᆞ며其他數多의効果ᄂᆞᆫ다一々히枚擧키難ᄒᆞ나然則接木法은閒人의娛樂으로만知할것이아니라實用的利益이또ᄒᆞᆫ不少ᄒᆞ니實業에從事ᄒᆞᄂᆞᆫ者엇지此에注意치아니ᄒᆞ리오然이나此를實地에行코져ᄒᆞ면此理法에精通할것슨無論이어니와또實習에熟達ᄒᆞ고氣候에關係와樹木의性狀을詳察ᄒᆞ여接ᄒᆞᄂᆞᆫ딕ᄂᆞᆫ某條록同種或은서로近似ᄒᆞᆫ種類를撰擇接種케ᄒᆞᄂᆞᆫ것이便利ᄒᆞ도다

(二)　接木의効用

接木의效用은以上의槪言ᄒᆞᆫ바와如히美花良果를得ᄒᆞᄂᆞᆫ外에種々ᄒᆞᆫ效用이多ᄒᆞ니此를槪擧ᄒᆞ면

(甲)　良種의繁殖

園藝植物에在ᄒᆞ여ᄂᆞᆫ娛樂愛玩의用에供ᄒᆞᆯ

과實用收益의如何를不問ᄒᆞ고專혀良種을繁殖增加케ᄒᆞᄂᆞᆫ거시一般의意向이라云ᄒᆞᆯ지라然이나此良種이라稱ᄒᆞ야世上에서貴重을受ᄒᆞᄂᆞᆫ者ᄂᆞᆫ大槪成長力이弱ᄒᆞ야美花를發ᄒᆞ며良果를結ᄒᆞᄂᆞᆫ者甚稀ᄒᆞᄂᆞ니萬一栽培法이完足치못ᄒᆞ면此等良種은漸次衰弱枯稿ᄒᆞ야其種子가畢竟絶滅ᄒᆞᆷ에至ᄒᆞᆯ憂慮가不無ᄒᆞ도다故로此等良種은其成育에注意치아니치못ᄒᆞᆯ거시미不可不接木法을施ᄒᆞ야그繁殖增功을經營ᄒᆞᆯ거시라

(乙) 開花結實期의速成

樹木의開花結實은其果核에서自生成長ᄒᆞᆫ樹木은自然一定ᄒᆞᆫ年限程度에達치아니ᄒᆞ면開花結實치아니ᄒᆞ도다諺에桃栗은三年이오柿ᄂᆞᆫ八年이라ᄒᆞ니此ᄂᆞᆫ果核에서自生ᄒᆞᆫ以來로結實期에達ᄒᆞᄂᆞᆫ年期를稱ᄒᆞᆷ이라如此히一個의柿를結實케코져ᄒᆞ면八年의長年月을待치아니치못ᄒᆞ리니故로如此ᄒᆞᆫ果樹를栽培코져ᄒᆞᆯ時에몬져開花結實期가短促ᄒᆞᆫ他果樹를植造ᄒᆞ엿다가此에다良好ᄒᆞᆫ果樹의枝梢를接ᄒᆞ야써開花結實期를促進케ᄒᆞᄂᆞᆫ거시必要ᄒᆞ고ᄯᅩᄂᆞᆫ果樹ᄲᅮᆫ아니라觀賞ᄒᆞᄂᆞᆫ花樹에도此理를應用ᄒᆞ야美花를發케ᄒᆞᄂᆞᆫ거서今日外國園藝家의慣用ᄒᆞᄂᆞᆫ手段이라

(丙) 矮(小)性種의伸張强盛

樹木에ᄂᆞᆫ其種類로因ᄒᆞ야幹莖이矮小羸弱ᄒᆞ고細短ᄒᆞᆫ枝梢를生ᄒᆞ야强大ᄒᆞᆫ成育을遂치못ᄒᆞᄂᆞᆫ者有ᄒᆞ도다如此ᄒᆞᆫ者라도接木法를施ᄒᆞ야其性을一變ᄒᆞ면枝幹이伸張强大ᄒᆞ고成育이甚良ᄒᆞᆷ을得ᄒᆞᆯ지라

(丁) 老衰樹의勢力恢復

大槪如何ᄒᆞᆫ植物이던지老衰ᄒᆞᆷ에至ᄒᆞ면開花結實이漸減ᄒᆞᆷ은免치못ᄒᆞᄂᆞᆫ理致라然이

ᄂᆞᆫ此를그ᄃᆡ로放置ᄒᆞ면損失이多大ᄒᆞ리니如何ᄒᆞᆫ手端이有ᄒᆞ면此老衰에代ᄒᆞᄂᆞᆫ方法을講求ᄒᆞᄂᆞᆫ거시必要ᄒᆞ도다此方法은老樹의近側에接着ᄒᆞ야同種의稚樹를栽植ᄒᆞ고其稚樹의一瑞으로써老樹의幹或枝에接ᄒᆞ야此를養護ᄒᆞ면老樹ᄂᆞᆫ勢力을恢復ᄒᆞ야開花結實을隆盛히ᄒᆞ고도리혀稚樹의勢力旺盛ᄒᆞᄂᆞᆫ者보다도一層의好結果을得ᄒᆞ도다故로果樹에在ᄒᆞ야ᄂᆞᆫ多額의果實을穫ᄒᆞ고觀賞花樹에在ᄒᆞ여ᄂᆞᆫ美花를發ᄒᆞᆷ에至ᄒᆞᄂᆞᆫ거시라

(戊) 結實期의變更

果樹의結實期를變更ᄒᆞᄂᆞᆫ것假令早生種을晩生種으로變ᄒᆞ며晩生種을早生種으로變ᄒᆞᄂᆞᆫ거슨樹木의天性을傷害ᄒᆞ야到底能치못ᄒᆞᆯ것갓하나決코不然ᄒᆞ니接木法으로써此를行키能ᄒᆞ도다今에假令晩生種에屬ᄒᆞᆫ一果樹開花期或은結實期를早生種으로變作코져ᄒᆞᆯ時에ᄂᆞᆫ早生種의根株에다晩生種의枝梢를接ᄒᆞ면其接生樹가或十分의繁茂를成치못ᄒᆞᄂᆞᆫ歎이不無ᄒᆞ나其樹의開花期或結實期를早成ᄒᆞᆷ을得ᄒᆞ깃고또萬一晩生種의根株에ᄃᆞ早生種을接ᄒᆞ면開花結實期를遲緩케ᄒᆞ고또그枝梢를伸張ᄒᆞ야强大促進케ᄒᆞᄂᆞᆫ效力이有ᄒᆞ도다

(己) 徒長强性의種을矮性種으로變更ᄒᆞᄂᆞᆫ事

엇더ᄒᆞᆫ植物은非常히生長强盛ᄒᆞ야도리여不合ᄒᆞᆫ傾向이有ᄒᆞᄂᆞ니如此ᄒᆞᆫ種類를庭園에栽植코져ᄒᆞ던지或花盆에栽植코져ᄒᆞ면此等種類를矮小種의根株에다接ᄒᆞ면發育力이自然遲緩ᄒᆞ야其枝梢가短縮케되나니如此ᄒᆞ면觀賞植物에適用ᄒᆞᆷ을得ᄒᆞᆯ지라

以上에揭ᄒᆞᆫ者ᄂᆞᆫ接木으로因ᄒᆞ야生ᄒᆞᄂᆞᆫ

重要ᄒᆞᆫ效用을畧擧ᄒᆞ엿스나植物栽培에從事ᄒᆞᄂᆞᆫ者ᄂᆞᆫ此方法에練熟치아니치못ᄒᆞᆯ지라다시些少ᄒᆞᆫ效用은次篇에逐條說明ᄒᆞ깃노라

輕氣球談

仰天子

輕氣球ᄂᆞᆫ西曆一千七百八十三年에佛蘭西國몽쏠훼氏가發明ᄒᆞᆫ바ㅣ니當時斯道學者間에도盛大ᄒᆞᆫ贊賞을엇어一千八百七十年普佛戰爭에德國이巴里를包圍ᄒᆞ미巴里城內外에서友軍의聯絡을持保ᄒᆞ기爲ᄒᆞ야輕氣球를쳐음으로軍用에供ᄒᆞᆯ식有名ᄒᆞᆫ쌈뻿타氏도此를搭ᄒᆞ고偵探軍事上에多大ᄒᆞᆫ功績을得ᄒᆞᆫ以來로德、英、露、伊、諸國들이熱心으로研究ᄒᆞ야一邊으로ᄂᆞᆫ軍事上에緊要ᄒᆞᆫᄎᆡᆨ動을立ᄒᆞ고他邊으로ᄂᆞᆫ空中氣象觀測과種々ᄒᆞᆫ天氣豫報에使用ᄒᆞ엿더라

(一)氣球의種類、現今歐洲各國에서採用ᄒᆞᄂᆞᆫ바氣球ᄂᆞᆫ左와如ᄒᆞᆫ三種類가有ᄒᆞ니

(一)自由輕氣球(Free Ballon)

(二)繫留輕氣球(Fessel ballon)

(三)誘導輕氣球(Leukball ballon)

此外에空中을自在飛行ᄒᆞ며瓦斯囊을具치아니ᄒᆞ고空中을飛行ᄒᆞᄂᆞᆫ飛行機(Fulgel Maschine)라난것이有ᄒᆞ나이ᄂᆞᆫ그構造法이다른고로次回에論ᄒᆞ겟고몬져以上三種輕氣球에對ᄒᆞ야그大体를暫述ᄒᆞ노니

第一自由輕氣球、ᄂᆞᆫ그일홈과ᄀᆞᆺ치空中에셔自由로風의方向을從ᄒᆞ야飛行ᄒᆞᄂᆞᆫ輕氣球니그形体ᄂᆞᆫ通常球形을使用ᄒᆞᄂᆞᆫ듸既陳과如히몽쏠훼氏의採用ᄒᆞᆫ것이나그構造가

極히簡便ᄒᆞ고昇降ᄒᆞᄂᆞᆫ操作도亦是輕便ᄒᆞᆫ고로現今佛露等國에서ᄂᆞᆫ盛히使用ᄒᆞ며또德國學者間에도此를造用ᄒᆞᄂᆞ니라

第二繫留輕氣球、ᄂᆞᆫ軍用專門球니地上엇던一定의固定點이잇서그固定點에綱索을引延ᄒᆞ고綱索一端에輕氣球를繫留ᄒᆞ고그懸籠中에ᄂᆞᆫ偵探人을乘入ᄒᆞ고空中에서電話로써敵意를自由偵探ᄒᆞ야地上高等司令官의게報告ᄒᆞᄂᆞ니第一安全ᄒᆞ고또그操作이確實ᄒᆞ며그構造도十分堅固ᄒᆞᆫ者니라

第三誘導輕氣球ᄂᆞᆫ繫留輕氣球의一層進步ᄒᆞᆫ者니그槪要ᄂᆞᆫ空中에잇ᄂᆞᆫ偵探者와電氣力을利用ᄒᆞ야發動ᄒᆞᄂᆞᆫ電動機와또舵를自由로回旋ᄒᆞᄂᆞᆫ推進器를備有ᄒᆞᆫ者니英國서셀닝샐론이라稱ᄒᆞᄂᆞᆫ便利輕氣球라故로歐洲各國서極히研究ᄒᆞᆯ싀德國에ᄂᆞᆫ陸軍副將디에페링氏가千九百二年에南德國쌔ㅣ뗀제ㅣ라稱ᄒᆞᄂᆞᆫ處에서誘導氣球를搆造ᄒᆞ엿스나搆造法에多少間缺點이잇서成功이되지못ᄒᆞ엿고參將쌔루데쌔ㄹ氏가方今搆造ᄒᆞᄂᆞᆫ中에昨年夏間에伯林서第一回昇騰을試驗ᄒᆞ야겨우充分ᄒᆞᆫ成績을得ᄒᆞ엿고佛國에ᄂᆞᆫ산트쑤몬氏와英國에ᄂᆞᆫ스펜사氏가盛히研究ᄒᆞ야將來氣球上에서爆裂彈을落下ᄒᆞ려면到底히誘導氣球를使用치아니ᄒᆞ면不可ᄒᆞᆯ터힌ᄃᆡ第一難關은空中에氣球를安定히ᄒᆞᆯ形体搆造法과機械裝置法이라이거슨只今方丈盛히研究ᄒᆞᄂᆞᆫ中인즉後日에徐々히講論ᄒᆞ겟고玆에ᄂᆞᆫ自由氣球의大体와搆造法을陳述ᄒᆞ노라

自由輕氣球、自由球ᄂᆞᆫ가쟝少ᄒᆞᆫ容積으로最大ᄒᆞᆫ浮力을得ᄒᆞ기爲ᄒᆞ야有要ᄒᆞᆫ氣囊과이氣囊을覆被ᄒᆞᆫ覆網과그아ᄅᆡ結付ᄒᆞᆫ바吊環과吊環下에連絡ᄒᆞ여잇ᄂᆞᆫ吊籠과이四部

分으로成立ᄒᆞ니(下圖參照)
一氣囊 二吊環 三吊籠 四安全瓣 五破綻安全瓣 六、七安全瓣綱과安全瓣綱 八覆綱 九瓦斯注入管 十鶩足綱 十一吊籠綱

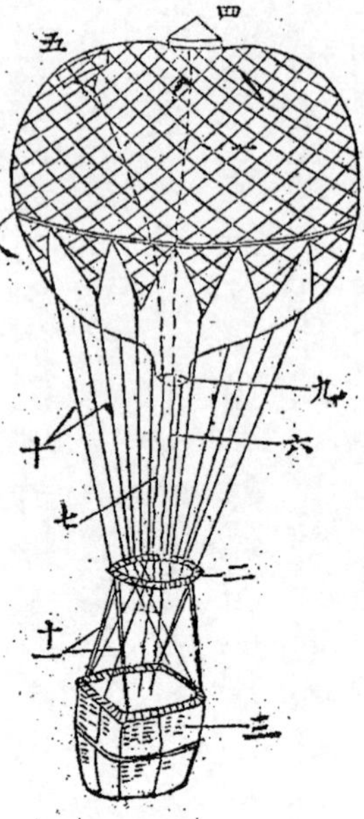

輕氣球의各部名稱

形体가團圓ᄒᆞᆷ을因ᄒᆞ야空中에서動搖ᄒᆞ기容易ᄒᆞᆫ故로綱을掛ᄒᆞ야綱下에吊籠을時計의振子와ᄀᆞᆺ치懸垂ᄒᆞ면吊籠에在ᄒᆞᆫ人은垂直線의方向을保存ᄒᆞᄂᆞᆫ고로重心이過히動치아니ᄒᆞ나그러나風勢가强大ᄒᆞᆯ時에ᄂᆞᆫ動搖가容易ᄒᆞᄂᆞ니何也오ᄒᆞ면球体半面積에風勢를受ᄒᆞᆷ으로써其壓力이大ᄒᆞ여지나니故로繫留氣球를用ᄒᆞᄂᆞᆫ것보다自由氣球로地上의連綱을絶取ᄒᆞ야地上을緣離ᄒᆞᄂᆞᆫ거시採用上에有益ᄒᆞᆯ지라今에此를構造ᄒᆞᆷ에ᄂᆞᆫ第一水素瓦斯가氣囊에서拔出되지아니ᄒᆞ도록構造치아니ᄒᆞ면不可ᄒᆞᆯ지니氣囊의地質即球皮를各國이다各殊ᄒᆞ게ᄒᆞ나最重ᄒᆞᆫ者를枚擧ᄒᆞ건ᄃᆡ第一은絹이오第二ᄂᆞᆫ木綿이오第三은英國特有物되ᄂᆞᆫ쏠ㅣ드피티스킨即動物의腸皮라佛國서ᄂᆞᆫ絹을用ᄒᆞ고英國도絹을用ᄒᆞ며德國에ᄂᆞᆫ木綿을用ᄒᆞᄂᆞ니絹은重量이輕ᄒᆞᆫ고로容積이小ᄒᆞ고도有利ᄒᆞ나價格이高ᄒᆞ며木綿보다弱ᄒᆞᆫ즉財政이富ᄒᆞ거나絹의出産이多ᄒᆞ지못ᄒᆞᆫ國은使用ᄒᆞ기容易ᄒᆞ지못ᄒᆞ겟고
次ᄂᆞᆫ球皮를縱의方向、即地球의經度樣과如히容積을從ᄒᆞ야十六個二十個가되도록

縱으로切ᄒᆞ고그縱으로切ᄒᆞᆫ布片을蒐集ᄒᆞ야미싱으로縫合ᄒᆞ고或은護謨로塗付ᄒᆞ야圓形을作ᄒᆞ고切片은二種이有ᄒᆞ니一은一重으로그內部를護謨로塗ᄒᆞᆫ것과一은二重으로그內部에護謨를塗入ᄒᆞᆫ거신ᄃᆡ佛國에ᄂᆞᆫ一重式을用ᄒᆞ고德國과其他ᄂᆞᆫ二重式을用ᄒᆞ니其中에瓦斯体를잘反抗ᄒᆞ야用途에良好ᄒᆞᆫ者ᄂᆞᆫ二重式이나그러나構造法이甚히不便ᄒᆞᆫ故로一重式을用ᄒᆞᆫ다ᄒᆞ며그球皮의一平方米突의重數ᄂᆞᆫ大約百八十ᄭᅳ람으로브터二百五六十ᄭᅳ람ᄭᆞ지인ᄃᆡ德國의二重木綿을合成ᄒᆞᆫ球皮ᄂᆞᆫ一百ᄭᅳ람이더라이럿케囊을作ᄒᆞᆫ以後에ᄭᆞ쓰塡充ᄒᆞᆯ穴을闢開ᄒᆞ고그穴에ᄭᆞ스注入管을縫付ᄒᆞ고ᄭᆞ스를注入ᄒᆞ면ᄭᆞ스가球中에드러가ᄂᆞᆫᄃᆡ로氣囊이漸次膨脹ᄒᆞ나그러나너무膨脹ᄒᆞ면球가破裂될念慮가有ᄒᆞᆯ터힌즉此를豫防ᄒᆞ려球体의頭部에安全瓣이라ᄒᆞᄂᆞᆫ거사잇서흔히알미니움이나木片으로만드러自由自在로瓦斯를外部에排出케ᄒᆞ고또一種破綻安全瓣이라ᄂᆞᆫ거서잇ᄉᆞ니이ᄂᆞᆫ氣球가地上에降下ᄒᆞᆯ時에ᄂᆞᆫ通常安全瓣으로ᄭᆞ스를排出ᄒᆞ고最後에破綻安全瓣의綱을强引ᄒᆞ면氣体上部가破縮되며ᄭᆞ스가排出ᄒᆞᆷ을좃ᄎᆞ氣球가風傘作用으로安全히降下ᄒᆞᆷ을得ᄒᆞᄂᆞ니라

氣球上部에覆在ᄒᆞᆫ覆網은麻를細綯로索編ᄒᆞ야만은綱을만든후에氣囊을空中에安全히保全ᄒᆞᆷ과갓치그속에塡充ᄒᆞᆫᄭᆞ스를保全ᄒᆞ기爲ᄒᆞ야此를使用ᄒᆞ고이覆網우로ᄂᆞᆫ氣囊과密着ᄒᆞ도록ᄒᆞᆫ後에綱의下方에鶩足綱이라云ᄒᆞᄂᆞᆫ鶩鳥의足과如ᄒᆞᆫ綱線을持ᄒᆞ여吊籠과結付ᄒᆞᄂᆞ니吊籠은極히重ᄒᆞᆫ重量에容積이크도록만들고吊環은吊籠에接近ᄒᆞ

게ᄒᆞ되그周圍에ᄂᆞᆫ麻絲로卷纏ᄒᆞ야使用ᄒᆞᄂᆞ니라

ᄲᆞᆯ도液

韓 相 琦

ᄲᆞᆯ도液은農業上에多用ᄒᆞᄂᆞᆫ貴重ᄒᆞᆫ藥劑라農家諸君과化學學者의不可不無ᄒᆞᆫ液이라故로玆에農家諸君에게紹介ᄒᆞ노라此液의(由來)佛國서西曆一千八百八十五年頃에此ᄲᆞᆯ도液이葡萄페도病을豫防ᄒᆞᄂᆞᆫ實驗을미라氏가發明ᄒᆞ여其結果가大端이效力잇ᄂᆞᆫ液이된줄알엇ᄂᆞ니라其后에佛國葡萄栽培家가此를實驗ᄒᆞ여본즉亦시效力이多ᄒᆞᆷ믈知ᄒᆞ고世上에廣告ᄒᆞ고製造法과使用法을屢次改良ᄒᆞ엿드니其后歐米諸國農業者가又實驗ᄒᆞ여보고葡萄病을驅除ᄒᆞᆯᄲᅮᆫ아니라其他農業의病蟲害의豫防ᄒᆞᄂᆞᆫᄃᆡ有用ᄒᆞᆫ藥劑가되엿ᄂᆞᆫ데最初佛國ᄲᆞᆯ도地方의셔發明ᄒᆞᆫ故로ᄲᆞᆯ도液이라고稱ᄒᆞ엿ᄂᆞ니라(製法)此液의一名은硫酸銅石灰液이라고稱ᄒᆞ엿ᄂᆞᆫᄃᆡ其製法의最簡單ᄒᆞᆫ法은如下ᄒᆞ니一斗量의木桶을持來ᄒᆞ고温水三升可量을注入ᄒᆞ고工業用硫酸銅百匁目을盛ᄒᆞ야攪拌ᄒᆞ면곳溶解ᄒᆞᄂᆞ니라其他木桶의ᄂᆞᆫ生石灰百匁目을木綿袋或布袋에包ᄒᆞ야七升水를조금식灌注ᄒᆞᆫ즉生石灰가곳熱氣를發出ᄒᆞ고溶解ᄒᆞ야乳狀을表出ᄒᆞ거든前者硫酸銅과生石灰를混合ᄒᆞ고布袋中에殘餘ᄒᆞᆫ石灰滓은棄ᄒᆞ고再次十分攪拌ᄒᆞ면淡靑色의ᄲᆞᆯ도液이되ᄂᆞ니此液을噴霧器에盛ᄒᆞ야農作物被害部分에注洒ᄒᆞ면頗多ᄒᆞᆫ功能이有ᄒᆞᄂᆞ니라但注意ᄒᆞᆯ거슨製造后六七時間이되면器底에沈澱을生ᄒᆞ야效能을減殺ᄒᆞᄂᆞ

니라(費用)一斗可量ᄲᅮᆫ도液을製作ᄒᆞ랴면硫酸銅百匁目代價十二三錢과生石灰及水代價合十五錢內外라如此廉價로貴重ᄒᆞᆫ藥劑가有ᄒᆞᆷ은農家의一大幸福이니諸君은速히製用ᄒᆞ심을懇望ᄒᆞᄂᆞᆫ비며(鑑定法)此液에良品은一二時間經ᄒᆞ여도表面이透明ᄒᆞ지아니ᄒᆞ나不良ᄒᆞᆫ거슨數分後면忽然이器에沈澱物을生ᄒᆞ고沈澱后液面이透明ᄒᆞᄂᆞ니라其原因은物質에粗惡ᄒᆞᆫ연고니濃厚ᄒᆞᆫ生灰乳를加ᄒᆞ면可ᄒᆞ니라二三鑑定法을列記ᄒᆞ노라(甲)此液에青色試驗紙를浸入ᄒᆞ여赤色反應이되면不良ᄒᆞᆫ거시니無色이되도록濃厚ᄒᆞᆫ石灰乳를注入ᄒᆞ라(乙)此液에小刀를장거셔銅色을呈ᄒᆞ면不良ᄒᆞᆫ거시니更히石灰乳를注入ᄒᆞ라(丙)此液에黃色血滷壚水를二三滴注下ᄒᆞ여赤褐色을呈ᄒᆞ면不良ᄒᆞᆫ거시니濃厚ᄒᆞᆫ石灰乳를注加ᄒᆞ라以上鑑定을畢ᄒᆞᆫ后에用ᄒᆞ라(性質)硫酸銅液을石灰乳中에注入ᄒᆞ면二物이化合ᄒᆞ여硫酸石灰水酸化銅을新出ᄒᆞᄂᆞ니水酸化銅이植物에對ᄒᆞ여조곰도毒이無ᄒᆞ고다만植物의病菌、絲菌及胞子갓흔微少ᄒᆞᆫ害蟲을撲殺ᄒᆞᄂᆞᆫ大效가有ᄒᆞ고硫酸石灰의作用은植物生長力을促進ᄒᆞᄂᆞᆫ딕有ᄒᆞ니라(效能)農作物의最重ᄒᆞᆫ病害蟲驅除에效力의一部分을枚舉ᄒᆞ노라괴도病、核果類의黑腐病、諸種의赤班病、縮葉病、赤星病、其他蚜虫、綿虫等의虫害에效力이最多ᄒᆞ고其他農作物의도無害有效ᄒᆞᄂᆞ니라

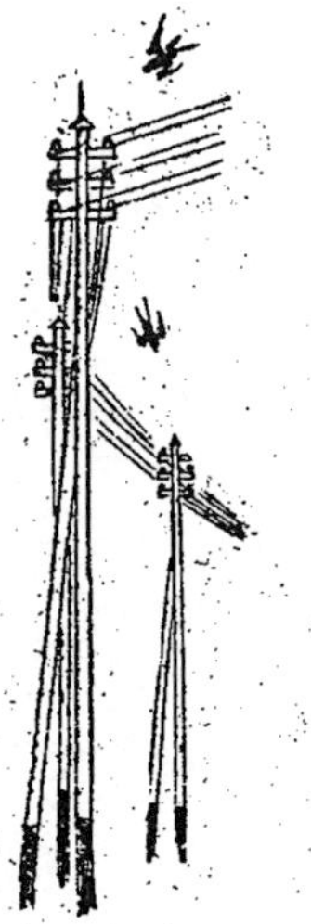

理科敎授法問答

浩然子

問、理科라ᄂᆞᆫ거슨무엇이뇨

答、理科라ᄂᆞᆫ거슨自然界現象의硏究의對象으로ᄉᆞᆷᄂᆞᆫ自然科學과全혀同一ᄒᆞᆫ範圍ᄅᆞᆯ包含ᄒᆞᆫ거시니動物學、植物學、鑛物學、人類學、物理學、化學、星學、地質學等이다그當然ᄒᆞᆫ材料가될거신ᄃᆡ다만一種疑問이有ᄒᆞᆯ거슨何故로自然科學이라命名ᄒᆞ지아니ᄒᆞ고理科라稱ᄒᆞᆷ이뇨ᄒᆞᆯ지니이ᄂᆞᆫ亦是其然ᄒᆞᆯ理由가有ᄒᆞᆷ이라大抵小學校ᄂᆞᆫ科學을敎授ᄒᆞᄂᆞᆫ處所가아니요다만自然物을材料로使用ᄒᆞ야性格의養成과日常生活上의資給을期ᄒᆞᆯᄲᅮᆫ인고로特히理科라ᄂᆞᆫ名稱을添附ᄒᆞᆫ거시니곳理科ᄂᆞᆫ自然科學을敎授ᄒᆞᆷ이아니오自然科學에셔材料ᄅᆞᆯ取出ᄒᆞ야此로써敎科ᄅᆞᆯ作ᄒᆞᆫ거시니라

問、理科로普通敎育의材料ᄅᆞᆯᄉᆞᆷ은起原은엇더ᄒᆞ뇨

答、理科ᄅᆞᆯ普通敎育上에採用된거슨近世自然科學이發展됨을좃ᄎᆞ된거시니大槪自然科學이古昔希臘國哲學者아리스트텔當時에蒙牖ᄅᆞᆯ初開ᄒᆞᆫ後中世紀暗黑時代ᄅᆞᆯ通過ᄒᆞᆫ동안은그以上의發達이업섯더니十六世紀에至ᄒᆞ야有名ᄒᆞᆫ프린시쓰、뻬ㅣ콘(一五六一年至一六二六年)이라稱ᄒᆞᄂᆞᆫ哲人이出ᄒᆞ야ᄉᆡ로科學硏究法을(歸納法)初唱ᄒᆞ미新科學이俄然勃興ᄒᆞ니所謂科學硏究法이라ᄂᆞᆫ거슨從來의論理法은繽繹法即全般으로브터一部에推論ᄒᆞᄂᆞᆫ것이더니뻬ㅣ콘氏ᄂᆞᆫ特殊事物의觀察노브터一般法則을發見ᄒᆞ게ᄒᆞᄂᆞᆫ方法을唱出ᄒᆞ엿ᄉᆞ니此가即歸納法이오뻬ㅣ콘以後에ᄂᆞᆫᄭᅡᆯ닐레오

가出ᄒᆞ야그方法으로物理學의大發見을得ᄒᆞᆫ거시라

十七世紀頃에至ᄒᆞ야敎育大家고메니우쓰氏(一五九二年至一六七一年)가出ᄒᆞ야自然科學即理科로普通敎育上에需用케ᄒᆞ엿ᄉᆞ니氏의敎育主義를據ᄒᆞᆫ건ᄃᆡ

(一)確實히知識을得홈에ᄂᆞᆫ自然의順序를從치아니ᄒᆞᆯ수업슴

(二)直覺으로透入치아니ᄒᆞ면不可홈

(三)易ᄒᆞᆫ것으로브터難ᄒᆞᆫ것에遷ᄒᆞ고近處에셔遠處에至ᄒᆞ고一般으로特殊에及ᄒᆞ고既知ᄒᆞᆫ것으로브터未知ᄒᆞᆫ것에進就치아니ᄒᆞ면不可ᄒᆞ니라

ᄒᆞᄂᆞᆫ原則으로그主義가出홈이니이原則은全혀뻬ㅣ콘氏의게서出ᄒᆞᆫ者라實地實物의觀察노根本을삼고敎授를勸進ᄒᆞ여曰吾儕ᄂᆞᆫ書籍으로學習ᄒᆞᄂᆞᆫ것보다自然의大書籍을展開ᄒᆞ고天、地、木、森、으로學習지아니ᄒᆞ면不可ᄒᆞ다ᄒᆞ엿ᄉᆞ니此가即理科敎育上의切要를看破ᄒᆞᆫ斷言이아니리오其後德國쇼ㅣ타아公國에룬스트公(一六四一年至一六八五年)이고메니우쓰의主義를邦內에命令勸奬ᄒᆞ고一方에셔ᄂᆞᆫ프링케(一六六二至一七二七年)라稱ᄒᆞᄂᆞᆫ者스ᄉᆞ로고메니우쓰主義의學校를創建ᄒᆞ엿고그後로히요ㅣ氏에至ᄒᆞ여셔ᄂᆞᆫ村落小學校에셔지理科를普及케ᄒᆞ엿ᄂᆞ니라

問、理科敎授主義에變遷이有ᄒᆞ뇨

答、然ᄒᆞ다一般敎授法上의主義에變遷이有ᄒᆞᆫ것ᄀᆞᆺ치理科敎授의主義에도고메니우쓰以來로種々히變遷ᄒᆞ여스며더욱各時代自然科學發達에影響된거시多ᄒᆞ니左에그類를一括陳述ᄒᆞᆫ건ᄃᆡ

第一形式的陶冶主義、이ᄂᆞᆫ퍼스터로ㅣ티

氏(一七四六至一八二七年)로從出ᄒᆞᆫ主義니그主義에云ᄒᆞᄂᆞᆫ바教授ᄂᆞᆫ能力을練磨홈으로目的을숨ᄂᆞᆫ거시며如何히贍多ᄒᆞᆫ知識을賦與홀지라도此를活用ᄒᆞ지못ᄒᆞ면害가잇고益이無ᄒᆞ리니假令知識의分量은少홀지라도此로써自由自在히心力을運用치못ᄒᆞ면不可ᄒᆞ리라ᄒᆞ엿스니故로理科教授에도理科에重心을두지아니ᄒᆞ고理科로心力을鍛鍊形成홈에重心을두ᄂᆞᆫ거시니그럼으로氏ᄂᆞᆫ野外教授에反對를唱ᄒᆞ여曰이ᄂᆞᆫ生徒의思想을亂雜케홀ᄲᅮᆫ이라ᄒᆞ엿고其後氏의說을連續ᄒᆞ야大成ᄒᆞᆫ者ᄂᆞᆫ양스트류ㅣ헨氏(一八〇四至一八七三年)니氏ᄂᆞᆫ페스터로ㅣ티氏의主唱이너무形式的方面으로偏僻ᄒᆞᆫ거슬融和ᄒᆞᆫ者니그說을據ᄒᆞᆫ건ᄃᆡ自然物을觀察比較ᄒᆞ야其特徵을從ᄒᆞ야此를彙類ᄒᆞᄂᆞᆫ일과또自然現象을觀察ᄒᆞ고比較類推ᄒᆞ야法則을發見ᄒᆞᄂᆞᆫ일이니一言으로云ᄒᆞ면自然物과自然現象이智識에系統을賦與홈이요形式陶冶外에또自然界의智識을賦與ᄒᆞᄂᆞᆫ것도包含ᄒᆞ엿스나그主要目的은亦是形式的陶冶로다그러나注意홀바ᄂᆞᆫ已往브터理科教授에關ᄒᆞ야各種議論은만히提出ᄒᆞ엿스나自說로教科書를編纂ᄒᆞᆫ者ᄂᆞᆫ다만氏ᄲᅮᆫ이오그後에自然科學이長足進步로今日ᄭᆞ지來ᄒᆞᆫ일이로다

第二實利主義、이ᄂᆞᆫ英國스펜사로從ᄒᆞ야表出ᄒᆞᆫ主義니氏ᄂᆞᆫ恒常教育上의實利主義를主張ᄒᆞᄂᆞᆫ者라大抵教育의目的은社會上의有用ᄒᆞᆫ人을作홈에在ᄒᆞᆫ즉實際生活上의不必要ᄒᆞᆫ知識假令古文ᄀᆞᆺᄒᆞᆫ거슬教授ᄒᆞᄂᆞᆫ거슨虛飾이라擯斥ᄒᆞ고理科를甚重히녁이여일즉히그教育論中에理科가教育上에ᄂᆞᆫ如何히必要ᄒᆞᆫ것과人生々活上에如何히有

用ᄒᆞᆫ거슬著述ᄒᆞ고此를宜當히敎授ᄒᆞᆯ거시라고極唱ᄒᆞ엿스니이ᄂᆞᆫ前節에形式陶治主義에ᄂᆞᆫ眞反對가되ᄂᆞ니라

第三近世自然科學的主義　此派의代表者ᄂᆞᆫ프리또리트히、융게라稱ᄒᆞᄂᆞᆫ者니그主說을據ᄒᆞᆫ건ᄃᆡ氏ᄂᆞᆫ自然에統一的生活을理解ᄒᆞ야此로써健全ᄒᆞᆫ世界觀宇宙觀을搆成코저ᄒᆞᆷ이라前日에메피우쓰라云ᄒᆞᄂᆞᆫ敎授가自然共存体에對ᄒᆞ야千古未發의眞理를發見ᄒᆞ엿다ᄒᆞ니氏ᄂᆞᆫ此說의影響을受ᄒᆞᆯᄲᅮᆫ아니라此를完成ᄒᆞ고또敎授上에應用ᄒᆞ야理科敎授界에一新機軸을開ᄒᆞ니그例를擧論ᄒᆞᆫ건ᄃᆡ一池沼中에잇던生物과無生物이有ᄒᆞ면此等自然物은이池沼된共同生存体에서로影響을傳及ᄒᆞ야有機的으로結合ᄒᆞ여잇다ᄒᆞ니이ᄂᆞᆫ沼池ᄲᅮᆫ아니라山川野森이各々다一共同生存体니人体도一共同生存体요地球도一共同生存体인ᄃᆡ一個人体로地球에至ᄒᆞ기ᄭᆞ지無數ᄒᆞᆫ階級의共同生存体가在ᄒᆞᆷ은差違가업ᄂᆞᆫ일이미氏가이自然共存体生活狀態를知ᄒᆞᆷ으로써統一的生活을理解ᄒᆞ야此로써愉快ᄒᆞᆫ感情을修養코저ᄒᆞᆷ이니라

第四歷史的實際主義　이ᄂᆞᆫ웰헴싸이아氏로從　이表出ᄒᆞᆫ說이니專輸히헬ᄲᅥ트派敎育家들이主唱ᄒᆞᄂᆞᆫ거시라此說을據ᄒᆞᆫ건ᄃᆡ理科敎授의目的은被敎育者의意志와自然物間에關係를附與케ᄒᆞᆷ이니人類가太古로브터今日에至ᄒᆞ기ᄭᆞ지天賦의能力으로自然을征服ᄒᆞᆫ바開化史的階段을理會ᄒᆞ야人類의自然物利用에關ᄒᆞᆫ知識과그開化的事業에關ᄒᆞᆫ理會를賦與ᄒᆞ여此로써意志를敎養코저ᄒᆞᆷ이니此說도擲棄치못ᄒᆞᆯ特徵이有ᄒᆞ나너무人類中心說이되여偏僻ᄒᆞ다아니

ᄒᆞᆯ수업도다

第五折衷說 이논자이벨트氏로從ᄒᆞ여唱出ᄒᆞᆫ主說이니웅게氏의自然共存的生活의理會와싸이아氏의人類開化的事業說의兩方面을折衷ᄒᆞ야試驗ᄒᆞᄂᆞᆫ說이니氏ᄂᆞᆫ理科를二級으로分ᄒᆞ야一은固有理科로ᄒᆞ고(此中에ᄂᆞᆫ動植物學、人類學을主含홈)一은勤勞科로삼은(此中에ᄂᆞᆫ理科鑛物、工藝學)후에此二者를同一處所에出發식켜其間에聯絡關係를持保케홈이라

寄書

告我山林學者同胞

朴相駿

痼見을毋執ᄒᆞ고心機를一轉ᄒᆞ라嗟乎我山林學者同胞여溫古만勿講ᄒᆞ고知新을更究ᄒᆞ라嗟乎我山林學者諸君아四千年國家에元氣ᄂᆞᆫ山林이아니며二千萬四民에袖領은學者가아닌가

如斯히尊貴ᄒᆞᆫ公名과重大ᄒᆞᆫ擔任을不可免不可讓ᄒᆞᆯ諸君이無耳ᄒᆞ야不聞ᄒᆞᄂᆞᆫ가無足ᄒᆞ야不動ᄒᆞᄂᆞᆫ가試ᄒᆞ야觀ᄒᆞ라近日各社會上有志者不平黨은비록身에ᄂᆞᆫ諸君의不容ᄒᆞᄂᆞᆫ洋裝을飾ᄒᆞ엿슬지라도心에ᄂᆞᆫ諸君도同情ᄒᆞᆯ만ᄒᆞᆫ憂愛를充滿ᄒᆞ야舌鋒筆鋒이乾ᄒᆞ야도不止ᄒᆞ고禿ᄒᆞ야도不已ᄒᆞ야大呼特書로日々唱導者ᄂᆞᆫ一則曰政法刷新이요二則曰實業發達이거ᄂᆞᆯ今學者諸君의社會ᄂᆞᆫ一般寥々然不與問ᄒᆞ야校室塾堂이幾爲酒食之所而絃誦이殆絕ᄒᆞ고冠婚喪祭가日趨修靡而節文을全失ᄒᆞ니此豈非宗敎衰頹之故而亦非諸君之責任也아蓋政法改良과實

業勸奬이非不我韓之急務로되述者ᄂᆞᆫ以爲宗敎改革이尤急務之急務라ᄒᆞ노니彼歐米列强史를溯考ᄒᆞ건ᄃᆡ當今世界上第一等勢力을占有ᄒᆞᆫ基督敎도一千六百年間에馬丁路得이耶蘇의眞命을深究改敎以後에야人々이束縛의圈을始脫ᄒᆞ고釋放의治에超登ᄒᆞ야知識이日廣ᄒᆞ고技藝日新ᄒᆞᆷ으로今日과如히文明富强의樂이滿足ᄒᆞ야宇內에雄飛ᄒᆞᄂᆞᆫ도다

嗚呼諸君이여 塑와如히坐ᄒᆞ야時局에日艱ᄒᆞᆷ과宗敎의日滯ᄒᆞᆷ만慨嘆치말고挽近學者社會가先聖의眞意에違反됨을光悔ᄒᆞ며政治에根本宗敎를維持興復ᄒᆞᆯ新方策을硏究ᄒᆞ시오泰西文明國宗敎之所以日加興旺은無他焉이라敎必有會ᄒᆞ야以團体力而立基礎ᄒᆞ고開演壇而講其道ᄒᆞ니祈禱ᄂᆞᆫ所以誠其意也요讚美ᄂᆞᆫ所以正其心也라其敎理法則이正與文會友와諄々然敎人과詠歌舞蹈로少無差別이거ᄂᆞᆯ今에諸君이自顧ᄒᆞ건ᄃᆡ敎會가有ᄒᆞᆫ가曰無ᄒᆞ니宗敎之勢力이自然孤弱矣요演說을爲ᄒᆞᄂᆞᆫ가曰不爲ᄒᆞ니公衆之智識이不得交換矣요詠舞課程을一切闕却ᄒᆞ고廣袖長髻을一向嗜好ᄒᆞ니心志ᄂᆞᆫ似無和平之時ᄒᆞ고身体ᄂᆞᆫ斷無健康之日이로다

噫라與世推移ᄂᆞᆫ先聖處世之要訣이요參古今而損益은先王之所以至治天下이어ᄂᆞᆯ未知何時代에病世學家가誤踏一步ᄒᆞ야遂使神聖之儒敎로至于今日而墮地ᄒᆞ고崇奉之後生으로傳之千百而迷信不悟케ᄒᆞ얏ᄂᆞᆫ지回顧我韓에多讀經傳者도惟山林이오曉解義理者도惟學者이것마ᄂᆞᆫ夢魔入腦에千呼而不醒ᄒᆞ야自病而病人ᄒᆞ며病人而病國ᄒᆞ고病國而病敎ᄒᆞ야諸公恒言之陽無可盡之

日이幾不無可盡之日ᄒᆞ니嗟乎我山林學者同胞여 盍思奮悟而改敎를當如德國之路得也오

告我青年

黃菊逸

嗚呼同胞여今日之悲慘이非昔日之安樂則吾人之立身處事를當從時隨勢而更張이可리샤 ᄒᆞ노라 今日韓國之殘敗도吾人爲之요後日韓國之興復도吾人爲之라吾曰國망則是망이요吾曰國興則是興이라故로只在吾輩之退與進이오定心之堅與弱이니然則吾人之擔任이果何如哉아痛擲希望外人之慈善ᄒᆞ며斷絶國事之莫可奈何之傷心ᄒᆞ고氣活潑於時無運數事無險阻라吾爲之則爲之ᄒᆞ고身堅立於百折不撓之熱心界ᄒᆞ오嗚呼戒哉ㄴ저執盃勸親見色動心見利欺罔勝

已者嫌傍觀同胞事ᄒᆞ며妄自驕傲ᄒᆞ며虛送歲月홈이昔日立身之方策而結果於今日ᄒᆞ여스니有腦者면可不痛哭切齒哉아膏粱羅列ᄒᆞ고妻妾이左右ᄒᆞ고私嫌이前後라도病者所求는賢醫良藥而已어던況吾危急存亡이迫吾眉睫ᄒᆞ니何事에有暇乎아生은不憂國政之濁亂이라實憂國民之未開요不憂祖國之獨立이라切憂韓人之不能立身일새ᄒᆞ옵ᄂᆞ니內地人民은有所推誘어니와出外先進則益加着念ᄒᆞᆯ바라殷湯之聖德이豈非由於盤銘이며華盛頓之獨立이豈非本乎立身之座銘耶아若不能立吾一身而何望立國이리오又處事有二ᄒᆞ니有失敗之事ᄒᆞ고有成就之事ᄒᆞ니一二次失敗而止則是實失敗오不止則失敗는是成就之工夫也라故로小人은以失敗憂ᄒᆞ고大人은以失敗樂ᄒᆞᄂᆞ니吾等은當效大人而斥小人할지어다不曰無智

ᄒᆞ라短釰이나一步加進則刺人如長釰이오不曰事險ᄒᆞ라南北洋氷이堅如盤石이나不休日氣에歸於無有ᄒᆞᄂᆞ니雖有太平洋之難越이나有火輪船之敏速ᄒᆞ고雖有城疊之難破이나有大砲之猛烈이라更思則輪船大砲가自天而降乎아自地而出乎아自乎大人之心思窮理不息之末이라吾人處事가進々不已則何患乎外人之惡毒이며何憂乎國事之難險哉아伊太利之中興과北美之獨立이皆自同吾人之手而已他日同胞之安樂幸福이豈不始於壓制虐殺之末이며祖國之獨立榮光이豈不本乎危急滅亡之端乎아同胞々々여立身於大公至正之中ᄒᆞ고處事於不息不休之活潑界ᄒᆞ시기千萬切告ᄒᆞ나이다

恭賀太極學會

敬啓者嗚呼凡我同胞生丁不辰當此國不得以爲國家不得以爲家身不得以爲身吁亦戚矣未知如何則可以爲國爲家爲身而能毅然自立耶噫赤子之啼慈母保焉家廟之火子孫救焉哀哉韓國有誰扶護哀我韓民有誰保存欲籲于天則上帝無語欲伸于世則公法無用欲布于國內則當局諸公甘作虎前之倀鬼閭閻士民尙做夢中之譫語俯仰四顧扶我者誰默視前頭預切寒心然而竊聞之何幸遊學諸公一意進就親戚之愛而不之念羈族之苦而不之顧盤纏之費而不之虞惟一心斷々指天爲誓者祖國之扶持濶步進々倍日發憤者學業之成就而且一心相誓曰吾人所業何事三年一卒業非卒業也六年二卒業亦非卒業也一藝一藝以至十百卒業亦非卒業也必也使

寄書

我祖國回復使我身家自立然後始可謂卒業而不但已也其志其勇誠可謂吾國之支柱亦可謂吾民之生門也故全國同胞不謀而同曰國家興復之基礎未始不權輿於太極諸公云々未知如何傳曰至誠感天幸終始一心益々奮發以副衆望向東天而日夕祝焉 烈人微才拙自知不足以有爲故事業畎畝忨愒日月而已愧恧何謂自聞諸公之高風欽仰一念童々不已而便欲駕小舟凌滄海竊聽一場雄論以滌我滿斛膺塵而未能焉何勝悵結敢以一圓銀忘尠汗呈豈以物爲只表遠忱而已照亮敬要

永柔郡 崔 烈謹函

文

藝

廣告

本學報代金을收入홈에便宜를從ᄒᆞ여京城과平安北道에ᄂᆞᆫ委托收金所를置ᄒᆞ엿싸오니京城서本報를購覽ᄒᆞ시ᄂᆞᆫ이ᄂᆞᆫ代金을

京城北署苑洞李甲氏宅留

金基玉 氏許로交付ᄒᆞ시고平安北道에서本報를購覽ᄒᆞ시ᄂᆞᆫ이ᄂᆞᆫ

平安北道定州南門內

洪成麟 氏許에交付ᄒᆞ심을祉要

太極學會 告白

海底旅行奇譚

自樂堂

第七回 詳說組成巡機關室
遠試銃獵航日本海

且說아氏가機關室에드러시니이房의長은六十五尺이요廣도數十尺의一個廣濶ᄒᆞᆫ房이라數多ᄒᆞᆫ機關이順序羅列ᄒᆞ얏ᄂᆞᆫᄃᆡ이를大別ᄒᆞᆯ진ᄃᆡᆫ곳甲乙二種의種類에不過ᄒᆞ나甲種은電氣를流通케ᄒᆞᄂᆞᆫ機具며乙種은노ㅣ디라스의機關을連絡ᄒᆞᄂᆞᆫ機具더라良久에네모ㅣ가說明ᄒᆞ야曰只今余가이機械를觸ᄒᆞᄂᆞᆫ時에ᄂᆞᆫ電流가이凾中으로셔機械를通ᄒᆞ야써이나마를經ᄒᆞ야磁石에傳入ᄒᆞ야種々의作用을起ᄒᆞ며許多의機械를運轉ᄒᆞ야最强의熱度에達ᄒᆞᄂᆞᆫ時에ᄂᆞᆫ一時間에略五百里의速力을起ᄒᆞᆫ다ᄒᆞ더라또네모ㅣ가노ㅣ디라스의雛型을指示ᄒᆞ면셔일너曰

本艦은이와갓치長圓形이라兩端은鐵針과갓히狹尖ᄒᆞ며長이二百三十二尺이요廣은平均六十六尺이며容積은一千五百立方야드며噸數ᄂᆞᆫ一千五百噸이며構造ᄂᆞᆫ內外二重이니곳廣大ᄒᆞᆫ鋼鐵艦內에또ᄒᆞᆫ艦體를製入ᄒᆞ고T字形螺釘으로連結ᄒᆞᆫ고로비록막가로후（露國海軍名將이니黑海에서土耳其艦隊를擊滅ᄒᆞᆷ으로名聲이歐洲에振動ᄒᆞ야시며또水雷를發明ᄒᆞᆷ도同氏의功績인ᄃᆡ一九〇四年日露戰爭時旅順口外海々戰에出戰ᄒᆞ다가不幸이機械水雷에一片黑烟과갓치大氣內에氣化ᄒᆞ니라）의魚形水雷와法國式速射砲와露國製野戰砲와德國式攻城臼砲로千射萬擊ᄒᆞ더ᄅᆡ도不足掛念이며當初에余가本艦體의九分之一은水上에現出케ᄒᆞ고져ᄒᆞ야外艦은重量이三百九十四噸이며內艦은六十二噸이요其他機關及

雜品의重量은九百六十一噸六二니總噸數가一千三百五十五噸六二며이의水量은千五百噸十分之九에相當ᄒᆞᆫ지라故로노ㅣ디라스의艦體의十分之九는何時던지水中에沉浮ᄒᆞᆷ이요ᄯᅩ余가水面에出코져ᄒᆞ거ᄂᆞᆫ水下에潛伏코져ᄒᆞᄂᆞᆫ時에는곳前者에說明ᄒᆞᆷ과갓치喞筒의水量을十九世紀最新式의電氣폼푸로壓出커ᄂᆞᆫᄯᅩᄂᆞᆫ汲入ᄒᆞᆷ이라고一々히仔細이說明ᄒᆞ더라아氏가熟聽良久에感歎ᄒᆞ야曰日本艦의構造의奇妙ᄂᆞᆫ可謂神出鬼沒이라貴下가何處에서如許ᄒᆞᆫ良工을雇來ᄒᆞ야이不可思窺의神艦을製造ᄒᆞ얏ᄂᆞ뇨?

네모ㅣ가莞爾ᄒᆞ야曰이ᄂᆞᆫ余가余의心靈의良工에게百問千思ᄒᆞ야造作ᄒᆞᆷ이니當初에余가浮世에서暴君의誅求와奸吏의殘忍을蛇蝎視ᄒᆞ야造化翁의霹靂棒과自然主의無雙椎로腕力兒(非指一人이라指一强國을如一人也라)의手足을斷ᄒᆞ며滅種家(滅他人種而圖繁殖自國之民族者也라)의耳目을括出코져ᄒᆞ다가事不如意에孤掌難鳴之勢로窮蟄一隅라가世事가日非ᄒᆞᆷ에無可奈何ᄒᆞᆷ을보고憤然決心ᄒᆞ야英國리파ㅣ풀의鐵材와구라스고의螺旋과록카(山名)의良材와豪洲의巨木과德國의機關과巴里의水桶과其他各國의有名ᄒᆞᆫ材料를求來ᄒᆞ야某洋無人島에서余의平生敎育ᄒᆞᆫ바同志數千人과本艦을設計ᄒᆞ야浮艦式을行ᄒᆞᆫ後同島에遺存ᄒᆞᆫ餘跡을다燒却ᄒᆞ고如此히五洋에漂流ᄒᆞ며宇宙에彷徨ᄒᆞᆷ이라ᄒᆞᄂᆞᆫ소ᄅᆡ慷慨悲壯ᄒᆞ더라(壯哉라네모ㅣ之意氣여不覺使人으로如立秋月冬霜에金風錚鑠之前이로다回顧ᄒᆞ니故國江山에衆小가陸梁ᄒᆞ며奸孽이未妝ᄒᆞ야忠男兒가刎頸에國運이昏々ᄒᆞ고我同胞가塗炭에聲々子々이라當此

艱難櫛風之時ᄒᆞ야果能爲國而發忿忘食ᄒᆞ야聞其同志에三吐其飯ᄒᆞ며見其悲境에流血於足掌而往救ᄒᆞ며繫頸於桎梏而不屈ᄒᆞ고聲々忠愛와言々眞情으로慷慨自許ᄒᆞ야蹈白刃於不忍ᄒᆞ며枕閃矛於不毛ᄒᆞ야供自身於犧牲而欲救黎元二千萬於水火者果有幾人乎아東隣이雖仁이나其仁이非仁이며同胞가雖暴나其暴가非暴라不我之擇이면人雖施仁이나無益於我며若我之警醒이면彼此間에必知其加暴乎同胞之不忍矣리니焉有暴爲리요勿賴外人ᄒᆞ라是ᄂᆞᆫ不過於托猛虎以嬰兒며勿毁我民ᄒᆞ라是ᄂᆞᆫ自足其愚聞自甘其滅이니라故로古來雄兒가絕叫曰有志成功者ᄂᆞᆫ不曰不能이라ᄒᆞᆷ은吾人의所共知者也라故로余雖不才나敢以一言眞理로忠告于我愛國的國民曰有爲國家而定億萬年基業ᄒᆞ며成冠六洲之帝王事業의我國民은皆曰有爲則成而自今爲始ᄒᆞ야孜々相勉而進則其得其實은明若觀火니試爲焉ᄒᆞ라。 更告焉ᄒᆞ노니所爲今世之我國有志者들아余以未成之乳臭로吐此猥濫唐突之說은未免老成諸君子之誚責이나本是內國古習的有志者ᄂᆞᆫ姑捨ᄒᆞ고所謂開化的諸士들아余聞間接得說則曰公等이其當衆集之場과廣會之席ᄒᆞ야ᄂᆞᆫ奮袂大呼曰國勢가如此々々ᄒᆞ고風潮가如此々々ᄒᆞ니엇지ᄒᆞ면좃흔나고或搏案大叫도ᄒᆞ며或掩面泣涕도ᄒᆞ다가도觀其內容ᄒᆞ며探其裏面則朝伺于泥峴ᄒᆞ며暮候於京洞ᄒᆞ고羣立於大監吏衣之傍而談吳王之屎甘ᄒᆞ며蠅集於權門擅職之門而假虎威於愚氓ᄒᆞ고奈翁的斷髮과巴里式洋靴로捲五寸之鬚而作威於堂上ᄒᆞ며揮三尺之杖而橫行於門外云ᄒᆞ니以余淺識으론是必二三生開化者談과鸚鵡的日語而

附騭作威ᄒᆞ며行猿猴的洋風而自慢侮人ᄒᆞ야不免一魚가濁水에全池가潰々ᄒᆞ고一人이作非에九族이及之之格이나然이나所聞이唯是며所噂이唯此則豈不痛歎哉아方今에國勢倒懸이如此에諸子가雖千吐百髮에發忿警醒이라도唯恐未免堂燕之禍온況乎自負其薪而助其火焰之爲哉아眞是意外라古語에曰人誰無過리요改之則善이라ᄒᆞ얏시니諸子ᄂᆞᆫ常聒目而新ᄒᆞ야不有假裝志士之形之識而發揮其天性之眞과先天的朴ᄒᆞ야共濟斯民ᄒᆞ며同拯此元則於國於家에無上幸甚이니恭望)

著者曰大抵地球上에洋은陸의三倍라그面積이略八千萬아굴이요水量은二兆◯◯◯二億五千萬立方里에不下ᄒᆞᄂᆞᆫ지라故로只今地球上流動ᄒᆞᄂᆞᆫ川流로이를充溢케ᄒᆞ고져ᄒᆞᆯ진ᄃᆡᆫ四萬歲可量걸닐지며

地質學上으로推溯ᄒᆞᆫ진ᄃᆡᆫ地球原始에ᄂᆞᆫ水의時代며次에ᄂᆞᆫ火의時代가되얏다가橫壓力은造山力을産出ᄒᆞ며外力은內力을壓伏ᄒᆞ야凹凸이生ᄒᆞ며水陸이成ᄒᆞ고鳴動이作ᄒᆞ며噴火가始ᄒᆞ면서一局에洪水가濫漲ᄒᆞ면他部엔島嶼가崛起ᄒᆞ야由來數萬年間에現今과如ᄒᆞᆫ世界를成ᄒᆞ니곳五洋)南北氷洋、印度洋、太西洋、亞多羅洋、太平洋)六洲(亞細亞、유롭과(歐)아푸리카(亞弗利加(、오세아니아(濠)、南北亞美利加)에分ᄒᆞ니라、太平洋은亞米兩洲間에挾在ᄒᆞ야經線一四五度間에汎濫ᄒᆞᄂᆞᆫ第一廣濶ᄒᆞᆫ海洋이며노ㅣ디라스의方今航海ᄒᆞᄂᆞᆫ處더라

却說兩人이說話를中止ᄒᆞ고喫飯ᄒᆞᆫ後에네모ㅣ가아氏다려일너曰暫時船上에閒游ᄒᆞᆷ이何如ᄒᆞ뇨ᄒᆞ고세番電氣時辰器를壓ᄒᆞ

더니喞筒의水를噴出ᄒᆞ고梯子를從ᄒᆞ야出ᄒᆞᄂᆞᆫ지라아氏도ᄯᅡ라신즉天青日朗에東風이徐吹ᄒᆞ고水波가不起에四望皆水라雖無鳥語虫聲과花英草綠이나猶有五洋烟霞가盡入寸裏ᄒᆞ고假使故園으로沒在天倪雲無有之間이나尙見紅輪이鑠々乎彼蒼崖無之中이러라久錮之艦囚가初見三鳥之光ᄒᆞ니喜滿悲滿이요騎虎之傑兒가再立太乙之間ᄒᆞ니愁多感多러라此時에네모ㅣᄂᆞᆫ六圓儀로天體를測ᄒᆞ며緯度를量ᄒᆞ고아氏다러일너曰只今은곳正午라노ㅣ디라스의進路ᄂᆞᆫ곳五大潮流（黑潮「北二八ㅣ六〇、東一四〇ㅣ西一四〇一」北赤道流「空度ㅣ北二〇間環流、南赤道流「空度ㅣ南二〇間環流、부라질流「南二〇ㅣ四〇、西二〇ㅣ五〇」、灣流「北二三ㅣ四五、西四〇ㅣ八〇」等暖流라）中黑潮라稱ᄒᆞᄂᆞᆫ潮流를逆航ᄒᆞᆷ이라ᄒᆞ고遠距離의微現ᄒᆞᆫ一點蒼雲을指示ᄒᆞ야曰이ᄂᆞᆫ日本이라ᄒᆞ고言訖에艦內로復歸ᄒᆞ야아氏다러일너曰時方本艦은水中百五十六尺下에航進ᄒᆞ노니貴下ᄂᆞᆫ此室에留ᄒᆞ야圖書를任意觀覽ᄒᆞᆷ이何如ᄒᆞᄂᆞ余ᄂᆞᆫ便室로歸ᄒᆞ노라ᄒᆞ고謝去ᄒᆞ더라이ᄯᅢ에아氏가ᄒᆞᆯ노沈默生覺ᄒᆞᆫ즉天地가雖廣이나此身은無脫艦之口ᄒᆞ고待遇ᄂᆞᆫ雖厚나斯心엔無暫留之意라身作楚囚에魚鴈이無路요魂游故園에故人이時懷라悽然의淚와悲感의思에低首自憐타가驀地에鐵門이左開ᄒᆞᄂᆞᆫ지라吃驚觀來ᄒᆞ니別非他人이라곳넷氏及콘셀이라三人이合坐ᄒᆞ야彼此說往說來ᄒᆞᆯ세電氣燈은乍滅ᄒᆞ고琉璃窓이閃開터니再次電光이灼然에輝耀數里ᄒᆞ미日本支那近海의奇魚異獸가光明을愛慕ᄒᆞ고窓外에來集ᄒᆞᄂᆞᆫᄃᆡ空間의鳥類와山中의獸族은그數가此에

不足比喩러라晚餐을當ᄒᆞ미各其住所에歸ᄒᆞ야喫了ᄒᆞᆫ後就寢ᄒᆞ니라如此이五六日을經過ᄒᆞᄂᆞ네모ㅣ는如何ᄒᆞᆫ事故가有ᄒᆞᆫ지終無消息에疑訝不已러니一日은忽然了頭가一封書를持來ᄒᆞ는ᄃᆡ表面에아론낙구스閣下라書ᄒᆞᆫ지라急히開封讀來ᄒᆞ니其書에曰

隔阻數天ᄒᆞ니悵懷萬重이라本欲頻々相逢이나於勢에莫之奈何오敬詢比辰에貴體萬重이오며讀書之味가果若何否아爲之頌祝이라第近傍에有구레스포ㅣ島ᄒᆞ온ᄃᆡ千態가隱見ᄒᆞ고萬景이岔入이온바츤絶世의奇景이오니雖爲相勞ᄂᆞ明十七日에銃獵散策於該島가若何오餘는姑不備禮라

노ㅣ디라스艦長네모ㅣ拜

巴里博物舘長아론낙구스 閣下

雜錄

△洛東會報新刊 洛東親睦會에셔는十月三十日브터會報를刊行ᄒᆞᄂᆞᆫᄃᆡ同會々員과其他有志人士의게無代價로附與ᄒᆞᆫ다더라

△金氏可尙 留學生金奎鉉氏는數年前에日本에渡來ᄒᆞ야學資가不贍ᄒᆞᆫ故로東京內某日本人家에셔寄寓ᄒᆞ며勞働ᄒᆞᆫ餘暇에學業을孜々做去ᄒᆞᆷ은一般留學生界에昭著ᄒᆞᆫ令聞이거니와同氏가그困難ᄒᆞᆫ學資中에셔日本畜牛雜誌一部를購得ᄒᆞ야本會에寄附ᄒᆞ엿스니同氏의誠誼에對ᄒᆞ여는本會一同이鳴謝不已ᄒᆞ노라

△感謝申氏 京城紳士申昇均氏가大韓新地誌一秩을本會에寄附ᄒᆞ엿더라

△全氏遊覽 本國紳士全秉薰氏가遊覽次

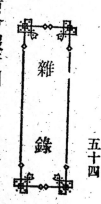

로數週前에渡來ᄒᆞ야東京青山等地에서留ᄒᆞᆫ다더라

●將官參觀　本國陸軍參將李熙斗氏等諸氏ᄀᆞ本月十七日에舉行ᄒᆞᄂᆞᆫ日本陸軍大演習에參觀ᄒᆞ기爲ᄒᆞ야日前에渡來ᄒᆞ엿다더라

●娼妓遠遊　月前日本內國勸業博覽會에○○次로渡來ᄒᆞ엿던娼妓三名이尙今流連ᄒᆞ더니近日東京神樂坂等地演劇場에서本國歌舞로每夕出演ᄒᆞᆫ다더라

會事要錄

十月二十七日에本會遠足會ᄅᆞᆯ東京府王子紅葉園에開ᄒᆞ고一般會員이各樣興樂으로盡日演遊ᄒᆞᆫ後紀念次로一同撮影ᄒᆞ고登道歸來ᄒᆞ다

本月一日에平北龍義支會長鄭濟原氏가同會狀況을報告ᄒᆞ고會員中에서贊成金十二圜四十錢과會費金十圜을收合送來ᄒᆞ다

本月六日平南永柔支會長李基燦氏가同會狀況을報來ᄒᆞ다

新入會員

金壽哲、鄭庸瑗、李奎澈、趙雲龍、李炳選、安炳玉、金麟奎諸氏ᄂᆞᆫ今番本會에入會ᄒᆞ다

車日煥、李學璉、金得守、崔龍淑、朴尙學、李東旭、鄭成海、鄭尙益、林炳茂、高就崙、金元善、諸氏ᄂᆞᆫ今番平北龍義支會에入會ᄒᆞ다金貞基、金喆鉉、金禎善、韋南植、安國衡、金貞杰、李星彥、李周贊、金龍一、朴龍淵、朴渡鵬諸氏ᄂᆞᆫ今番平南永柔支會에入會ᄒᆞ다

會員消息

本會員洪廷鍍氏と親患急報를接受ᄒᆞ고十月二十七日下午三時에新橋發列車로發程歸國ᄒᆞ다

本會員朴仁植氏と胃病攝養次로十月二十九日下午十一時에發程歸國ᄒᆞ다

本會員張舜基、秋永淳兩氏と明治大學法律科에入學ᄒᆞ다

永柔郡支會任員錄

會長 李基燦　田元三
副會長 鄭日溫　羅愼坤
總務員 金寬植　事務員 安國衡
評議員 金鳳植　韓承賢
金命峻　李周贊
金容植　金用善
金喆善　卓成喆

會計員 金鳳植　司察員 金用善
田元三　金命峻
書記員 鄭日溫　卓成喆
金喆善

太極學報義捐人氏名

崔烈氏	壹圜	鄭尙益氏	伍十錢
鄭鎭周氏	壹圜	林英俊氏	伍十錢
鄭濟原氏	貳圜	金世寬氏	伍十錢
白鎭珪氏	壹圜	朴世鉉氏	伍十錢
崔仁廷氏	伍十錢	張觀翰氏	伍十錢
文精華氏	伍十錢	李基淳氏	伍十錢
金應禧氏	伍十錢	韓永河氏	參拾錢
韓重敎氏	伍十錢	韓處元氏	參拾錢
李東旭氏	伍十錢	金學俊氏	參拾錢
白廷珪氏	伍十錢	鄭濟乘氏	伍十錢
白鏞一氏	伍十錢	鄭濟民氏	貳拾錢
韓道旭氏	伍十錢	鄭成海氏	參拾錢
鄭尙默氏	參十錢	金龍善氏	貳拾錢

太極學報第十五號正誤注意

三頁와七頁ᄂᆞᆫ相換ᄒᆯ事

頁數	欄	行	字	誤	正
二	下	二	十七	의	에
二	下	三	二	에字ᄂᆞᆫ업슬것	
四	上	八	六	衰	哀
五	上	五	一	一의	單一의
五	上	六	九	人의	吾人의
九	下	十六	四	見集	見奪
廿九	上	八	五	ᄒᆞ던저	ᄒᆞ던지
廿九	下	六	九	間題	問題
廿九	下	十三	八	成洽	成冷
三十	上	四	七	보터	브터
卅一	下	四	一	八의	人의
卅二	上	十七	十	結竇	結實
卅八	上	四	十五	ᄒᆯ	ᄒᆫ
卅八	上	五	十四	ᄒᆫ	ᄒᆯ
卅八	下	十六	二	도	ᄂᆞ
四十	上	十	五	理科가	理科라
四五	下	十五	三	有	者
四九	下	十	十二	族	旅
五一	下	五	三	末	未
五一	下	十七	十一	談과가ᄂᆞᆫ相換ᄒᆯ것	
五二	上	九	七	聒	括
五三	下	十三	十二	注	往
五五	下	十二		金喆重은金喆善의誤植됨	
五六	下	四		金喆重의重字ᄂᆞᆫ善字의誤植	

本報第十五號ᄂᆞᆫ活版所의不注意ᄒᆞᆫ所致로文字의誤錯이多ᄒᆞ오니此正誤注意로恕覽ᄒᆞ시옵

光武十年八月廿四日創刊
隆熙元年十一月二十日印刷
隆熙元年十一月二十四日發行
明治四十年十一月二十日印刷
明治四十年十一月廿四日發行

●代金郵稅並新貨拾貳錢

日本東京市小石川區久堅町四十五番地
編輯兼發行人　張膺震
日本東京市小石川區久堅町四十五番地
印刷人　金志侃
日本東京市小石川區中富坂町十九番地
發行所　太極學會
日本東京市牛込區辨天町二十六番地
印刷所　明文舍

廣告

本會事務所를今番에東京小石川區中富坂町十九番地로移定ᄒᆞ고每通常會를當所에서開ᄒᆞ옵기玆에廣佈ᄒᆞᆷ

日本東京小石川區仲富坂町十九番地

太極學會 告白

太極學報第十五號
光武十年十月二十四日
明治三十九年十月二十四日 第三種郵便物認可
隆熙元年十一月二十四日
明治四十年十一月二十四日 發行(每月廿四日一回發行)

光武十年九月二十四日
明治卅九年九月廿四日 第三種郵便物認可

光武十年八月二十四日創刊

隆熙元年十二月廿四日發行（每月廿四日一回）

太極學報

第十六號

太極學會發行

注意

△本報를購覽코져ᄒᆞ시ᄂᆞᆫ이ᄂᆞᆫ本發行所로通知ᄒᆞ시ᄃᆡ居住姓名統戶를詳細히記送ᄒᆞ시며代金은郵便爲替로本會에交付ᄒᆞᆷ을要ᄒᆞᆷ

△本報를購覽ᄒᆞ시ᄂᆞᆫ僉君子씌셔住所를移轉ᄒᆞᄂᆞᆫ이ᄂᆞᆫ速히其移轉處所를本事務所로通知ᄒᆞ시옵

△本報ᄂᆞᆫ有志人士의購覽을便宜케ᄒᆞ기爲ᄒᆞ야出張所及特約販賣所를如左히定ᄒᆞᆷ

皇城中署東闕罷朝橋越便
朱翰榮冊肆 (中央書館內)

平安南道三和鎭南浦港築垌
金元爕家

平安北道定州郡南門內
洪成麟商店

北米國桑港韓人共立協會內
林致淀住所

恭祝

帝國二千萬同胞之新禧

太極學會

特別廣告

○內外圖書出版

○教科書類發兌

○新聞雜誌取次

○學校用品販賣

京城中署東闕罷朝橋越邊

本店 中央書館 朱翰榮

平安北道宣川邑川邊

支店 新民書會 安濬

太極學報第十六號目次

論壇

講壇 學園

太極學報第十六號目次

◎投書注意

一、諸般學術과文藝詞藻統計等에關ᄒᆞᆫ投書ᄂᆞᆫ歡迎ᄒᆞᆷ
一、政治上에關ᄒᆞᆫ記事ᄂᆞᆫ一切受納치아니ᄒᆞᆷ
一、投書의揭載與否ᄂᆞᆫ編輯人이撰定ᄒᆞᆷ
一、投書의添削權은編輯人의게在ᄒᆞᆷ
一、一次投書ᄂᆞᆫ返附치아니ᄒᆞᆷ
一、投書ᄂᆞᆫ完結ᄒᆞᆷ을要ᄒᆞᆷ
一、投書ᄂᆞᆫ縱十二行橫二十五字原稿紙에正書ᄒᆞᆷ을要ᄒᆞᆷ
一、投書ᄒᆞ시ᄂᆞᆫ이ᄂᆞᆫ居住와姓名을詳細히記送ᄒᆞᆷ을要ᄒᆞᆷ
一、投書當撰ᄒᆞ신이에게ᄂᆞᆫ本報當號一部를無價進呈ᄒᆞᆷ

◎會員注意

本會々員은原籍、原居地、現住所、職業(學生은目的)生年月日을詳細히記送ᄒᆞ시며現住所를移轉ᄒᆞᆯ時ᄂᆞᆫ卽時其轉居ᄒᆞᄂᆞᆫ地名統戶를本會事務所로詳細通知ᄒᆞ시오

論壇 講壇 學園

太極學報

第十六號

隆熙元年十二月廿四日
明治四十年十二月廿四日
〔發行〕

文明의精神을論홈

鄭濟原

대기元氣라홈은聽ᄒᆞ야도聲이無ᄒᆞ며視ᄒᆞ야도形이無ᄒᆞ야可히써假借도못ᄒᆞ며可히써强取도못홈일식發榮ᄒᆞ야滋長ᄒᆞ면可히써地球에包羅ᄒᆞ야萬物을皷鑄ᄒᆞ고摧殘ᄒᆞ여壓抑ᄒᆞ면忽然히萎縮ᄒᆞ여踪影이俱絶ᄒᆞᄂᆞ니有時乎進退와榮枯와汙隆홈이由天인지由人인지不知ᄒᆞ거니와人이此를有ᄒᆞ면生ᄒᆞ고無ᄒᆞ면死ᄒᆞ며國이此를有ᄒᆞ면存ᄒᆞ고無ᄒᆞ면亡ᄒᆞᄂᆞ니不寧惟是라苟其有之면비록死홈에瀕홀지라도必生ᄒᆞ며亡홈에臻홀지라도復存ᄒᆞᄂᆞ니今에時務를識ᄒᆞᄂᆞᆫ俊傑이誰가泰西ᄂᆞᆫ文明의國이아니라ᄒᆞ여吾國을進홈에泰西各國으로더부러相等홀여ᄒᆞ여必先吾國의文明을求進홈에泰西文明으로더부러相等코저아니리오然ᄒᆞᄂᆞ文明이라홈은形質과精神이有홈이니形質에文明은求홈은易ᄒᆞ고精神에文明을求홈은難홈이라精神이임의가초면形質이自然히生ᄒᆞ고精神을存치아니면形質이附치못ᄒᆞᄂᆞ니그럼으로文明이라ᄒᆞᆷ은다못精神에有ᄒᆞᆯᄯᆞᄅᆞᆷ이라先知先覺으로自任ᄒᆞᄂᆞᆫ이ᄂᆞᆫ二者의先後와緩急에留意치아니치못ᄒᆞᆯ지니라特히文明을求ᄒᆞᆷ에形質로만從ᄒᆞᆷ은譬컨ᄃᆡ死港에行ᄒᆞᆷ에處々의窒礙를遇ᄒᆞ여別無通路에其勢가目的에必達치못ᄒᆞ며文明을求ᄒᆞᆷ에精神으로從ᄒᆞᆷ은大川을導ᄒᆞᆷ에其源을一淸ᄒᆞ면千里를直瀉ᄒᆞᆷ이라謂ᄒᆞᆫ바精神이라ᄒᆞᆷ은即國民에元氣라衣服과飮食과器械와宮室로부터政治法律에至ᄒᆞ도록다ㅣ耳目의聞見ᄒᆞᆫ바라此를다만形質이라謂ᄒᆞᆯ지라도形質中에ᄯᅩᄒᆞᆫ虛實에異가有ᄒᆞ니政治와法律은비록耳目으로可히聞見ᄒᆞᆯ지라도手로써握지못ᄒᆞ며錢으로써購치못ᄒᆞᄂᆞᆫ故로其得ᄒᆞᆷ이亦難ᄒᆞ니然ᄒᆞᆷ로衣食과器械ᄂᆞᆫ形質에形質이라謂ᄒᆞᆯ깃고政治와法律은形質에精神이라謂ᄒᆞᆯ지니大抵國民의元氣ᄂᆞᆫ一朝一夕에可히致ᄒᆞᆯ바아니며一人一家에可히成ᄒᆞᆯ바아니오政府의力으로能히强逼ᄒᆞᆯ바아니며宗門의敎로能히勸導ᄒᆞᆯ바아니라孟子曰ᄒᆞ사되以直養而無害면則塞乎天地之間이라ᄒᆞ셔시니是를니른精神의精神이오精神의精神를求ᄒᆞᄂᆞᆫ者ᄂᆞᆫ반다시精神으로써感召ᄒᆞᆷ이니만약支々節々히其形質만模範ᄒᆞ면能히終成치못ᄒᆞᄂᆞ니語에曰天地에國ᄒᆞ미반다시더부러立ᄒᆞᆯ이有ᄒᆞ다ᄒᆞ니國으로더부러立ᄒᆞᆯ밧者ᄂᆞᆫ何뇨民而已며民이써立ᄒᆞᆯ밧者ᄂᆞᆫ何뇨元氣而已라ᄒᆞ노라

靑年의歷史硏究

金志侃

吾等靑年은大韓開國四千二百餘年歷史를有ᄒᆞᆫ靑年이오未來大韓獨立의千萬年歷史를期ᄒᆞᆫ靑年이라過去의歷史를繼續ᄒᆞ며未來의歷史를光榮케홈도吾等靑年의게在ᄒᆞ고過去의歷史를永絕ᄒᆞ며未來의歷史를慘憺케홈도吾等靑年의게在ᄒᆞᆫ지라過去의歷史도今日靑年의게在ᄒᆞ고未來의歷史도今日靑年의게在ᄒᆞ도다靑年아靑年아大韓靑年아今日大韓靑年은過去韓國의靑年의게比할바아니오未來韓國靑年의게比할바도아니라責任이重ᄒᆞ니泰山이輕ᄒᆞ고義務가深ᄒᆞ니河海가淺ᄒᆞ도다吾等靑年은歷史의主人이오國家의原動力이라深思ᄒᆞ고深察ᄒᆞ라今日大韓의靑年界의現象이如何ᄒᆞᆫ境에在ᄒᆞᆫ가瞠目視之ᄒᆞ라一種靑年은閉門讀書에自稱斯文ᄒᆞ고是古非今ᄒᆞ야世界時勢의變遷홈을全昧홀뿐아니라自國이如何ᄒᆞᆫ慘禍를當홈도不知ᄒᆞ니是可曰歷史主人아며國家原動力乎이又一種靑年은宦欲이膨脹ᄒᆞ야於京於鄕에權門勢家만尋訪ᄒᆞ야他人의膝下에鞠躬獻媚ᄒᆞ며外族의術中에連肚結膓ᄒᆞ야自取其侮에自暴其身ᄒᆞ니是可曰歷史主人이며國家原動力乎아又一種靑年은溺於酒色ᄒᆞ며惑於雜技ᄒᆞ며醉於鴉烟ᄒᆞ야國家興亡은已無暇論이고自家의財產새지蕩盡無餘ᄒᆞ고畢竟에ᄂᆞᆫ父母妻子로流離丐乞케ᄒᆞ니是可曰歷史主人이며國家原動力乎아嗟我靑年아余言이過激홈이아니라此言을出ᄒᆞᄂᆞᆫ者도大韓靑年이오此言을聽ᄒᆞᄂᆞᆫ者도大韓靑年이라均是大韓靑年인즉大韓靑年된者야誰가責任이重ᄒᆞ며誰

가責任이輕ᄒᆞ리오青年이無識ᄒᆞ고青年이腐敗ᄒᆞ면即歷史가永絶ᄒᆞᄂᆞᆫ日이며國家가滅亡ᄒᆞᄂᆞᆫ日이오青年이有識ᄒᆞ고青年이健全ᄒᆞ면即歷史가光榮ᄒᆞᄂᆞᆫ日이며國家가興旺ᄒᆞᄂᆞᆫ日이라波蘭이滅亡홈과越南이奴隷됨도波蘭越南의青年이自取홈이오米國의獨立과伊太利의建國도米國伊太利의青年이自成홈이라奮起ᄒᆞ고勇進ᄒᆞ라大韓青年、國家의現象을悲觀치말고國家의將來를樂觀ᄒᆞ라大韓青年、英國의奴隷를免ᄒᆞ고北米大陸에新帝國을造成홈은米國青年華盛頓이아닌가與國羈絆을脫ᄒᆞ고西歐半島에舊王國을恢復홈은伊太利의青年三傑이아닌가英雄이時勢를造ᄒᆞᆫ다ᄒᆞ엿스나時勢도英雄을造ᄒᆞᄂᆞ니今日의大韓時勢ᄂᆞᆫ無數ᄒᆞᆫ英雄을造ᄒᆞᆯ時代라有望有福ᄒᆞᆫ大韓青年、知識을確充ᄒᆞ고精神을修養ᄒᆞ야理想과熱心과膽力으로風霜雨露下에筋骨을鍛鍊ᄒᆞ고千辛萬苦中에精神을奮勵ᄒᆞ야一定ᄒᆞᆫ正大目的으로危險을不憚ᄒᆞ고視死如歸ᄒᆞ면何事不成이며何功不立이리오歷史ᄂᆞᆫ從此而光榮이오國家ᄂᆞᆫ從此而强大ᄒᆞ리니吾輩青年!

國家와敎育의關係

金鎭初

往昔은國家의組織이現今과不同ᄒᆞ야國內에서政權을把握ᄒᆞ고威福을擅ᄒᆞᄂᆞᆫ者ᄂᆞᆫ드믓君主와貴族이오一般國民은君主와貴族의奴隷가되야政治에容喙ᄒᆞᄂᆞᆫ權이無ᄒᆞ고法의得失을論홈을不許ᄒᆞᆯᄲᅮᆫ더러至甚ᄒᆞᆫ境遇에ᄂᆞᆫ如何ᄒᆞᆫ法律이有ᄒᆞᆫ지도不知ᄒᆞ엿도

다生殺與奪이上層一階의專權에屬ᄒᆞᆫ時代에는一般國民에敎育을與ᄒᆞ며知識을附ᄒᆞ야政治法律의何爲를解得ᄒᆞ야人權自由等의思想을抱ᄒᆞ면上層階級에는甚히不利有害ᄒᆞᆫ事가有ᄒᆞ니是以로古昔專制國에서는흔이敎育을不重히ᄒᆞᆯ뿐만아니라도리여엇던程度ᄭᆞ지는抑壓을爲ᄒᆞ얏스나然이나近世紀에는學問의發達을從ᄒᆞ야國家의發達이ᄃᆞ못上層社會一部의力으로만因ᄒᆞ야期待ᄒᆞᆯ것아니라國民共同의力으로因ᄒᆞ야期待ᄒᆞᆯ것을知覺ᄒᆞ고玆에各國이다ㅣ競爭으로敎育의制度를整齊ᄒᆞ야一般國民으로ᄒᆞ야곰恩澤에浴ᄒᆞ는方針을執ᄒᆞᆷ에至ᄒᆞ엿도다國家가敎育의制度를定ᄒᆞᆷ미반다시先決ᄒᆞᆯ問題는國家가敎育에干涉ᄒᆞ는程度의如何라此問題에對ᄒᆞ야는大凡左와如히三으로써答ᄒᆞᆷ을得ᄒᆞ니

一은敎育을私人의事業으로ᄒᆞ야其自由發達에委ᄒᆞ고

二는國家가敎育을自己의直接事業으로ᄒᆞ야總經營設備는다ㅣ國家自擔ᄒᆞ고

三은敎育을國家의事業으로ᄒᆞ야自己(國家)의維持ᄒᆞ는學校를設立ᄒᆞ고一方으로는私人의經營設備를許ᄒᆞ야自由發達에委ᄒᆞᆷ이라

右者中一은自由主義라云ᄒᆞ는거신ᄃᆡ英國에서採用ᄒᆞ는바요二는國家主義라云ᄒᆞ는거신ᄃᆡ德國에서採用ᄒᆞ는바요三은公私幷行主義라云ᄒᆞ는거신ᄃᆡ法國에셔採用ᄒᆞ는바라然而敎育을다못國家의事業으로ᄒᆞ야大中小學을總히國家의經營ᄒᆞ는바로만ᄒᆞ면其敎育이形式에流ᄒᆞ야機械的이되지아님을免치못ᄒᆞᆯ지라特히國家는其安寧秩序

를保코져ᄒᆞᆷ이急ᄒᆞ야教育의方針을一定ᄒᆞ고眞理의自由討究를沮戲ᄒᆞ며新興의學理를遮斷ᄒᆞ야學生의게도리여新說을들니지안ᄂᆞᆫ弊가有ᄒᆞᆯ지오ᄯᅩ教育을專혀私人의經營에만委任ᄒᆞ면私人의力으로到底完全ᄒᆞᆫ設備ᄂᆞᆫ施ᄒᆞ기極難ᄒᆞᆯᄲᅮᆫ더러ᄯᅩ營利에流ᄒᆞ야被教育者(弟子)로ᄒᆞ야곰不幸을感ᄒᆞ리니極端의放任(自由)主義와極端의國家主義ᄂᆞᆫ다弊害에陷ᄒᆞᄂᆞᆫ歎이不無ᄒᆞ도다然이나此를折衝ᄒᆞ야ᄒᆞᄂᆞᆫ바所謂并行主義ᄂᆞᆫ兩極端의弊害를救助ᄒᆞᄂᆞᆫ最穩當의主義이라然而初等教育에就ᄒᆞ야ᄂᆞᆫ其設備ㅣ單簡ᄒᆞᆷ으로ᄲᅥ家庭과私立學校에셔施行ᄒᆞᆷ이可ᄒᆞᄂᆞ然이나國家ᄂᆞᆫ教育普及의必要를爲ᄒᆞ야教育을全혀私人의게만放任ᄒᆞ지아니ᄒᆞ고스ᄉᆞ로經營ᄒᆞ며設備ᄒᆞᆷ을進取ᄒᆞᆯ거지니現今開明諸國에셔ᄂᆞᆫ大抵公立學校를有ᄒᆞ고一方으로ᄂᆞᆫ私立學校를認可ᄒᆞ도다

中等教育에就ᄒᆞ야ᄂᆞᆫ初等教育보다更히畫一ᄒᆞᆯ必要가少ᄒᆞᆷ으로ᄲᅥ私人의企畫에委任ᄒᆞᆯ餘地ㅣ廣ᄒᆞ야財源이豊富ᄒᆞᆫ國에셔ᄂᆞᆫ私人의手에全혀委任ᄒᆞ야教育의普及을易ᄒᆞ게ᄒᆞᄂᆞᆫ事가有ᄒᆞ도다然이나教育을全혀私人의게만放任ᄒᆞᆯ時ᄂᆞᆫ富人의專有ᄒᆞᄂᆞᆫ바가되고中流以下人의子弟로ᄂᆞᆫ就學의困難을感ᄒᆞ리로다

大學教育은中等教育보다도更히自由로ᄒᆞ야私人의經營을企望ᄒᆞᆯ바나實際로此의設備를整齊코져ᄒᆞ면私人의力으로만은足히擔當치못ᄒᆞ리니國家가自進ᄒᆞ야스ᄉᆞ로經營치아니치못ᄒᆞ리로다然이나學術의自由ᄂᆞᆫ何處ᄭᆞ지라도認可ᄒᆞ고或曲學邪說을出ᄒᆞᄂᆞᆫ憂가有ᄒᆞ더라도他의學說을因ᄒᆞ야排擊ᄒᆞᆯ바오國家의力으로ᄂᆞᆫ少許도干涉치

ᄒᆞᆯ者라
만일國家의力으로學術의自由를威壓ᄒᆞ고思想의高尙을未發케ᄒᆞ면此에그國家의前途는定ᄒᆞ엿도다何者오此는國家가其本位를離ᄒᆞ고一個政府官人의私有에歸ᄒᆞᆫ故라如此ᄒᆞᆫ境遇를當ᄒᆞ야革舊改新치못ᄒᆞ면國亡民滅은不可救니凡國을有ᄒᆞᆫ者ㅣ思慮愼重치아니ᄒᆞᆯ가

少年國民의養成

石蘇 李東初

國民教育主義를唱道ᄒᆞ야一般國中幼年者에各其相當ᄒᆞᆫ學識을不可不授與할必要는先輩의論畫ᄒᆞᆫ餘이오誰某라도承知ᄒᆞ는바이나余는茲에聊히所感을演ᄒᆞ야讀者諸氏의叅考에可供코저思諒ᄒᆞ노라

大抵國中幼年者는即所謂少年國民이라將來에此少年國民中으로부터國務大臣도出ᄒᆞ며上下院議員도出ᄒᆞ며次官、局長、課長、書記官도出ᄒᆞ며觀察使、郡守、府、縣、郡、市村會議員도出ᄒᆞ며學士、博士、文翰家도出ᄒᆞ며農、工、商、實業家도出ᄒᆞᄂᆞ니畢竟은上下機關의治隆善否와文物興替의原動力이少年國民養成與否一點에在ᄒᆞᆫ듯ᄒᆞ도다其少年國民이年幼ᄒᆞᆫ時에陶冶의薰化를未被ᄒᆞ야相當ᄒᆞᆫ學問을修得치못ᄒᆞ는境遇이면天稟의才質을琢지못ᄒᆞ야常識이完치못ᄒᆞ는故로後日社會에當立ᄒᆞᆯ時에前途가邈然ᄒᆞ고事理가闇焉ᄒᆞ야愚蠢에近ᄒᆞᆯ지니由是로自身을不修며自家를難齊라修身齊家도能히못ᄒᆞ는國民이엇지國體의觀念과國政의參與ᄒᆞᆯ道理가잇스리오其國權을能히擴張치못ᄒᆞ며國威를可히輝爀치못ᄒᆞᆷ은

當然ᄒᆞ도다

抑惟國家文明의趨不趨ᄂᆞᆫ國民의智識과才德이備不備에基因ᄒᆞᆫ바인즉少年國民敎育一事ᄂᆞᆫ可히一日이라도忽諸에附치못ᄒᆞ리로다然이나我邦에敎育程度ᄂᆞᆫ法律上의强制的制度가不立ᄒᆞ여슬ᄲᅮᆫ더러敎育要素의眞想이圓達치못ᄒᆞᆫ故로兒童이學齡에方當ᄒᆞᆷ을不拘ᄒᆞ고其父兄된者가悠々閒事에放任ᄒᆞ야徒然히孩提嬉戲로樂을삼고厥初로부터軟柔ᄒᆞᆫ腦骨에父母或骨肉을依賴ᄒᆞᄂᆞᆫ弊習만染浸케ᄒᆞᄂᆞᆫ者ㅣ多ᄒᆞ고設使學堂에보ᄂᆡ여工夫를식힐지라도爲先千字文이라漢唐古詩等陳套를授始ᄒᆞ야潑々ᄒᆞᆫ新腦髓에厭々ᄒᆞᆫ陳氣臭가襲據케ᄒᆞᄂᆞᆫ者도有ᄒᆞ며又或家事가貧困타ᄒᆞ야十歲未滿ᄒᆞᆫ妙々童子를家事에從服케ᄒᆞ야長者의助手를삼으니縱令家事가多忙ᄒᆞᆯ지라도此幼穉兒가使役이됨에對ᄒᆞ야幾何의利益이現出ᄒᆞ리오ᄒᆞᆫ갓緊要ᄒᆞᆫ導養時期만費消ᄒᆞ니所謂甘貧小而失大라ᄒᆞᆯ지라此等事ᄂᆞᆫ兒童을爲ᄒᆞ야憫惜ᄒᆞᆯᄲᅮᆫ不是라國家에對ᄒᆞ야至悲至痛ᄒᆞ도다

人을敎育ᄒᆞᆷ에成長ᄒᆞᆫ者에게ᄂᆞᆫ絶對的敎導치못ᄒᆞᄂᆞᆫ바ᄂᆞᆫ아니로ᄃᆡ幼穉時로부터順施序導ᄒᆞᆷ이感化가善美ᄒᆞ야事半功倍의效가이슬지라是故로我邦十三道各縣郡坊面村에서豈是히齊唱ᄒᆞ야學校를起立ᄒᆞ며學事를崇尙ᄒᆞ야少年國民養成을主張ᄒᆞ면將來韓國國民은果然코皆是文學上智識이이슴으로ᄡᅥ愛國忠君의赤誠이沛然游暢ᄒᆞ야原狀回復、確保鞏守、進步隆泰의現像을可히期見ᄒᆞ려니와萬一不然이면萬談이空々이오千計가空々ᄒᆞ야國中空々이燎如指掌인듯ᄒᆞ도다

回顧컨ᄃᆡ國民의敎育이爲國에影響되ᄂᆞᆫ實例가在玆ᄒᆞ니即近年韓滿大野에一大劇烈ᄒᆞᆫ日露戰爭에就ᄒᆞ야推感ᄒᆞᆫ바로다其交戰時露國兵卒中의西伯利亞土人은元來文字의知識이有ᄒᆞᆫ者ㅣ稀罕ᄒᆞᆫ지라故로愛國誠이素沒ᄒᆞ고堅耐心이不實ᄒᆞ야國體의損傷ᄒᆞᄂᆞᆫ거시自身에撼痛되ᄂᆞᆫ想像이缺欠ᄒᆞᆫ徵據인자? 敵勢의威迫을當見ᄒᆞ면慌㤼이先發ᄒᆞ야如何ᄒᆞᆫ氣力猛勢도倏然殺却이되엿ᄂᆞᆫ지一夫當關에萬夫莫開라稱ᄒᆞᆫ만ᄒᆞᆫ險固의南山鐵網陣을一朝에抛棄ᄒᆞ고哈爾賓ᄭᆞ지敗走ᄒᆞ야東西洋歷史上에一大笑侮的現象을買遺ᄒᆞ엿고反之ᄒᆞ야日本兵士ᄂᆞᆫ皆是文字上知識이有ᄒᆞᆫ지라是ᄅᆞᆯ因ᄒᆞ야國體汚損ᄒᆞᆷ이我肉割裂ᄒᆞᄂᆞᆫ것과如ᄒᆞᆫ感痛이各其熱腦에沸滿ᄒᆞᆷ인지? 當敵被脅에無生之氣ᄒᆞ고有死之心ᄒᆞ야決死隊가唐突爭出ᄒᆞ야砲門을向走ᄒᆞᆷ에屍糜如草ᄒᆞ되後軍이代進ᄒᆞ고又後軍이代進ᄒᆞ야期意코破奪乃已ᄒᆞ니東海邊一島國이歐洲中一强國을得勝ᄒᆞ고自今萬古史에華譽令蹟을流傳케되엿도다由此而觀ᄒᆞᆯ지라도國의强不强과國의進否進이專혀國民敎育如何一點에繫ᄒᆞ엿ᄃᆞ一言打盡ᄒᆞ겟도다仍而余ᄂᆞᆫ玆에少年國民養成에關ᄒᆞᆫ管見을吸々ᄒᆞᄂᆞᆫ所以라

敎育에ᄂᆞᆫ普通과高等의區分이잇ᄉᆞ니所謂普通敎育은尋常小學와高等小學校로부터中學校에至ᄒᆞ기ᄭᆞ지ᄅᆞᆯ云ᄒᆞᆷ이니其科目은地理、歷史、物理、化學、數學四則代數幾何三角修身、國語、作文、博物動物植物鑛物圖畫、體操、外國語等이是오所謂高等敎育은法律、經濟、商業、工業、文學、醫學、理學、農學、等의專門的學科ᄅᆞᆯ云ᄒᆞᆷ이니上陳階梯ᄅᆞᆯ依ᄒᆞ야普通敎育으로世上萬般普通事物上에

就ᄒᆞ야專攻의閱歷은姑置ᄒᆞ고稍曉ᄒᆞᄂᆞᆫ普通知識을授與ᄒᆞ야普通人格을鑄成ᄒᆞᆫ然後에高等敎育即專門學術로써完全ᄒᆞᆫ一分子資格을攻成ᄒᆞᆷ이라

讀者諸氏여今日我邦은此等敎育機關이비록完備치못ᄒᆞ엿ᄃᆞ헐지라도自今爲始ᄒᆞ야各其義務的覺悟心으로熱心圖就ᄒᆞ면必也漸成ᄒᆞᆯ거시고現今에도普通學校의設立이不少ᄒᆞ니爲先通學履修ᄒᆞ야將就大旺이狠美甚佳라當期境遇ᄒᆞ야爲父兄者ᄂᆞᆫ其子弟敎育에關ᄒᆞᆫ義務를國家에對ᄒᆞᆫ納稅義務와ᄀᆞᆺ치不可另盡而不已哉인져

又曰我少年國民이여玉不琢而無光이라ᄒᆞ니吾人도ᄯᅩᄒᆞᆫ學問을不修ᄒᆞ고才德을不琢ᄒᆞ면人類라ᄒᆞᄂᆞᆫ貴位만空占ᄒᆞᆯᄲᅮᆫ이오人生眞價의光輝를不放ᄒᆞᆯ지로다古往今來에動世英雄과建國男兒의偉勳奇蹟이多是修學琢德의所致오昔日老年伊太利로歐陸에起生ᄒᆞᆫ少年伊太利도興學을盛事ᄒᆞ야少年을養成ᄒᆞ엿스니今日我邦도此에体ᄒᆞ야國民의全力을少年國民養成ᄒᆞᆷ에盡ᄒᆞ면不遠間에少年韓國이亞洲一隅에掀起ᄒᆞᆷ을括目將見ᄒᆞ겟도다

農業振興策

畊世生

夫急切ᄒᆞᆫ急務에處ᄒᆞ라면ᄯᅩᄒᆞᆫ急切ᄒᆞᆫ方法을需치아니못ᄒᆞ리로다目下我農業을振興發達ᄒᆞ야國家의權利를回復코져ᄒᆞ면其術策은地方에完全ᄒᆞᆫ農會의組織을先着ᄒᆞᆯ지여다農會ᄂᆞᆫ實로斯業普及의導火線이며必要機關이라盖當路者가曩年에其組織을促ᄒᆞᆫ바有ᄒᆞ나아직農會法이完全치못ᄒᆞ야其

好成蹟을更히不擧ᄒᆞ얏도다地方에農會를組織ᄒᆞ랴면爲先京城中央에大韓農會를確固히組織ᄒᆞ고各道에ᄂᆞᆫ道農會를組織ᄒᆞ고各郡에ᄂᆞᆫ郡農會를組織ᄒᆞ고各村에ᄂᆞᆫ村農會를組織ᄒᆞ야統系的으로其秩序를整々히ᄒᆞ고人民의知識을開發ᄒᆞ며國家의生産을增進ᄒᆞ야內部의實力을確固케ᄒᆞ고外部의權利를回復ᄒᆞᆯ지라然則各道各郡各村에農會를組織ᄒᆞ고左와如ᄒᆞᆫ事項을實行ᄒᆞᆯ지니

一中央農會에져ᄂᆞᆫ地方農會를聯絡ᄒᆞ고內外國農事의大勢와方法을調査ᄒᆞ며學理와實行을硏究ᄒᆞ야機關雜誌를發刊ᄒᆞ야一般國民으로ᄒᆞ야곰國家的農業思想을培養ᄒᆞ며

一道農會에셔ᄂᆞᆫ農事講習會를開ᄒᆞ고郡農會中에서熱心勵精者ㅣ二三名式을選出ᄒᆞ야ᄡᅥ該講習會々員으로充ᄒᆞ야簡易ᄒᆞᆫ農學을講習식혀親히改良發達의要領을識得ᄒᆞᆫ後에各其郡農會에歸ᄒᆞ야該農會下에또ᄒᆞᆫ農事講習會를開ᄒᆞ고各村農會中에셔熱心者ㅣ一二名式을募集ᄒᆞ야實地의必要를講習식혀各其村農會에歸ᄒᆞ야該村農家一般의게時々로改良發達의要領을傳達ᄒᆞ야實地要領을識得ᄒᆞ게홈을專務ᄒᆞ며

一以上經歷으로成立ᄒᆞᆫ敎授員은該農會의傳導者ㅣ가되야諸般農業發達上의幹旋을盡力ᄒᆞ며勸業委員의責務를專任ᄒᆞ며

一各村農會下에實地須要ᄒᆞᆫ試驗田을設置ᄒᆞ고勸業委員으로ᄒᆞ야곰此任務에當ᄒᆞ게ᄒᆞ되但試驗田에셔ᄂᆞᆫ其土質의鑑査를確定ᄒᆞ며肥料의適不適分量等을認定ᄒᆞ고其風土氣候에適應ᄒᆞᄂᆞᆫ實地的一般의方針을指ᄒᆞ며

一總히村農會의試驗田은其便宜ᄒᆞᆫ範圍內에셔ᄂᆞᆫ아모죠록村立學校附近에設置ᄒᆞ고小學校兒童으로ᄒᆞ야곰農事에關ᄒᆞᆫ觀念이富ᄒᆞ게ᄒᆞ며

一農工銀行에셔借入ᄒᆞᄂᆞᆫᄃᆡ對ᄒᆞ야村農會ᄂᆞᆫ其事業을査定ᄒᆞ고此를証明ᄒᆞ며或은農會의運動으로借得ᄒᆞ게ᄒᆞ며

一農會ᄂᆞᆫ實行을機能으로ᄒᆞ야害虫驅除豫防法과灌漑排水法과土地整理法과肥料共買法과種苗賣買法의其他凡實利의點에向ᄒᆞ야着々實行을期ᄒᆞᆯ지라

如斯히農會가完全의實行을擧코져ᄒᆞ면勿論幾何의經費를要ᄒᆞᆯ지라然이나此費ᄂᆞᆫ純良有益ᄒᆞᆫ國家의資力을起ᄒᆞᄂᆞᆫ資本이니實로國家의生存發達上에可히欠치못ᄒᆞᆯ바라

一次農會의活動이能히銳敏ᄒᆞ면但農業者의利益만될ᄲᅮᆫ아니라期必國家의福利增殖이偉大ᄒᆞᆫ効力을奏得ᄒᆞᆯ지로다嗚呼라農業은所謂原始生產의最大重要ᄒᆞᆫ者라商工業의發達도皆農業으로由來치아님이無ᄒᆞ니果然農政上農業者의利益을保護奬勵ᄒᆞᆷ은本是國家가其國家의利益을圖得ᄒᆞ며維持ᄒᆞᄂᆞᆫᄃᆡ必要ᄒᆞᆫ物質的關係가有ᄒᆞ도다若此法策의主旨에標準ᄒᆞ고오히려當路者의畫策精通細則이其當을不失ᄒᆞ면數年之內에三千里疆土의二千萬民族이慷慨悲憤의淚를拭ᄒᆞ고凱旋歌를世界에唱ᄒᆞᆯ지니大韓全國中實業界의有志者ᄂᆞᆫ區々ᄒᆞᆫ一身의名譽에眩ᄒᆞ며些々ᄒᆞᆫ眼前의利欲에感ᄒᆞ야蝸牛角上의爭에汲々ᄒᆞ야ᄡᅥ千載不復爲의機會를空過치말고一身의名譽를棄ᄒᆞ야國家의面目을立ᄒᆞ며一人의利益을抛ᄒᆞ야一國의公益을畫ᄒᆞᆯ지여다

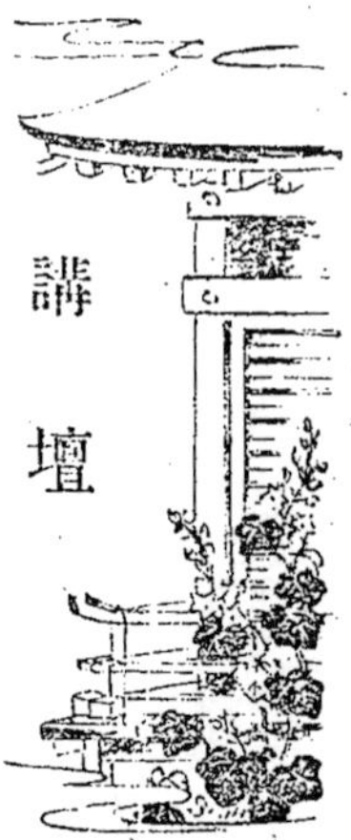

講壇

世界文明史

金洛泳(譯述)

第一編　非文明的人類

第一章　原始人

原始時代의人類ᄂᆞᆫ如何ᄒᆞᆫ狀態로生活을營ᄒᆞ엿스며所謂人文은如何히發達을成得ᄒᆞ엿ᄂᆞᆫ지

近世科學의證明ᄒᆞᄂᆞᆫ바를依ᄒᆞ건ᄃᆡ吾人々類ᄂᆞᆫ甚히遙遠ᄒᆞᆫ起原을有ᄒᆞ엿스니그始初에ᄂᆞᆫ實로動物의伴侶로生活ᄒᆞ다가此動物의一次退滅을經ᄒᆞᆫ以後라도人文進陟의速度가極히遲々閑漫ᄒᆞ엿스니大抵一個細胞가漸次分化하야初에單純ᄒᆞ든者複雜을作ᄒᆞ고初에混沌ᄒᆞ든者漸次淸明을成ᄒᆞ여畢竟은無數ᄒᆞᆫ細胞를統一調和ᄒᆞ야崇高ᄒᆞᆫ生活을營得바ᄒᆞᆯ儼然ᄒᆞᆫ一個의有機体를形成ᄒᆞᄂᆞᆫ過程이俄然換異ᄒᆞ야人民發達의狀況을可想케ᄒᆞ도다

人類의進化ᄂᆞᆫ一定ᄒᆞᆫ時紀에突然히起來ᄒᆞᆫ거시아니오所謂生物學的進化의繼續으로觀察ᄒᆞᆷ이至當ᄒᆞᆯ지니此ᄂᆞᆫ前世紀末年브터識者의注意를夙起ᄒᆞᆫ바特히近年ᄯᅡ윈氏의進化說이唱起ᄒᆞᆫ以來로確實ᄒᆞᆫ科學的根據를得ᄒᆞᆫ者이라此를陳述ᄒᆞ기前에至今ᄭᆞ지一般世人이信憑ᄒᆞᆫ바基督敎的大要를先擧ᄒᆞᆷ이必要ᄒᆞ리로다

舊約創世記에記錄ᄒᆞ엿스ᄃᆡ人類ᄂᆞᆫ造物主即眞神의手로造成ᄒᆞᆫ者니生時브터正義直實의德性을具備ᄒᆞ고博大ᄒᆞᆫ智力과高潔ᄒᆞᆫ

感情을稟有ᄒᆞ엿ᄂᆞᆫᄃᆡ에덴이라稱ᄒᆞᄂᆞᆫ樂園에居住케ᄒᆞ니天然美麗의草木은地를蔭蔽ᄒᆞ고涓々ᄒᆞᆫ淸泉이長流를連湧ᄒᆞ고天空에ᄂᆞᆫ佳禽靈鳥가榮光을讚美ᄒᆞᄂᆞᆫ데人은其間에서永遠ᄒᆞᆫ春光을沐浴ᄒᆞ고無限의淨樂을享受ᄒᆞ야所事ᄂᆞᆫ樂園을理守ᄒᆞ고園에잇ᄂᆞᆫ諸般菓實을摘食케ᄒᆞ고ᄯᅩ一切의禽獸를神의命令되로命名ᄒᆞ니라(創世記二章十五六節) 然ᄒᆞ나神의許給치아니ᄒᆞᆫ菓物을摘食ᄒᆞᆫ罪로永々이樂土를離ᄒᆞ야地球上에落下ᄒᆞ엿ᄂᆞᆫᄃᆡ그言語며樂園과그神聖ᄒᆞᆫ生活에對ᄒᆞᆫ惝怳追懷의情은永々彼의게賦與ᄒᆞ며ᄯᅩ信仰高德의無限ᄒᆞᆫ精進으로써已失ᄒᆞᆫ天國을恢復케ᄒᆞ나此가人類의永久ᄒᆞᆫ義務라고決定ᄒᆞ엿고ᄯᅩ神의默示로動植物中에셔그生活上에用不用與否를區別ᄒᆞ야育成收獲의道를習ᄒᆞ더니未幾에木石으로써家屋을建築ᄒᆞ며金屬으로써鍊鑄를創試ᄒᆞᆷ에至ᄒᆞ니이로써그歲代를推算ᄒᆞᆫ즉初代原人으로브터凡一千年後가될진뎌」ᄒᆞ엿스니

以上은舊約創世記에記載ᄒᆞᆫ바니實은千數百年間에基督敎勢力의傳播를좃차一般歐羅巴人의依憑된바라其眞想은特殊ᄒᆞᆫ解釋이無ᄒᆞ면足히確定키難ᄒᆞᆫ즉不可不近世經驗科學의結果를依憑ᄒᆞᆷ이可ᄒᆞᆯ지라最近人類學說을據ᄒᆞᆫ건ᄃᆡ原始人은動物中에特히發達의能力을持有ᄒᆞᆷ에不過ᄒᆞᆫ者라ᄒᆞ니大抵原始人에關ᄒᆞ여서ᄂᆞᆫ科學의興起史가尙淺未遠ᄒᆞ야果是十全치못ᄒᆞ다稱ᄒᆞ나最近四十年間來探究ᄒᆞᆫ結果로人類始原狀態에對ᄒᆞ야大体上最後의判斷을劃下ᄒᆞ엿도다

吾人의生活ᄒᆞᄂᆞᆫ地球의年齡은到底히測知

키不能ᄒᆞᆫ者니大抵宇宙는無數ᄒᆞᆫ世界로成立ᄒᆞᆫ者라無始로브터無終에至ᄒᆞ기ᄭᆞ지其間을念々히流傳不已ᄒᆞ야過去의宇宙는已爲無限의變形을經過ᄒᆞ엿고將來의宇宙는亦是無限의化成을遂ᄒᆞᆯ지니地球도亦是其始初所謂「아조아」時代（Azoische Period）에는生物은一個도無ᄒᆞ며動物은今日地球上에居生ᄒᆞᄂᆞᆫ者나曾前에生息ᄒᆞ엿든千種萬別이亦是그始代에는唯一의種類나或은極少의種原으로從出ᄒᆞ여非常히長久ᄒᆞᆫ歲月間에極히緩漫ᄒᆞᆫ變形으로ᄌᆞ차漸次進化ᄒᆞᆫ것에不外ᄒᆞᆯ지니最初生物의從來ᄒᆞᆫ狀況과時代에關ᄒᆞ여는畢竟精確ᄒᆞᆫ科學的知識을得ᄒᆞ기難ᄒᆞᆫ듯ᄒᆞ도다。

然則原始의人類는何許時代에처음生存ᄒᆞᆫ者뇨이는地質學上의硏究를依賴치아니ᄒᆞᆯ수업ᄂᆞ니何者오ᄒᆞ면原始人에關ᄒᆞᆫ吾人의知識은專혀그遺物을考察ᄒᆞᆷ이可ᄒᆞᆫ딕그遺物은엇던地層中에서多數發見되엿ᄂᆞ니然則原始人의時代는遺物發見의地層時代를ᄌᆞ차決定ᄒᆞᆷ이可ᄒᆞ리로다。 人類遺跡이發見된거슨地層歷史上에最近ᄒᆞᆫ第三紀層과밋洪積層이니佛國人푸ㅣ류스아ㅣ氏와葡萄牙人리뻬ㅣ로氏는第三紀層中에人類의最初生息을唱論ᄒᆞ엿스나今日多數學者의唱說을據ᄒᆞᆫ건딕第三紀層은水力의現著ᄒᆞᆫ變動을被ᄒᆞᆫ時代인즉其中에셔發見ᄒᆞᆫ者로써는當代의產物이라고斷定ᄒᆞ기不能이며他에서漂流積來ᄒᆞᆫ거스로暫知ᄒᆞᆯ거시라ᄒᆞ니故로此說은更一層確實ᄒᆞᆫ根據가無ᄒᆞᆫ以上은아직一般認容ᄒᆞ기不能ᄒᆞᆯ듯ᄒᆞ도다

洪積層中에人類의祖先을見得ᄒᆞ리라ᄒᆞᆷ은今日人類學上의通說인듯ᄒᆞ나此說도디을디귀쎄에氏(一七六九ㅣ一八三二)의主張

ᄒᆞᆫ바地皮의猛烈ᄒᆞᆫ變狀잇슴을從ᄒᆞ야其生物이다絶滅ᄒᆞ고新地皮上에更히全新ᄒᆞᆫ生物을創生ᄒᆞ미人類가果然此創生物中의一이라ᄒᆞᄂᆞᆫ假想이近世地質者의一時代를造成ᄒᆞᆫ챨ㅣ쓰、라이엔氏가出ᄒᆞ기前에ᄂᆞᆫ歐洲學術界에盛行ᄒᆞ엿더니라이엘氏가精透ᄒᆞᆫ實驗으로地質學原理를大著ᄒᆞ고큐ᄲᅵ엔氏의唱說을論駁ᄒᆞ여曰地皮ᄂᆞᆫ決코猛烈ᄒᆞᆫ急激變化를作ᄒᆞᆫ거시아니오實은無數ᄒᆞᆫ年月을要ᄒᆞ야거의覺知치못ᄒᆞᆯ變形을累積ᄒᆞ야畢竟은現今의狀態를成ᄒᆞ엿다ᄒᆞ니氏ᄂᆞᆫ地質學上의意見으로써ᄯᅡ윈氏의主唱ᄒᆞᆫ바動植物의種類ᄂᆞᆫ決코不變物이아니오所謂同科目에屬히ᄂᆞᆫ種類ᄂᆞᆫ同族ㅣㅏ이나或은消滅된他種類의變化되ᄂᆞᆫ거시라ᄒᆞᄂᆞᆫ進化說을生物學에應用ᄒᆞᆫ것으로觀察ᄒᆞᆯ지라。大蓋現今生存ᄒᆞᄂᆞᆫ動植物의祖先을過去世紀地層中에發見ᄒᆞᆯ것ᄀᆞᆺᄒᆞ면人類의祖先도亦是其中에셔求得ᄒᆞᆯ바가確然ᄒᆞ다ᄒᆞᆯ지니實은洪積層中에人類祖先의生存이多數地質學者와人類學者로좃차証明되엿도다左에카ㅣ쎌氏의記述ᄒᆞᆫ바를轉載ᄒᆞ노라

洪積層時代에ᄂᆞᆫ北極의氷田이非常히宏大ᄒᆞ야스칸디나ᄲᅵ아半島는勿論이요잉글넌드에도뎀쓰河以北은其下에全沒ᄒᆞ엿고德國도라인河口와하루츠山에루츠山이大氷田의南界가되엿고亞細亞에ᄂᆞᆫ감잣가半島와오고츠구海며ᄡᅡ이칼湖에至ᄒᆞ고北米洲에ᄂᆞᆫ가나다全土를埋沒ᄒᆞ여오하이오洲에至ᄒᆞ엿스며歐羅巴에ᄂᆞᆫ此大氷田以外에알ᄑᆞ쓰과ᄲᅦᆫ니쓰兩山의氷田이잇셔南歐諸半島의西部와中部를掩蔽ᄒᆞ엿더라。前記의大氷田南端과此二氷田北端中間에在ᄒᆞᆫ一帶土地ᄂᆞᆫ氣候가

凛烈치아니ᄒᆞ고植物이繁殖ᄒᆞ엿ᄂᆞ니此ᄂᆞᆫ그遺骨로足히證據ᄒᆞᆯ진즉此時代를氷雪時代라稱ᄒᆞᄂᆞ니라

當時動物의遺骨을掘出ᄒᆞ야解剖學的想像으로써此에皮肉을附ᄒᆞ고詳說을加ᄒᆞᆫ書類가雖多ᄒᆞ나吾人은就中에主要ᄒᆞᆫ種類만說擧ᄒᆞ리라　從來西非利亞地方에셔產出ᄒᆞᄂᆞᆫ象牙ᄂᆞᆫ現今象牙가아니오「마무쓰」라稱ᄒᆞᄂᆞᆫ象과恰似ᄒᆞᆫᄃᆡ氷田中에埋沒되여腐爛치아니ᄒᆞ고存在ᄒᆞᆷ을發見ᄒᆞ니長毛를生ᄒᆞᆫ巨獸의牙인줄을知得ᄒᆞ엿고또그皮肉은오히려新鮮ᄒᆞ야겨우數日을經ᄒᆞᆫ屠牛와如히胃中에夥多ᄒᆞᆫ唐檜樹綠葉을發見ᄒᆞ엿다ᄒᆞ니然則此獸ᄂᆞᆫ雜草外樹木도摘食ᄒᆞ든者인가드른즉「훈쓰룽」이라ᄂᆞᆫ動物園에在ᄒᆞᆫ巨象은夜間에百斤以上蒭草를給食ᄒᆞ고晝間에ᄂᆞᆫ數十斤蕪菁과數多ᄒᆞᆫ麵麭를食ᄒᆞᆫ다ᄒᆞ니然則象보다巨大ᄒᆞᆫ「마무쓰」돌이群捿ᄒᆞ엿슬時代에ᄂᆞᆫ眞實노莫大ᄒᆞᆫ食料를要ᄒᆞ엿슬지니當時植物의繁茂ᄂᆞᆫ足히推知ᄒᆞ리로다

家庭教育法

金壽哲(譯述)

緖論

大凡教育의終局目的이人物養成에在ᄒᆞᆫ것은世의定論이라更히呶々ᄒᆞᆯ비無ᄒᆞ거니와回惟컨ᄃᆡ現時小學校ᄂᆞᆫ果然人物養成에適當ᄒᆞᆫ가又如何히ᄒᆞ면完全ᄒᆞᆫ人物을養成ᄒᆞᆯ가此ᄂᆞᆫ實노教育界의一大問題ㅣ라此問題를解釋ᄒᆞ야正當ᄒᆞᆫ答辯을與ᄒᆞᆯ것은卽吾人教育者의當應ᄒᆞᆯ責務가아니리오若教育의

目的이單히知識技能을授與ᄒᆞᆷ에在ᄒᆞ다ᄒᆞ면余輩ㅣ다시무엇을云々ᄒᆞ리오만은大槪國民敎育과道德敎育을施行ᄒᆞ여知識豊富惑情調和、意志强固의人物을養成ᄒᆞᆷ으로써敎育者의責任이라할진ᄃᆡ余輩ㅣ엇지今日을當ᄒᆞ여此問題를解釋ᄒᆞ야써其方法을研究ᄒᆞᆷ이切要티아니리오

現今小學校敎育의實際를觀察컨ᄃᆡ其居半은知識을付與ᄒᆞᆷ에汲々ᄒᆞ야身軆의發達에留意치아니ᄒᆞ고夥多의技藝를授與ᄒᆞ야感情의發育을不顧ᄒᆞ며徒히形式에流ᄒᆞ야써精神의訓鍊에未及ᄒᆞ니此로從ᄒᆞ야社會의風潮와輿論의傾向도輕躁浮華에流ᄒᆞ야其着實深慮、思想確固의人物이乏ᄒᆞᆷ에至ᄒᆞ도다그러나余輩는此로써强히學校敎育에만其責을歸ᄒᆯ뿐아니라抑家庭에向ᄒᆞ여多大ᄒᆞᆫ責任을問코져ᄒᆞ노라

眞實로有爲의人物을養成ᄒᆞ고져ᄒᆞ면必先兒童의個性을研究ᄒᆞ야其性質에應ᄒᆞ여特殊ᄒᆞᆫ敎育을施ᄒᆞ며旣有의感情을誘發ᄒᆞ여美情同情、愛情等을發達케ᄒᆞ야思想을整頓히ᄒᆞ고明瞭ᄒᆞᆫ槪念을搆成ᄒᆞ야ᄡᅥ强固ᄒᆞᆫ意志를作成티아니ᄒᆞ면不可ᄒᆞ도다그러ᄒᆞ나現時의敎育은此와反ᄒᆞ여其一定의形式에ᄶᅩ차敎育ᄒᆞ며其一樣의模型에드러敎授ᄒᆞᆷ으로ᄡᅥ兒童의個性을沒却식켜其天才를發達케못ᄒᆞ며各種의良感情을抑制ᄒᆞ고反히恐怖、憤怒、嫉妬等의惡感情을起生케ᄒᆞ야其思想暗鬱、意志浮薄의人物을養成ᄒᆞᆷ에至ᄒᆞ니엇지其善良ᄒᆞᆫ家庭敎育이大槪此弊를除去ᄒᆞᆷ에必要치이니ᄒᆞ리오抑家庭敎育이學校敎育에基礎된다는所以는實로是에存ᄒᆞᆷ이니라

以上의所論에由ᄒᆞ면家庭의任務는實로大

ᄒᆞ다謂할지로다그러나現時의家庭이能히其要求에應ᄒᆞ여其任을完得ᄒᆞᄂᆞ냐ᄒᆞ면余輩ᄂᆞᆫ맛당히否라答ᄒᆞᆯ것을不憚ᄒᆞᆯ리로다嗚呼라小學校教育에關ᄒᆞ여先進者ㅣ이믜其設備을考究ᄒᆞ며教授의方法을研究ᄒᆞᄂᆞᆫ等諸般의改良을努力ᄒᆞᆷ으로ᄡᅥ適當의書物도漸出ᄒᆞ고其方法도公共ᄒᆞ게되엿스나其家庭教育에至ᄒᆞ야서ᄂᆞᆫ世間이아직其必要ᄒᆞᆷ을感ᄒᆞᆷ이懇切티못ᄒᆞᆯᄲᅮᆫ더러ᄯᅩᄒᆞᆫ其方法을研究ᄒᆞᄂᆞᆫ者도絕無ᄒᆞ도다엇지其學校教育에基礎되ᄂᆞᆫ家庭教育이此와如히等閑에付ᄒᆞᆷ을見ᄒᆞ건ᄃᆡ教育에從事ᄒᆞᄂᆞᆫ者ㅣ一層猛省티아니리오大概教育者ᄂᆞᆫ國家의先覺者로ᄡᅥ任ᄒᆞᆯ지며社會에先進者로ᄡᅥ立ᄒᆞᆯ지라余輩ㅣ비록不才ᄒᆞ나多年間教育의事에留意ᄒᆞᆷ이不無ᄒᆞᆯ서恒常家庭教育의不備ᄒᆞᆷ을慨歎ᄒᆞ야ᄡᅥ其未知의理論을研究ᄒᆞ고未發의方法을案出ᄒᆞ야世의一般家庭의注意를促ᄒᆞ야改良을施ᄒᆞ며善良의教育을行ᄒᆞ고又進ᄒᆞ여其學校教育의進步發達ᄒᆞᆷ을貢獻코져自期ᄒᆞᄂᆞᆫ비로라

家庭教育의原理

第一 家庭教育의意義

家庭教育의意義를明確히ᄒᆞ고져ᄒᆞ면必先家庭의如何ᄒᆞᆫ것을解說치아니면不可ᄒᆞᆫ지라그러나家庭에對ᄒᆞ야서ᄂᆞᆫ아직確固ᄒᆞᆫ解釋이업슴으로人々의所說이區々ᄒᆞ도다今에余輩의所見으로由ᄒᆞ면家庭이라ᄒᆞᄂᆞᆫ것은即學校以外의教育所이며又家庭教育이라ᄒᆞᄂᆞᆫ것은此家庭의與ᄒᆞᄂᆞᆫ教育이라云ᄒᆞᆯ지라그러나此意義ㅣ甚히廣漠ᄒᆞᆷ에失ᄒᆞ여其眞意를知키不能타ᄂᆞᆫ誹嘲가亦不無ᄒᆞᆯ이로다그런즉家庭教育에對ᄒᆞ여其廣義의解釋을與ᄒᆞ자면可히二部에分ᄒᆞᆯ지니第一部

는學校時代以前의家庭敎育第二部는學校時代의家庭敎育이라稱홀지라前者는學校敎育의基礎가되고後者는學校敎育의補助가되나니此를簡言ᄒᆞ자면兒童이小學校에入ᄒᆞ기前에施홀敎育은勿論이고其在學中과學校以外에當ᄒᆞ야서도行홀敎育은即家庭敎育이是ㅣ라又進ᄒᆞ여中等敎育의學校에入ᄒᆞᆫ後에라도感情猛烈ᄒᆞᆫ靑年時代에는恒常思想이堅固치못ᄒᆞᆫ故로又家庭敎育의必要를觀홀지니故로이믜一般의普通敎育을終ᄒᆞ면所謂成年時代에達ᄒᆞ야父兄의干涉홀비減少ᄒᆞ다ᄒᆞ나더욱社會敎育의要用을認ᄒᆞ느니此社會敎育도多大히家庭敎育의補助를必借홀지로다그런즉人生의如何ᄒᆞᆫ時代를勿論ᄒᆞ고學校敎育以外에更히或種의敎育의必要를見ᄒᆞ겟도다

余輩는此種敎育을總稱ᄒᆞ여家庭敎育이라名ᄒᆞ노니實上廣義의家庭敎育中에는社會敎育과幼稚園敎育이다含蓄홈이로다그러나今에論코져ᄒᆞ는곳은即小學校以前의家庭敎育에在홈일식其學校時代의家庭敎育에關ᄒᆞ야서는別論을更擧ᄒᆞ겟노라

第二　家庭敎育의目的

家庭敎育의意義는이믜明確ᄒᆞᆫ지라玆에論홀만ᄒᆞᆫ範圍도定ᄒᆞ엿슨즉又進ᄒᆞ여其目的의如何ᄒᆞᆫ것을更히研究ᄒᆞ리로다現時世에行ᄒᆞ는家庭敎育의狀態를觀察ᄒᆞᆫ즉兒童學、兒童心理學、兒童衛生學等에對ᄒᆞ야서는如何ᄒᆞᆫ研究도少無ᄒᆞ고徒히兒童을抑制홀뿐더러所謂嚴格ᄒᆞᆫ行儀作法을授ᄒᆞ여知識을付與ᄒᆞ노라고ᄒᆞ야反히精神의過勞를來ᄒᆞ며過度의勞働을作ᄒᆞ야뻐身体發育을害케ᄒᆞ야其學校에入ᄒᆞᆫ後에도다시挽回홀수업는悲境에陷케ᄒᆞ는者ㅣ多ᄒᆞ니此는全혀

家庭教育의目的을不解홈에依홈이라그러면其目的은如何혼고乞惟、此를左에述ᄒ노라

今에熟히家庭에在혼兒童의狀態를觀察ᄒ건ᄃᆡ其心意와밋身體의組織이아직完全혼域에未達ᄒ고今에비로소發達의時期에在ᄒ니可히此微弱혼心意를發展ᄒ여强固ᄒ게ᄒ며薄弱혼身體를保護ᄒ여健全ᄒ게홈으로써他日學校敎育을施홀準備를하지아니치못홀지로다若此와反ᄒ야此纖弱혼兒童에게對ᄒ야理論으로써制御ᄒ고壓制로써束縛ᄒ는等은다못其心意의發達을害홀뿐만안이라盛히成長ᄒ는身体의發育을妨홈도頗大ᄒ니라

幼兒는極히自然ᄒ고極히眞誠ᄒ고極히玲瓏ᄒ니彼等의行動은即天性이라故로大人의惡으로見ᄒ는바彼等은反ᄒ여善으로思ᄒ고大人의正으로思ᄒ는바彼等는反ᄒ여邪로考ᄒᄂ니眞實노事實의眞想을不究ᄒ고單히皮相의觀察과無法의推測으로써兒童을律홈은實노大謬見이니라

嗚呼라今日과如히風儀頹廢혼家庭에서는決코人物을養成키는難望이로다必先家庭의改良을得ᄒ야自初로其目的을進達케ᄒ여야될지라그런즉如何히家庭을改良ᄒ여야可홀고此ㅣ必先其目的의確立을要홀지니故로家庭敎育의二大部에從ᄒ야目的을次와如히二種에分ᄒ노라

第一 家庭敎育의目的은兒童身體의發達에留意ᄒ야其心的傾向을觀察ᄒ야써完全혼心身의發育을圖ᄒ고後來學校敎育의基礎를作홈에在ᄒ니라

第二 學校와連絡을謀ᄒ고又協力ᄒ야兒童의敎育에從事ᄒ야互相間背馳가

無害을要ᄒᆞᆯ지니라

歷史譚 第十四回

크롬웰傳 (二) Der Historiker

千六百三年에쩸스一世가即位ᄒᆞᆫ後로이弊風엔小不注意ᄒᆞ고唯利是貪ᄒᆞ야危機가日迫ᄒᆞ더라ᄯᆡ에新舊兩教의爭端은全幅에瀰漫ᄒᆞ고正義回復人權自由弊風革新을主張ᄒᆞᄂᆞᆫ清教徒ᄂᆞᆫ陰然히自防的手段을講ᄒᆞ야機會를苦待ᄒᆞᄂᆞᆫᄃᆡ闇暴ᄒᆞᆫ쩸스ᄂᆞᆫ神授權利ᄅᆞᆯ固執ᄒᆞ고自由를熱望ᄒᆞᄂᆞᆫ者를不敬의罪로治ᄒᆞ더라이ᄯᆡ庶民院(下院)은政黨非政黨에分ᄒᆞ얏고非政黨이또二派에分ᄒᆞ얏ᄂᆞᆫᄃᆡ王黨은民黨을恐迫ᄒᆞ고民黨은王黨을攻擊ᄒᆞ며王은清教徒의領袖를捕縛下獄ᄒᆞ며國會ᄂᆞᆫ舊教에對ᄒᆞᆫ刑法을益々勵行ᄒᆞ야드듸여火藥陰謀를釀出ᄒᆞ니라千六百六十七年頃에英蘇聯合問題가起ᄒᆞᄆᆡ王의뜻에出ᄒᆞᆫ聯合에傾向을알고도國會ᄂᆞᆫ이를非決ᄒᆞ며헤쓰事件에도王은專斷을主張ᄒᆞ고國會ᄂᆞᆫ이를非定ᄒᆞ며兼ᄒᆞ야關稅增加의不當과國會言論壓制의不法을痛論ᄒᆞᆷ에至ᄒᆞ야同十一年에國會ᄂᆞᆫ또解散令을當ᄒᆞ니라以後로王은七年間國會를召集지아니ᄒᆞ고獨裁政治를行ᄒᆞ다가三十年戰爭이起ᄒᆞ야國庫가蕩盡ᄒᆞᄆᆡ王도不得已國會를召集ᄒᆞ고孔方의窘急을哀訴ᄒᆞ니ᄯᆡᄂᆞᆫ곳千六百二十年一月三十日이라크롬웰은故鄉에閒臥ᄒᆞ야短褐赤裘로楊栅를唱ᄒᆞ며牧羊을謠ᄒᆞ더라

이國會가成立ᄒᆞᆫ後뼈ㅣ、에드와드、콕의動議로弊政調査委員을撰出ᄒᆞ야調査ᄒᆞᆫ結果王의罪惡을發見ᄒᆞᆫ지라庶民院은王의失

政을鳴討ᄒᆞ며二百年來不用의彈劾法을再用ᄒᆞ야弊政革新을固執홈으로王의哀訴ᄒᆞᆫ財政問題ᄂᆞᆫ一無所納ᄒᆞ고攻擊만層生ᄒᆞ야平民에對ᄒᆞᆫ貴族과王黨에對ᄒᆞᆫ清教의反目은難可枚擧러라그러ᄂᆞ크롬웰氏ᄂᆞᆫ이乱痲의世界와惡魔의天地에小不掛念ᄒᆞ고荒凉ᄒᆞᆫ田園에羊群을馴牧ᄒᆞ면셔聖書에潛心ᄒᆞᆯᄲᅮᆫ이러라

其與孔明之閑臥草廬鼎定三國何如乎不覺使人如在臥龍岡山우ㅣ스河畔

그러ᄂᆞ그렛부리든的精神과清教的自由主義를抱ᄒᆞᆫ此男兒가엇지이殘忩의王黨과迫害의貴族에憤激치아니ᄒᆞ며耶蘇的生命과耶蘇的博愛에薰陶ᄒᆞᆫ比丘가自由束縛의大敵과權利無視의魔物에悲慨치아니ᄒᆞ고져ㅣ無血虫失魂塑의被偏的教徒의教意의皮面만舐嘗ᄒᆞ고天堂地獄에迷惑ᄒᆞ야아멘的微物로所謂「日諺에論語를讀ᄒᆞᄂᆞᆫ者ㅣ가論語를모른다홈과」갓치但只現世에在ᄒᆞ야傳教에ᄂᆞ從事타가未來에天堂의極樂에安逸코져ᄒᆞᄂᆞᆫ者와갓ᄒᆞᆯ소냐耶蘇의行ᄒᆞ신바를自己가그와갓치行ᄒᆞ며ᄯᅩ時勢를從ᄒᆞ야耶蘇의行치못합신바라도自己가行ᄒᆞᆫ後에야비로소耶蘇의耶蘇됨을自覺ᄒᆞᆫ크롬웰이며未來에天堂에가고져ᄒᆞᆯ진ᄃᆡ現世에이실동안에眞理를實行ᄒᆞ야蒼生을自由에濟ᄒᆞ며權利에洛케ᄒᆞ여야未來天堂에歸ᄒᆞᆯᄯᅥ에 上帝의安慰와耶蘇의握手를得ᄒᆞᆯ줄로自覺ᄒᆞᆫ크롬웰이며魔物를除去ᄒᆞ고萬姓을救濟코져ᄒᆞᆯ진ᄃᆡ自己도耶蘇와갓치十字架에磔ᄒᆞ여야ᄒᆞ깃고但只傳道唯是의鉛槧傭과祈禱乃己의瞞世禪으로ᄂᆞᆫ絕代的不能을自覺ᄒᆞᆫ크롬웰이라猛虎가銳牙를감추고深山에蟄居ᄒᆞ며毒龍이呼吸을거두고僻谷에

隱身홈과갓치故園에潛居ᄒᆞ야隨[illegible]後而逐羊群ᄒᆞ며究眞理而講聖經은이男兒의十餘年間獨修러라氏의特히愛慕ᄒᆞᄂᆞᆫ바ᄂᆞᆫ耶蘇十字架의眞性始現과모세約百의意思健强이라一邊으론凡人以上의健全ᄒᆞᆫ聖神을尊敬ᄒᆞ며一邊으론邪惡無比의世態를蛇蝎視ᄒᆞ고唯我의精神과克己의主義를念々不忘ᄒᆞ야恒常피(血)로피를씨스며精神으로精神을베리기(改鑄)를祈禱ᄒᆞ더니果然十七世紀에英國은이絶代唯我의篇櫛로數千年舊來의弊害를一擧掃除ᄒᆞ야革命의潮流를預防ᄒᆞ고神聖의國家를組織케ᄒᆞ얏시니이것시크롬웰의傑處며크롬웰을如此히達觀케홈은곳져ㅣ唯物實行的治塲의聖經所導와時代影響이더라二十三歲에巨商로ㅣ닐女에리사베스를娶ᄒᆞ야內政을一委ᄒᆞ고自已ᄂᆞᆫ每日曜日에近傍壯丁을敎會堂에召集ᄒᆞ고社會目前의悲境과蒼生現時의塗炭을痛論ᄒᆞ며聖神을爲ᄒᆞ야犧牲的(軍人的)生活과獻身的精神이目前時勢에必要홈을哀鳴ᄒᆞᆫ後誠心의說敎와謹嚴의祈禱를行ᄒᆞ니일로由ᄒᆞ야敎徒가一齊感化ᄒᆞ야後日同地方의精銃로王黨을一擧擊滅홈을得ᄒᆞ니라

壯哉크롬웰之唯物實行的主義快哉오리바之獻身自若如精神已承 上帝之命而生宜知体昊天之事旣落英邦之中而長須盡愛自國之誠惜乎君之獨有於英而蓋來臨乎斯邦歟然肉体有限之物精神無限之靈故余想吾國之有意兒慕君之精神而効君之志氣奮然一起能必回天轉地於亡莫之中矣于君之靈倘有所慶

學園

音響의니야기

研究生

吾人이一次口를開ᄒᆞ고言을發ᄒᆞ면其言語ᄂᆞᆫ即時로其周圍에잇ᄂᆞᆫ人의게聞ᄒᆞᄂᆞ니此가一体如何ᄒᆞᆫ理致에因ᄒᆞᆷ이냐ᄒᆞ면人은或答ᄒᆞ되吾人은兩耳가有ᄒᆞ야人의發ᄒᆞᄂᆞᆫ音聲을聽ᄒᆞᆷ이라ᄒᆞᆯ지나此ᄂᆞᆫ其理致를十分理解ᄒᆞᆫ對答이라謂치못ᄒᆞ겟도다假使吾人이飮食을喫ᄒᆞᆯ時에ᄂᆞᆫ手가此를運搬ᄒᆞ야口中에入ᄒᆞ여주면口ᄂᆞᆫ此를咀嚼嚥下ᄒᆞ되言語ᄂᆞᆫ此를誰가運傳ᄒᆞ야耳에入케ᄒᆞ여주ᄂᆞᆫ者가無ᄒᆞᆫ듯ᄒᆞ나其實은眼目에見치아니ᄒᆞᄂᆞᆫ空氣가此作用을作行ᄒᆞ도다

大抵音聲이라ᄒᆞᄂᆞᆫ거슨如何ᄒᆞᆫ者인고ᄒᆞ면吾人의胸部에잇ᄂᆞᆫ肺臟中에서空氣가氣道를通ᄒᆞ야上來ᄒᆞ면咽喉部에在ᄒᆞᆫ聲帶(목졋)라ᄒᆞᄂᆞᆫ極히薄ᄒᆞᆫ膜에衝當ᄒᆞᄂᆞᆫ거시라此膜은二片이咽喉左右로相向緊張ᄒᆞ여잇고其中央에狹少ᄒᆞᆫ間孔이有ᄒᆞᆫ데肺에서上來ᄒᆞᄂᆞᆫ空氣가此空隙을衝折過出ᄒᆞ면其膜의邊周ᄂᆞᆫ肺의空氣가衝打ᄒᆞᄂᆞᆫᄃᆡ로振動ᄒᆞ야外部空氣中에亦是同一ᄒᆞᆫ波動을振起ᄒᆞ면此가漸次周圍로廣大傳去ᄒᆞᄂᆞᆫ狀態ᄂᆞᆫ池中에小石을投ᄒᆞ면水面上에圓形의波動이生ᄒᆞ야此漸次로廣大ᄒᆞᄂᆞᆫ貟様과恰似ᄒᆞ도다然ᄒᆞ나水面上의傳去ᄒᆞᄂᆞᆫ波動은一平面上에다못圓形을成劃ᄒᆞᆷ이오空氣中의波動은空間上下前後左右八方周圍로一様의球形을成ᄒᆞ야漸次로傳播ᄒᆞᄂᆞ니如此히傳來ᄒᆞᄂᆞᆫ空氣의波動이吾人의耳中에잇ᄂᆞᆫ鼓膜

이라ᄒᆞᄂᆞᆫ薄膜을衝打ᄒᆞ면此時에其耳中에잇ᄂᆞᆫ鼓膜은此音聲을發ᄒᆞᆫ人의聲帶의振動과同一ᄒᆞᆫ振動을起ᄒᆞᆷ으로因ᄒᆞ야他人의言語音聲을그發ᄒᆞᆫ디로吾人이能히聽聞ᄒᆞᄂᆞᆫ거시라

音波가空氣中에傳達ᄒᆞᄂᆞᆫ速力卽音의速度ᄂᆞᆫ大槪一秒間에千百尺可量이오一時間에三十九萬六千尺이라此를我國里數로換算ᄒᆞ면一時間에二千四五百里를能히傳達ᄒᆞᄂᆞ니音響의速度ᄂᆞᆫ實노可驚ᄒᆞᆯ만ᄒᆞ도다然ᄒᆞ나音響의速度보다又幾倍나一層更速ᄒᆞᆫ光線의速度가有ᄒᆞᄂᆞ니諸君은如此ᄒᆞᆫ計算으로써다못好事者의机上空測으로誤解치말지어다此ᄂᆞᆫ今日發達된物理學의原則과方法으로써幾多의苦心實測을精確히經ᄒᆞᆫ後에發表ᄒᆞᆫ거시라通常人이라도音響의大畧速度를實測코저ᄒᆞ면容易ᄒᆞᆫ方法이如左ᄒᆞ니

音의速度를實測코저ᄒᆞ면二人(一人은銃을持ᄒᆞ고他一人은懷中時計를持ᄒᆞ라)이廣漠平坦ᄒᆞᆫ原野에出去ᄒᆞ야二人이二里或三里間隔에서로向ᄒᆞ야對立ᄒᆞ고銃을持ᄒᆞᆫ一人이銃을發砲ᄒᆞ면時計를持ᄒᆞᆫ一人은遠隔에서其發砲時에烟氣가起ᄒᆞᆷ을見ᄒᆞ고卽其瞬間브터時計를見ᄒᆞ야幾秒後에其砲聲이來聞ᄒᆞᄂᆞᆫ거슬知ᄒᆞ면其二人間의距離를此秒數로除ᄒᆞ면一秒間에傳播ᄒᆞᄂᆞᆫ音響의速度를知ᄒᆞᆯ수有ᄒᆞ도다

音은如此히速ᄒᆞ게傳ᄒᆞᄂᆞᆫ者이며多少間隔處에서人이談話ᄒᆞᆯ지라도其音聲이直近處에서發ᄒᆞᄂᆞᆫ者와자못同一히來聞ᄒᆞ며諸君은또伐木ᄒᆞᄂᆞᆫ人의擧上ᄒᆞᆫ斧가其樹部에下抵ᄒᆞᆷ을見ᄒᆞᆫ後에多少時間을經過ᄒᆞ야其斧聲이비로소耳에來達ᄒᆞᆷ을實驗ᄒᆞ엿스리로

다

空氣中에서音波가傳播ᄒᆞ는途中에如何遮立ᄒᆞᆫ物体에當ᄒᆞ면其部分의音波는反對方向으로다시反還ᄒᆞ는거시池中에石을投ᄒᆞᆯ時에水面上에生ᄒᆞ는圓形의波가傳播ᄒᆞ는途中에如何ᄒᆞᆫ岩礁를當ᄒᆞ면反對方向으로反還ᄒᆞᆷ과자못同一ᄒᆞ도다此를實驗ᄒᆞ는方法은左와如ᄒᆞ니

人은一秒間에五語를明確히發ᄒᆞ기能ᄒᆞ고또音은一秒間에千百尺을進ᄒᆞ미一秒의五分一時間에는五分一卽二百二十尺凡三十七間을進ᄒᆞᄂᆞ니諸君이宏大ᄒᆞᆫ建築物의墻壁에서凡十九間卽三十七間의折半距離에對立ᄒᆞ고高聲으로假令「쟈미가잇다」言ᄒᆞ면一秒間의最初五分一時間에그(쟈)의音은十九間을進ᄒᆞ야墻壁에衝當ᄒᆞ고다시返還ᄒᆞ야「쟈」의音이다시耳에來聞ᄒᆞ고此時에其次에(미 音도또ᄒᆞᆫ墻壁에衝當ᄒᆞ고다시返還ᄒᆞ야耳에聞ᄒᆞ며次에는(가)音其次에(다)音이順次로墻壁에衝當ᄒᆞ고順次로反還ᄒᆞ야言을發ᄒᆞᆫ지一秒終末에는自己의發ᄒᆞᆫ言을分明히再聞ᄒᆞ겟고또山谷에셔吾人이言을發ᄒᆞ면往々히對向ᄒᆞᆫ山顚에서同一ᄒᆞᆫ言語가響應ᄒᆞᆷ을聞ᄒᆞ리니此를物理學上에서는反響이라稱ᄒᆞᄂᆞ니라

人의音聲은高低强弱種々의別이有ᄒᆞᆫ데一般女子의音聲은强ᄒᆞ고男子의音聲은弱ᄒᆞ니此는聲帶의振動數가多ᄒᆞ면强ᄒᆞ고少ᄒᆞ면弱ᄒᆞᆫ거시라此를精密히試驗코져ᄒᆞ면사이렌이라ᄒᆞ는器械를用ᄒᆞᄂᆞ니겨우得聞ᄒᆞᆯ수잇는弱ᄒᆞᆫ音은一秒間에十六回、一分間에九百六十回可量振動ᄒᆞ는거시며또振動이太速ᄒᆞ야一秒間에一萬六千回、一分間에九十六萬回에達ᄒᆞ면如此ᄒᆞᆫ音은넘어

强ᄒᆞ야吾人의耳에ᄂᆞᆫ音으로들니지아니ᄒᆞ고針端으로耳를刺ᄒᆞᄂᆞᆫ듯ᄒᆞᆫ感을生ᄒᆞ며日常吾人의談話에ᄂᆞᆫ聲帶의振動數가一秒間에二百回로브터四五百回에達ᄒᆞᄂᆞ니라

天文學講話

仰天子

(乙)太陽의体大、太陽系中에가장巨大ᄒᆞᆫ者ᄂᆞᆫ太陽이니熱과光의大本源이요모든遊星을合ᄒᆞᆫ것의七百倍可量이라只今假令太陽을우리地球의位置에置ᄒᆞᆯ것ᄀᆞᆺᄒᆞ면月의軌道를지나四方十八萬英里에至ᄒᆞᆯ지니그直徑은八十五萬二千英里요그体積은地球의百二十五萬倍可量이오그實質은三十萬倍가되리로다

(丙)太陽面의黑點、望遠鏡으로窺見ᄒᆞ면太陽은火球와如ᄒᆞ나그全面이恒常光輝를放치아니ᄒᆞ고ᄯᅢ々로幾許의黑點이여긔져긔點在ᄒᆞ여黃道(太陽의赤道)의兩邊各三十五度間에散在ᄒᆞᄂᆞ니그數와其大ᄂᆞᆫ一定不同ᄒᆞ며或者ᄂᆞᆫ二個月以上을長續ᄒᆞᆷ도有ᄒᆞ고或者ᄂᆞᆫ每日變形ᄒᆞ며ᄯᅩ突然히消ᄒᆞ고卒地에生ᄒᆞ야一個年內에其現象이뵈이지아니ᄒᆞᆯ時도有ᄒᆞ며二百個以上도生ᄒᆞ야光輝가減下ᄒᆞᆷ도有ᄒᆞᄂᆞ니라

精密ᄒᆞᆫ觀測을據ᄒᆞᆫ건듸그數와그大가漸次增加ᄒᆞ야極限에達ᄒᆞ엿다가ᄯᅩ漸々消滅ᄒᆞᄂᆞᆫ대그週期ᄂᆞᆫ十一年이오往々非常히巨大ᄒᆞᆫ者가生ᄒᆞ여肉眼으로도見ᄒᆞᆯ수잇스니西曆紀元千八百四十三年六月中一週間에出現ᄒᆞᆫ거슨그直徑이七萬七千哩이라ᄒᆞ여스니우리地球의거의十倍나더큰거시될지라

그源因으로言ᄒᆞ면果히分明치ᄂᆞᆫ못ᄒᆞ나엇던學者말ᄒᆞ기를太陽雰圍氣가火球에서發射ᄒᆞᄂᆞᆫ光輝를吸收ᄒᆞᆷ으로生ᄒᆞᆫ다고도ᄒᆞ고엇던學者ᄂᆞᆫ言ᄒᆞ기를太陽의暴風을因ᄒᆞ야比較的暗面이曝露ᄒᆞᆷ을因ᄒᆞᆷ이라ᄒᆞᄂᆞᆫ各派說이有ᄒᆞ나必也末言이近理ᄒᆞᆫ듯ᄒᆞ도다

(丁)太陽의結構、 太陽의密度ᄂᆞᆫ우리地球四分一에不過ᄒᆞᄂᆞᆫᄃᆡ그內部의結構ᄂᆞᆫ조곰도解知키難ᄒᆞ나分光器를用ᄒᆞ야太陽의스펙트람(色帶)을窮究ᄒᆞᆫ건ᄃᆡ우리地球에存在ᄒᆞᆷ과同一ᄒᆞᆫ諸金屬의蒸氣가太陽雰圍氣中에存在ᄒᆞ야白熱氣狀이되여잇스니此를始究ᄒᆞᆫ者ᄂᆞᆫ킬히홉이라稱ᄒᆞᄂᆞᆫ物理學者이더니近頃ᄭᆞ지研究를次第積來ᄒᆞᆫ結果左에記ᄒᆞᄂᆞᆫ諸物質이含有ᄒᆞᆫ거슬解得ᄒᆞ엿더라

나토리움、 막네씨움、 鉄、 칼시움、 니켈、 ᄲᅡ리움、 크로미움、 코발티움、 水素、 망가니움、 타타니움、 알미니움、 스트로시움、 鉛、 가ᄯᅳ니움、 쎄리움、 우라니움、 가라움、 바나지움、 파라딕움、 모리샌덴、 인디 、리시움、 루삐디움、 씨디움、 蒼鉛、 錫、 銀、 스라씨남、 란터남

(戊)太陽面의溫熱、 太陽面에서發射ᄒᆞᄂᆞᆫ熱量의엇던部分은그雰圍氣에吸收되ᄂᆞᆫ고로吾人은그엇던部分을享受ᄒᆞᆯ뿐이니太陽의全熱量은到底히計算ᄒᆞ기容易치아니ᄒᆞ나푸에라ᄒᆞᄂᆞᆫ學者推算ᄒᆞᆫ바를據ᄒᆞᆫ건ᄃᆡ가령空氣가업다ᄒᆞ면우리地球全面에二寸三四分둑게로包圍ᄒᆞᆫ氷을一日에足히溶去ᄒᆞᆯ리라ᄒᆞ나然則우리地球가享受ᄒᆞᄂᆞᆫ熱量은太陽에셔發射ᄒᆞᄂᆞᆫ거셰二十二億萬分의一에不過ᄒᆞᆷ이니만일이全熱量으로氷을溶解코져ᄒᆞ면우리地球를五億六萬尺의厚로包

圍ᄒᆞᆫ氷을一日에消盡케ᄒᆞ리니實노宏大無量하다云ᄒᆞᆯ거시오우리地球가享受ᄒᆞ는全熱量中으로過半은地球의溫度를補充식히고겨우千分의一이直接으로生物의生命을維持ᄒᆞᆷ에供ᄒᆞᄂᆞ니라

太陽面의溫度는셰가이라云ᄒᆞ는學者가推算ᄒᆞ야攝氏六百十萬度의結果를得ᄒᆞ엿는ᄃᆡ가령普通炭火의溫度를點檢ᄒᆞᆯ지라도五六百度에不過ᄒᆞ고特別ᄒᆞᆫ裝置를用ᄒᆞᆯ지라도二千度에셔더昇高ᄒᆞᆯ수가업슬지니이곳치思考ᄒᆞ면더렷듯想像外에出ᄒᆞᆯ수는無ᄒᆞ나果然比較ᄒᆞᆯ바는업다ᄒᆞ리로다

比較ᄒᆞᆯ수업는溫度를包有ᄒᆞᆫ無限의熱量이太陽面에서는如何히生ᄒᆞᆯ가엇던學者는太陽面에落下ᄒᆞ는星体가衝突ᄒᆞ는熱에原因됨이라唱出ᄒᆞ고엇던學者는太陽自体가次第收縮ᄒᆞᆷ을因ᄒᆞ야位置의勢力(euergy)이運動의勢力으로變化되는緣故라云ᄒᆞ니此說이가장信認ᄒᆞᆯ만ᄒᆞᆫᄃᆡ此說을從ᄒᆞ건ᄃᆡ太陽은百年間에그直徑을四英里式收縮식킴이니現今과如ᄒᆞᆫ熱量으로도五萬年을經過ᄒᆞ면二分의一이될더히오千萬年을經過ᄒᆞ면太陽도生命이盡ᄒᆞ게되리로다

(己)太陽의運動、太陽의運動은黑點의變位를從ᄒᆞ야觀測ᄒᆞᆯ수가잇ᄂᆞ니最初에는東端에셔現出ᄒᆞ고漸次西端으로進去ᄒᆞ야거의十三日에消滅ᄒᆞ고十三日後에는또다시現出ᄒᆞᄂᆞ니此를依ᄒᆞ야察ᄒᆞ건ᄃᆡ太陽이西에셔東으로自轉ᄒᆞᆫ줄을可知ᄒᆞᆯ더히오그週期는二十五日八時間이되는거슬또ᄒᆞᆫ實測ᄒᆞ리로다이외에太陽이모든游星을率ᄒᆞ고一秒間에八英里의速度로大軌道를公轉ᄒᆞ여잇는ᄃᆡ이軌道를一回ᄒᆞᆷ에千八百二十萬年을要ᄒᆞᆫ다云ᄒᆞᄂᆞ니라

理科講談 (小學敎師參考)

浩 然 子(譯)

「람프」(洋燈)

要項「람프」의構造를燃燒에適當케혼일
燈光이燈笠에返照ᄒᆞᄂᆞᆫ功用
「람프」를다르ᄂᆞᆫ딕注意홀各條件
瓦斯(氣)燈、電氣燈의要用

敎授「람프」ᄂᆞᆫ石油의燃燒를因ᄒᆞ야發ᄒᆞᄂᆞᆫ光을利用ᄒᆞᄂᆞᆫ器機니今日世界人의普通公用ᄒᆞᄂᆞᆫ燈火니라

注意昔日行燈을使用홀時에不便ᄒᆞ든것도揷說ᄒᆞ며蠟燭의光과「람프」의光을比較ᄒᆞ여불것。學校에셔使用ᄒᆞᄂᆞᆫ「람프」를指示ᄒᆞ여될수잇ᄂᆞᆫ딕로懸燈、台燈、手燈等各種을準備ᄒᆞ고、點火의必要가有ᄒᆞ거든그準備도잇슴이宜當홈이라

「람프」로써石油를燃홈이곤로(風爐)로炭을燃홈과大同혼딕前者ᄂᆞᆫ火의熱을取ᄒᆞ고光은不取ᄒᆞ며後者ᄂᆞᆫ火熱은不取ᄒᆞ고光을取ᄒᆞ며前者ᄂᆞᆫ其構造가甚히簡單ᄒᆞ되後者ᄂᆞᆫ光을强明ᄒᆞ기爲ᄒᆞ야特別혼構造를取ᄒᆞ고또焰을保護ᄒᆞ기爲ᄒᆞ야亦是特別혼構造를要ᄒᆞᄂᆞ니故로全体의構造가極히精巧ᄒᆞ야風爐의可及홀바아니나構造中에곤로와同一혼目的으로設備혼者가다만一種이니即口金의小孔이數多홈은風爐의下口가大혼것과同一혼것이니形狀은雖異ᄒᆞ나功用은相同ᄒᆞ니라

注意風爐ᄂᆞᆫ已知ᄒᆞᄂᆞᆫ바라故로此를「람프」와比較를行홀거시나그러나「람프」의大要ᄂᆞᆫ거의本章에述盡ᄒᆞ리라

燈皮ᄂᆞᆫ「람프」에要用되ᄂᆞᆫ者니라

注意燈皮로써「람프」의最要部를作홀지

니口金의燃口와小孔을置ᄒᆞᆫ것이一々히必要치아님이無ᄒᆞ나그러나「람프」가有用하게된所以는거의燈皮가잇슴이니라試驗ᄒᆞ여燈皮를脫去ᄒᆞ고「람프」에火를點ᄒᆞ라油煙이高上ᄒᆞ야松烟을焚燒ᄒᆞᆷ과如ᄒᆞ고火色이너무强明치아니ᄒᆞ여燭火와殊異ᄒᆞᆫ바無ᄒᆞᆯ거시오또其害가이ᄲᅮᆫ아니라잘못ᄒᆞ면油壺에火를引燃ᄒᆞᆷ과ᄀᆞᆺ치危險ᄒᆞᆷ이不少ᄒᆞᆫᄃᆡ萬一燈皮를覆下ᄒᆞ면油烟이忽然斷絶ᄒᆞ면서光明이舊에倍나되ᄂᆞ니何故뇨左와如ᄒᆞᆫ二種理由가有ᄒᆞᆯᄲᅮᆫ이니

一、燈皮가有ᄒᆞ면空氣流通의路를得ᄒᆞ야炭酸이混在ᄒᆞᆫ空氣는上口로向出ᄒᆞ고新鮮ᄒᆞᆫ空氣만口金의小孔即細網으로進入ᄒᆞ나니라

二、燈皮가有ᄒᆞ면炎熱된空氣가焰에當ᄒᆞ는故로石油瓦斯는殘餘업시盡燃ᄒᆞ야油烟되는者無ᄒᆞ나니라

注意　此現象은實驗ᄒᆞᆷ이可ᄒᆞ니라

燈皮업는「람프」에外部에서不規則으로向來ᄒᆞ는空氣의現象을圖示ᄒᆞᆯ거시며、또「람프」의內外에空氣對流의現象을圖示ᄒᆞ라

「람프」에는通常燈笠이잇서返照를具備ᄒᆞᄂᆞ니返照는橫面으로光線을返射ᄒᆞ기爲ᄒᆞ야具備ᄒᆞᆫ者요燈笠은下方의光線을返射ᄒᆞ기爲ᄒᆞ야具備ᄒᆞ는者니都是要用잇는方法으로光力을集合ᄒᆞ는者ㅣ니라

精巧ᄒᆞᆫ器械는粗雜ᄒᆞᆫ器械보다取用上에注意를要ᄒᆞ는者인ᄃᆡ「람프」로言ᄒᆞ면行灯、提灯、燭台、等보다取用上에複雜ᄒᆞ니左에數件을記ᄒᆞ리라

一、燈에火를點ᄒᆞᆯ始에火力을盛大히ᄒᆞ지말지라

注意 火를點홀時에心炷를조곰挑出ᄒᆞ야二三分後에조곰식挑上식히고또二三分後에火를適當히홀거시요寒節에는더욱注意홀지니라

二、火를消滅홀時는火를微少ᄒᆞ게ᄒᆞ고口金겻에서取消홀지니라

注意 이는小形 람프에行홈이當然ᄒᆞ나空氣 람프나其他大形 람프에는火를微小ᄒᆞ게ᄒᆞᆫ後에燈皮의上口를橫吹홀거시오決코中通으로吹入치말거시라

三、水氣잇는 람프는直席에取用치말지라

注意 水氣가有ᄒᆞ면燈皮全体가同一ᄒᆞ게溫暖ᄒᆞ지아니ᄒᆞ야畢竟破傷홈을未免ᄒᆞᄂᆞ니라

四、心炷는平齊ᄒᆞ게切斬ᄒᆞ고또每日切斬홈에懶惰ᄒᆞ지말지라

注意 鋏(가위)이無ᄒᆞ거든心炷上部의炭痕만取去홀지라

五、너무故汚ᄒᆞᆫ(낡은)心炷는油를吸上홈에吸力이不足ᄒᆞᄂᆞᆫ고로往々히替遞ᄒᆞ고決코吝惜ᄒᆞ지말지니라

注意 此와同一ᄒᆞᆫ理由로心炷는堅固ᄒᆞᆫ거슨바리고柔軟ᄒᆞᆫ者를取ᄒᆞ라

六、每日잘掃除ᄒᆞ되特別히口金에溜存ᄒᆞᆫ塵埃를掃去ᄒᆞ라

注意 淸潔케홀必要는各種이有ᄒᆞ니一은燃燒를盛好ᄒᆞ게ᄒᆞ기爲홈이오二、는危險을豫防ᄒᆞ기爲홈이오(口金의內外部及油壺等의掃灑)三、은經濟ᄒᆞ기爲홈이요(燈皮를掃除ᄒᆞ면光이强홈)四、는外觀이美홈이니라

七 恒常取用ᄒᆞ기를從容히ᄒᆞ고石油는반다시火止石油를用ᄒᆞ라

注意取用을從容ᄒᆞ게ᄒᆞ면흔이危險을免ᄒᆞᆯ거시요또灯皮를破損ᄒᆞᄂᆞᆫ等事가少ᄒᆞᆯ거시오藏油瓶(기름병)은흔히用栓(막이)을閉塞ᄒᆞ지아니홈으로往々히塵埃가充入ᄒᆞ며或은「람프」의置所가安宜치못ᄒᆞ야顚覆ᄒᆞᄂᆞᆫ수가有ᄒᆞᄂᆞ니故로、다緊切ᄒᆞ게取用홈이可ᄒᆞ니라

「람프」以外에도아직種々의燈이有ᄒᆞ니瓦斯燈電氣燈의二種이가장光明ᄒᆞᆫ쟈인ᄃᆡ工業이進展된都市에ᄂᆞᆫ거의普通用達ᄒᆞᄂᆞᆫ必要物이되엿ᄂᆞ니라

瓦斯燈은石油를乾溜ᄒᆞ야取作ᄒᆞᆫ瓦斯를機管으로遠長ᄒᆞᆫ距離로導出ᄒᆞ고燃口를作ᄒᆞ야此에火를點ᄒᆞᄂᆞᆫ者요電氣燈은電氣로起ᄒᆞᄂᆞᆫ熱을利用ᄒᆞ야點燈에供用ᄒᆞᄂᆞᆫ者니電氣作用은他日에學習ᄒᆞᆯ거시오此處에ᄂᆞᆫ電氣燈의構造만陳述ᄒᆞ리라

三十圖

白熱燈이란거ᄂᆞᆫ稍子(琉璃)球內에竹炭으로製造ᄒᆞᆫ細線을入用ᄒᆞ고其兩端을白金線으로連結ᄒᆞ고球中의空氣를拔出ᄒᆞᆫ者니거긔電氣를通導ᄒᆞ면炭素線이白熱ᄒᆞ면서明光을發ᄒᆞ「그러나」「람프」의火焰과ᄂᆞᆫ特異ᄒᆞ니라

또弧光燈이라ᄒᆞᄂᆞᆫ거시有ᄒᆞ니火形이弧形을作成된緣由로ᄡᅥ作名ᄒᆞᆫ者니硝子球ᄂᆞᆫ「람프」의燈皮와同一ᄒᆞᆫ目的인ᄃᆡ白熱燈의稍子球와ᄂᆞᆫ殊異ᄒᆞ며其中에ᄂᆞᆫ二個의炭素棒이上下相向ᄒᆞ엿고中間에少許의隔間을置ᄒᆞ야弧光이其間에發出ᄒᆞᄂᆞ니此가炭素棒의燃光이미屢々히此棒을取替홈이可ᄒᆞᆫᄃᆡ此ᄂᆞᆫ街上에高輝ᄒᆞᆫ者요白熱燈보다ᄂᆞᆫ數十倍乃至數百倍의光力이有ᄒᆞᆫ者니라

應用一、「람프」를求ᄒᆞ거든될수잇ᄂᆞᆫᄃᆡ로金屬으로製造ᄒᆞᆫ者를求ᄒᆞᆯ거시요油壺에別

口잇ᄂᆞᆫ者를求치말나만일別口가有ᄒᆞ면便利ᄂᆞᆫ便利로되危險이返多ᄒᆞᄂᆞ니라

應用二、心炷를取換ᄒᆞᆯ時ᄂᆞᆫ火로焙（그실니ᄂᆞᆫ것）ᄒᆞᆷ이可ᄒᆞ며心炷도드미보다太厚ᄒᆞᆫ心炷를勿用ᄒᆞ고또너무緩少（골삭ᄒᆞᆫ것）ᄒᆞᆫ心炷를勿用ᄒᆞ고또最初에ᄂᆞᆫ心炷의先端을石油에浸濕ᄒᆞ야火를點ᄒᆞ라

應用三、石油ᄂᆞᆫ壼口에너무十分充積ᄒᆞ게ᄒᆞ지말고九分쯤充入ᄒᆞ라

接木法（續）

朴 相 洛（譯）

（三） 接穗와砧木의關係

注意（接穗라ᄒᆞᄂᆞᆫ것은우에新接ᄒᆞᄂᆞᆫ樹枝或樹芽를云ᄒᆞᆷ이오砧木이라ᄒᆞᄂᆞᆫ거ᄉᆞᆫ아ᄅᆡ잇ᄂᆞᆫ根本樹이니假令桃樹에梨樹를接ᄒᆞ면此時에梨樹ᄂᆞᆫ接穗라稱ᄒᆞ고桃樹ᄂᆞᆫ砧木이라稱ᄒᆞᆷ

大抵接木을行ᄒᆞᆯ時에가장注意ᄒᆞᆯ거ᄉᆞᆫ接穗와砧木의關係를詳察ᄒᆞᆯ거시라故로完全無缺의發育을成코져ᄒᆞ면接穗와砧木은다ㅣ健全ᄒᆞ고또그性이强盛ᄒᆞᆫ者를撰ᄒᆞᆯ거시라

（甲） 接穗

接穗난將次接ᄒᆞᆫ後新植物體가될거시ᄆᆡ此를撰擇ᄒᆞᆯ時에가장注意ᄒᆞᆯ것은無論이어니와如何ᄒᆞᆫ枝梢가最히接穗에適當ᄒᆞᆯ고ᄒᆞ면몬져發育이完全ᄒᆞ고創傷이無ᄒᆞᆫ良好ᄒᆞᆫ母樹를撰擇ᄒᆞ야其樹中部에南向으로在ᄒᆞᆫ枝梢가前年의降霜前에이믜健全히發育ᄒᆞ야長이三四寸되난芽를有ᄒᆞᆫ者가最適當ᄒᆞ도다大槪下部에在ᄒᆞᆫ枝梢ᄂᆞᆫ勢力이甚弱ᄒᆞ야接着癒合의力이不足ᄒᆞ고上部에在ᄒᆞᆫ枝梢

는勢力이過度히旺盛ᄒᆞ야도리혀適當치못ᄒᆞ나니故로假使成長이良好ᄒᆞᆫ稚枝라도其上端을切取ᄒᆞ야接穗로作用ᄒᆞ면莖芽난다ㅣ固着치못ᄒᆞ고또난十分ᄒᆞᆫ成育을遂키不能ᄒᆞ나니라

接穗는其勢力이砧木보다弱ᄒᆞᆫ者를用ᄒᆞᆯ거시라萬一不然ᄒᆞ야砧木의勢力이接穗의勢力보다劣弱ᄒᆞᆯ時에는砧木의根에셔上送ᄒᆞ는營養液은接穗의要用에不足ᄒᆞ야接穗는드듸여枯死ᄒᆞᆷ에至ᄒᆞᆯ지라故로如此ᄒᆞᆫ念慮가無케ᄒᆞ기爲ᄒᆞ야接木을行ᄒᆞ기二三個月前에그將次接穗로用ᄒᆞᆯ枝梢를母樹에셔切取ᄒᆞ야此를砂土中에臥埋(뉘여뭇고)ᄒᆞ야其上을土로覆ᄒᆞ고또그우에는兩具를設ᄒᆞ야써雨水의浸入을豫防ᄒᆞ고如此히ᄒᆞ야此枝梢를貯置ᄒᆞ엿다가接木ᄒᆞᆯ期節에至ᄒᆞ야此를堀出ᄒᆞ야接穗로用ᄒᆞ면其勢力이强치도아니ᄒᆞ고弱치도아니ᄒᆞ고잘調和接着ᄒᆞ야十中八九는癒合發育ᄒᆞ나니盖其理由는接穗가砂土中에셔오리동안渴望ᄒᆞ던滋養을得ᄒᆞᆷ으로十分急速히吸收ᄒᆞ야如此ᄒᆞᆫ好結果를得ᄒᆞᆷ이라

萬一接穗를遠隔ᄒᆞᆫ地에輸送코져ᄒᆞ면春季에至ᄒᆞ야其到着ᄒᆞᆫ時日을預量ᄒᆞ고其接穗의切斷面에蠟或膠와如ᄒᆞᆫ者를塗漆ᄒᆞ든지或箱中에濕氣를稍帶ᄒᆞᆫ細土를容入ᄒᆞ고其中에接穗를埋送ᄒᆞ든지或은蕪(俗에싸무우)菁等屬에다此 穗를揷入ᄒᆞ야此를다시細土담은箱中에入ᄒᆞ야動搖치아니ᄒᆞ게ᄒᆞ고覆蓋緊縛ᄒᆞ면此를數百千里의遠地에輸送ᄒᆞᆯ지라도何等의傷害를生치아니ᄒᆞᄂᆞ니라

(乙) 砧木

砧木으로用ᄒᆞᆯ樹의大는接木의方法과其目

的으로좃차一定키難ᄒᆞ도다假令目的은觀賞植物과實用收益의別이有ᄒᆞ고또接木은種々의方法이有ᄒᆞ니라그러나如何ᄒᆞᆫ方法을勿論ᄒᆞ고砧木은接穗와가장相近ᄒᆞᆫ種屬을撰擇ᄒᆞᆯ거시라萬一砧木과接穗가全혀判異ᄒᆞᆫ種屬을相接ᄒᆞ면到底히好結果를得키難ᄒᆞ니故로砧木은野生樹（樹根에셔天然으로生ᄒᆞᆫ것）實生樹 果實核에셔生ᄒᆞᆫ것）을不拘ᄒᆞ고接穗와同一ᄒᆞᆫ種屬又ᄂᆞᆫ最相近ᄒᆞᆫ種屬을撰擇ᄒᆞᄂᆞᆫ것이必要ᄒᆞ도다砧木으로最應用ᄒᆞᄂᆞᆫ것은實生ᄒᆞᆫ幼樹ㅣ니二年生으로부터乃至五年生ᄭᆞ지適當ᄒᆞᆫ데其大ᄂᆞᆫ其樹의成長에依ᄒᆞ야一定치아니ᄒᆞ나大槪周圍가一寸五分乃至三寸가량되난거시通常이니라

歐米各國에셔使用ᄒᆞ난砧木의大난其周圍가大槪一寸內外되난細木을普通用ᄒᆞᄂᆞ니如此히砧木에細小ᄒᆞᆫ者를用ᄒᆞ면接ᄒᆞᆫ後에其接穗의成長이遲緩ᄒᆞ난弊ᄂᆞᆫ有ᄒᆞᄂᆞ니其接合部가잘癒着ᄒᆞᄂᆞᆫ거슨著明ᄒᆞᆫ事實이니故로砧木은上과如ᄒᆞᆫ細小ᄒᆞᆫ者를用ᄒᆞᄂᆞᆫ거시便利ᄒᆞ고또安全ᄒᆞ니라

砧木을培養ᄒᆞᆯ時에ᄂᆞᆫ肥料（거름）을適當히施ᄒᆞ고某條록其細根을多數히發生케ᄒᆞ라砧木의細根이少ᄒᆞᆫ者ᄂᆞᆫ移植ᄒᆞᆫ後에生着키難ᄒᆞ고또生着ᄒᆞᆯ지라도發育生長이甚히遲緩ᄒᆞ도다故로野生樹를採來ᄒᆞ야此를砧木으로用코져ᄒᆞᆯ時에ᄂᆞᆫ此를即時砧木으로用치말고一年可量은假植（採來ᄒᆞ여다此를그뒤로植置ᄒᆞᄂᆞᆫ것）ᄒᆞ야잘肥培ᄒᆞᆫ然後에砧木으로供用ᄒᆞᆯ거시라萬一不然ᄒᆞ야野生樹를採來ᄒᆞ여다가即時砧木으로用ᄒᆞ면接合部의癒着이不完ᄒᆞ야每樣枯損이多ᄒᆞ고設或癒着ᄒᆞᆯ지라도其成長이甚히遲緩ᄒᆞ야

一年可量假植ᄒᆞ엿던砧木에比ᄒᆞ면其成長이大端이遲劣ᄒᆞ니라

古來日本에서使用ᄒᆞᆫ바所謂高接法이라ᄒᆞᄂᆞᆫ거ᄉᆞᆫ其砧木이數十年을經過ᄒᆞ야이믜結實ᄒᆞᄂᆞᆫ老成ᄒᆞᆫ樹에다接穗를接ᄒᆞᆷ이니其結果의如何를觀ᄒᆞ면其砧木이如許히成長ᄒᆞᆫ者이믜接ᄒᆞᆫ後에接穗의成長이遲緩ᄒᆞᆫ거ᄉᆞᆫ無論이어니와ᄯᅩ接合部의癒着ᄒᆞᆷ이長時月을要ᄒᆞ고다힝이癒着ᄒᆞᆯ지라도往々서로分離코져ᄒᆞᄂᆞᆫ傾向이有ᄒᆞ야其結果가良好치못ᄒᆞ니然則砧木은幼樹를用ᄒᆞᄂᆞᆫ거시最好ᄒᆞᆫ듯ᄒᆞ도다그러나觀賞樹假令老梅樹에若梅를接ᄒᆞ며松樹에龍鱗을接ᄒᆞᄂᆞᆫ等屬은收益을目的ᄒᆞᄂᆞᆫ者이아니라接合部의癒着만잘될수이스면成長ᄒᆞᆫ砧木이라도不可치아니ᄒᆞ니라

數學의遊戲

朴 有 秉

今日에恒稱ᄒᆞᄂᆞᆫ바學問이라ᄒᆞᄂᆞᆫ것은範圍甚大ᄒᆞ야茫々空々ᄒᆞᆫ宇宙間에下手處를不知ᄒᆞᆷ과如ᄒᆞ나此를研究上便利케ᄒᆞᆷ을爲ᄒᆞ야區別ᄒᆞ면即物理、化學、數學、政治、法律、心理、醫學、農學、工學、商學、兵學、文學等科學이니此科學을修得ᄒᆞ기ᄂᆞᆫ大概人의才局高下를勿論ᄒᆞ고平等의趨向으로彼와如ᄒᆞᆫ最大의進步域에達ᄒᆞ엿스나然ᄒᆞ나無上精微ᄒᆞᆫ程度々지研究ᄒᆞ랴면平等의能力을稟受ᄒᆞᆫ吾人이平等의價値를自有ᄒᆞᆫ科學을各一專門으로專修치아니면不能ᄒᆞ도다此에科學應用의道ᄂᆞᆫ姑捨ᄒᆞ고科學中數學原理에就ᄒᆞ야余平日覽讀ᄒᆞᆫ者를述코저ᄒᆞ노라此ᄂᆞᆫ數學遊戲라ᄒᆞᄂᆞᆫ冊中에數學處相이

란題目을書ᄒᆞ고奇妙ᄒᆞᆫ問題를載ᄒᆞᆷ이니單純ᄒᆞᆫ知識으로理解키不能ᄒᆞ나數學上方法을因ᄒᆞ야證明ᄒᆞᆫ者로다그問題ᄂᆞᆫ五條이니左에擧ᄒᆞᆫ바算式及答案을參考ᄒᆞ시오

(一)一은二와同ᄒᆞᆷ

(二)不相同ᄒᆞᆫ二數가相同ᄒᆞᆷ

(三)一은零과同ᄒᆞᆷ

(四)全量은其部分과相同ᄒᆞᆷ

(五)直立ᄒᆞᆫ樹根으로브터十間隔ᄒᆞᆫ地에서其梢의仰角을測ᄒᆞ야六十度를得ᄒᆞ엿다ᄒᆞ니樹의高如何

(一)一은二와同ᄒᆞᆷ

〔證明〕 $a=b$ 라假定ᄒᆞ고

兩邊에 a 를乘ᄒᆞ야 $a^2=ab$

兩邊에 b^2를減ᄒᆞ야 $a^2-b^2=ab-b^2$

因數分解ᄒᆞ야 $(a+b)(a-b)=b(a-b)$

兩邊을 $(a-b)$로除ᄒᆞ야 $a+b=b$, 故로 $2a=b$

即 $2=1$

(二)不相同ᄒᆞᆫ二數가相同ᄒᆞᆷ

〔證明〕 $a>b$ c를a,b에等差中數로ᄒᆞ면

即 $a-c=c-b$를得ᄒᆞ고

또移項ᄒᆞ야 $a+b=2c$

兩邊에 $a-b$ 를乘ᄒᆞ야 $(a+b)(a-b)=2c(a-b)$

括弧를取去ᄒᆞ야 $a^2-b^2=2ac-2bc$

또移項ᄒᆞ야 $a^2-2ac=b^2-2bc$

兩邊에 c^2를加ᄒᆞ야 $a^2-2ac+c^2=b^2-2bc+c^2$

또因數分解ᄒᆞ야 $(a-c)^2=(b-c)^2$

即 $a-c=b-c$, 即 $a=b$,

故로不相同ᄒᆞᆫ二數가相同ᄒᆞᆷ

(三)一은零과同ᄒᆞᆷ

〔證明〕 $x=1$ 이라假定ᄒᆞ고

兩邊에 x 를乘ᄒᆞ야 $x^2=x$

兩邊에一을減ᄒᆞ야 $x^2-1=x-1$

因數分解ᄒᆞ야 $(x+1)(x-1)=x-1$

兩邊을 $x-1$로除ᄒᆞ면 $x+1=1$, 即 $x=0$

假設에依ᄒᆞ야 $x=1$, 故로 $1=0$

(四)全量은其部分과同홈

〔證明〕

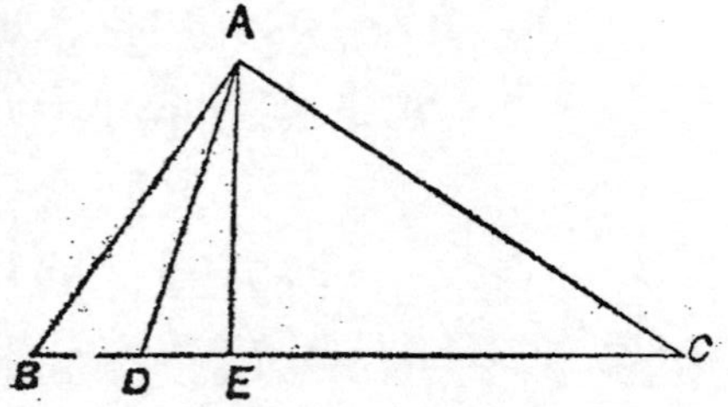

三角形 abc의角 a가角 b角 c보담大ᄒᆞ다ᄒᆞ고

角 bad를角 c와等ᄒᆞ게取ᄒᆞ면

三角形 abc, abd에角 b는 兩形에 共通ᄒᆞ고

角 bad = 角 c………(作圖)故로第三角 adb = 角 a

故로相似形이라

故로三角形 abc : 三角形 $abd = ac^2 : ad^2$

a로브터 bc에垂線 be를下ᄒᆞ면三角形 abc, abd의高가各々 ae됨으로ᄡᅥ 相等ᄒᆞᆫ故로

三角形 abc : 三角形 $abd = bc : bd$

故로 $ac^2 : ad^2 = bc : bd$

$\frac{ac^2}{bc} = \frac{ad^2}{bd}$ 角 b는銳角이라何者오角 b가鈍角或直角이면角 a는本是鈍角인고로三角形 abc의內角의和가二直角보다大ᄒᆞ리니卽定理와反ᄒᆞ도다

故로 ac^2, ad^2를換ᄒᆞ야書ᄒᆞ면

$$\frac{ab^2+bc^2-2bc, be}{bc} = \frac{ab^2+bd^2-2bd, be}{bd}$$

除算을行ᄒᆞ야 $\frac{ab^2}{bc} + bc - 2be = \frac{ab^2}{bd} + bd - 2be$

即 $\frac{ab^2}{bc}+bc=\frac{ab^2}{bd}+bd$

移項ᄒᆞ야 $\frac{ab^2}{bc}-bd=\frac{ab^2}{bd}-bc$

同分母를除ᄒᆞ야

$$\frac{ab^2-bd,be}{b\ c}=\frac{ab^2-bc,bd}{b\ d}$$

分子相等ᄒᆞᆷ으로ㅄ分母도亦相同ᄒᆞᆷ

(五)直立ᄒᆞᆫ樹根으로브터十間隔ᄒᆞᆫ地에서其梢의仰角을測ᄒᆞ야六十度를得ᄒᆞ얏다ᄒᆞ니樹의高如何

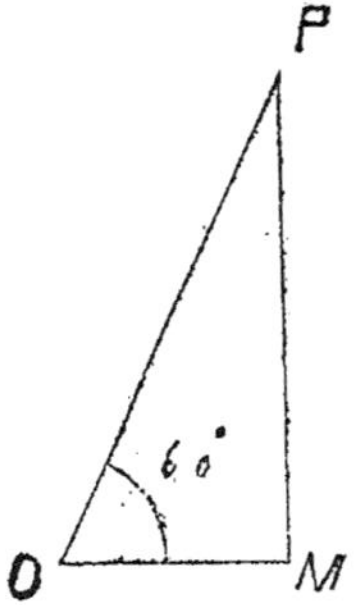

圖에就ᄒᆞ야 m 은樹의根 p 는其梢 o 는其仰角을測ᄒᆞ는處로ᄒᆞ면

$om=10,\quad mop=60°$

$\therefore mp=om\tan 60°=10\times\sqrt{3}=10\times 1,732=17,32$ (略)故로樹의高는 17,32 間이오

(附言)嚴正ᄒᆞ게云ᄒᆞ면如斯히得ᄒᆞᆫ結果는點 o 에安置ᄒᆞᆫ測量器의中心을水平面으로브터見ᄒᆞᆫ高라故로地面으로브터高를得ᄒᆞ기爲ᄒᆞ야測量器中心의高를此에加ᄒᆞᆷ을要ᄒᆞᆷ

(注意)以上記述ᄒᆞᆫ問題中 1, 2, 3, 4 問題는一時數學上遊戲에不過ᄒᆞ고實際上正確히論ᄒᆞ면悉皆不可能ᄒᆞᆫ問題에屬ᄒᆞ얏기에其不然ᄒᆞᆫ바로論破코저ᄒᆞ노라

(一)의證明中 $(a+b)(a-b)=b(a-b)$ 此式이公理의不合ᄒᆞ니何故뇨假說에依ᄒᆞ야見ᄒᆞ건ᄃᆡ $a=b$ $\therefore a-b=o$ $\therefore (a+b)\times o=b\times o$ 卽 d 兩邊이皆零인故로不定ᄒᆞᆷ또一例를擧ᄒᆞ건ᄃᆡ $5\times 0=2\times 0$ 卽 $0=0$ 兩邊을 o 으로除ᄒᆞ야 $5=2$ 라ᄒᆞ기不能ᄒᆞᆷ과如ᄒᆞᆷ

(二)의證明中 $a-c=b-c$ 가不可ᄒᆞ니何故뇨

$a-c=c-b$ 卽 $a-c=-(b-c)$ 兩邊을自乘ᄒᆞ야

$(a-c)^2=(b-c)^2$ ∴ $a-c=-(b-c)$

$-(a-c)=b-c$

(三)은(一)과同ᄒᆞ니卽 $x=1$ $x-1=0$

∴ $0=0$ 故로不定ᄒᆞᆷ

(四)最後式 $\frac{ab^2-bd, bc}{bc}=\frac{ab^2-bd, bc}{bd}$ 가不可니

何故뇨 $ab^2-bd, bc=0$ 卽 $\frac{0}{bc}=\frac{0}{bd}$

bc 와 bd 가不等ᄒᆞᆷ

文藝

廣告

本學報代金을收入ᄒᆞᆷ에便宜를從ᄒᆞ여京城과平安北道에ᄂᆞᆫ委托收金所를置ᄒᆞ엿싸오니京城서本報를購覽ᄒᆞ시ᄂᆞᆫ이ᄂᆞᆫ代金을

京城北署苑洞李甲氏宅留

金基玉 氏許로交付ᄒᆞ시고平安北道에서本報를購覽ᄒᆞ시ᄂᆞᆫ이ᄂᆞᆫ

平安北道定州南門內

洪成麟 氏許에交付ᄒᆞ심을敬要

太極學會 告白

魔窟

白岳春史

(一)新郞縊死楊柳無情
洞民驚起平和自破

悽慘愁慘絶慘ᄒᆞᆫ悲劇은起ᄒᆞ엿다!

地方은黃海道長連郡東面花川洞에서。

光武는五年春三月이라、昨夜브터、부슬부슬始作ᄒᆞᆫ春雨聲은那間엔지快晴ᄒᆞ고、薄暗ᄒᆞᆫ曉霞는山巷마다、洞口마다、樹梢마다、열븐帳幕을、둘너논듯。濛瀧ᄒᆞᆫ遠山色은、검은峯頭가、우둑우둑。森列의萬象은春腦를難堪ᄒᆞ는드시、夜來平和의睡態를、아죽、ᄯᅴ여잇고、眞誠으로塵世를警醒코져、잇는힘을、다ᄒᆞ야、雙翼을탁々치며、哭告曉를熱心으로布告ᄒᆞ는鷄鳴聲과往々遠村에서、쿵々짓는、吠犬聲만、건너는山谷에反響ᄒᆞᆯ뿐。이ᄯᅢ에男女老少의狼藉ᄒᆞᆫ喧囂聲은突然히花川洞天의靜寂ᄒᆞᆫ曙色을ᄭᅢ치도다。

아、사ᄅᆞᆷ이죽엇고만사람이죽어서!

하、원、져런變이잇나!

아、사람이죽엇다네!

아、거、누구러죽엇노?

거、엇더케죽엇노?

하、慘酷ᄒᆞᆫ일、다보깃고!

이말저말、한입(一口)두입(二口)、주자밧자、ᄯᅥ드는소리에、자든눈、부븨고、니러나서、담비ᄯᅴ、주어들고、자분치、거스르며、나오는洞內영감의뭇는말

아、거、무엇들을、그리ᄯᅥ드노、거게무엇、싱겻나?

야、무어신지몰맙소、사람이죽엇슴네

(다른영감의對答)

아、거 누구러、엇더케죽엇노?

야、압壩버드나무(楊柳)가지에、목을달아、죽엇고만!

아、죽은거시누구야?

왜、거、아니잇습ᄂᆞ、져申將孫의妹夫李書房이、져貞樣으로죽엇고만、昨日妻家에단이러、왓다더니만!

하、원、저런慘酷ᄒᆞᆫ일이……

우물길(井路)에서、물깃ᄂᆞᆫ村婦들의問答ᄒᆞᄂᆞᆫ말

아、원、그르니、그、열세살(十三)낫다는、어린新郎이혼자야、저럿케、죽어슬수가、잇다구?

아、그르면、누구러、죽여서、남게다、달아미여스ᄭᆞ?

글셋말이지요、원、그러ᄒᆞᆫ들、설마、엇든、몹슬놈이、저어린新郎을、무슨덕에、죽엿슬고

이거、불상ᄒᆞ여라、그、어린거슬!

더우겨나三代獨子라지、저의아부지가、들으면、얼마쯤이ᄂᆞ、놀날ᄭᆞ!

이所聞이洞內에傳播ᄒᆞ자人々마다驚顔이오處々마다疑問이라此處彼處에서、이런말、저런말 疑鬼가百出ᄒᆞᄂᆞ、그眞相은到底이알길이萬無ᄒᆞ도다。

洞頭民과洞內령감들이會集ᄒᆞ야討議ᄒᆞᆫ結果、이일을官에報告ᄒᆞ야將次撿屍官이온다官屬이、나온다ᄒᆞ면、우리洞內는第一그冶遊에滅亡을免치못ᄒᆞ리니爲先그新郎의妻男되는申將孫을捉留ᄒᆞ엿다가邑에서官屬이、나오면、一切일은、그사람에게다、擔當시키고、우리一洞이官에들여가서訟事나、잘ᄒᆞ여보자ᄒᆞ고即時洞內의少輩들을招集ᄒᆞ야申將孫의一家族을嚴密히看守ᄒᆞ고一洞으로官에報ᄒᆞ며一洞으로新

郎本家에通知ᄒᆞᆫ다ᄒᆞᄂᆞᆫ騷動에由來로平和裏에安樂ᄒᆞ든花川洞은一朝間에殺風景의大修羅塲이되엿소。

新郎 (一)

楊柳枝에、목을달아、靑顔을半垂ᄒᆞ고、血眼을微開ᄒᆞ고、世上의冷情을 怨望ᄒᆞᄂᆞᆫ듯ᄒᆞᆫ、可憐ᄒᆞᆫ너 조고마ᄒᆞᆫ新郎아！老親을永別ᄒᆞ고、故鄕을떠나서、어ᄃᆡ로？

(二)

細綱끗헤 生命을ᄆᆡ고、朝露風에 來往ᄒᆞᄂᆞᆫ、너可憐ᄒᆞᆫ 조고마ᄒᆞᆫ犧牲아！花發多風雨ᄒᆞ기에 芳蕾를自委ᄒᆞ엿나냐？惡魔의宿怨이잇셧드냐？兇惡ᄒᆞᆫ戀敵의毒手를밧앗나냐？死口에말이업서 秘密이永默ᄒᆞ니、楊柳枝야 情도업다、人의三代獨子를！

(二)尹守明治吏民安堵
正犯未出申家繫獄

却說이ᄯᅢ本郡々守ᄂᆞᆫ尹氏인ᄃᆡ尹守ᄂᆞᆫ外國事情에도畧通ᄒᆞ고元來事理에明析ᄒᆞᆫ人이라到任以來로諸般行政이一体人民의福利를標準ᄒᆞ야一切弊瘼을革除ᄒᆞ며自來吏屬의惡習을一變ᄒᆞ고四民으로ᄒᆞ여금各其職業에安堵케ᄒᆞ니由來로虐政塗炭中에서ᄆᆡ苦ᄒᆞ든海隅殘民에게ᄂᆞᆫ嚴冬後에陽春이、도라온듯大旱에雨澤이霑下ᄒᆞᆫ듯明官의稱頌이人々마다口碑相傳이오尹守의愛民善政碑가村々街頭에林立ᄒᆞ엿더라

東面花川洞에서殺人낫다ᄂᆞᆫ該洞人民의報告가入來ᄒᆞ미尹守가即時로親히吏屬을領率ᄒᆞ고該洞에躬往ᄒᆞ야몬져屍体를檢査ᄒᆞ여보니軟弱ᄒᆞᆫ少年에게다如何殘忍ᄒᆞᆫ强力을加壓ᄒᆞ엿던지兩臂ᄂᆞᆫ挫折ᄒᆞ고頸膊에ᄂᆞᆫ

絞痕이斑々ᄒᆞᆫ데咽喉에黑血이充塞ᄒᆞ야悲慘ᄒᆞᆫ最後를成ᄒᆞᆫ形狀이人으로ᄒᆞ여곰正視키難ᄒᆞ니郡守以下吏屬과此를面當ᄒᆞᆫ者ᄂᆞᆫ다시말ᄒᆞᆯ것업고至於路上行人이라도此를傳聞ᄒᆞᄂᆞᆫ者憐憫의情을促發ᄒᆞ야同情의暗淚를吊치안ᄂᆞᆫ者無ᄒᆞ고切齒痛憤ᄒᆞ야可憐ᄒᆞᆫ此少年의徹天怨敵을探發ᄒᆞ면其頭上에다正義의痛棒을一加코져안ᄂᆞᆫ者無ᄒᆞ더라

尹守가吏屬을嚴團ᄒᆞ야洞民에게ᄂᆞᆫ些少의治擾가無케ᄒᆞ고撿屍를畢ᄒᆞᆫ後에洞頭民을招來ᄒᆞ야此新郎의居住姓名年齡으로브터何時에如何ᄒᆞᆫ事로新郎이此洞에來ᄒᆞᆫ事와新郎의妻家되ᄂᆞᆫ申哥의一家實情과新郎의妻男되ᄂᆞᆫ申將孫의性行이며新郎의妻되ᄂᆞᆫ女子의性行이며其他此事件發生以來로洞內人民의見聞ᄒᆞᆫ實証을一々히審査ᄒᆞ고次에ᄂᆞᆫ申將孫과彼의母女二人도大綱問招를

畢ᄒᆞ여스ᄂᆞ正犯을探索ᄒᆞᆯ方向은倉卒間에아즉像想키難ᄒᆞ고이關係져關係로申哥의母子女三人을爲先押來ᄒᆞ야獄中에嚴囚ᄒᆞᆫ後에尹守ᄂᆞᆫ寢食을幾廢ᄒᆞ고此兇惡ᄒᆞᆫ正犯을探索ᄒᆞᆯ方便에對ᄒᆞ야千思萬慮를盡回ᄒᆞ니不遠ᄒᆞᆫ將來에此疑雲의黑幕이一開ᄒᆞ면其裏幕에ᄂᆞᆫ將次如何ᄒᆞᆫ妖魔가伏在ᄒᆞ여슬고?

(三) 悲運透身獨子唯喜
生員非神人事莫測

申將孫의妹夫되ᄂᆞᆫ新郎李書房은殷栗郡北面居ᄒᆞᄂᆞᆫ名不知李生員의三代獨子라李生員은元來載寧郡土班으로財産도相當히잇고祖先來家名도稍有ᄒᆞ더니甲午年變更以前虐官暴吏가全國에橫溢ᄒᆞ야誅求濫討를任意恣行ᄒᆞᄂᆞᆫ中特히本道黃州兵使의恣弄ᄒᆞᄂᆞᆫ權威가海西를暴壓ᄒᆞ니海西一境의人

民은病使惡吏의魚肉이되야是日曷喪의嘆과飢號寃泣의聲이九月山보다도還高ᄒᆞ여슬셕에李生員門中에一不良ᄒᆞᆫ悖類가有ᄒᆞ야李生員의財產을奪取倒破ᄒᆞᆯ惡心으로黃州의吏輩와結托ᄒᆞ고僞債票를發給ᄒᆞᆫ後族徵督促次로數多ᄒᆞᆫ捕卒을發送ᄒᆞ니可憐ᄒᆞᆫ李生員은그、 차고찬冬至雪天에그餓鬼와如ᄒᆞᆫ黃州捕卒의鉄鞭捕縄의鍛鍊과許多ᄒᆞᆫ辛苦만受ᄒᆞ여 슬ᄉᆞᆫ일ᄉᆞ全家產을蕩盡無餘ᄒᆞᆫ後生員은心禍가動ᄒᆞ고世事에悲觀이多發ᄒᆞ야飄然蹤跡을隱晦ᄒᆞ고殷栗郡北面一寒村으로轉來ᄒᆞ야貧寒ᄒᆞᆫ一農幕에서李生員通天으로隱居生活을忍作ᄒᆞᄂᆞᆫ中에又一悲慘ᄒᆞᆫ運命은生員의身上에襲來ᄒᆞ니即其妻君이、 바라고、 바라고、 기다리고、 기다리든三代獨子를產出ᄒᆞᆫ後에產後가不良ᄒᆞ야그苦待ᄒᆞ든愛子를產褥우에서永別ᄒᆞᆫ거시라李生員은至今ᄉᆡ勢를自嘆ᄒᆞ나號訴ᄒᆞᆯ곳도、 바이업고一悲一喜中에乳母를雇入ᄒᆞ고全力을다ᄒᆞ야此失母의愛憐ᄒᆞᆫ遺獨子를千金갓치萬金갓치護養의手를盡ᄒᆞ니生員의誠意가空虛치아니ᄒᆞ야將次傾頹ᄒᆞᆫ生員의家門을興復ᄒᆞᄂᆞᆫ柱石되기를可期ᄒᆞ깃더라於焉間에無私ᄒᆞᆫ天輪은循回를幾續ᄒᆞ니頭邊에霜雪을半戴ᄒᆞᆫ老李生員은家族도稀貴ᄒᆞᆫ데老年에、 어데滋味나、 불가ᄒᆞ야그貴ᄒᆞᆫ葉錢七百兩을艱辛이變通ᄒᆞ야禮裝(禮物)으로보ᄂᆡ고長連郡東面花川洞居ᄒᆞᄂᆞᆫ申將孫의妹女十八歲를納婚ᄒᆞᆫ거슨其愛子가十二歲되든春節이라老生員은唯一獨子를柱石으로알고如何ᄒᆞᆫ苦勞가有ᄒᆞ든가或如何ᄒᆞᆫ心禍가發ᄒᆞᆯ지라도、 이거시、ㅣ다愛子의將來幸福을爲ᄒᆞᄂᆞᆫ거스로、 싱각ᄒᆞ면百憂가雪消ᄒᆞ고萬事에安慰가自有

ᄒᆞ야無上의樂을삼더니本年二月以來로花川洞사돈집에서婿郞과女息보고푸다ᄂᆞᆫ通知가數三次傳來ᄒᆞ니老生員은元來其愛息과暫時라도相離不見ᄒᆞᄂᆞᆫ거ᄉᆞᆯ心中에甚히不喜ᄒᆞᄂᆞ事勢莫不得ᄒᆞ니、그르면二三日內로단여오라고切々당부ᄒᆞ야其愛子의夫妻를ᄯᅥᄂᆡ여、보ᄂᆡ고一日을三秋갓치、기다리ᄂᆞᆫ鬼神아닌李生員이야엇지此離別이永遠ᄒᆞᆫ離別이되쥴이야、夢中에나、ᄉᆡᆼ각ᄒᆞ엿슬수、이스리오。

(四)妙策案出惣角捉至 酷刑嚴下申哥自服

却說尹守가申將孫의母子女三人을獄에嚴囚ᄒᆞ고數多ᄒᆞᆫ探偵을發出ᄒᆞ야新郞의本家情形을馳探ᄒᆞ며一邊으로ᄂᆞᆫ花川洞人民에게種々ᄒᆞᆫ實情을廣探ᄒᆞ여보니新郞의父親되ᄂᆞᆫ老生員은元來他人에게ᄂᆞᆫ半點의稱寃을受ᄒᆞᆯ바無ᄒᆞ고況且新郞으로言ᄒᆞ면至今ᄭᆞ지書齋外에ᄂᆞᆫ아즉洞口外十里를不出ᄒᆞᆫ十三의少年이世人에게如何ᄒᆞᆫ深怨을買ᄒᆞ여슬理致가萬無ᄒᆞᆫ則如何ᄒᆞᆫ人이如何ᄒᆞᆫ方面으로觀察ᄒᆞᆯ지라도此兇計의發源이畢竟此申哥의母子女三人中에서關聯釀出ᄒᆞ여슬거슨到底公然ᄒᆞᆫ秘密이되깃고況且古來로姦夫妖婦가本夫를毒殺ᄒᆞᆫ事例ᄂᆞᆫ亦是不無ᄒᆞᆫ거신則一般世人의疑線이新郞의妻되엿든申將孫의妹女身上으로輻射ᄒᆞᄂᆞᆫ것도ᄯᅩᄒᆞᆫ無理ᄂᆞᆫ아닐듯。

此事件이發生된지第三日만에申哥母子女三人의第一次問招ᄂᆞᆫ開始ᄒᆞ엿다。큰칼을、목에써고使令等의指導를조차官庭에。나와、업던거슨眼睁가燗々ᄒᆞ고前額에、주름잡힌五十頃老婆이니、即申將孫의母其人이더라此地에當ᄒᆞ야如何ᄒᆞᆫ撼懷가其胸臆

에迫來ᄒᆞ엿든지顔色은靑赤으로變ᄒᆞ고全身을戰慄ᄒᆞ면서。이ᄯᅢ尹守ᄂᆞᆫ其心中에方向을稍定ᄒᆞᆫ듯시沈着ᄒᆞᆫ態度로입(口)을여니

尹守「네婿郞이、언제、네집에와서」

老婆「그、죽기젼날、왓서요」

尹守「네婿郞을、네가、오라고。ᄒᆞ야서 왓드냐」?

老婆「네、사웨도、보고푸고、ᄯᆞᆯ도、보고십허、오라고ᄒᆞ엿더니、그날、小女의ᄯᆞᆯ子息ᄒᆞ고、사웨되ᄂᆞᆫ사람ᄒᆞ고、ᄀᆞᆺ치와서요」

尹守「네、婿郞되ᄂᆞᆫ사람이、죽ᄂᆞᆫ날、져녁에、어데、잇더여서」?

老婆「네、그ᄂᆞᆯ져녁에、어데ᄀᆞᆺ든거슨、알지못ᄒᆞ고요、小女의子息놈이、골房에서、다리고、자깃다고ᄒᆞ여시요」

尹守「그러면、네婿郞이何時頃에、엇더케죽ᄂᆞᆫ거슨、네가모로깃나냐」?

老婆「그거슨、도모지、몰나요」

老婆ᄂᆞᆫ獄으로、다시나리우고、次에ᄂᆞᆫ中將孫의次例、

初次에ᄂᆞᆫ大綱前番과ᄀᆞᆺ흔訊問을次第로發ᄒᆞᆫ後에

尹守「그날져녁에、네의妹夫가、어데、잇더여서」?

將孫「그ᄂᆞᆯ져녁에、小人의妹夫되ᄂᆞᆫ사람이、어데、놀너가 도라오지、아니、ᄒᆞ엿ᄉᆞᆸᄂᆡ다」

尹守「大聲疾呼曰이놈네가、네의妹夫ᄀᆞᆺ든거ᄉᆞᆯ、모론ᄃᆞᆫ、말이냐、그러면、네생각에ᄂᆞᆫ、엇든사람이、네妹夫를죽여슬듯ᄒᆞ냐」? 이ᄯᅢ兩左右에서、바로아리라ᄂᆞᆫ、소리가、霹靂ᄀᆞᆺ치、ᄯᅥ러지니、

將孫、「저의누의(妹)년이、元來行實이不貞ᄒᆞ야、제시家에서、머슴사ᄂᆞᆫ總角놈을姦通ᄒᆞᆫ다ᄂᆞᆫ風聞이、々섯ᄉᆞᆸ더니、日前에도、그總角놈이、온거ᄉᆞᆯ、보아ᄉᆞᆸᄂᆡ다、아마、그놈이、죽엿나보올세다」

尹守、「分明이그總角놈이、온거ᄉᆞᆯ、네가보앗단、말이냐」?

將孫、「分明이、보아삽ᄂᆡ다」

將孫은다시獄으로、나리우고、將孫의妹女가、들어오니、尹守ᄂᆞᆫ將孫에게、들은말도잇고、一層의注意를더ᄒᆞ야、嚴密ᄒᆞᆫ訊問을發ᄒᆞ나、申妹의對答은決코自巳가女子의貞操를破ᄒᆞᆫ事도無ᄒᆞ고、況且머슴사ᄂᆞᆫ總角云々事ᄂᆞᆫ一切痕跡도、엽ᄂᆞᆫ일이오、그날自巳本家에、올ᄯᅢ도、單自巳夫妻兩人만共來ᄒᆞᆫ거ᄉᆞᆯ自白ᄒᆞ니、申哥男妹의前後拱招가、此에一間隙을生ᄒᆞ엿고、第一次審問은玆에停止가되엿소、

이ᄯᅢ尹守ᄂᆞᆫ、이申將孫男妹의言出ᄒᆞᆫ바가前後不合ᄒᆞᆫ거ᄉᆞᆯ始疑ᄒᆞ야種々ᄒᆞᆫ實情을詳探ᄒᆞᆫ즉將孫의言容動作에ᄂᆞᆫ果然殊常ᄒᆞᆫ痕跡이顯然ᄒᆞ더라尹守가一計策을案出ᄒᆞ야本邑後山堂幕에、사ᄂᆞᆫ一倭頭總角을招來ᄒᆞ여다가隱然이如此如此ᄒᆞᆫ計劃이有ᄒᆞᆫ거ᄉᆞᆯ傳置ᄒᆞ고其翌日에ᄂᆞᆫ第二次訊問이開始ᄒᆞ니

尹守、「네이놈、네가、네罪를모론단、말이냐」

將孫、「果然네、모로깃ᄉᆞᆸᄂᆡ다、이모리도、그總角놈이、疑心이잇ᄉᆞᆸᄂᆡ다」

尹守、「그러면、그總角놈을、至今이라도、네가보면、알깃고ᄂᆞ」

將孫「果然알깃삽니다」
이ᄯᅢ總角놈即刻捉來ᄒᆞ라ᄂᆞᆫ號令이秋霜갓ᄒᆞ니、머리ᄭᅩ리로、뒤짐을지고、큰칼을씬、總角놈이、들어와、업된다、大喝一聲에

尹守「이놈、네가李生員집에서、머슴사ᄂᆞᆫ놈이냐」?

總角「네、果然그러ᄒᆞ올세다」

尹守「申將孫을바라보며、ᄒᆞᄂᆞᆫ말이、네져總角놈이分明ᄒᆞ냐」?

將孫「네、果然져놈이올세다」
總角은問招의形式만大綱畢ᄒᆞ고、獄으로、나리가두라ᄂᆞᆫ令下에此의미ᄒᆞᆫ後山堂幕總角은後門으로隱然이放送ᄒᆞ니、此大殺獄의疑雲이、將孫의身上으로、一步一步를迫到ᄒᆞ더라。

尹守가勵聲大呼曰이놈禽獸ᄀᆞᆺᄒᆞᆫ놈아、이져도、네가、네罪를吐出치、아니ᄒᆞᆯ서? 바로아리라ᄂᆞᆫ號令이秋霜갓ᄒᆞᆫ데、一邊刑具를드려、猛杖과酷烈ᄒᆞᆫ、주리를、幾度를難算ᄒᆞ고乱加ᄒᆞ니、此境에迫到ᄒᆞ여ᄂᆞᆫ。兇惡ᄒᆞᆫ將孫놈도、自己의犯罪를、到頭隱包키不能ᄒᆞ야

將孫「果然죽을罪로、되령ᄒᆞ엿삽니다」

尹守「네이놈、네의ᄒᆞᆫ일을、事實되로、바로아려라」

將孫은、머리를숙히고、입을封ᄒᆞ니、형문을ᄯᅡ려라、주리를틀어라、別般酷刑을다ᄒᆞ야、그點々이、나오ᄂᆞᆫ拱招를集合ᄒᆞ고、其母女兩人도、亦是嚴杖猛笞로、前後毒計의始末을擬出ᄒᆞ니、人으로ᄒᆞ여금、毛骨이悚然ᄒᆞ고、齒가썰니더라。

(五)良心苛責後悔莫及
天道無偏法網難逃

申將孫은元來浮浪悖類라酒色雜技로祖先傳與의家產을蕩盡ᄒᆞ고百方으로不義不道를無所不行ᄒᆞ다가債鬼가日迫ᄒᆞ고用途ᄂᆞᆫ如前ᄒᆞ미黃金에餓鬼갓치百計를做回ᄒᆞᄂᆞᆫ中에一策을案出ᄒᆞ니即其妹女를再賣ᄒᆞ면一時의窘急을可免ᄒᆞ깃스나其新郎이有ᄒᆞ여서ᄂᆞᆫ實行키難ᄒᆞᆫ則如何ᄒᆞᆫ方策으로此新郎만、업시ᄒᆞ면寡妹일예로賣ᄒᆞᄂᆞᆫ거시事機에合當ᄒᆞᆯ듯ᄒᆞ야其母되ᄂᆞᆫ惡婆와如此如此ᄒᆞᆫ事由를秘密히論定ᄒᆞ고其妹夫되ᄂᆞᆫ新郎을誘出ᄒᆞᆯ次로、그샤돈되ᄂᆞᆫ李生員집에數三次通寄ᄒᆞ야其妹夫와妹女를如意이誘引ᄒᆞ여다가其妹女에게ᄂᆞᆫ、몬져如此如此ᄒᆞᆫ計劃이有ᄒᆞᆫ것과또新郎이아쥬幼穉ᄒᆞ고家勢도변々치못ᄒᆞ니萬一此計劃이뜻ᄃᆡ로成就되면一層조ᄒᆞᆫ곳에改嫁ᄒᆞᄂᆞᆫ거시 조타고甘口蜜言으로說服ᄒᆞᆫ後에其夜에新郎의熟眠ᄒᆞᆷ을、기다려、이殘惡ᄒᆞᆫ申哥놈의母子가錢帶로、그可憐ᄒᆞᆫ新郎의목을잘나慘殺ᄒᆞ고其屍体ᄂᆞᆫ即夜로洞口外楊柳가지에、달아미여둔거슨、그淺薄ᄒᆞᆫ識見에ᄂᆞᆫ、이러케ᄒᆞ면、其嫌疑를自家에서ᄂᆞᆫ免ᄒᆞᆯ줄로、싱각ᄒᆞ엿던지、

申哥의母子女三人이如此히共謀ᄒᆞ야新郎을죽이기、셔지ᄂᆞᆫ惟一邪慾에、눈이어둡고、心臟이變ᄒᆞ야禮義東邦의前無ᄒᆞᆫ慘劇을敢히作行ᄒᆞ고서도、一次新郎을죽인後에ᄂᆞᆫ忽然이良心의嚴責이自發ᄒᆞ야一時ᄂᆞᆫ恐懼의情을抑制키難ᄒᆞ여스나、이져ᄂᆞᆫ旣爲作行ᄒᆞᆫ일이라、後悔ᄒᆞ여도莫及이오嗟嘆ᄒᆞ여도、쓸데업스니、할수잇ᄂᆞᆫᄃᆡ로心意를自抑ᄒᆞ고天然의態度를粉作ᄒᆞ야世人

의疑線을脫ᄒᆞᆯᄯᆞᆫᄒᆞ엿더니、 人事가莫顯乎隱이오罪惡이畢竟의滅亡을當ᄒᆞᄂᆞᆫ거슨自古及今累千載人類歷史에昭然ᄒᆞᆫ天理라此惡鬼妖魔의申哥母子女도此理外에ᄂᆞᆫ不出ᄒᆞ야王道의法網을脫逃치못ᄒᆞ고其兇惡ᄒᆞᆫ罪狀을一々히自白乃已ᄒᆞ엿스니天道가엇지無心ᄒᆞ리오。

(六)妖氛跋扈天人共憤
罪惡滅亡末路可憐

이慘酷ᄒᆞᆫ殺獄事件에對ᄒᆞ야一時의衝激을感ᄒᆞ엿든世人의胸臆에ᄂᆞᆫ其正犯이意外의邊에서現出ᄒᆞᆷ에對ᄒᆞ야再度의驚動을一喫痛憤치안ᄂᆞᆫ者無ᄒᆞ니況柱石으로밋엇든三代獨子를永失ᄒᆞᆫ老李生員의心情이야、엇지다忍言ᄒᆞᆯ餘地가有ᄒᆞ리오人의傳言이希望의線이永絕ᄒᆞᆫ老李生員은血眼이暗々ᄒᆞ야財産도모로고生命도모로고光明이無ᄒᆞᆫ黑暗ᄒᆞᆫ宇宙間에影跡이消去ᄒᆞ엿다ᄒᆞ고申哥놈將孫은、줄을지우고、큰칼을써워、海州營門에押上次로安岳邑을經過ᄒᆞᄂᆞᆫ途中에「不共戴天의讎、申哥놈은、닉칼,밧아라」ᄒᆞᄂᆞᆫ霹靂이ᄯᅥ러지자肝膽을落ᄒᆞᆫ申哥의運命은幾日來로麥田에서潛待ᄒᆞ든血眼老人의揮刀下에其末路를終告ᄒᆞ엿고其母되ᄂᆞᆫ惡婆ᄂᆞᆫ終身懲役에處ᄒᆞ고其妹女되ᄂᆞᆫ妖婦ᄂᆞᆫ使令官奴輩의餌食이되야至今도長連邑에서醜窟의生活을보닌다고。

天國과人世의歸一

玄々生

吾人의宇宙ᄂᆞᆫ一種靈妙ᄒᆞᆫ存在라學術的의眼으로써見ᄒᆞ면一大眞理의顯現이오審美

的의眼으로써見ᄒᆞ면一大美術이오道德的의眼으로써見ᄒᆞ면最上善의表彰이라然則此世界를穢土라娑婆라ᄒᆞ고非常히厭忌ᄒᆞ야捨棄ᄒᆞᆯ것갓치思惟ᄒᆞᆷ은實로大ᄒᆞᆫ妄想이며또淨土라天國이라極樂이라ᄒᆞ고吾人의宇宙外에別로黃金世界가存在ᄒᆞᆫ것갓치思惟ᄒᆞᆷ도亦是太甚ᄒᆞᆫ妄執이라何者오吾人의宇宙는無限히宏大ᄒᆞ야此外에出코져ᄒᆞ야도不能ᄒᆞᆷ이로다

또人生을써苦痛ᄒᆞ다ᄒᆞ는厭世觀은自古로大宗教家大哲學者라ᄒᆞ는人々에도種々見ᄒᆞ야스나吾人은此를首肯치안나니何者오人生갓치微妙히組織된身體를有ᄒᆞᆫ高等動物은瑣細ᄒᆞᆫ瘡痍에도不少ᄒᆞᆫ苦痛을感ᄒᆞ고身體의一部損傷으로도因ᄒᆞ야生命을失ᄒᆞᆷ에至ᄒᆞ며外圍의刺戟도極히强感ᄒᆞ고些々ᄒᆞᆫ病毒도其猛威를逞ᄒᆞᆯ뿐아니라精神上에도欲望이多有ᄒᆞᆷ을爲ᄒᆞ야도리여失望이多ᄒᆞ고慚愧悔恨의情에齧ᄒᆞ니失戀忘想의煩悶이有ᄒᆞᆷ은勿論이라然이나是가吾人의幸福이며人生의快樂ᄒᆞᆫ所以의要件이라試問컨ᄃᆡ身體를斬ᄒᆞ며割ᄒᆞ야도少許도苦痛을感ᄒᆞ지안으며寒暑風雪에도毫末도煩思치안는일이頑石갓트면吾人은果히幸福일새身體의一部를斫捨ᄒᆞ야도更히差支업시走去ᄒᆞ는蜥蜴갓치되면吾人은果히愉快일새虎列剌(쥣병)의微菌을多喰ᄒᆞ야도무슨故障이업슨豚과「몰못토」와갓치되면吾人은果히幸福일새또精神上으로도犬猫와갓치食ᄒᆞ고寢ᄒᆞ며起ᄒᆞ고食ᄒᆞ야아모欲望도업시太平樂으로生活ᄒᆞ면吾人은果히幸福일새名譽의何爲도不知ᄒᆞ며慚愧의何爲도不心ᄒᆞ고山林間에飛走ᄒᆞ는禽獸와갓트면吾人은果히幸福일새單히草木과如히生殖ᄒᆞ

야男女性의區別도無ᄒᆞ고親子夫婦의愛情도無ᄒᆞ고失戀과悔恨도無ᄒᆞ면吾人은果히幸福일새吾人은此等諸問에對ᄒᆞ야否라答지아니치못ᄒᆞ리로다失戀悔恨을發ᄒᆞᄂᆞᆫ吾人이야비로소親子夫婦의親愛도可能ᄒᆞᆯ거시오失望落膽ᄒᆞᄂᆞᆫ吾人이야비로소大望을完全히ᄒᆞ며目的을達ᄒᆞᆷ이可能ᄒᆞᆯ거시오不名譽를感ᄒᆞ며慚愧心을有ᄒᆞᄂᆞᆫ吾人이야비로소名譽의榮光을享受ᄒᆞᆷ이可能ᄒᆞᆯ거시오些少ᄒᆞᆫ傷害와刺戟에遇ᄒᆞ야도곳苦痛을感ᄒᆞᄂᆞᆫ身體라야비로소錦繡綾羅의細滑도感ᄒᆞ고能掌牛舌의滋味도感ᄒᆞᆷ이可能ᄒᆞᆯ거시라一言으로約之ᄒᆞ면苦痛이有ᄒᆞᆫ所以ᄂᆞᆫ幸福이有ᄒᆞᆯ所以의要件이오幸福이有ᄒᆞᆫ所以ᄂᆞᆫ苦痛이有ᄒᆞᆯ所以의要件이라然則人生을單히苦痛이라ᄒᆞ야苦痛의分量이幸福의分量보다多ᄒᆞ다고思惟ᄒᆞᆷ은一種의癖見이라

또世人은人間萬事가意와如히되지안음을歎ᄒᆞ야人生를悲觀ᄒᆞ나此實言語道斷의愚見이라何者오宇宙에ᄂᆞᆫ一定ᄒᆞᆫ秩序가有ᄒᆞ며法則이有ᄒᆞ야셔吾人의意志와갓치되지안ᄂᆞᆫ故로吾人은住를安ᄒᆞ며生를樂ᄒᆞᆷ이可能ᄒᆞ도다만일反此ᄒᆞ야一切事物이吾人의意志와갓치變化ᄒᆞ면如何ᄒᆞᆯ새甲人은外出ᄒᆞ기爲ᄒᆞ야晴天을希ᄒᆞ고乙人은植物을爲ᄒᆞ야雨를望ᄒᆞ며丙兒ᄂᆞᆫ紙鳶을飛ᄒᆞ기爲ᄒᆞ야風을求ᄒᆞ고丁老ᄂᆞᆫ風感을爲ᄒᆞ야風을忌ᄒᆞ며戊人은降ᄒᆞᆫ雪이砂糖됨을望ᄒᆞ고己人은降ᄒᆞᆫ雪이綿됨을願ᄒᆞ며庚人은紅雪을見ᄒᆞ갓다ᄒᆞ고辛人은黑雪을見ᄒᆞ갓다ᄒᆞ나此等人이皆如思히事物이變化ᄒᆞ면如何ᄒᆞᆯ새또甲人은吾人을惡ᄒᆞ야死ᄒᆞ라고願ᄒᆞ고乙人은吾人을咀ᄒᆞ야病ᄒᆞ라고希ᄒᆞ며丙人은吾人을詈ᄒᆞ야被災ᄒᆞ라고思ᄒᆞ니彼等의思

惟ᄃᆡ로되면吾人은如何히ᄒᆞ야安全홈을得홀새如斯히吾人이隨氣思量ᄃᆡ로되지안는바이것이人生에秩序며法則이有ᄒᆞᆫ所以라만일人生이吾人의意와갓치될ᄯᅢ에는雜亂이此에生ᄒᆞ고淆混顚倒가此에始ᄒᆞ야可히收拾지못홈에至ᄒᆞᆯ이니然則人生不如意는實로吾人幸福의源이라畢竟吾人이精神은一로由ᄒᆞ야同一ᄒᆞ나人生을或苦痛ᄒᆞ며或快樂도홈은다름아니라다못其人의心觀을從홈이라比喩ᄒᆞ면西人의言에鳥見虫見의差라云홈이有ᄒᆞ니鳥見이라홈은鳥는空中에飛ᄒᆞ면서身을高所에置ᄒᆞ고下界를瞰下ᄒᆞ는故로山과川과人家와田園이畵에描ᄒᆞᆫ듯美觀을呈홈이오虫見이라홈은虫이地面을匍匐ᄒᆞ면서下로부터上을仰見ᄒᆞ는故로爲先着眼者履裏足底椽下尻穴鼻孔等이니見ᄒᆞ면見ᄒᆞ도록汚穢홀ᄲᅮᆫ이라同一ᄒᆞᆫ世界同一ᄒᆞᆫ人生을觀ᄒᆞᄂᆞᆫᄃᆡ鳥見虫見이如斯相違ᄒᆞᆫ所以는鳥는自身을高位에置ᄒᆞ고人世를見ᄒᆞ는故오虫은自身을低位에置ᄒᆞ고人世를見ᄒᆞ는故라吾人의人生觀도此와恰同ᄒᆞ야思想이深遠ᄒᆞ고道德이崇高ᄒᆞᆫ人은其人格이超然拔群ᄒᆞ야高位에잇는故로人生을觀ᄒᆞ야도美ᄒᆞ고樂ᄒᆞᆫ바로思ᄒᆞ나虫과갓ᄒᆞᆫ根性을有ᄒᆞᆫ下等人物은自己의汚ᄒᆞᆫ精神으로人生을觀ᄒᆞ는故로汚ᄒᆞ고惡ᄒᆞᆫ바로思ᄒᆞᄂᆞ니古歌에

手를拍ᄒᆞ미魚는出ᄒᆞ고鳥는逃ᄒᆞ고女는
茶를汲ᄒᆞᆫ다

홈과갓치或人이澤池에往ᄒᆞ야茶屋에休ᄒᆞ다가手를拍ᄒᆞ미魚는麩를給ᄒᆞ는가思ᄒᆞ야出ᄒᆞ고鳥는逐ᄒᆞ는가思ᄒᆞ야逃ᄒᆞ고下女는呼ᄒᆞ는가思ᄒᆞ야茶를汲ᄒᆞ니手를拍홈은一이나見ᄒᆞ는者의心은一로써諸種의差別이

有ᄒᆞ니是以로思想이深遠ᄒᆞ고道德이崇高ᄒᆞᆫ人으로見ᄒᆞ면人間은皆平等일ᄲᅮᆫ더러一切衆生이皆神靈ᄒᆞ나淺見薄識ᄒᆞᆫ吾人으로見ᄒᆞ면萬物이皆有差別ᄒᆞ야平等의方面은조곰도見치못ᄒᆞᄂᆞ니玆에憎愛의念이競起ᄒᆞ야心의平和를保持ᄒᆞ기不能ᄒᆞ도다

또世人은往々人生의無常을歎ᄒᆞ야生老病死를苦ᄒᆞᄂᆞᆫ人이有ᄒᆞ나此도道理無ᄒᆞᆫ妄執이라生老死ᄂᆞᆫ生命이有ᄒᆞᆫ人生의活動이라此活動이無ᄒᆞ면人生은死物이되고幸福의源淵은全히杜絶될지라若不然ᄒᆞ야生만有ᄒᆞ고死가無ᄒᆞ면將來에如何ᄒᆞᆯ사徽菌은分裂ᄒᆞ야增加蕃殖ᄒᆞ나一時에一度式分裂ᄒᆞᄂᆞᆫᄃᆡ第一時間에一이二가되고第二時間에四가되고第三時間에ᄂᆞᆫ八이되ᄂᆞᆫ模樣으로計算ᄒᆞ야見ᄒᆞ면三晝夜七十二時間에ᄂᆞᆫ一徽菌이七十二兆의多數가되니五晝夜一百二十時間에ᄂᆞᆫ五大洋을埋ᄒᆞ갯고또大口魚ᄂᆞᆫ一度에卵을二百萬以上式生ᄒᆞ나此等魚類가皆生存ᄒᆞ기만ᄒᆞ면大口魚만ᄒᆞ야도一二年間에全地球를埋ᄒᆞᆯ이로다또動物을殺코져ᄒᆞ야도殺ᄒᆞ기不能ᄒᆞ야生活ᄒᆞᄂᆞᆫᄃᆡ로食ᄒᆞ면腹中에서亦是生活ᄒᆞᆯ더이니人間은非常ᄒᆞᆫ苦難를受ᄒᆞᆯᄲᅮᆫ더러苦難을不勝ᄒᆞ야自殺ᄒᆞ고져ᄒᆞ야도亦是不能ᄒᆞ야未來를永刼苦悶치아니치못ᄒᆞᆯ이로다然則人生은生老死의活動이有ᄒᆞ야비로소幸福이됨이라

請看ᄒᆞ라山에ᄂᆞᆫ金銀珠玉이有ᄒᆞ고海에ᄂᆞᆫ珊瑚玳瑁가有ᄒᆞ고田園에ᄂᆞᆫ米麥이有ᄒᆞ고林에ᄂᆞᆫ奇石珍材가有ᄒᆞ야써吾人에用이되며地에ᄂᆞᆫ石炭石油瓦斯電氣等이有ᄒᆞ니自然無盡藏의寶庫ㅣ開ᄒᆞ야吾人의採用에一任ᄒᆞ얏도다然ᄒᆞᆷ을吾人은迷執이多ᄒᆞ고愚癡蒙昧ᄒᆞᆷ으로自苦ᄒᆞ며自煩ᄒᆞ야人生을厭

忌홈에至ᄒᆞ니吾人은速히正智를開ᄒᆞ고迷想을掃除ᄒᆞ야써安心을得ᄒᆞ게홈이무엇보다急務로다古語에無繩自縛이라ᄒᆞ얏스니外로觀ᄒᆞ면吾人을繩縛홈이無ᄒᆞ나內로스ᄉᆞ로蚕과如히其身을縛ᄒᆞ고苦煩ᄒᆞ도다大抵心이迷ᄒᆞ면人世는一個牢獄이나悟ᄒᆞ야見ᄒᆞ면十方濶達ᄒᆞᆫ花園이라如此ᄒᆞᆫ智見으로觀ᄒᆞ면人世는天國이며淨土이나此理에達치못ᄒᆞᆫ者는徒然히客觀的으로天國이라淨土를夢想ᄒᆞ도다比喩ᄒᆞ면回々敎徒는天國의地面은小麥粉으로造ᄒᆞ얏다信ᄒᆞ고天國에는酒의河ㅣ在ᄒᆞ며牛乳의河ㅣ在ᄒᆞ며蜂蜜의河ㅣ流ᄒᆞ며河岸은麝香으로成ᄒᆞ고河床은寶石으로成ᄒᆞᆫ듯信ᄒᆞ며ᄯᅩ「도우바」樹가有ᄒᆞ야其蔭이淸冷홀ᄲᅮᆫ더러天國에生ᄒᆞ는者는如何ᄒᆞᆫ物品이든지「도우바」樹가所願ᄃᆡ로出給ᄒᆞ고ᄯᅩ明眸皓齒의美人이居ᄒᆞ야一人의男에七十名乃至三千名의婦人이妻가된다ᄒᆞ도다

以上은天國의말이나地獄에就ᄒᆞ야셔도昔에希臘人은黃泉이라ᄒᆞ는處는地面下에在ᄒᆞᆫ暗黑國이라고信ᄒᆞ고「불ㅣ터ㅣ」라ᄒᆞ는神이有ᄒᆞ야此를指揮ᄒᆞ며黃泉의周圍에는哀의川과火의川과號泣의河가回ᄒᆞᆫᄃᆡ哀川에는「게ㅣ론」이라稱ᄒᆞ는鬼가渡船場을守直ᄒᆞ는故로死人이其口에渡錢을含치안을時는此河를渡치못ᄒᆞᆫ다고妄信ᄒᆞ며三頭蛇尾의犬이有ᄒᆞ야亡者를逃ᄒᆞ지못ᄒᆞ게守ᄒᆞᆫ다信ᄒᆞᆫ지라

然而地獄이라天國이라ᄒᆞ는것은다古人이現世의模樣으로想像ᄒᆞᆫ것인ᄃᆡ一言으로云ᄒᆞ면想像의物產이라然則天國과地獄도其材料는現世에在ᄒᆞ며天國의酒川牛乳河蜜河其他諸物이皆現世에存在ᄒᆞᆫ材料오地獄

의火川號泣渡船等도現世에無ᄒᆞᆫ거시無ᄒᆞ도다由是觀之컨ᄃᆡ人世ᄂᆞᆫ天國과地獄의本家오天國과地獄은人世의分店갓흔것이라故로天國이니地獄이니ᄒᆞᄂᆞᆫ것이客觀的으로存在ᄒᆞᆷ이아니오單히吾人이精神上의快樂과苦痛을具體的으로形喩ᄒᆞᆫ것이라是以로佛經에極樂淨土ᄅᆞᆯ形容ᄒᆞ되

有實樹硨거爲本紫銀爲莖白銀爲枝瑠璃爲條水晶爲葉珊瑚爲花碼瑠爲實此諸寶樹行々相値莖々相望枝々相準葉々相向華々相順實々相當榮色光輝不可勝視淸風時發出五音聲微妙宮商自然相和

라ᄒᆞ얏스니此皆精神의苦樂을具體的으로說明ᄒᆞ야凡愚로ᄒᆞ야곰了解ᄒᆞ기易ᄒᆞ게ᄒᆞᆷ이라故로人生의苦樂은一心에在ᄒᆞ고天國과地獄은一心의影像이라。

贊太極報 農窩 鄭濟原

無極我韓太極成、一團學會亦高名
士民文化臨時進、祖國旗光復日生
忠愛志存同氣脉、競爭心活就工程
東望遙視諸君健、鐵血胸懷萬甲兵

同題 鄭尙默

萬里關河一報成、揭然太極不虧名
甞膽精神懷祖國、漆身意思戒蒼生
親睦此時相換識、歡迎後日更論情
新明事業皆由極、極視諸公氣節淸

追悼表振模舊雨 愛宇生 金永基

西來消息太傷悲、其或風聞半是非
故人有職身能盡、秋夜無情夢亦稀
以後良弓誰可挽、從玆高鳥敢驕飛
早知此別中年在、悔不當時說一歸

一歸之語出於高峯禪林即萬法歸一一歸何處之公案

恨別八絕

秋觀生　高元勳

昔杜老之八蜀也其恨也是內亂之乖當其別也亦不過四千里之遠猶尙恨其別而著於詩況今日易服殊類之雜沓危亡濱至殊風異土之流離　帝國嗟遠恨如此其深別如此其遠猶能安其別而無其恨可乎詩者言其志也人有不能忘不忍捨之苦心極痛則其情性之溢於外者著以爲詩非欲粉飾彫華以供浮虛無實也此杜老所以有恨別吟也今次洛城一首被著恨別八絕而每絕首用杜詩一行者蓋欲紀念杜老之先我有同我之恨也

洛城一別四千里杜老胡爲恨別吟萬里和城風雨客故園西望淚盈襟（日本古稱大和故俗語多用和如和人和歌之類是也）

胡騎長驅五六年我家愁思轉悽然如何國破家亡日坐在昏々太古天

草木變衰行釰外玉樓蕭瑟美人寒秋來漸覺單衣薄誰識人間大庇難

兵弋阻絕老江邊遼朔腥塵泣九連肯將福地金丸土讓許隣家巧猾拳

思家步月淸霄立也應吾親白髮生弱子寒荆應待我洛江漁棹幾時驚

憶弟看雲白日眠昔時髠髮已成年年少猶能經濟解讀書之暇去耕田

聞道河湯近乘勝十年東國第一聞市童樵竪皆忠激走誦隆熙倡義文

司徒急爲破幽燕軍樂軍歌奏凱旋獻賀君民同樂地　大韓帝國萬斯年

海底旅行奇譚

自樂堂

第八回 千尋海底提獵銃去 萬重波間着潛衣步

話說아氏가네모ㅣ의請牒을受讀ᄒᆞᆫ後에籠鳥가上林에再飛ᄒᆞ며檻獸가山野에復游ᄒᆞᄂᆞᆫ듯ᄒᆞ야期日만苦待타가九月十七日黎明에네모ㅣ를客室에往訪ᄒᆞᆫ즉네모ㅣ가欣然出迎ᄒᆞ면서寒溫을相叙ᄒᆞᆫ後에朝飯을咆ᄒᆞ고法國人某의發明ᄒᆞᆫ루게르潛水機(同潛水衣ᄂᆞᆫ普通用다이븽우벨潛水器와判異ᄒᆞ야革囊에空氣를貯蓄ᄒᆞ고吹爐로空氣를壓出ᄒᆞ야二個印度膠管으로鼻孔에通케ᄒᆞᆷ이니甲은吹入管이며乙은噏出管이라)數領을持來ᄒᆞᆫ後經便用腰帶電燈數個와水中用空氣壓기應用水中砲數挺을具備ᄒᆞ야便室에서넷氏及콘셀과一領一挺式束裝ᄒᆞ니重各數百斤이라身如粉碎러라忽然室內가漆黑갓더니海水가混入ᄒᆞ면서電燈光線에海底가暎照ᄒᆞᄂᆞᆫ지라三人이네모ㅣ主僕을緊看隨行ᄒᆞᆯᄉᆡ先頃에千斤갓ᄒᆞᆫ潛水衣가只今은魯縞倭紗에不過ᄒᆞ며電光의明輝ᄂᆞᆫ太陽에不下ᄒᆞ여能히數十間內外를照暎ᄒᆞ더라一行이去々探險ᄒᆞᆯᄉᆡ岩礁를圍繞ᄒᆞ며藻藿을撥開ᄒᆞ고左旋右轉ᄒᆞᆫ즉海月은浮沈ᄒᆞ며海盤車의散合ᄒᆞᆷ은春花秋葉에多ᄒᆞ며鰤魴은驚駭ᄒᆞ며貝鼈의逃竄ᄒᆞᆷ은山禽野獸에倍蓰ᄒᆞ더라또數分間海阪을步上ᄒᆞᆫ즉太陽의光線이斜暎ᄒᆞ야水面에屈折ᄒᆞᆷ으로五色이玲瓏ᄒᆞ야全面이錦繡江山의美觀을呈ᄒᆞ고海草洋藿은青綠이相雜ᄒᆞ야艷麗無比ᄒᆞ니眞是世間에第一好風景이며無類의壯意氣러라一行이그坂上을從ᄒᆞ야數十分間前進

혼즉곳海中大岩礁라可히半身을水面上에露出홀너라이ᄯᅢ에네모ㅣ가一行다려일너曰이셤은千八百○一年에西將구레스포가發見혼孤島이아니라即水中銀岩인ᄃᆡ此處로日本을相距가不過數百浬이며黑潮와寒流의會點이니곳熱帶魚族과寒帶魚群의集合處라이魚群이다시오ㅣ쓰구海로入ᄒᆞ야樺太北海道海峽에遊泳ᄒᆞ며又其一派는日本海로游入ᄒᆞ야朝鮮東岸을沿游홈으로그나라는곳世界三大魚產塲의第一되는베ㅣ링우海魚族의出入處인고로海產物의豐富는可謂無盡藏이라圖們江近洋과永興灣外海에는鯨鯢가怒吼ᄒᆞ며魚鱉이群集ᄒᆞ고城津浦內와鬱陵島邊에는魛魞魟魨魮鮇鱈鰤鮑鮫鮹鯪鯛鮈鯖鯽鰈海蔘紅蛤海豹海狗(膃肭)臘虎明太大口魚等類에沒有不捿ᄂᆞ一般國民은如何혼影響을受ᄒᆞ야如彼혼惰性的蠢物에不過ᄒᆞ는지는우리思想으로는推測키難ᄒᆞᄂᆞ如此혼天賦의金庫에는少無慾望ᄒᆞ고國內에閒居ᄒᆞ야終日所謀가都是大小相食之圖로骨肉相殘만爲業ᄒᆞ다니眞所謂地獄불을自已面前에두고도不知ᄒᆞ는盲物이며ᄯᅩ그一族은베링우東岸을沿ᄒᆞ야아라스카海邊에出沒ᄒᆞ야合衆國人民을肥曉케ᄒᆞᄂᆞ니라고孜孜說明ᄒᆞ더라一行이如此히數十分間休憩혼後에다시峻坂을回繞ᄒᆞ야水底累千餘야드下에至혼즉日光은微照ᄒᆞ고海草는茂盛ᄒᆞ야寸步을難進이라一步蹩再步蹶에恰若駑馬가走阪ᄒᆞ며肥豕이馳氷之勢로相携共進홀시刺射裡에群魚가飛躍ᄒᆞ며波浪이激動ᄒᆞ미一行이出來事를不知ᄒᆞ야瞪目觀來ᄒᆞ즉一大巨鮫가流星과갓치魚族을逐擊홈이라다不勝恐惶ᄒᆞ야蟄伏避身ᄒᆞ니라如此히幾時間을前進ᄒᆞ얏더

니내모ㅣ가얏氏에게那邊을指示ᄒᆞᄂᆞᆫᄃᆡ森林이鬱蒼ᄒᆞ고岩石이險凸ᄒᆞᆫᄃᆡ그意思가구레스포島에渡達ᄒᆞᆷ을表示ᄒᆞᄂᆞᆫ듯ᄒᆞ더라

雜報

○朴氏追悼會　十一月三十日에留學生一同이監督廳에齊會ᄒᆞ야留學生故朴宜赫氏追悼會를擧行ᄒᆞ엿더라

○本月七日에大韓基督靑年會에서ᄂᆞᆫ監督廳內에討論會를開ᄒᆞ고血性兒가勝於智者라ᄂᆞᆫ問題로辯舌을相交ᄒᆞ엿더라

◎會事要錄과會員居就

○十一月廿五日에龍義支會長鄭濟原氏가報告ᄒᆞ되支會書記員白義瑞、會員白峻瑞、白洛龜三人은懶惰ᄒᆞ여本會員体面을損傷ᄒᆞᄂᆞᆫ고로退會를命ᄒᆞ엿고。評議員白元默氏가有故謝任ᄒᆞᆫ代에朴尙學氏가被撰되고書記員은金定坤氏가被任이라ᄒᆞ엿더라

○本月二日에永柔支會長李基燦氏가報告ᄒᆞ엿ᄉᆞᄃᆡ支會員金永鍊氏ᄂᆞᆫ退會를志願ᄒᆞᄂᆞᆫ고로依請施許라ᄒᆞ엿더라

◎新入會員

○崔時俊氏ᄂᆞᆫ本會에入會ᄒᆞ고朴容殷、朴容培、崔燦植、朴貞遠諸氏ᄂᆞᆫ永柔支會에入會ᄒᆞ엿더라

○本會員柳東勳氏ᄂᆞᆫ身患治療次로本月五日에發程歸國ᄒᆞ다

○本會員姜敬燁、韓文善兩氏ᄂᆞᆫ日本大學師範部에入學ᄒᆞ고金潤英氏ᄂᆞᆫ私立日本醫學校에入學ᄒᆞ다

◎太極學報義捐人氏名

（龍義支會員追後義捐）

白元默氏 壹圜　崔善玉氏 五拾錢
白雲昊氏 壹圜　車日煥氏 五拾錢
朴尙學氏 五拾錢　金鎰鉉氏 三拾錢
車得煥氏 五拾錢　金元善氏 三拾錢
金濬浩氏 五拾錢　高就嵩氏 三拾錢
金濬禧氏 五拾錢　李根泳氏 二拾錢
白愼默氏 五拾錢　金定坤氏 二拾錢

◎皇太子殿下東京御着

皇太子殿下씌오서本月十五日下午二時四十五分에新橋에 駕臨ᄒᆞ셧ᄂᆞᆫᄃᆡ留學生監督申海永氏가一般留學生을帶率ᄒᆞ고出往ᄒᆞ야祗迎ᄒᆞ엿더라

○會事追錄

本會會計員朴容喜氏가謝任ᄒᆞᆫ代에李潤柱氏被撰되고事務員李承鉉氏還國ᄒᆞᆫ代에金壽哲氏被撰되다

光武十年八月廿四日創刊
隆熙元年十二月二十日印刷
隆熙元年十二月二十四日發行
明治四十年十二月二十日印刷
明治四十年十二月廿四日發行

●代金郵稅並新貨拾貳錢

日本東京市小石川區久堅町四十五番地
編輯兼發行人 張膺震

日本東京市小石川區久堅町四十五番地
印刷人 金志侃

日本東京市小石川區中富坂町十九番地
發行所 太極學會

日本東京市牛込區辨天町二十六番地
印刷所 明文舍

廣告

本會事務所를今番에東京小石川區中富坂町十九番地로移定ᄒᆞ고每通常會를當所에셔開ᄒᆞ옵기玆에廣佈홈

日本東京小石川區仲富坂町十九番地

太極學會 告白

太極學報第十六號
光武十一年十二月二十四日
明治三十九年十月二十四日 第三種郵便物認可
隆熙元年十二月二十四日
明治四十年十二月二十四日 發行(每月廿四日一回發行)

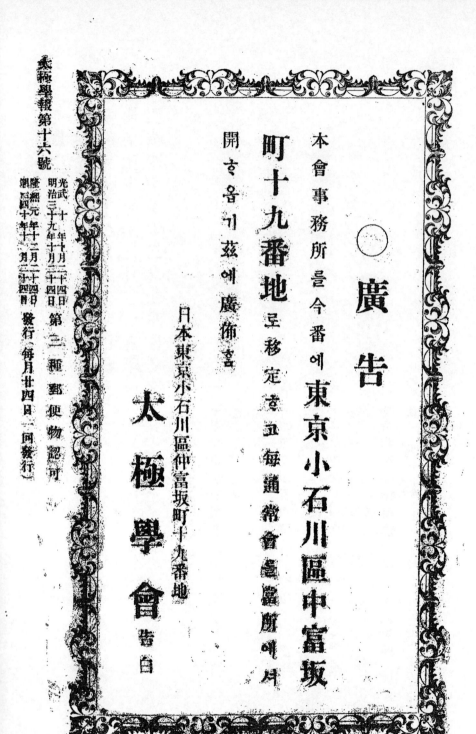

光武十年九月二十四日 明治卅九年九月廿 第三種郵便物認可

光武十年八月二十四日創刊

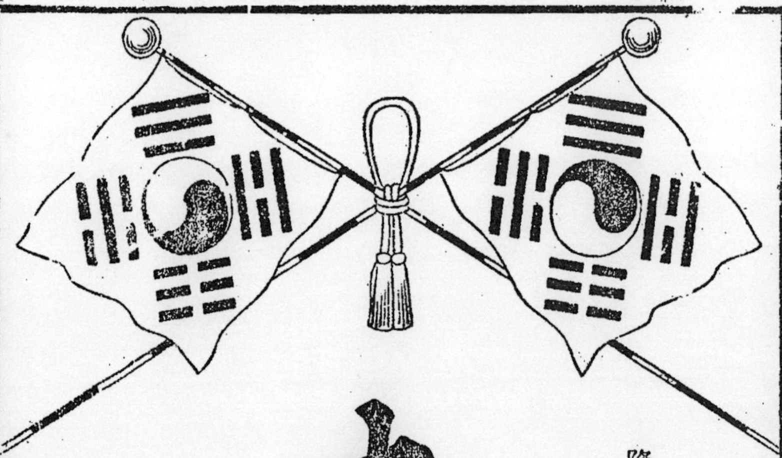

太極學報

隆熙二年一月廿四日發行
(每月廿四日一回)

第十七號

太極學會發行

注意

△本報를購覽코져ᄒᆞ시ᄂᆞᆫ이ᄂᆞᆫ本發行所로通知ᄒᆞ시되居住姓名統戶를詳細히記送ᄒᆞ시며代金은郵便爲替로本會에交付ᄒᆞᆷ을要ᄒᆞᆷ

△本報를購覽ᄒᆞ시ᄂᆞᆫ僉君子ᄂᆞᆫ셔住所를移轉ᄒᆞᄂᆞᆫ이ᄂᆞᆫ速히其移轉處所를本事務所로通知ᄒᆞ시옵

△本報ᄂᆞᆫ有志人士의購覽을便宜케ᄒᆞ기爲ᄒᆞ야出張所及特約販賣所를如左히定ᄒᆞᆷ

皇城中署東闕罷朝橋越便
朱翰榮冊肆 (中央書舘內)

平安南道三和鎭南浦港築垌
金元爕家

平安北道定州郡南門內
洪成麟商店

北米國桑港韓人共立協會內
林致淀住所

◎投書注意

一、諸般學術과文藝詞藻統計等에關ᄒᆞᆫ投書ᄂᆞᆫ歡迎ᄒᆞᆷ

一、政治上에關ᄒᆞᆫ記事ᄂᆞᆫ一切受納치아니ᄒᆞᆷ

一、投書의揭載與否ᄂᆞᆫ編輯人이撰定ᄒᆞᆷ

一、投書의添削權은編輯人의게在ᄒᆞᆷ

一、一次投書ᄂᆞᆫ返附치아니ᄒᆞᆷ

一、投書ᄂᆞᆫ完結ᄒᆞᆷ을要ᄒᆞᆷ

一、投書ᄂᆞᆫ縱十二行橫二十五字原稿紙에正書ᄒᆞᆷ을要ᄒᆞᆷ

一、投書ᄒᆞ시ᄂᆞᆫ이ᄂᆞᆫ居住와姓名을詳細히記送ᄒᆞᆷ을要ᄒᆞᆷ

一、投書當撰ᄒᆞ신이에게ᄂᆞᆫ本報當號一部를無價進呈ᄒᆞᆷ

◎會員注意

本會々員은原籍、原居地、現住所、職業(學生은目的)生年月日을詳細히記送ᄒᆞ시며現住所를移轉ᄒᆞᆯ時ᄂᆞᆫ 即時其轉居ᄒᆞᄂᆞᆫ 地名統戶를本會事務所로詳細通知ᄒᆞ시오

太極學報第拾七號目次

論　壇

講　壇

學　園

太極學報第十七號目次

文藝

雜錄

論壇 講壇 學園

太極學報

第十七號

隆熙二年一月二十四日
明治四十一年一月廿四日 〔發行〕

文明의性質有差와文明의誘入勿誤

石蘇 李東初

離立虛堺ᄒᆞ야抽象想以地球之爲體ᄒᆞ니其如橙圓形이旋轉無息ᄒᆞ야不見高低峙流이로ᄃᆡ踏下眞境ᄒᆞ야肉眼以擊其實體ᄒᆞ니嵩山峻嶺之崎嶇와大河巨海之瀇瀁이錯綜參差ᄒᆞ야不能成平圓一形者로다於是乎에世界文明을聊將縱觀時에取以外采則輝耀光澤이恰似一手之一幅丹青이로ᄃᆡ打見內實則質各有殊而幻出異狀ᄒᆞ니兩者가皆隨其觀察點ᄒᆞ야浮來同一之像想者로다、地分東西兩球ᄒᆞ니東半球曰東洋이오西半球曰西洋이라東洋에立國者ㅣ有數요西洋에劃域者ㅣ甚多而各國各域에必有固有之履歷ᄒᆞ니是謂各國歷史라社會之暢達進化가件此固有之歷史故로甲國之文明과乙國之文明에互相有特徵之潛伏其間이로다

東洋之文明은元有貴族的性質ᄒᆞ고西洋之文明은寔有平民的氣象이라ᄒᆞ니嘉哉此言이여不容不一擧而嚼味로다

所謂貴族的文明者ᄂᆞᆫ居上少數者가在下多數者의膏血을唆搾ᄒᆞ야充私情慾而一方的外飾矣니其社會表面現象은爛熳依俙春花一時ᄂᆞ然이나他一方即裏面에ᄂᆞᆫ慘憺悲況이積隱包藏ᄒᆞ야叫怨不平ᄒᆞ여鮮慍無日이라此ᄂᆞᆫ綾羅錦繡金銀玉佩와美術的好玩及工藝的良具와世上所有榮祿이皆是少數者의娛樂所供이오反之而多數者ᄂᆞᆫ不得與同이라是故로實業이不勸ᄒᆞ며百工이不進ᄒᆞᆯ뿐不是라多少間既爲發達ᄒᆞᆫ美術、工藝等實業이라도如斯不公平ᄒᆞᆫ社會에豈有永久保續之力乎아或止中途而乃失發達之勢己也必矣로다凡此少數者가畢竟에多數者를不勝ᄒᆞᆷ은常理所在일ᄉᆡ惟彼得占世樂ᄒᆞ든少數者가一朝에否運을際會ᄒᆞ면其不得與樂ᄒᆞ야恒鳴以不平ᄒᆞᄂᆞᆫ多數者가乘機壓襲而前代所成之文化制度ᄂᆞᆫ乃至一掃ᄒᆞᄂᆞ니昔者夏尙忠•殷尙敬、周尙文、秦尙武類가是爲一例라然故로東洋文明은其起源을溯考컨ᄃᆡ西洋文明보덤越在先進이언마ᄂᆞᆫ今日에却爲讓退ᄒᆞ야百步가其後ㅣ에瞠若ᄒᆞᄂᆞᆫ所以라

且平民的文明云者ᄂᆞᆫ公德心의所化가賴及萬方ᄒᆞ야一般社會가同浴其澤ᄒᆞᄂᆞᆫ平等主義라是以로東洋文明이西洋文明과比肩코져ᄒᆞ면宜除其病根ᄒᆞ고亦播此新種ᄒᆞ야社會搆造之方法을必張更化ᄒᆞ야平等主義가普及케ᄒᆞᆯ지라此主義ㅣ普行其日엔從此發生之文明樹ᄂᆞᆫ其根이盤牢ᄒᆞ며其枝가峻茂ᄒᆞ며其花ㅣ莊艶ᄒᆞ야結成永久不朽不凋之大實이리라

現當廿世紀ᄒᆞ야歐洲文物이亞洲에浸々然進入일ᄉᆡ我邦뿐아니라支那日本諸隣邦도彼文物을羡慕誘入ᄒᆞᆷ에汲々無暇라自法律

政治、文學、實業으로以至衣服、飮食、居宅種々風俗、細々人事히壹切採取應用ᄒᆞᄂᆞᆫ狀態가中世以來에漢土의禮典風尙、凡百節次를崇仰慕倣ᄒᆞ든것과恰然髣髴ᄒᆞ도다蓋此漢土文明之原據ᄂᆞᆫ發乎上下懸隔之間ᄒᆞ야朝廷貴族이作爲ᄒᆞᆫ文明이라故로其文明之爲文明이專出於貴族的精神ᄒᆞ니百般事物의操縱權能이一在貴族而德不均被ᄒᆞᆫ지라然而此文明의系統을承受ᄒᆞᆫ我邦文明도同一精神을含蓄ᄒᆞ야平壤奠朝以來에種柳自弱之制ㅣ行ᄒᆞ엿스며降堂近代ᄒᆞ야分等四色ᄒᆞ고一世公權을四色이專占에其他常民은不認私權이고從此傳受ᄒᆞᆫ日本之文明도亦是同一象狀을表現ᄒᆞ야奈良之朝의尙美好奢之風과平安之都의盛事裝飾之蹟이尙今歷々遺存이라此等事ᄂᆞᆫ引源同流之故이며從風亦化之致니可無咎左요歸之時代未闡이可矣라ᄒᆞ노라

現今我東洋이風靡於西洋平民的文明ᄒᆞ야其潮流之急烈이勢甚汪々ᄒᆞ니此勢之押行이不退勇進則古來貴族的文明思想을一拳劈破ᄒᆞ고平等主義文明의新結果를期成ᄒᆞᆯ지라此是我一般東洋同胞의無前幸福이오腦臆에滿藏ᄒᆞᆫ希望曙光이라雖然이나余ᄂᆞᆫ就此希望ᄒᆞ야不可以晏然心神으로與人共之로다或有來問其故者면余即解答曰其文明之源據ᄂᆞᆫ平民的性質을因ᄒᆞᆫ바이언마ᄂᆞᆫ由其誘入之方法如何ᄒᆞ야或不無反對結果之虞慮일가ᄒᆞ노라

君不見佛敎東漸之結果乎아、佛祖釋迦牟利之敎義主旨가天上天下惟我得尊이라ᄒᆞ엿스니我者ᄂᆞᆫ自我他我之我而意在平等主義之一點也라釋氏가粤在印度種族時代ᄒᆞ야錫蘭島에誕生ᄒᆞ사社會階級이甚爲不

公ᄒᆞ야婆羅門은尊貴如神ᄒᆞ고勞役族은卑賤如獸ᄒᆞᆷ을見ᄒᆞ고慨然興奮ᄒᆞ야漸新ᄒᆞᆫ大教義를唱道ᄒᆞ야世間에平等主義를廣布ᄒᆞ고億萬衆生의悲觀艱苦를拯濟拔出ᄒᆞ야天賦能力을完全케ᄒᆞ고極樂世界에導引코져ᄒᆞᆫ지라其目的之嘉尙과其勇氣之雄快를雖千世之下라도孰不欽慕며何不追想哉아教祖之目的과教義之精神이絕對的平等主義의擴布라然則其教化所及엔宜受平等之福利가理必當前이여ᄂᆞᆯ今也에佛教가先自漢土로行乎我國而傳來日本ᄒᆞᆫ結果를追觀컨ᄃᆡ佛教가不能變其不平等之社會ᄒᆞ고却反爲不平等社會之染化로다百萬伽藍은王侯貴人의壽福祝所오金系爍爛ᄒᆞᆫ僧侶法衣ᄂᆞᆫ盡是貴家의奉給ᄒᆞᆫ바라我國의金剛山八萬九庵子之建築과日本의奈良春日山大佛之轟壯等ㅣ如彼盛大之費用이從何而出ᄒᆞ엿슬고重加賦歛ᄒᆞ며恣行掠奪ᄒᆞ야窮民泣饑ᄒᆞ며貧民呌寒ᄒᆞ여슬推感이悅若目睹라是豈非不能變而反爲染化者歟아雖然이ᄂᆞ決非教義之不公이오實由誘入之誤謬이라此ᄂᆞᆫ釋教가後漢朝에入來ᄒᆞᆷ의天子先信ᄒᆞ고後及朝臣王侯ᄒᆞ야漸下庶民ᄒᆞ엿스니於焉間에自然히貴族的宗教를化成ᄒᆞᆫ所以로다

然而觀之則方今外邦文化가襲入ᄒᆞᄂᆞᆫ境遇에其誘入方法을豫籌詳量ᄒᆞ야根本的趨勢를正路로引導치못ᄒᆞ면佛教染化의同例를未免ᄒᆞᆯ지라國際上外交와政事上交涉을因ᄒᆞ야外國文明에薰染ᄒᆞᆷ이率先、當局有司即貴族的人物로부터始起ᄒᆞᄂᆞ니如是히自上及下ᄒᆞᄂᆞᆫ境遇에ᄂᆞᆫ國家文明의針路를誤向키容易ᄒᆞ도다事物上에自分의相違를先取ᄒᆞᆷ은人情自然之常事라故로文明國制度

視察員이其國風沖合之實像은覺悟頓着치못ᄒᆞ되貴族待遇의特典과華族會舘의搆造와華族女學校의別設等事ᄂᆞᆫ先爲氣着ᄒᆞ야言必稱文明國制度도如斯々々라ᄒᆞ며新進文明을貴族的性質로成行키主張ᄒᆞᄂᆞᆫ者ㅣ亦不無之ᄒᆞ니自此로衣食住風尙凡節이虛事華奢之光榮而不務實用之氣象ᄒᆞ야平民社會ᄂᆞᆫ對此文明範圍ᄒᆞ야榮光이何有於我哉리오是故로外邦文化誘人之曉에上下共愼ᄒᆞ야根本的實用平等主義의性質을勿失ᄒᆞ고多數權利를增護케ᄒᆞᆷ이肝腎ᄒᆞᆫ지라惟我東邦人士ᄂᆞᆫ一掃古來之氣風ᄒᆞ고自助之精神과自奮之氣象으로自活自立ᄒᆞ야千古不朽萬古不廢之平等主義文明을期意得成ᄒᆞ면豈不美哉며胡不樂哉아

小學教員의天職

浩然子

大凡國家의發達은民心의統一을須要ᄒᆞ니統一은主義를預想ᄒᆞ고主義ᄂᆞᆫ國体와民性의合全을期待ᄒᆞᆷ으로大要를作ᄒᆞᄂᆞᆫ者라故로古來偉人英傑의士가비록國民感化力을掌握ᄒᆞ야時代를善造ᄒᆞᆷ으로써國運의發展을謀遂ᄒᆞᆫ事가有ᄒᆞ다ᄒᆞᆯ지라도此ᄂᆞᆫ期必成就의完定ᄒᆞᆫ性質이아니오또偶優天然히生ᄒᆞᆫ다ᄒᆞᆯ지라도此ᄂᆞᆫ百千年間에一人二人이나期待ᄒᆞᆯ뿐이니該目的이完全無缺을成致치못ᄒᆞᆯ거시오또政治ᄂᆞᆫ國家發展의目的을向營ᄒᆞᄂᆞᆫ바이미그請求의寸法되로働作ᄒᆞᆯ力이有ᄒᆞ다ᄒᆞᆯ지라도其效果ᄂᆞᆫ皮相形式에但止ᄒᆞ야根本的을拔出치못ᄒᆞ고國憲法律로一次號令之下에國民을一波美域으로動

ᄒᆞᆯ力이有ᄒᆞ다ᄒᆞᆯ지라도此ᄂᆞᆫ所謂機械的所爲이미其勢力이一時에止ᄒᆞ야永美를難期ᄒᆞᄂᆞ니然則何로ᄡᅥ國家發達의大目的을遂ᄒᆞᆯ고余ᄂᆞᆫ答ᄒᆞ되教育이라ᄒᆞ노니何者오非他라教育은國民的意識을能히根抵브터統一ᄒᆞ야그國体民性에適應ᄒᆞᄂᆞᆫ國民精神을陶冶ᄒᆞᄂᆞᆫ大力을管有ᄒᆞᆫ所以니然則此教育을掌握ᄒᆞᄂᆞᆫ者ᄂᆞᆫ誰오小學校教員이아닌가嗚呼라國本培養의正路를當ᄒᆞ야第二國民되ᄂᆞᆫ幾多의兒女를薰陶養育ᄒᆞᄂᆞᆫ小學校教員의幸福이여君等은榮譽의天爵을享受ᄒᆞ엿고無形의桂冠을領有ᄒᆞ엿도다假令其地位ᄂᆞᆫ低下ᄒᆞ며名望은淺薄ᄒᆞ야所得의俸給으로ᄡᅥ一家의生活을維持키難ᄒᆞ다ᄒᆞᆯ지라도吾人은君等을崇拜仰慕ᄒᆞᆷ에誠衷을傾瀉ᄒᆞ리로다

世人은通常小學校教員을指目ᄒᆞ야學校先生이라ᄂᆞᆫ尊號를上ᄒᆞ면서도一個嘲笑的格言資料를삼ᄂᆞ니噫라此ᄂᆞᆫ다만金錢上問題로打算ᄒᆞᆫ者가아니냐誤哉過哉라小學教育이神聖ᄒᆞᆫ거시아니냐、만은世人이彼들을冷笑ᄒᆞ고侮辱ᄒᆞ야待遇ᄒᆞᆷ은何故뇨、必也彼等의腐敗ᄒᆞᆫ所以가有ᄒᆞᆷ이니、左에그大綱을記述ᄒᆞ여볼가、恠常도다現今의小學校教員들이여大概輕佻浮薄ᄒᆞ야商賣的營利的으로一己를愼謹ᄒᆞᆷ에正重ᄒᆞᆫ行動이無ᄒᆞ고子弟를教導ᄒᆞᆷ에親愛를不施ᄒᆞ고威喝을縱行ᄒᆞ야純良ᄒᆞᆫ幼年의良心을全數히懦弱케ᄒᆞ고俸給의多寡를因ᄒᆞ야進退出入에軌範이無定ᄒᆞ고俗吏小人의奴隷를自甘ᄒᆞ야假善僞良의現狀을綻露ᄒᆞᄂᆞ니果然如此ᄒᆞ면隱避치못ᄒᆞᆯ即事이오否定치못ᄒᆞᆯ過責이라엇지長太息流涕ᄒᆞᆯ者가아니리오故로余輩ᄂᆞᆫ彼들의게正當히訓責ᄒᆞᆯ바를要ᄒᆞ리

라
아직東西를未辨ᄒᆞ는兒女와事理를未解ᄒᆞ는少年子弟를敎授홈이天爵이니반ᄃᆞ시學의曠ᄒᆞ야精홈도要치안코識이高ᄒᆞ야才가備홈도求치아니ᄒᆞ되幾許間이라도道가正ᄒᆞ고德이高홈은願ᄒᆞᄂᆞ精을窮ᄒᆞ야微에入ᄒᆞ고面에粹ᄒᆞ고背에盎홈은小學敎員의願ᄒᆞ는바도아니오將次宇宙를呑盡ᄒᆞ고幽明을窮排코져ᄒᆞ는橄欖林先生의事跡도希望홈이아니로되다만熱誠、親愛、眞摯、自重은小學敎員의至盼ᄒᆞ는바로다

莫大ᄒᆞᆫ國家를建設ᄒᆞᆯ第二國民을養成홈은小學敎員의職分이니宜當히國民의先覺者로써自任ᄒᆞᆯ거시오子弟를率홈에는口로써ᄒᆞ지말고道로써ᄒᆞ라古人이云ᄒᆞ되我는道로써天下를救援ᄒᆞ리니王覇의分道가道와手의相異ᄲᅮᆫ이라術로써人을弄ᄒᆞ고智로써世를馭ᄒᆞ며自己의誠意를根因치아니ᄒᆞ고一身의實行을爲本치아니홈은다道로써홈이아니오手로써홈이니道라홈은心을原ᄒᆞ고理를從홈이라ᄒᆞ엿ᄉᆞᆫ즉人物을養成코져ᄒᆞ는小學敎員이여此言을深亮ᄒᆞ라

敎育의目的은人物을養成홈에在ᄒᆞ고富貴와顯榮을贏得ᄒᆞ려홈이아니니大抵人은神과寶를兼全키不能ᄒᆞᆫ者라萬一富貴를致코져ᄒᆞ는者는敎育의事業을罷棄ᄒᆞ고米商을寧作ᄒᆞ며料理를營業ᄒᆞ라如此ᄒᆞᆫ奴輩가神聖ᄒᆞᆫ小學敎員의職務를携帶ᄒᆞᆫ거ᄉᆞᆫ敎育界의汚辱이요侮恥니速去速去ᄒᆞᆯ지어다

小學敎員들이여君等의게通告코져ᄒᆞ노니俸給의三四圓이不足ᄒᆞ다고進退를無常히ᄒᆞ지말고或四五圓이增給된다고欣喜ᄒᆞᆫ것갓치말지어다募軍이賃金三錢을增給ᄒᆞᆫ다고嬉淚가班々ᄒᆞ듯그行動이鄙陋치아니ᄒᆞᆫ

가

다시告喩ᄒᆞ노니君等中에事理를通解치못ᄒᆞ는者는社會가道德上으로一點寬容을君等에게許與치안는다고不平을鳴ᄒᆞ고愚痴를傾ᄒᆞᆫ다ᄒᆞ니何事로覺悟치못ᄒᆞᆷ이此에至ᄒᆞ는가果是與語를不共ᄒᆞ겟고吾輩의黨士가아니로다況思ᄒᆞ라今世는堂々ᄒᆞᆫ一國의所謂宰相이라는者가酒色에沉淪ᄒᆞ야道德上의罪惡을犯ᄒᆞᆯ지라도敢히責罰치못ᄒᆞ는社會가아니냐如此ᄒᆞᆫ罪惡社會에셔라도따만德行을猶求ᄒᆞ는곳은君等ᄲᅮᆫ이니猶勝ᄒᆞ다君等의德行이여、더幼稚ᄒᆞᆫ社會가道德上으로는君等을一國總理大臣의以上位로崇拜치아니ᄒᆞ겟는가

俗惡ᄒᆞᆫ社會의好遇를受享ᄒᆞᆷ은君等의恥辱이오社會의窘迫은君等의祝福이며虐待의聲은君等의光榮이오非難의聲은君等의賞讚이니吾輩는ᄎᆞ라리惡俗ᄒᆞᆫ社會에셔窘迫되는거슬公明ᄒᆞᆫ天道로歡迎코저ᄒᆞ노라

昔에알력산듸아大王은萬古戰略의英傑이라智力이歐、亞、非三洲에震動ᄒᆞ엿스되一人의띄옥네스를運動키不能ᄒᆞ엿나니腕力知力金力이如何히多大ᄒᆞ야何等의方法을兼用ᄒᆞᆯ지라도畢竟動치아니ᄒᆞ는者는吾人의精神意氣가아닌가僞를不飾ᄒᆞ고眞誠으로此를動ᄒᆞ는者는小學敎員과生徒間에但存ᄒᆞᆯᄲᅮᆫ이니彼等은眞摯無邪로先生의言行命令을敬奉ᄒᆞ야何境에던지至ᄒᆞ려ᄒᆞ나니

嗚呼라君等은人生에最上感化力을領有ᄒᆞ엿고또此力은一時皮相이아니라眞實노根抵에서브터永遠히影響되며兒童의純潔ᄒᆞᆫ腦裡에深邃히印象된思想感情이彼等의子孫後昆의게波及지아니ᄒᆞ겟나뇨都是君等의理想을反暎ᄒᆞᆷ이니人生의快事가此에過

할자가外에更有치아니ᄒᆞ리니孟子가至樂의一種으로計數ᄒᆞᆫ育英의聖業이生命을始保ᄒᆞ엿도다吾人도비록不肖ᄒᆞ나將次小學敎員의榮職을固願ᄒᆞ노니機會를좃차君等과갓치育英事業에熱誠을盡供ᄒᆞ야此生을終코져ᄒᆞ노라

人生이라는動物

金載汶

大者ㅣ小者를倒ᄒᆞ고小者ㅣ大者의餌食이됨은自然界一般의通則이오強者ㅣ弱者를斃ᄒᆞ고弱者強者의制壓을受홈은動物界普通의定則인ᄃᆡ此自然界의定則과動物界의定則을脫出ᄒᆞᆫ以上의一種動物이有ᄒᆞ여此를謂之人間이라ᄒᆞᄂᆞ니其体量은象獅에未及ᄒᆞ되能히象獅를使役ᄒᆞ고其長이鯨鰐에爲劣이되能히鯨鰐을捕獲ᄒᆞ고其勇이虎豹에不及ᄒᆞ되能히그猛惡을制御ᄒᆞ고其忍이兎馬에不如호ᄃᆡ能히此馬를乘馭ᄒᆞ고身에羽가無ᄒᆞ되能히空中에飛行ᄒᆞ며体에鱗尾가無ᄒᆞ되自由로大洋을橫斷ᄒᆞ고己의意志를速通코져ᄒᆞ면秒時間에라도萬里異境의人과快談을相交ᄒᆞ고暗夜에는油를制ᄒᆞ야點燈의便宜를採用ᄒᆞ고萬一油가無ᄒᆞ면虛空에서電氣를造出ᄒᆞ야巳用을便宜케ᄒᆞ고寒氣가甚劇ᄒᆞ면薪炭을採熢ᄒᆞ고暑氣가熾盛ᄒᆞ면藏氷을牽出ᄒᆞ야熢熱을凌消ᄒᆞ고各力을協同키爲ᄒᆞ야團体를相結ᄒᆞ고相犯의弊를防御ᄒᆞ라고法律을制定ᄒᆞ며知識을增進ᄒᆞ려고敎育을施ᄒᆞ고男女ㅣ別이有ᄒᆞ며長幼ㅣ序가有ᄒᆞ야上에는敬으로써奉ᄒᆞ고下에는慈로써俯ᄒᆞ고國에王이有ᄒᆞ야人民을治ᄒᆞ고民에衆이有ᄒᆞ야帝國의位를保持

ᄒᆞ고喜怒哀樂으로節度를省理키爲ᄒᆞ여道德으로此를知識에運用ᄒᆞ고耳는能히音聲의細微處를聽別ᄒᆞ야音境의妙味를達ᄒᆞ고目은能히萬象의風景을分析ᄒᆞ야各種의美術品을製造ᄒᆞ고鼻는能히美醜의香氣를分別ᄒᆞ야危險에不近ᄒᆞ고口는다만美惡의食味만嘗分ᄒᆞᆯ뿐아니라能히其思想을發表ᄒᆞ고다맛發ᄒᆞᆯ뿐만아니라能히同朋間에快談을相酬ᄒᆞ고足은任意로起動을遂ᄒᆞ고手는自由로萬事를採譯ᄒᆞ는ᄃᆡ作事도妙ᄒᆞ여動事도妙ᄒᆞ고但只妙ᄒᆞᆯ뿐만아니라奇妙ᄒᆞᆫ事를實行ᄒᆞᄂᆞ니此가萬物과特異ᄒᆞᆷ이아니며自然界에無類動物이아닌가

猿猴도能聽ᄒᆞ며牛馬도能見의目이有ᄒᆞ니但只猿猴牛馬뿐이아니라凡動物이一是히能聽、能見、能味、能嗅 의機官이有ᄒᆞ나此等諸般動物의見法聽法味法嗅法은甚히淡泊ᄒᆞᆫ者이라다만其聲을耳聽ᄒᆞ고其色을目見ᄒᆞᆷ에不過ᄒᆞ거니와人生의萬物을見聞ᄒᆞᆷ은動物의見聞보다甚히徹密濃厚ᄒᆞ야다만此를見ᄒᆞ고聞ᄒᆞᆯ뿐만아니며牛馬의電光을見ᄒᆞᆷ과人生의電光을見ᄒᆞᆷ에其方法은殊異ᄒᆞᆷ이無ᄒᆞ나然ᄒᆞ나人生은此를見聞ᄒᆞᆯ뿐아니라即地에其電光生出의理와音聲發應의道를考察ᄒᆞ고또다만考察ᄒᆞᆯ뿐만아니라此道理를實地에適用ᄒᆞ야人生의要用을供ᄒᆞ니電信電燈이是요猿猴의山水를見ᄒᆞᆷ과吾人의山水를見ᄒᆞᆷ이少許도相異ᄒᆞᆫ바가無ᄒᆞ것만은吾人은此를見ᄒᆞᆯ뿐아니라能히其趣味를引出ᄒᆞ고다만其趣味를惹出ᄒᆞᆯ뿐아니라能히其惹出ᄒᆞᆫ事實을紙筆과模型에發表ᄒᆞ야吾人의目前에供ᄒᆞᄂᆞᆫ도다

諸動物의耳目口鼻와人生의耳目口鼻가其搆造에는少許의異處가無ᄒᆞ고但只大少의

別만有홀뿐인딕人이라는動物의頭에附着흔耳目口鼻는如此히奇變妙術을働作ᄒ되他動物의頭에垂懸흔耳目口鼻는上述과如히甚히狹隘淡々홈은果是何故로如此히霄壤의別이生ᄒ엿ᄂ뇨非他라耳目口鼻의附在흔腦髓에完不完을因別홈이니然則人은腦髓의完全흔搆造를持ᄒ엿合으로其精神이他動物의精神보다數級의優等이되ᄂ니何者오他動物은少許도吾人과如흔類似의高貴흔精神을持有치아니ᄒ고다만普通의感覺性만有홀뿐이로다

人生이萬物의靈長되는所以는此精神을因홈이니吾人의勇氣로能히象獅의勇氣를制御홈도此精神에셔出ᄒ는勇氣인緣故오吾人의量少흔体軀로鯨鰐熊虎等을致斃홈도亦是此精神에셔出ᄒ는知識의敏健흔能力이有홈이라此視察이萬一分明치못ᄒ거든吾人은此貴重흔精神에重心을向置치아니홀수업ᄉ니此精神의强흔것과、耐ᄒ는것과、徹密ᄒ며、濃厚ᄒ며、公明ᄒ며、完全흔修養을第一로寶重히知홀지어다今에吾人은體軀에만重點을置홈이不可흔거슬始知ᄒ엿ᄉ니勿論体軀가衰弱흔者의게完全흔精神이宿居치못홀理由미肉体를麁末케ᄒ라홈이아니라但只肉体에만重心을置홀時는生栗을木綿袋에包容흔土産物과如ᄒ고草製偶俑에후록코ㅡ트를着被흔虛僞的에不過홀지니嗚呼大韓에任人이如此흔俑人만으로는到底히國家의建設大任을盡擔키不能홀거슬注意ᄒ오! 此精神의修養을確實히ᄒ면体軀는自然健快를致홀지니故로此精神으로써沸流江上에唐世民의三軍을盡滅치아니ᄒ엿ᄉ며閑山島夕陽天에倭賊의十萬戰船을陷沒치아니ᄒ엿ᄂ뇨精

神發處에金鉄이亦透ᄒᆞ고精神一致에萬事自解라云ᄒᆞᆫ바가果是先哲의名談이로다噫라我靑邱上에健俊ᄒᆞᆫ二千萬靑年들아精神到處에恐懼ᄒᆞᆯ바가無ᄒᆞᄂᆞ니此精神으로뻐害我者를擊斬ᄒᆞ고侮我者를破滅ᄒᆞᆯ지어다天禀의靈能을自毁ᄒᆞ야無有로送ᄒᆞ고拱手垂頭로愚迷히坐死ᄒᆞᄂᆞᆫ靑年의懦弱을補起코져ᄒᆞ야數節의鎖談을陳ᄒᆞ노라

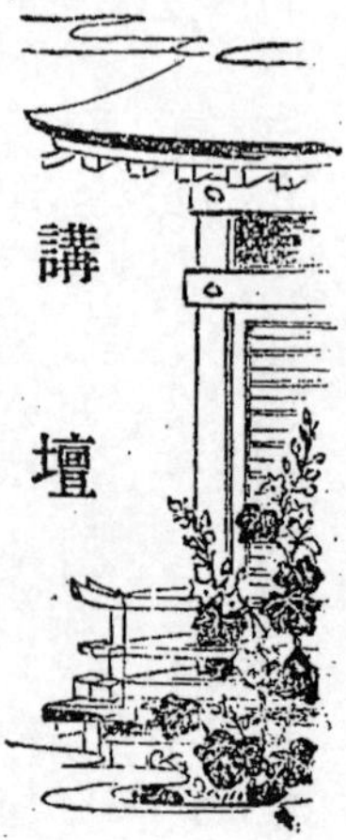

學問의目的

研究生

吾人이學問을從事ᄒᆞᆷ은何故를因ᄒᆞ며學問의目的은果然何에在ᄒᆞ나問ᄒᆞᆯ것ᄀᆞᆺᄒᆞ면이ᄂᆞᆫ너무平凡ᄒᆞᆫ疑問이라고爲言ᄒᆞᆯ人도有ᄒᆞᆯ가未知어니와實際上에在ᄒᆞ여ᄂᆞᆫ決코如許히容易ᄒᆞᆫ事가아니라此目的이明白치못ᄒᆞᆷ을因ᄒᆞ야敎育의方針도往々히動搖ᄒᆞᄂᆞᆫ弊가有ᄒᆞ고國民이學問에對ᄒᆞᄂᆞᆫ程度에도屢々히消長ᄒᆞᆫ事가有ᄒᆞᄂᆞ니故로吾人은明白히그目的이何에在ᄒᆞᆷ을研究코져ᄒᆞᄂᆞᆫ바로다勿論敎育이라ᄂᆞᆫ거슨複雜ᄒᆞᆫ거신고로學問을從事ᄒᆞᄂᆞᆫ動機ᄂᆞᆫ決코一件에止치아니ᄒᆞᆯ터히나然ᄒᆞᄂᆞ그動機가幾許던지有ᄒᆞ다ᄒᆞᆯ지라도其中第一位를占ᄒᆞᄂᆞᆫ者가何인지此를決定ᄒᆞᆷ이甚히肝要ᄒᆞᆫ事가되리로다

吾人은何故로多數의時間과高額의金錢을費用ᄒᆞ면셔小、中、大學의敎育을受ᄒᆞᄂᆞᆫ가其中에ᄂᆞᆫ全혀優遊度樂ᄒᆞ기를目的ᄒᆞᄂᆞᆫ者도有ᄒᆞᆯ터히ᄂᆞ大体上多大數ᄂᆞᆫ學問으로뻐職業을得ᄒᆞᄂᆞᆫ逕途이라고爲思ᄒᆞᆯ지니分明

히말ᄒᆞ자면人은將來社會에立ᄒᆞ야衣食의資를得ᄒᆞ라고今日學問을從事ᄒᆞᆫ다ᄒᆞᆷ이니을도다斯言이여文明各國에서ᄂᆞᆫ學問잇ᄂᆞᆫ人텨럼比較的高等地位를占有ᄒᆞᄂᆞᆫ者가無ᄒᆞᆫ고로優勝劣敗競爭塲에立코져ᄒᆞᄂᆞᆫ者ㅣ學問을專修ᄒᆞᆷ이니今日더專門敎育과如ᄒᆞᆫ거ᄉᆞᆫ分明히人에게職業을敎授ᄒᆞᆷ이라云ᄒᆞ여도關係치아니ᄒᆞᆯ지라此로뼈普通敎育에至ᄒᆞ기ᄭᆞ지立身出世의最高ᄒᆞᆫ手段이라고思ᄒᆞᆷ도別數업ᄂᆞᆫ順序이ᄂᆞ世上의父兄되신이도其子弟의게學을修케ᄒᆞᆷ에當ᄒᆞ여ᄂᆞᆫ무슴鐵道이ᄂᆞ會社에資本을너ᄂᆞᆫ것ᄀᆞᆺ치녀여學資를給與ᄒᆞ고學校便으로見ᄒᆞᆯ지라도最先卒業生에立身의途를與ᄒᆞᆫ者ᄂᆞᆫ必也繁榮을得ᄒᆞᆫ다ᄒᆞᄂᆞ니此ᄂᆞᆫ分明히我國現今學問界의趨勢이라然則學問의目的이果然此處에在ᄒᆞ냐

余ᄂᆞᆫ學問과立身出世의間에密接ᄒᆞᆫ關係가有ᄒᆞ다ᄒᆞᆷ은勿論承認ᄒᆞᆯ지언뎡此가學問動機의第一位라고ᄂᆞᆫ思維치못ᄒᆞ노니萬一父兄이子弟의게學資를給與ᄒᆞᄂᆞᆫ目的이그子弟의立身으로뼈主要를숨으면高等敎育을受ᄒᆞᆫ者의數가非常히增加ᄒᆞᄂᆞᆫ日에彼等이職業을得ᄒᆞ기困難ᄒᆞᆷ을見ᄒᆞᆯ時ᄂᆞᆫ父兄은子弟를爲ᄒᆞ야其資本을投ᄒᆞ야機會를待ᄒᆞᆷ에至ᄒᆞᆯ진뎌今日은僥倖高等敎育을受ᄒᆞᆫ者가少數이미그地位를得ᄒᆞᆷ에容易ᄒᆞᆯ뎌히나他日學問이如許ᄒᆞᆫ効力이無ᄒᆞᆷ에至ᄒᆞ면螢雪의勞를積ᄒᆞᆫ者ㅣ漸次減少치아니ᄒᆞᆯ가男子敎育에ᄂᆞᆫ論을暫止ᄒᆞ고女子敎育에對ᄒᆞ야저윽히思論코져ᄒᆞᄂᆞᆫ바가有ᄒᆞ노니近來我國에女子敎育說이唱出ᄒᆞᆫ以來로幾許間蒙牖를初開ᄒᆞ엿ᄉᆞᄂᆞ아직男子敎育에比ᄒᆞ면더욱微々ᄒᆞ야聞料가一無ᄒᆞ니然則何故료

女子教育이振興되지못ᄒᆞ나뇨此에種々色々ᄒᆞᆫ理由가有ᄒᆞ다ᄒᆞᆯ지라도余ᄂᆞᆫ斷言ᄒᆞ기를此ᄂᆞᆫ他故가아니라學問을立身出世의必要ᄒᆞᆫ手段으로思考ᄒᆞᆫ거시必也그重要ᄒᆞᆫ原因이라多數ᄒᆞᆫ女子에ᄂᆞᆫ職業이라ᄂᆞᆫ거시必要업고또立身出世라ᄂᆞᆫ거ᄉᆞᆫ흔히他理由로從來ᄒᆞ난거시ᄆᆡ學問의動作이아니라然ᄒᆞᆫ즉婦人의게學問을從事케ᄒᆞᆷ은決코資本을投出ᄒᆞᆷ이아니오거의抛棄ᄒᆞ난同樣이니俗言에云ᄒᆞᆫ바「會計가들닌다」ᄂᆞᆫ말이即女子教育에適用ᄒᆞᆯ말이라그런고로世上의여러父兄ᄭᅴ셔들도女子教育에ᄂᆞᆫ너무熱心치아니ᄒᆞ거니와女子自身도教育으로ᄡᅧ고마온것이라고思維치아니ᄒᆞ나니余前日에經驗ᄒᆞᆫ바를暫論ᄒᆞ건ᄃᆡ一女子ㅣ京城셔某女學校를卒業ᄒᆞ고地方某家에嫁入ᄒᆞᄆᆡ青山流水갓흔英語ᄂᆞᆫ半句도相交ᄒᆞᆯ機會가無ᄒᆞ고其他物理星學論理等諸學問은日常生活上에需用ᄒᆞᆯ수가無ᄒᆞᄆᆡ비로소屢々히嘆息ᄒᆞ야友人의게學問의無益을說明ᄒᆞ고또그媤妹의留學을百般妨害ᄒᆞᆫ事가有ᄒᆞ니學問에ᄂᆞᆫ實利가直伴ᄒᆞᄂᆞᆫ것으로思ᄒᆞᄂᆞᆫ者ᄂᆞᆫ반다시以上에陳述ᄒᆞᆫ것과ᄀᆞᆺ치失望이될거ᄉᆞᆫ難免의事라學問이實狀貴重ᄒᆞᆫ거시로ᄃᆡ裁縫이라洗濯이라炊事等의實利를婦人의게與ᄒᆞᄂᆞᆫ거ᄉᆞᆫ아니니萬一學問의目的이職業이나立身出世라ᄂᆞᆫ實利에在ᄒᆞ다ᄒᆞ면學問의不必要를醒覺ᄒᆞᆯ者의數가增加치아니ᄒᆞᆯ가故로余ᄂᆞᆫ立身出世로ᄡᅧ學問의目的이라ᄒᆞᆷ에對ᄒᆞ야ᄂᆞᆫ期於反對ᄒᆞᄂᆞᆫ바로라

然則學問目的은社會를爲ᄒᆞ야盡衷ᄒᆞᆷ에在ᄒᆞ니別言ᄒᆞ면社會를有益ᄒᆞ게ᄒᆞᆷ에在ᄒᆞ다ᄒᆞᆷ과何如ᄒᆞᆯ고此ᄂᆞᆫ一身의名利를求ᄒᆞᆷ에比較ᄒᆞ면高尙ᄒᆞ고도可히忖想ᄒᆞᆯ要說이라大

抵吾人은社會의一部를形成ᄒᆞ여잇ᄂᆞᆫ者이니然則社會에對ᄒᆞ야害를與ᄒᆞᆷ이可ᄒᆞᆯ가或은益을與ᄒᆞᆷ이可ᄒᆞᆯ가此兩者에不出ᄒᆞᆯ지니故로吾人은社會에盡衷ᄒᆞᆯ바가有ᄒᆞ다ᄒᆞ고學問을從事ᄒᆞᆷ이요반다시一身의名譽利達을求ᄒᆞᄂᆞᆫ거시아닌즉余ᄂᆞᆫ勿論此로ᄡᅧ學問을從事ᄒᆞᄂᆞᆫ動機의一位로計數ᄒᆞ노라然ᄒᆞ나此로ᄡᅧ目的의最先位에置ᄒᆞᆷ은敢히贊成치못ᄒᆞᄂᆞ니何則고此說도亦是幾許間學問의目的을實利에置ᄒᆞᆫ所以니萬一社會를益ᄒᆞᄂᆞᆫ거시學問의目的이라云ᄒᆞ면社會를益ᄒᆞ게못ᄒᆞᄂᆞᆫ者ᄂᆞᆫ學問을勤脩치안더ᄅᆡ도妥當ᄒᆞᆫ事가아닌가余ㅣ일즉美國聾啞院談을聞ᄒᆞᆯ時一個珍奇ᄒᆞᆫ青年이有ᄒᆞ엿소彼ᄂᆞᆫ二三歲頃브터聾啞될ᄲᅮᆫ아니라盲者도되여그聽官과視官을失ᄒᆞᆫ고로但只觸官만依賴ᄒᆞᄂᆞᆫᄃᆡ그青年을教養ᄒᆞᆷ에特別히一人의教師가잇셔普通科를教ᄒᆞᆷ의歷史地理의大意를知ᄒᆞ고數學도算術分數ᄭᆞ지修了ᄒᆞ엿다ᄒᆞ니今에余ᄂᆞᆫ뎌病身青年의게學問을從事ᄒᆞᆫ目的이何에在ᄒᆞᆫ것을思考ᄒᆞ여學問의目的이決코立身出世도아니오社會에盡衷도아닌거슬斷言ᄒᆞ노니諸君은뎌病身青年이學問을修得ᄒᆞ엿다고獨立生活을管得ᄒᆞᆯ것은到底히信認치아니ᄒᆞᆯ뎌히ᄂᆞᆫ美國에셔如彼ᄒᆞᆫ青年을教育ᄒᆞᆷ은何를爲ᄒᆞᆷ인가或은뎌青年을教育ᄒᆞᆷ으로ᄡᅧ無益ᄒᆞᆫ事가되리라ᄒᆞᄂᆞ다만美國人이彼를教育ᄒᆞᆷ은彼로心理學上의研究材料를삼기爲ᄒᆞᆷ이니然則諸君의近親中에萬一如許ᄒᆞᆫ不具者가有ᄒᆞ다假定ᄒᆞ고想像ᄒᆞᆷ에其人이到底히獨立生活을不作ᄒᆞ며社會上有益ᄒᆞᆫ事를未能ᄒᆞᆫ理由로ᄡᅧ諸君은其人을無學ᄒᆞᆫ裡에全埋ᄒᆞ겟ᄂᆞ뇨余ᄂᆞᆫ決코如許히不人情ᄒᆞᆫ事를作爲치아니ᄒᆞᆯ줄노

信ᄒᆞ노니然則如許ᄒᆞᆫ不具者의게라도教育을施치아니치못ᄒᆯ理由中에ᄂᆞᆫ學問의目的이包含ᄒᆞ여잇지아니ᄒᆞᆫ가左에漸次說明ᄒᆞ리라

學問의最大ᄒᆞᆫ目的은自己의能力을十分發達식힘에在ᄒᆞ니立身出世던지或은社會를益ᄒᆞ게ᄒᆞᄂᆞᆫ거슨다만此를隨伴ᄒᆞᄂᆞᆫ바事物뿐이라根本브터吾人々類의게ᄂᆞᆫ天禀의能力이有ᄒᆞ니此를十分發達식힘이自己의目的으로던지또ᄂᆞᆫ將來社會의目的으로던지當然히ᄒᆯ바이오余가只今云ᄒᆞᄂᆞᆫ바能力이라ᄒᆞᆷ은心意에關ᄒᆞᆫ것뿐아니라体力도其中에加入되난거시니今日普通으로唱論ᄒᆞᄂᆞᆫ智育、情育、意育、体育을十分善行ᄒᆞᆷ은即吾人의能力을十分發達식힘이니만일學問의目的이此에在ᄒᆞ다ᄒᆞ면癲癇、白痴外에야誰가學問에從事치아니ᄒᆯ者ㅣ有ᄒᆞ리오立身出世와學問이必然相伴ᄒᆯ거스로思考ᄒᆞ게ᄃᆞ면貴族과富豪間에ᄂᆞᆫ學問을尊重히ᄒᆯ必要가無ᄒᆞᄂᆞ니何故오無他라彼等은職業을求ᄒᆯ必要도無ᄒᆞ고더욱其手段으로學問을從事ᄒᆯ必要가無ᄒᆞᆷ이니余ᄂᆞᆫ我國富豪貴族中에ᄂᆞᆫ有名ᄒᆞᆫ學者가無ᄒᆯ거ᄉᆞᆯ一種遺憾으로녁이노라大抵學問에從事ᄒᆞ야世人의尙今發見치못ᄒᆞᆫ眞理를發見ᄒᆞᆷ은다만社會를有益케ᄒᆯ뿐아니라其人自身에게도此以外의快樂이更無ᄒᆞ겟스나然ᄒᆞ나學問을從事ᄒᆞᆷ에不少ᄒᆞᆫ時間과多大ᄒᆞᆫ金錢을要ᄒᆞ야學問程度가一國에卓越ᄒᆞᆫ大學教授中에도金錢의魔力을不勝ᄒᆞ야長久ᄒᆞᆫ時間을犧牲에供ᄒᆞ고도多少內職을未免ᄒᆞᆫ다ᄒᆞ니然則貴族과富豪ᄂᆞᆫ衣食으로因ᄒᆞ야其心을困勞ᄒᆯ必要가無ᄒᆞ겟슨즉一身을終日學界에投ᄒᆯ지라도別노困難ᄒᆞᆫ일이無ᄒᆯ지니

일노써見ᄒᆞᆫ건ᄃᆡ貴族과富豪中에도一世를絶驚ᄒᆞᆯ大學者大發明家의現出을企望ᄒᆞᆷ이無理ᄒᆞᆫ事아니것만全國內數多ᄒᆞᆫ貴族富豪中에셔ᄂᆞᆫ學問에從事者가鮮出ᄒᆞᆷ이果是異常ᄒᆞᆫ現象이될가余ᄂᆞᆫ貴族富豪의腦力이普通人民의게劣下되여然ᄒᆞ다아니ᄒᆞ노니然則그理由ᄂᆞᆫ學問을職業或立身處世의一手段으로思ᄒᆞᄂᆞᆫ國民의誤謬됨에在ᄒᆞ다ᄒᆞᆯ지라萬一貴族富豪中에學問의目的을眞正ᄒᆞ게解得ᄒᆞᄂᆞᆫ者가有ᄒᆞ면泰西諸國과如히彼等中에셔大學者、大發明家、大探險家를見ᄒᆞᆷ이不遠에在ᄒᆞ다ᄒᆞ노라

富豪貴族中에學問이隆盛치못ᄒᆞᄂᆞᆫ것과ᄀᆞᆺ치勞働者間에도學問을修ᄒᆞᄂᆞᆫ者가鮮ᄒᆞᆷ은亦是同一ᄒᆞᆫ理由로生ᄒᆞᆫ것이니彼等은手足을만히働作ᄒᆞ야衣食의途를得ᄒᆞᄂᆞᆫ고로學問으로써身을立ᄒᆞᆫ바가아닌즉學問의目的이人에게衣食을與ᄒᆞᆷ에在ᄒᆞ다ᄒᆞ면勞働者ᄂᆞᆫ全혀學問을從事ᄒᆞᆯ必要가無ᄒᆞᆯ거신즉茲에至ᄒᆞ여ᄂᆞᆫ余의初言과ᄀᆞᆺ치學問은自己의能力을發達ᄒᆞᆷ으로써第一의目的을作ᄒᆞᆷ에不在ᄒᆞ면勞働者가學問을欣脩ᄒᆞᆯ時機가到達치아니ᄒᆞᆯ듯ᄒᆞ도다人이或言ᄒᆞ기를勞働者의게學問을從事식힘은畢竟無益의事라ᄒᆞ고或은云ᄒᆞ되勞働者ᄂᆞᆫ勞働이甚劇ᄒᆞ야學問을修得ᄒᆞᆯ勇氣가無타ᄒᆞ나그러ᄂᆞ國民全体의進步를圖謀코져ᄒᆞ면勞働者라고排除ᄒᆞ지못ᄒᆞᆯ거시오ᄯᅩ勞働者ᄂᆞᆫ終日体力만使用ᄒᆞ고腦力은比較的少用ᄒᆞᆫ고로彼等이다만學問의目的을了解ᄒᆞᆷ에至ᄒᆞ여ᄂᆞᆫ夜更이라도一二時間을學問에費用ᄒᆞ기가別노困難ᄒᆞᆫ事가아니니然則學問目的의明白與否가國民全体의進步發達에大關係가有ᄒᆞ도다

歐美文明諸國에셔는何處던지學問이隆盛ᄒᆞ지마는同一ᄒᆞᆫ文明國中에도多少趣意가殊異ᄒᆞᆫ處가有ᄒᆞ니뎌英美國人은學問을實際上事物에應用ᄒᆞ야利益을收ᄒᆞᆷ으로目的을삼고德國人은學問은學問이라ᄒᆞ야修ᄒᆞᄂᆞᆫ고로其結果가如何ᄒᆞᆫ거셰너무注意치아니ᄒᆞᄂᆞ니英美人은學問으로實利를收ᄒᆞ고德國人은珍器什寶와如히思ᄒᆞ야學問을修ᄒᆞᆫ즉余의所見으로ᄂᆞᆫ英美의學問이振興치못ᄒᆞ리라ᄒᆞᆷ은아니로ᄃᆡ到底히德國人에未及ᄒᆞᆯ事勢요德國人은學問을貴重ᄒᆞ게思ᄒᆞᄂᆞᆫ所以로써學問에非常히忠實ᄒᆞ고熱心하ᄂᆞ니大抵德國人은人으로比見ᄒᆞ쟈면上品의國民이아니오또自慢ᄒᆞ며金錢에ᄂᆞᆫ貧乞에不過ᄒᆞ야足히欽羨ᄒᆞᆯ바가無ᄒᆞ되敎育에熱心ᄒᆞᄂᆞᆫ거슨驚嘆치아닐수업도다彼等은英米人과如하富裕치못ᄒᆞᆫ고로衣食住에ᄂᆞᆫ極히儉嗇ᄒᆞᄂᆞ子弟의敎育에ᄂᆞᆫ金額의多少를不顧ᄒᆞ고費用을出補ᄒᆞ나니然則彼等은子弟의立身을希望ᄒᆞ여然ᄒᆞᆫ가아니라全혀學問을主寶로녀여人生의게有케ᄒᆞ고져ᄒᆞᆷ이로다

余ㅣ只今德國人의代表되시ᄂᆞᆫ德國皇帝의事蹟을陳述코져ᄒᆞ노니皇帝ᄂᆞᆫ아직少壯ᄒᆞ신君主ㄴ貴人으로ᄂᆞᆫ世界中에如許히多藝多能ᄒᆞᆫ者가更無ᄒᆞᆫ줄노思ᄒᆞ노라政治上에ᄂᆞᆫ더욱말ᄒᆞᆯ必要가無ᄒᆞ고軍人、文學、音樂畵家의各種非凡ᄒᆞᆫ技量을備有ᄒᆞ엿ᄂᆞᆫ中에音樂에最多興味를付ᄒᆞᄂᆞᆫ고로皇居의隣近에ᄂᆞᆫ皇室로一演劇場을置ᄒᆞ고時々로行啓ᄒᆞ야玩賞ᄒᆞᄂᆞᆫ고로玉座를爲設ᄒᆞ엿고余의聞ᄒᆞᆫ바를按ᄒᆞᆫ건ᄃᆡ皇帝親히오페라(演劇)를作ᄒᆞ야役者로使演ᄒᆞ고觀賞ᄒᆞᆫ事도有ᄒᆞ며또露國皇帝게贈送ᄒᆞᆫ一幅寓意畵ᄂᆞᆫ全혀

親히立案ᄒᆞ야畵家로執筆케ᄒᆞ엿고또일즉히쎄리츠라稱ᄒᆞᄂᆞᆫ學者를宮中에招聘ᄒᆞ야皇后皇子皇弟大宰相을召集ᄒᆞ고其講義를聽ᄒᆞᆯ식쎄리츠ᄂᆞᆫ古物學者라一日은巴比倫思想의基因된섄라이思想이라ᄂᆞᆫ問題를出ᄒᆞ야講ᄒᆞ미皇帝ㅣ興味津々ᄒᆞ야潛然히細聽ᄒᆞᆫ後再次쎄리츠를宮中에招ᄒᆞ야그講義를復聽ᄒᆞᆫ後皇帝親히此問題에關ᄒᆞ야自由討論을起演ᄒᆞ엿다ᄒᆞ니一國의君主로셔政治學과軍隊의事를研究ᄒᆞᆷ에ᄂᆞᆫ別노히驚嘆ᄒᆞᆯ事가아니나ᄂᆞᆫ音樂繪畵文學等事에도熱心이勵烈ᄒᆞ심은實노嘆驚의事이로다

一步를更進ᄒᆞ야皇帝ㅣ其皇子를敎育ᄒᆞᆷ에如何ᄒᆞᆫ方針을用ᄒᆞᄂᆞᆫ지暫間陳叙ᄒᆞ건ᄃᆡ德國學問의價値가如何ᄒᆞᆷ을明白히知ᄒᆞᆯ지니第一第二兩皇子ᄂᆞᆫ陸軍이오第三皇子ᄂᆞᆫ海軍이오第四第五兩皇子ᄂᆞᆫ伯林(德京)셔近地되ᄂᆞᆫ프렌農學校에셔農業에從事ᄒᆞᆯ식二皇子外六人의同窓生을爲ᄒᆞ야幾坪畝의土地를買有ᄒᆞ고耕作物은穀類와菜蔬며其外에乳牛二頭를養ᄒᆞᆯ만ᄒᆞᆫ牧塲이有ᄒᆞ며鷄鳩其他各家禽을蓄養ᄒᆞᄂᆞᆫᄃᆡ二皇子와朋輩ᄂᆞᆫ專門家敎導하ᄂᆞᆫ아리農業에關ᄒᆞᆫ實際의智識만得ᄒᆞᆯᄲᅮᆫ아니라經濟上其事業의成效를期ᄒᆞᄂᆞᆫ고로耕作地에셔生産ᄒᆞᆫ거슨皇居에送ᄒᆞ면皇帝ᄂᆞᆫ相當ᄒᆞᆫ市價로買取ᄒᆞ되萬一生産品中에其質이劣等되난者ᄂᆞᆫ關係업시其價를減下ᄒᆞᆷ으로皇子ᄂᆞᆫ全力을用盡ᄒᆞ야培養을勤勉히ᄒᆞ다가額顙에汗流가浹下ᄒᆞ며飮食을要ᄒᆞᆯ時ᄂᆞᆫ彼等은耕作地內에構設ᄒᆞᆫ小屋에入ᄒᆞ야珈琲를飮ᄒᆞ며或은麵麭를食ᄒᆞ나그器皿은粗惡ᄒᆞᆫ陶土製를用ᄒᆞᆫ다ᄒᆞ니何方面으로見ᄒᆞ던지德國皇室의敎育은學問으로立身出世의要具를作치아니ᄒᆞ고

貴重ᄒᆞᆫ寶貝로삼아此ᄅᆞᆯ修ᄒᆞᆫ다난方針이昭然ᄒᆞ니德國의隆盛이果然基因ᄒᆞᆫ바가有ᄒᆞ도다

余ᄂᆞᆫ學問으로써寶에比ᄒᆞ엿거니와此ᄂᆞᆫ多少의說明을要ᄒᆞᆯ지니大凡家에ᄂᆞᆫ日用物品外에必要ᄒᆞᆫ物品을即寶라稱ᄒᆞ나니假令金屛風이ᄂᆞ珍奇ᄒᆞᆫ椀具며古代브터其家에傳來ᄒᆞᄂᆞᆫ古物이ᄂᆞ然하ᄂᆞ此等寶具ᄂᆞᆫ一年에一二度外에ᄂᆞᆫ常用치아니ᄒᆞ고庫倉에藏置ᄒᆞᄂᆞ니만일實用의標準으로말ᄒᆞ자면此等珍器ᄂᆞᆫ全혀無價値의物이것문은世人이此等寶ᄅᆞᆯ持有ᄒᆞ면滿足히아ᄂᆞᆫ것은何故뇨元來人은平時에備有ᄒᆞᆫ것보다急處에用意ᄅᆞᆯ預備ᄒᆞᆫ것으로써必要ᄅᆞᆯ삼ᄂᆞ니世上持寶者의心志ᄅᆞᆯ探見ᄒᆞ면分明히不時의需ᄅᆞᆯ應ᄒᆞᆯ거ᄉᆞ로一動機ᄅᆞᆯ作ᄒᆞᆷ은昭然ᄒᆞᆫ事이요一年一度珍客을招待ᄒᆞᆯ時에家具ᄅᆞᆯ繁飾ᄒᆞᆷ은一虛榮에不過ᄒᆞᄂᆞ主人된者에ᄂᆞᆫ左右間滿足을自抱ᄒᆞᄂᆞ니此와如히學問을多大히修得ᄒᆞᆫ者도此ᄅᆞᆯ應用ᄒᆞᆯ機會ᄂᆞᆫ小ᄒᆞᆯ지라도心中에一種難言의滿足이抱持된거슨昭然ᄒᆞ리로다

只今他方面에서視察을垂下ᄒᆞ면學問은廣大無邊ᄒᆞᆫ宇宙ᄅᆞᆯ吾輩의小腦髓에壓積ᄒᆞᆷ과如ᄒᆞᆫ듸吾人은日々外界ᄅᆞᆯ接ᄒᆞ야其美ᄅᆞᆯ探ᄒᆞ고眞을究ᄒᆞ나眞善美의實相은吾人의心中에求ᄒᆞᆷ이可ᄒᆞ니外界의眞美ᄂᆞᆫ往々히全隱ᄒᆞᄂᆞᆫ수가有ᄒᆞ나內界의眞美ᄂᆞᆫ永々吾人과共存ᄒᆞᄂᆞᆫ者니只今卑近ᄒᆞᆫ實例ᄅᆞᆯ取言ᄒᆞ면老人이漸次그視力聽力을失ᄒᆞᆷ에至ᄒᆞ여外部의世界ᄂᆞᆫ恰然히消滅됨과ᄀᆞᆺ흔ᄃᆡ此로從遠코져ᄒᆞᆷ에當ᄒᆞ여彼의幸不幸은彼의內界의如何ᄅᆞᆯ從ᄒᆞ야定ᄒᆞᆷ이니壯年時代에山河風景을廣覽ᄒᆞᆫ者ᄂᆞᆫ老項에達ᄒᆞᆯ지라도往

々히前日觀覽物을再想ᄒᆞ야壯快홈을感得ᄒᆞᄂᆞᆫ거ᄉᆞᆫ實相吾人의想像으로도相及지못ᄒᆞᄂᆞᆫ것이나學問의價値ᄂᆞᆫ此와如ᄒᆞᆫ者이ᄆᆡ그廣大홈을形言키難ᄒᆞ겟도다

人生의目的은何에在ᄒᆞᆫ가此ᄂᆞᆫ容易히答辯키不能ᄒᆞᆫ問題나多數學者의所言을據ᄒᆞ건ᄃᆡ自己와他人을總括ᄒᆞ야그幸福을求ᄒᆞᆫ다홈이吾人의目的이될거ᄉᆞᆫ明白ᄒᆞᆫ事이니勿論幸福이라ᄂᆞᆫ거ᄉᆞᆫ快樂보다도高尙ᄒᆞᆫ意義로解析ᄒᆞᆫ거시ᄆᆡ完全ᄒᆞᆫᄃᆡ셔生出ᄒᆞᆫ것으로思홀지니然則最多의幸福을受ᄒᆞᄂᆞᆫ人은最多完全의域에近着ᄒᆞᆫ人인즉學問은이多大ᄒᆞᆫ幸福을與ᄒᆞᄂᆞᆫ者니吾人은엇던事情을因ᄒᆞ야職業을守爲홀必要가無ᄒᆞᆫ수도有ᄒᆞ고또職業을得爲치못ᄒᆞᄂᆞᆫ境遇도來홀지니然則職業이나社會를爲ᄒᆞ야盡衷ᄒᆞᆫ다ᄂᆞᆫ거ᄂᆞᆫ一時附隨에不過ᄒᆞ나學問은決코不然ᄒᆞ야吾人々類發達에必要ᄒᆞᆫ者도되고또永久히持續홀者도되거늘만은青年이學校卒業後에學問을棄廢ᄒᆞᄂᆞᆫ事가常有ᄒᆞ니此ᄂᆞᆫ學問의眞價를了解치못ᄒᆞᆫ所以로다비록如何히職業에繁忙ᄒᆞᆫ들學問을懶惰홀理由가何에在ᄒᆞ며如何히公共事業에奔走ᄒᆞᆫ들讀書를廢홀口實이何에在ᄒᆞ랴職業이던지公共事業갓ᄒᆞᆫ一時的物에熱中ᄒᆞ야人生으로必爲홀責務를忘域에置홈은實노本末을誤錯ᄒᆞᄂᆞᆫ行動이아닌가余가玆에學問의目的을論ᄒᆞᆫ거ᄉᆞᆫ速々히好學風이我國에勃興ᄒᆞ기를望ᄒᆞᄂᆞᆫ所由로라

世界文明史 非文明的人類

金 洛 泳(譯述)

原始人 前號續

此洪積層時代에人類가生息ᄒᆞ든거슨歐洲諸國에서일즉히該層中에서發掘ᄒᆞᆫ骨片及石器等遺物노可히十分信準ᄒᆞᆯ바ㅣ니此로ᄡᅥ推考컨ᄃᆡ當時에만무드와如ᄒᆞᆫ巨獸를制御ᄒᆞ야그生存을維特ᄒᆞᆫ人種이일즉絕滅치아니ᄒᆞ고連綿相傳ᄒᆞ야今日歐洲人種이된事와、그骨格의變更업슴이恰然히洪積層時代馴鹿이今日馴鹿과如ᄒᆞᆫ事와、各種族의生存이그時代를均平히ᄒᆞ야冲積層時代에遷ᄒᆞ기前에完全ᄒᆞᆫ骨格을持有ᄒᆞ엿ᄉᆞ되決코劣等의人種을代表치아니ᄒᆞ고但只開化低度의國民体格과同一ᄒᆞᆫ事와、現時歐洲人種中에도그純粹ᄒᆞᆫ原型을維持ᄒᆞᆫ者가稀少ᄒᆞ고混淆種族이된等事는果然確實無幾ᄒᆞᆫ듯ᄒᆞ도다

今에此等諸種의遺物을按ᄒᆞ야洪積層時代의人類生活狀態를想像ᄒᆞ야其人文을描寫컨ᄃᆡ此時代人類는「만무ㅣ드」穴熊、羚羊、馴鹿、等動物을同伴ᄒᆞ여森林或岩穴中에捿息ᄒᆞ면서此等野獸를狩獵ᄒᆞ야그衣食을作ᄒᆞ엿고樹木의根節과燧石으로ᄡᅥ釘矢簇鎗等을製造ᄒᆞ고또石材로ᄡᅥ斧槌를作ᄒᆞ여要用에需ᄒᆞ더니此時代後期에至ᄒᆞ여는家畜의飼養이普及되며耕作이漸行ᄒᆞ야挽春ᄒᆞᆫ麥粉으로餠을作ᄒᆞ고脫揉ᄒᆞᆫ廝皮로絲繩을製ᄒᆞ니라。人은家族을組織ᄒᆞ미父가家長이되여絕對의權威를領有ᄒᆞ고諸種의分業도老幼男女間에分行케ᄒᆞ며貝葉의中央을直穿ᄒᆞ야獸의牙列로模編連貫ᄒᆞ야戰勝의標章을頭邊에粧飾ᄒᆞ니以上은洪積

層時代요。 氷雪時代後期에至ᄒᆞ여ᄂᆞᆫ杙工으로成作ᄒᆞᆫ矮屋이自然의岩洞으로人類의住居가되엿고諸種家具ᄂᆞᆫ木板으로製ᄒᆞ여그表面에輪圈螺旋等의紋樣을彫刻ᄒᆞ니此ᄂᆞᆫ後代美術의隆盛을預始ᄒᆞ엿도다。 只今은死者를葬埋홈에도一抔土로뼈ᄂᆞᆫ滿足히認用치아니ᄒᆞ고巨大ᄒᆞᆫ石材를樹立ᄒᆞ여其墓標를作ᄒᆞᄂᆞ니此와如ᄒᆞᆫ墓標가今日亞弗利加、亞細亞、歐羅巴、亞米利加各地에셔發見ᄒᆞᄂᆞᆫ者ㅣ其數가一二에不止라此로뼈原始人間에死者崇拜遺蹟을可知ᄒᆞ겟고또靈魂不滅과敬神等宗敎的、感情의初萠됨을足認ᄒᆞ리로다。 石片의衝突홈과樹木의摩擦홈이一次人工으로生火ᄒᆞᄂᆞᆫ方法을敎訓ᄒᆞᆫ以來로生肉은必烹ᄒᆞ고麥紛은宜灸ᄒᆞ야土製燒器로用具를作ᄒᆞ고金屬燒物노鼎鍋를製ᄒᆞ야要用을供需ᄒᆞ며爐邊에繞坐한團欒의家族은自然ᄒᆞᆫ結果로人心和衷에協同生活을奬進홈에不少ᄒᆞᆫ效力을持홈이亦是無疑ᄒᆞᆫ事이로다

金屬의作用은人文發達에一新期를劃出ᄒᆞᆫ者니始用된者ᄂᆞᆫ銅일지라何者오此ᄂᆞᆫ銅이自然狀態로發見도되고또設使他鑛物中에混在ᄒᆞᆫ者라도容易히分解되ᄂᆞᆫ바요銅錫의合金은硬度가多大히增加ᄒᆞᄂᆞᆫ者라故로靑銅의用은夙知된듯ᄒᆞ고鐵에至ᄒᆞ여ᄂᆞᆫ頑硬鋼脆ᄒᆞ여陶冶가不易ᄒᆞᆫ故로其使用法이遲緩히知得ᄒᆞ엿ᄉᆞ리로다然ᄒᆞ나貴重ᄒᆞᆫ此金屬의使用法을一次知得ᄒᆞᆫ後로ᄂᆞᆫ人文의面目이一新을更添ᄒᆞ엿슬거시오人類가最初에知ᄒᆞᆫ鐵은推想컨ᄃᆡ隕星中에包有ᄒᆞ엿든物인듯ᄒᆞ니希臘語로「시데ㅣ로스」(鐵)의「시데ㅣ라」(星)와、埃及語로「ᄡᅡ네ᄢᅦ」가다同時에天으로隕落ᄒᆞᆫ것이라ᄂᆞᆫ意義를

有ᄒᆞᆫ等事例를因ᄒᆞ여畧々히推斷ᄒᆞᆯ거시로ᄃᆡ原始人은金屬의鎔鑄로ᄡᅧ一種異常ᄒᆞᆫ技術이라稱ᄒᆞ야火神의靈力으로歸ᄒᆞ니라希臘國神話中에기크로ㅣ푸라云ᄒᆞᄂᆞᆫ語ᄂᆞᆫ即傳說을繼承ᄒᆞᆫ者니原始時代에ᄂᆞᆫ人類의居處가一定치아니ᄒᆞ고東漂西泊ᄒᆞ야往來無常ᄒᆞᆷ으로ᄡᅧ物品의交易이隆盛ᄒᆞ야一部屬에셔發明ᄒᆞᆫ者와創始된事物은最初에ᄂᆞᆫ陜隘ᄒᆞᆫ範圍에셔生息ᄒᆞ엿스나全人類에傳播되지아닌거시업ᄉᆞ니希臘國最古史學家헤로즈氏의著書를詳考ᄒᆞ건ᄃᆡ우랄、알타이間에住居ᄒᆞᄂᆞᆫ隊商들이金屬의奪掠物을希臘에輸送ᄒᆞ엿다ᄒᆞ엿슨즉此ᄂᆞᆫ原始人이漂泊ᄒᆞᆫ其時에그蹤跡이不絕ᄒᆞᆫ것을揭示ᄒᆞᆫ바로다

金屬中에鐵이人類의所有로歸ᄒᆞᆫ後로ᄂᆞᆫ人類도以前人類가아니며勿論石角骨片等物을賴用ᄒᆞᆯ바無ᄒᆞ고種々의器物을任意의型樣으로製造ᄒᆞ야相稱線條의美를具備ᄒᆞᆫ素薄의美術品도漸次現出ᄒᆞ엿ᄉᆞ니大抵杙上에造築ᄒᆞᆫ家屋도必也此時代의産物인듯ᄒᆞ도다此杙工時代에關ᄒᆞ야헤로즈氏의고가셋스、스큐타이人을指述ᄒᆞᆫ바가有ᄒᆞ니其文에云ᄒᆞ엿스ᄃᆡ

프래서어쓰湖中央에長杙을列植ᄒᆞ고其上에小舍를立ᄒᆞ엿ᄂᆞᆫᄃᆡ一條의狹橋가잇서陸地에通ᄒᆞ엿ᄉᆞ니이杙은太古市民이共同樹立ᄒᆞᆫ者더니後에一法則을設立ᄒᆞᆯ식人이만일結婚ᄒᆞᆯ時ᄂᆞᆫ其新婦를爲ᄒᆞ야三個杙을오류뻬트스山에셔伐下ᄒᆞ야湖中에樹立케ᄒᆞ엿고。사람마다杙上에各히小舍를建住ᄒᆞ되舍에ᄂᆞᆫ一個下降口가잇셔湖水에通至ᄒᆞ게ᄒᆞ고小兒ᄂᆞᆫ水에誤溺ᄒᆞᆯ가念慮ᄒᆞ야繩으로ᄡᅧ繫繞ᄒᆞ고家畜

을飼ᄒᆞᆷ에ᄂᆞᆫ魚類로써飼養ᄒᆞᆫ다ᄒᆞ엿ᄉᆞ니此材工의事跡은希臘史家의記錄으로만은確知치못ᄒᆞ얏ᄉᆞ나一千八百五十三年에歐洲에大旱魃을逢ᄒᆞ야瑞西國츄리히洲涸落ᄒᆞᆫ湖水에서數多ᄒᆞᆫ古杙이池面上에現出ᄒᆞᄂᆞᆫ지라學者들이헤로즈氏의記事를追憶ᄒᆞ고特히注目ᄒᆞ야材內水底를探搜ᄒᆞ야竈石、木炭斧鍋等種々貴重의遺物을採收ᄒᆞ고此所聞이歐羅巴全洲에喧傳ᄒᆞ미各國人類學者考古學者들이닷토아諸國湖水를探索ᄒᆞ야今日ᄭᆞ지無慮二百有餘의杙工遺趾를數得ᄒᆞ엿ᄉᆞ니此等遺物遺趾를依ᄒᆞ야原始人狀態에關ᄒᆞᆫ知識이一層確實ᄒᆞᆷ을加ᄒᆞ엿더라

以上과如히水中에居住ᄒᆞᆫ거ᄉᆞᆫ果然如何ᄒᆞᆫ理由를因ᄒᆞᆷ인지思考컨ᄃᆡ이ᄂᆞᆫ敵人과熊狠野獸의襲擊을防禦ᄒᆞᆷ에不外ᄒᆞ엿ᄉᆞᆯ터히오湖心에家를建ᄒᆞ고出入進退에唯一의線橋를爲限ᄒᆞ야奔馳縱橫의方便이無ᄒᆞ고ᄯᅩ四面에水를圍繞ᄒᆞ엿ᄉᆞᆫ즉潤濕이甚多ᄒᆞ며冬季에ᄂᆞᆫ그生活上에非常히困難ᄒᆞᆷ을免치못ᄒᆞ엿ᄉᆞᆯ지니如此ᄒᆞᆫ困難을忍耐ᄒᆞ고도水中에猶居ᄒᆞᆫ거ᄉᆞᆯ考察컨ᄃᆡ當時外來의危害가甚激ᄒᆞ엿ᄉᆞᆷ을可想ᄒᆞ리로다그러나人文이漸進ᄒᆞ고社會의体別이漸備ᄒᆞ야比較的永續의平和를持保ᄒᆞᆷ에至ᄒᆞ여材工上의小舍도漸次廢棄ᄒᆞ고中世紀末頃에平和克復이된以後로人民이漸次山林生活을捨去ᄒᆞ고平原에市邑을建設ᄒᆞᆫᄃᆞᆺᄒᆞ도다

以上原始時代人類의狀態ᄂᆞᆫ本來詳細ᄒᆞᆫ것은아니나足히그大体ᄂᆞᆫ記述ᄒᆞ겟도다만일此가原始的民族인지ᄯᅩᄂᆞᆫ如何히所謂歷史的民族이되엿ᄂᆞᆫ지地球上民族은반ᄃᆞ시人文史上에그位置를占得ᄒᆞᆫ者가아니오所謂

自然民族과人文民族의差別이今日歷然히分辨홀지니此區別이如何히生ᄒᆞᆫ것과또自然民族의生活狀態가如何ᄒᆞᆫ것은次章에說明코져ᄒᆞ노라

家庭教育法

金壽哲(譯述)

第三章 家庭教育의要件

家庭教育의目的에從ᄒᆞ야其要件을定ᄒᆞ건ᄃᆡ左와如ᄒᆞ니

第一、凡教育에ᄂᆞᆫ此를施ᄒᆞᄂᆞᆫ教師의必要됨과如히家庭教育에對ᄒᆞ여서도또ᄒᆞᆫ其教育의可堪홀人을要치아니ᄒᆞ면不可ᄒᆞ니그럼으로其人格은이믜完全ᄒᆞᆫ教育을受ᄒᆞᆫ者로知識豊富、感情融和、身体健康됨을要ᄒᆞᄂᆞ니家庭組織의父母ᄂᆞᆫ實노

此教育의中心이라엇지右와如ᄒᆞᆫ資格을豫備홈이可치아니ᄒᆞ리오又兄姊ᄂᆞᆫ此에補助의責이有ᄒᆞ니또ᄒᆞᆫ教育을施치아니치못홀지며其他僕俾에至ᄒᆞ기ᄭᆞ지同一家庭에在ᄒᆞᆫ者ᄂᆞᆫ直接間接을不問ᄒᆞ고兒童의教育에影響되ᄂᆞᆫ處가殆多ᄒᆞᄂᆞ니此等의選擇에밀이注意치안이ᄒᆞ면不可ᄒᆞ니라

第二、教育에ᄂᆞᆫ此를受ᄒᆞᄂᆞᆫ生徒ㅣ有홈을要ᄒᆞᄂᆞ니抑家庭教育에對ᄒᆞᆫ生徒ᄂᆞᆫ即小學校時代以前의兒童이라此等의兒童은身體强壯、心意活潑、外界의抵抗에勝ᄒᆞ며自然과調和ᄒᆞ야諸般의知識과經驗을修得홀能이有ᄒᆞᆫ者를要홀지니라

第三、家庭教育에ᄂᆞᆫ此를施홈에適ᄒᆞᆫ處所를要ᄒᆞᄂᆞ니兒童은時々로外界의事物과觸接ᄒᆞ야天然의風光을樂ᄒᆞᄂᆞᆫ機會ㅣ

有ᄒᆞ나其時間의大部ᄂᆞᆫ自己의住家에在ᄒᆞᄂᆞ니故로住居ᄂᆞᆫ自然의風光에富ᄒᆞ야空氣淸潔、土地高燥ㅣ무릇衛生에適ᄒᆞᆫ地를選치아니면不可ᄒᆞ니即家屋을建築ᄒᆞᆯ時에도此覺悟를豫要ᄒᆞᆯ지며또ᄒᆞᆫ家屋은一校舍될바ㅣ를勿忘ᄒᆞᆯ지니라小學校設備規則은뻐家屋建築의參考에供ᄒᆞᆷ이可ᄒᆞ니라

第四、家庭敎育에ᄂᆞᆫ一定의方法이無ᄒᆞ면不可ᄒᆞ니抑方案이無ᄒᆞᆫ敎育은前後撞著、各人一致치못ᄒᆞᆷ으로兒童의思想을混亂ᄒᆞᆷ에至ᄒᆞᄂᆞ니라

第五、家庭敎育은其材料를選擇치아니면不可ᄒᆞ니兒童의心意에適應ᄒᆞ고體力에堪能될材料를選ᄒᆞ야兒童으로ᄒᆞ여곰同化融合케ᄒᆞᆷ이可ᄒᆞ니라

第六、家庭敎育에ᄂᆞᆫ一定의目的이有ᄒᆞᆷ을要ᄒᆞᄂᆞ니盖方案이라云ᄒᆞ며材料라云ᄒᆞᆷ은其目的에因ᄒᆞ야定ᄒᆞᆯ것이니라故로前章에就ᄒᆞ여이믜目的을論ᄒᆞᆫ所以니라

第四章　家庭敎育에對ᄒᆞᆫ父母의位地

家庭敎育에對ᄒᆞᆫ父母의位地ᄂᆞᆫ가장重大ᄒᆞᆫ關係를有ᄒᆞᆫ者니家庭敎育의全部ᄂᆞᆫ全혀父母의手中에在ᄒᆞ다ᄒᆞ여도過言이아니로다父母의位地된것이此와如히重大ᄒᆞ니맛당히其責任의不輕ᄒᆞᆫ것을思치안이치못ᄒᆞᆯ지며이믜責任의重ᄒᆞᆫ것을知ᄒᆞ면또ᄒᆞᆫ如何히ᄒᆞ면父母된職務를可盡ᄒᆞ며如何히ᄒᆞ면善良ᄒᆞᆫ家庭敎育을可施ᄒᆞᆯ가此將一大攷究의問題로다父母된者ㅣ오직兒童을養育만ᄒᆞ면足ᄒᆞ고道德的訓練知識授與와如ᄒᆞᆫ것은他日小學校에依賴ᄒᆞᆷ이可타云ᄒᆞᆯ진ᄃᆡ무엇이他動物과異ᄒᆞᆯ바ㅣ有ᄒᆞ리오嗚呼라高等ᄒᆞᆫ機關을有ᄒᆞ고靈妙ᄒᆞᆫ精神을有ᄒᆞᆫ人類로

ᄒᆞ여곰尤大切ᄒᆞᆫ最初數年間을自然에放任ᄒᆞ야全혀不顧ᄒᆞ면從此機關은運轉을休止ᄒᆞ고精神은委縮을當ᄒᆞ리니若後年如何의辛苦가有ᄒᆞᆯ지라도恢復키는萬無ᄒᆞ도다原夫、兒童將來의運命은實노幼稚時代에在ᄒᆞ다云ᄒᆞᆯ지라幼兒는始生ᄒᆞᆯ時로붓터이믜訓練에可ᄒᆞᆫ陶冶性을有ᄒᆞ고又敎訓을求ᄒᆞ는願望을有ᄒᆞᆫ것은遺傳說에由ᄒᆞ던지兒童心理學의示ᄒᆞᆫ바ㅣ를見ᄒᆞ던지又將吾人의經驗에徵ᄒᆞ더ᄅᆡ도明確ᄒᆞᆫ事實이거늘父母된者ㅣ其考慮가是에不及ᄒᆞᆷ은可歎ᄒᆞᆯ바ㅣ아니리오

現時世의父母된者의情態를察ᄒᆞ건ᄃᆡ太半이나此境遇에在치아니ᄒᆞᆫ者ㅣ無ᄒᆞ니嗚呼라今日에在ᄒᆞ여家庭敎育의完全을欲望ᄒᆞᆯ진ᄃᆡ몬저此主腦되는父母의敎育으로始치안으면不可ᄒᆞ도다是가엇지至難의業이안이리오其父母의所謂其子를愛ᄒᆞ며其子를知ᄒᆞ며其子를信ᄒᆞ며其子를思ᄒᆞ다ᄒᆞ나決코彼와如ᄒᆞᆫ偏私로써는到底其子를敎育키不得ᄒᆞ리니大凡眞誠의愛는敬服을得ᄒᆞᄂᆞ니敬服을得ᄒᆞ면威權을行ᄒᆞ야其子로ᄒᆞ여곰吾理想에到達케ᄒᆞᆷ을得ᄒᆞ며眞誠의知는兒童의個性을知ᄒᆞᄂᆞ니個性을知ᄒᆞ면此에適應ᄒᆞᆫ敎育을施ᄒᆞ야兒童으로ᄒᆞ여곰其天才를發達케ᄒᆞᆷ을得ᄒᆞ며深히信ᄒᆞᆯ지니信ᄒᆞ면敎ᄒᆞ는바ㅣ切ᄒᆞ고廣히思ᄒᆞᆯ지니思ᄒᆞ면將來를慮ᄒᆞ는바ㅣ厚ᄒᆞᆯ지니라以上의諸點은父母以外에는求키不能ᄒᆞᆯ바ㅣ라斯와如히父母는其子에對ᄒᆞ여無限의責任으로써敎育ᄒᆞᄂᆞ니父는恒常威權의側面을現ᄒᆞ고母는慈愛의側面을示ᄒᆞ야両々相併ᄒᆞ야善良ᄒᆞᆫ敎育을與ᄒᆞ야써처음으로小學校敎育의基礎를作ᄒᆞᆷ에至ᄒᆞ리로다嗟ᄒᆞᆸ다만약兒

童으로ᄒᆞ여곰일즉其父母의一을失ᄒᆞ면不幸무엇시此에서過ᄒᆞ리오又況兩親을失ᄒᆞᆷ에當ᄒᆞᆫ者랴思念이此에及ᄒᆞ면엇지父母된者ㅣ我身體의養護를勤ᄒᆞᆷ은勿論이고밀이其兒童의研究에從事ᄒᆞ야和氣靄々ᄒᆞᆫ家庭을搆成ᄒᆞ며兒童心理學、兒童衛生學、遺傳의心理學等에通曉ᄒᆞ야理論과實際를相俟ᄒᆞ야其貴重ᄒᆞᆫ任務를果圖ᄒᆞᆷ이可치아니ᄒᆞ리오方今小學校教育을爲ᄒᆞ여서ᄂᆞᆫ國家가各種의設備를作ᄒᆞ며教育의理論과方法을研究ᄒᆞ나家庭은全혀此를度外에置ᄒᆞ니實노教育事業의不擧ᄒᆞᄂᆞᆫ一大原因이라學校教育의基礎되ᄂᆞᆫ家庭教育을放任ᄒᆞᆷ은一日이라도許키不可ᄒᆞ니父母된者ᄂᆞᆫ맛당히奮勵ᄒᆞ야此의理論을追究ᄒᆞ고方法을詮察ᄒᆞ야써實際에應用ᄒᆞᆷ에盡瘁치안치못ᄒᆞᆯ지며ᄯᅩᄒᆞᆫ國家도此에對ᄒᆞᆫ設備와方法을講究ᄒᆞᆷ은國民教育上最大急務니라

第五章　家庭教育에對ᄒᆞᆫ祖父母兄弟의位地

父母의次로大切ᄒᆞᆫ者ᄂᆞᆫ祖父母및兄弟의位地니祖父母의愛情은遙히父母보다優ᄒᆞ나니故로年齡이少ᄒᆞ고經驗이乏ᄒᆞᆫ兒童에取ᄒᆞ여서ᄂᆞᆫ必要ᄒᆞᆷ이更大ᄒᆞ도다大抵祖父母ᄂᆞᆫ慈愛에偏ᄒᆞ야多少의弊害가無ᄒᆞᆷ은아니로되그러나幼兒의教育을厭히녀여繁ᄒᆞ다ᄒᆞᄂᆞᆫ父母에게比ᄒᆞᆯ진ᄃᆡ將來의教育上同日의談이아닐지로다世俗의或은曰ᄒᆞ되老婆教育은其價値가廉ᄒᆞ다謂ᄒᆞᆷ이此行儀作法의點으로皮相的見解를取ᄒᆞᆷ이오眞實노兒童의心情을洞察ᄒᆞ여評價ᄒᆞᆫ言은아니로다祖父母의手에養育ᄒᆞᆫ兒童은或剛慢粗暴等에流ᄒᆞᆯ가恐ᄒᆞ거니와決코其性質은優然ᄒᆞ야進就의氣象이有ᄒᆞ리니ᄒᆞᆫ갓壓抑으로써

育成ᄒᆞᄂᆞᆫ者보다勝ᄒᆞ도다故로祖父母도ᄯᅩᄒᆞᆫ家庭教育上에缺ᄃᆡ못ᄒᆞᆯ者니라

兄弟의關係에至ᄒᆞ여서ᄂᆞᆫ更히切ᄒᆞᆫ바ㅣ有ᄒᆞ니特히兄姊ᄂᆞᆫ家庭教育上父母의補助가되ᄂᆞᆫ지라故로父母가無ᄒᆞᆫ時에ᄂᆞᆫ其弟妹의教育에代理從事ᄒᆞᄂᆞ니엇지其位地ㅣ甚히重ᄃᆡ아니리오大概家庭의要訣은家庭의和樂에在ᄒᆞ니故로家庭組織의要部ᄂᆞᆫ兄弟의和로써尤要務를삼을지라家庭和樂이아니면一家의統一이紊亂ᄒᆞ야到底圓滿ᄒᆞᆫ教育을施ᄏᆡ不能ᄒᆞ겟도다詩曰兄弟旣具和樂且孺妻子如鼓琴瑟이라ᄒᆞ니父母된者의一日이라도不忘ᄒᆞᆯ金言이니라

第六章　家庭教育에對ᄒᆞᆫ僕婢의位地

中等以上의家庭에在ᄒᆞ여서ᄂᆞᆫ保姆、子守、下男、下女等을役ᄒᆞᆷ에須要ᄒᆞᆯ지니此等의僕婢ᄂᆞᆫᄯᅩᄒᆞᆫ兒童教育上에幾許間影響이及ᄒᆞᆷ을考치안이치못ᄒᆞᆯ지라通例僕婢ᄂᆞᆫ兒童에接近ᄒᆞᆫ機會ㅣ多ᄒᆞ니彼等의偏癖習慣으로붓터言語行動에至ᄒᆞ기ᄭᆞ지庶皆感化를與ᄒᆞᄂᆞ니그런즉엇지僕婢의選擇을十分愼重히아니ᄒᆞ리오만약善良ᄒᆞᆫ僕婢가아닐진ᄃᆡ차랄히不置ᄒᆞᆷ만不如ᄒᆞ니家事의不便은一時ㅣ오兒童의感化ᄂᆞᆫ永久가아닌가故로其輕重을決코謀치안이치못ᄒᆞᆯ지니라

第七章　家庭教育에對ᄒᆞᆫ小學校教師의位地

家庭教育의主腦ᄂᆞᆫ父母에게在ᄒᆞ고其補助ᄂᆞᆫ祖父母兄姊等의家族에在ᄒᆞᄂᆞ니此等은아직其位地를十分理解치도못ᄒᆞ며비록此를知ᄒᆞᆫ다ᄒᆞ더ᄅᆡ도無教育者ㅣ多ᄒᆞᆷ으로써到底放任置除ᄏᆡ不可ᄒᆞ도다家庭教育이小學校의基礎되ᄂᆞᆫ것은前章에屢論ᄒᆞᆫ바ㅣ와如ᄒᆞ거니와小學校教師된者ᄂᆞᆫ家庭教育에向

ᄒᆞ여서도全然其責任이無ᄒᆞ다고도云홈을不得홈뿐더러多大히盡力의處가亦不無타謂ᄒᆞ겟도다大槪基礎가强固치못ᄒᆞ면此에向ᄒᆞ여施ᄒᆞᄂᆞᆫ教育도좃차微弱ᄒᆞ나니故로余ᄂᆞᆫ小學校教師諸氏에게其責任을問코져ᄒᆞ노라

小學校教師의研究ᄒᆞᄂᆞᆫ바ㅣᄂᆞᆫ다맛兒童에不外홀지니맛당히其心意發育의狀態、身體發達의順序等에通曉ᄒᆞ며ᄯᅩᄒᆞᆫ自初로家庭教育의嚴格ᄒᆞᆫ意義에ᄂᆞᆫ研究홈이無ᄒᆞ더리도比較的進步의智識은有치아니치못홀지니라그런즉時々로家庭을巡回ᄒᆞ야其方法을示ᄒᆞ며父兄을集ᄒᆞ야講話로ᄡᅧ諸般의指導ᄒᆞᄂᆞᆫ바ㅣ有ᄒᆞ면엇지其利益됨이些少ᄒᆞ리오嗚呼라諸氏의取홀職務ᄂᆞᆫ繁劇ᄒᆞ야到底餘裕가無ᄒᆞ나今日國家教育을爲ᄒᆞ야更히一層의辛勞로ᄡᅧ教育上須要의事項에向ᄒᆞ야忠實ᄒᆞᆫ顧問의任을竭치아니치못홀지어다

第八章　理想的家庭

嗚呼라家庭組織의亂雜홈과其風儀의頹廢홈이今日보다더甚ᄒᆞᆫ者ᄂᆞᆫ無ᄒᆞ도다此와如ᄒᆞᆫ家庭에在ᄒᆞ여서ᄂᆞᆫ到底其教育의目的을達키萬々不可ᄒᆞ니故로善良有効ᄒᆞᆫ教育을施ᄒᆞ고져홀진ᄃᆡ몬져家庭의改良을第一急務로ᄉᆞᆷ을지라抑家庭을改良코져ᄒᆞ면ᄯᅩᄒᆞᆫ其頹廢에至ᄒᆞᆫ原因을先究치아으면不可ᄒᆞ니今에余輩의見解로ᄡᅧ推ᄒᆞ면其原因이비록種々에不止ᄒᆞ나大槪家庭을主宰ᄒᆞᄂᆞᆫ者의威權이不行홈과家風或家憲의確立치못홈과家族의統一치못홈과社會風潮의感化等이實노其主되ᄂᆞᆫ바ㅣ로다그런즉此等의病源을除去ᄒᆞ야ᄡᅧ其恢復을圖홈이肝要티아니리오

一、一家를主宰ᄒᆞᄂᆞᆫ父된者의威權은能히其一家로ᄒᆞ여곰統御ᄒᆞᆷ에足ᄒᆞ니故로其命令에ᄂᆞᆫ다服從치안ᄂᆞᆫ者ㅣ無ᄒᆞ며ᄯᅩᄒᆞᆫ其指揮에ᄂᆞᆫ一人이라도敢히抵抗ᄒᆞᆷ에至치못ᄒᆞᆯ지니此ᄂᆞᆫ實노善良ᄒᆞᆫ家庭의一要素됨을不失ᄒᆞᆯ것이니라

二、家風及家憲은一家庭을支配ᄒᆞᄂᆞᆫ重ᄒᆞᆫ思想인지라其家庭의一員된者ᄂᆞᆫ반다시此에服從ᄒᆞ고此에遵據ᄒᆞ야動作치아니면不可ᄒᆞ도다大槪各家에由ᄒᆞ야多少의差異가有ᄒᆞ나其祖父를崇拜ᄒᆞ며其遺業을繼ᄒᆞ며其名譽를毁傷티아니ᄒᆞ며其遺德을失墜치아니ᄒᆞ고益々自家將來의幸福을計ᄒᆞ야ᄡᅧ家名을隆高케ᄒᆞ고져ᄒᆞᆷ은如何ᄒᆞᆫ家庭을勿論ᄒᆞ고定코其家風或家憲에存ᄒᆞᆯ지니그런즉其主宰된者ㅣ몬져自己로브터此를守ᄒᆞ고家族으로ᄒᆞ여곰此에從케ᄒᆞᆷ이可ᄒᆞ니라

三、家風이이믜確立ᄒᆞ면一定의條規整齊의秩序ㅣ從生ᄒᆞᄂᆞ니此에由ᄒᆞ여可히一家를統一ᄒᆞᆯ지라一家를統一ᄒᆞ면內로ᄂᆞᆫ和ᄒᆞ고外에對ᄒᆞ여서ᄂᆞᆫ强ᄒᆞ야其快活ᄒᆞᆫ家庭을現出ᄒᆞᆯ것은必然ᄒᆞ도다

四、現時의社會ᄂᆞᆫ道德이地에墜ᄒᆞ고邪風惡習이內에滿ᄒᆞ엿거ᄂᆞᆯ此內에立ᄒᆞ야獨히家庭의善良을望ᄒᆞᆷ은엇지至難의事가아니리오그러나一家가統一ᄒᆞ야首長의威權이行ᄒᆞ게되면可히社會의風潮에不冒ᄒᆞᆯ지니即家庭에對ᄒᆞ야愛로ᄡᅧ統合의中心을삼

아家族團欒으로써和氣靄々ᄒᆞᆫ生活을營得ᄒᆞ면社會의害毒도此에向ᄒᆞ여侵入ᄒᆞᆯ餘地가無ᄒᆞᆷ에至ᄒᆞᆷ이니라

以上에揭ᄒᆞᆫ病源을除去ᄒᆞ고特히家憲을確定ᄒᆞ야써此에更히嚴正ᄒᆞᆫ父의威權과敎育이有ᄒᆞᆫ母의慈愛로써敎導를加ᄒᆞ며健全ᄒᆞᆫ兄弟姉妹의友情으로써和協ᄒᆞ며溫良ᄒᆞᆫ僕婢의補助를得ᄒᆞ야써組織된家庭이라야余輩가所謂善良ᄒᆞᆫ理想的家庭이라云ᄒᆞᆯ지니故로余輩ᄂᆞᆫ世의家庭으로ᄒᆞ여곰斯와如ᄒᆞᆫ程度에進步發達케ᄒᆞᆷ으로써畢生의事業을삼ᄂᆞᆫ바ㅣ로라

歷史譚 第十五回

Der Historker

크롬웰傳

ᄯᅢ에찰스一世가父王을繼承ᄒᆞ야登極ᄒᆞ얏ᄂᆞᆫᄃᆡ言過桀而知兼紂ᄒᆞ고狡勝操而才優跖ᄒᆞ야父王졤스時엔宰相핫긴구함과一致ᄒᆞ야밋틀섹스卿을彈刻ᄒᆞ야民心을一攬ᄒᆞ고歡情을大收ᄒᆞᆷ으로擧國이다希望을이皇太子에屬ᄒᆞ고燒火焰를抑止ᄒᆞ얏더니所謂「미슨나무에좀이ᄂᆞ는」格이라千六百二十五年三月에찰스가卽位ᄒᆞ야第一回國會를召集ᄒᆞ미上下가다ㅣ萬般弊政의革新과財政의整理와國威의發揚과宗敎問題의落着에圓滿ᄒᆞᆫ結果를得ᄒᆞᆯ줄로自量ᄒᆞ고不勝欣悅타가事實이全然相反에全區가憤惋ᄒᆞ야是日은曷喪之怨聲이四處에蜂起ᄒᆞ고ᄯᅢ에國會內에ᄂᆞᆫ킈에리웃드의老紳士等이白頭를흔날리며激烈ᄒᆞᆫ抗議를提出ᄒᆞ고릿게스세이모아等은血氣를不勝ᄒᆞ야危險의思想을鼓吹ᄒᆞ며穩和老成의휨氏와雄辯滔々의

아로리等은言論을一開에臥龍이坐愁ᄒᆞ고飛熊이踞嘯ᄒᆞᆯᄲᅮᆫ이며威蓋國會의ᄒᆞᆫ푸덴과舌鋒莫當의아담等은驚出ᄒᆞ니凡鳥가不敢鳴之格의名士라全會一心으로王의寵臣핫긴구함公을攻擊ᄒᆞ야曰王은何故로國會의贊成을不待ᄒᆞ고佛朝와結婚ᄒᆞ얏시며何故로佛國新教撲滅에軍艦을貸與ᄒᆞ얏시며何故로舊教를優待ᄒᆞ고新徒를虐待ᄒᆞᄂᆞ뇨ᄒᆞ고就中세이모아ᄂᆞᆫ全會議員을代表ᄒᆞ야勵聲大叱曰失政의過惡은皈ᄒᆞᆯ處로皈ᄒᆞᆯ지니핫긴구함公은王의信任ᄒᆞᄂᆞᆫ바라不可不問罪ᄒᆞᆯ지라ᄒᆞ더라如此히最初의國會ᄂᆞᆫ解散令을受ᄒᆞ얏고翌年國會에更一層激烈ᄒᆞᆫ衝突이生ᄒᆞ야國會ᄂᆞᆫ外交失策과財政紊亂과公務解弛에對ᄒᆞ야調査委員을選擧ᄒᆞ고핫긴구함의彈劾案에至ᄒᆞ야危機一髮이라찰스一世ᄂᆞᆫ自己寵臣의孤城落日之狀을보고곳捕縛令을下ᄒᆞ야에리옷드딋게스等을倫敦城獄에詔致ᄒᆞ고드듸여國會解散을命ᄒᆞ니라(一千六百二十六年六月十五日乃)千六百二十八年總選擧時에크롬웰은同市의選出ᄒᆞᆫ代議士가된지라임의三十年間沈默을守ᄒᆞ미飛衝天鳴驚人의大志를一展코져ᄒᆞ며自己의天職에對ᄒᆞᆫ義務를盡瘁코져ᄒᆞ야飄然히故鄕을ᄯᅥ나서倫敦에入ᄒᆞ야二月二十一日演台에立ᄒᆞ야數言을酬酌하나天生訥辯이요生來鄕紳이라滿塲諸員이莫不含笑ᄒᆞ며딕피卿은ᄒᆞᆫ푸덴에게怪問ᄒᆞ야曰

彼ᄂᆞᆫ何人이뇨

ᄒᆞᆫ푸덴이對答ᄒᆞ야曰余의甥姪크롬웰이라비록外貌ᄂᆞᆫ野鄙ᄒᆞ나健全ᄒᆞᆫ思想과强固ᄒᆞᆫ意思와不拔의精神과高尙ᄒᆞᆫ信仰을具備ᄒᆞᆫ者ㅣ라今日英國現狀에對ᄒᆞ야毅然히革新

에從事ᄒᆞᆯ者ᄂᆞᆫ이사람外엔無有라ᄒᆞ더라嗚呼라한푸뎬의明見이여當時英國에弄辯繳情의紳士ᄂᆞᆫ不無ᄒᆞ나經天緯地의傑出은小ᄒᆞᆫ지라萬一이男兒가아니면웃지妖嬈ᄒᆞᆫ찰스와凶暴ᄒᆞᆫ王黨을剪滅ᄒᆞ고潮流를挽回하얏시리요이ᄯᅢ에크롬웰이耶蘇의가ㅣ난을出去함과마호멧드의亞刺比亞에蹶起함과갓치奮然邁往ᄒᆞ야蒼生救濟에決心ᄒᆞ니라ᄒᆞᆫᄃᆡ今番國會도事不如意할ᄲᅮᆫ아니라民黨首領웬트우올스氏가權利請願書랄上奏ᄒᆞ얏다가도리혀停會를當ᄒᆞ니라ᄯᅢ에燒火點이已迫ᄒᆞ야民情이嗷々하고刺客이橫行ᄒᆞ야핫긴구함公等數人은다暗殺을當ᄒᆞᆫ지라日後主王과人民의關係가直接間接間相迫하야危機가焦眉하니라同回停止를當하기前에一大奇觀은에리옷트氏의動議로「國王의失政을國民에公布」하자하미찰스ᄂᆞᆫ近衛兵을派送하야意見提出議員을捕縛하며決議案을破壞코저하다가國會의諜短ᄒᆞᆫ비되야議會院門을深鎖하고滿場一致로成案ᄒᆞᆫ後門然一聲近衛兵士가霹靂불갓치에리옷트、홈스、셀덴、롱ㅣ、하렌다인、스트와드等諸名士를捕縛引出하더라

可見憂國愛民之志士가其入囹圄를如入淨土로다噫라當此累卵之秋하야祖國之內에不裝僞善志士之風而眩世竊名하며沽譽釣爵하고能以赤心丹血로爲我二千萬而不謝鑊湯者ㅣ果有幾人乎아

ᄯᅢ에크롬웰이이國會에臨하야此景光을一々詳察하고國會의不規則과主權의不法行爲에萬斛의不平과無限의憤悲를不勝하야蕭然히故鄕에畈隱하니라日後로ᄒᆞᆫ딩우돈田園은氏의一個理想界며聖經의福音은氏가如何히實現함을指示하난研究場이러라

그러하나上帝가읏지氏로하야금巢夫의遺風과子陵의後跡을繼承하야一生을安過케홀소나王黨의跋扈난去々益甚ᄒᆞ며淸敎의殘害난日々充盛하고惡魔의怒吼난罪惡을增長하며非義非道不正不德의勢力은正義正道自由權利를積極的束縛홀뿐아니라大陸을回顧홀진딘新舊敎徒의戰鋒이無日不起하야所謂三十年戰爭間에有名ᄒᆞᆫ名將와렌쉬타인은刺客을逢하고勇敢無雙의가스다와스大王은戰陣에殉하야各國君主가心寒膽冷하고擧歐人民이東流西離하난時代라읏지　上帝가氏로하야금空然히淪沒케ᄒᆞ리요天下가氏를기다린지오리며時勢가氏를기ᄃᆞ린지오리도다觀世待時난眞是成功之英雄이요激忿小動은便斯亡國之大夫니諸子는當三思於此하야堅此精神的帝國而須待機到며全此心靈的國民而姑忍小激則於韓皇運에爰善其泰矣리라

ᄒᆞᆫ뎅우돈田園에無形的爆發彈이ᄯᅥ러지고크롬웰心靈에精神上聖敎가빗첫네ㅣ時平々不再來라

上帝의命令을밧드러蒼生의生命을救濟하려이世上에呱々의소리로哀鳴ᄒᆞ던져ㅣ男兒어다갓나ㅣ모세와約百의健全ᄒᆞᆫ思想을思慕ᄒᆞ던比丘야!! 耶蘇의獻身的行爲를仰望하던靑年아!! ᄯᅥ가이르럿다、ᄯᅥ가이르럿다、어서어서이러나소千里의烏錐는細柳에부르지々고萬金의偃月은壁上에걸엿네、이러낫나唯物實踐的主義의크롬웰아샛는야身天行事의오리바야너가너의忠實ᄒᆞᆫ事蹟을씨기前에너가博士헤아드에게보낸너의玄冥ᄒᆞᆫ精神을代表ᄒᆞᆫ片紙를우리同胞에게紹介ᄒᆞᆫ깃다

(其二)余는恒常　上帝의뜻을奉迎ᄒᆞ야

最히健全이活動함을바라노라耶蘇의獻身的行爲는甚히余心에思慮를暗示하오余는一身을聖神에獻上하야너의天職을實行코져함니다 非獻身的意思와不實行的精神은비록健全하다하나장님의五采며귀머거리의鍾鼓라余는이를願치아니하오

(其二)上帝는余에無限ᄒᆞᆫ天職을給與하ᄉᆞᆺ씨니余는이無限ᄒᆞᆫ責任과無窮ᄒᆞᆫ活動에鞠躬盡瘁코져ᄒᆞᆷ니다ᄒᆞᆫᄃᆡ不可不면져克己ᄒᆞᆯ지며次에萬難을除去치아니치못ᄒᆞᆯ지니約百의堅忍은余의堅忍이며約百의反抗은余의反抗이요

上帝의意思를竊認ᄒᆞᆷ을得ᄒᆞᆯ줄로自信ᄒᆞ고每朔에敬虔ᄒᆞᆫ祈禱로最히健强ᄒᆞᆫ맘을줍심을聖神ᄭᅴ感謝ᄒᆞᆷ니다

呼라오리바크롬웰아네가이와갓치一條血路를열고 上帝의光明을바닷구나ㅣ、나오져ㅣ唯我不屈의受命兒가、부르네唯物實踐의敎化傑이

눈이부시는듯ᄒᆞᆫ千六百三十五年이六騏가鉄隔을지남과곳치달녀들면셔一大爆彈이轟々ᄒᆞ네그事件은如何ᄒᆞᆫ緣故뇨곳찰스가獨斷主義로有名ᄒᆞᆫ船稅事件이라名稱ᄒᆞ는詔令을裁下하야任意徵稅ᄒᆞᆷ에一般嗷々ᄒᆞ는次또專制의行動을層加ᄒᆞᆯ섇아니라空然히無事生事로蘇格蘭의宗敎랄攻擊하고一大迫害를加ᄒᆞᆷ으로蘇格蘭의淸敎徒가激仰이極端에達하야反旗를擧ᄒᆞᄆᆡ王이官軍을派遣ᄒᆞ야鎭定코져ᄒᆞ다가一敗塗地하고蘇格蘭反黨은乘勝逐北하야英境에駐屯ᄒᆞ고聲言하야曰萬一王이國會를召集치아니하고依前專制를行하는時에는倫敦에進入ᄒᆞ깃다ᄒᆞᆷ이더라이에찰스는울며芥子먹기로

財政上大困難과蘇邦反抗鎭定키爲하야不得已이國會를召集하니此所謂短期國會라四十年四月에開會하야五月五日에解散하니라王이今番에도또國會를蹂躙ᄒᆞᄂᆞᆫ國民의輿論에無可奈何ᄒᆞ야同十一月三日에再次國會開院式을行ᄒᆞ니此所謂長期議會라今後론革命舞台의動機가切迫ᄒᆞ얏고主人公크롬웰氏도前後二回다參席ᄒᆞ야數次演說을試ᄒᆞᄂᆞᆫ大綱直截的態度와訥語的論客에不過ᄒᆞ더라今番議會ᄂᆞᆫ彼此讓步로十分平復의希望點이生ᄒᆞ더니忽然國會問題로激烈ᄒᆞᆫ黨派가生ᄒᆞ니一은民主的過激黨인ᄃᆡ휨ᄒᆞᆫ푸덴 센드쫀 홈스 휘네스諸氏며他ᄂᆞᆫ保守穩和黨인ᄃᆡ당히ㅣ等諸人이라찰스ᄂᆞᆫ狡猾ᄒᆞᆫ手段으로保守黨을利用ᄒᆞ며國會를籠絡ᄒᆞ야國會와蘇軍의爭端을醸成코져ᄒᆞ다가民主黨의論駁을逢ᄒᆞ고흠等諸氏의所謂權力暴用預防策與訴國民等議案을可決ᄒᆞᆫ後크롬웰이屹然出班ᄒᆞ야動議ᄒᆞ기를王國을防禦키爲ᄒᆞ야如何ᄒᆞᆫ境遇에던지義勇兵指揮權을總督에섹스伯(民黨一人)에專托ᄒᆞ자ᄒᆞᆫ議案을以上動議에添加ᄒᆞ자ᄒᆞ니라(이것시곳日後國會軍이되니라)이靑天霹靂과갓ᄒᆞᆫ動議가ᄒᆞᆫ番提出되미議論이紛紜ᄒᆞ야數日未決ᄒᆞᆫ다가仝月卄二日三讀會를開ᄒᆞ고右議案을討論ᄒᆞᆯ시其間紛擾錯亂은算難盡記러라正午를經過ᄒᆞ도록贊成反對兩黨의鋒鋭가肉薄ᄒᆞ야呼吼가相喧ᄒᆞ며可否가相離ᄒᆞᄂᆞᆫᄃᆡ于中最可觀은갈벳ᄒᆞ드氏의有力ᄒᆞᆫ反對說鋒은휨氏의激烈ᄒᆞᆫ贊成論甲에閃々ᄒᆞ고폭란드氏의隱雷的駁箭은ᄒᆞᆫ푸덴氏의颶風的辯盾에錚々ᄒᆞ더라如此히十四時間을經過ᄒᆞ야日暮西山에猛虎가怒吼ᄒᆞ고雲捲靑天에明月이玲瓏ᄒᆞᆯ際에드

디여無記名投票로可否를取ᄒᆞ야否百四十八에對ᄒᆞᆫ可百五十九即十一名의多數로大膽無敵의原案은可決되니라

農業의保護와改良에關ᄒᆞᆫ國家의施設

耕世生

農業은國家의根本이며人民의生命이라ᄒᆞᆷ은果然眞實이로다我大韓帝國의歷史를溯究ᄒᆞ야도自　檀君以來로農業界가盛旺ᄒᆞᆯ時代에ᄂᆞᆫ國民이安堵ᄒᆞ고國威가赫々ᄒᆞᆯ지라도農業界가衰頽ᄒᆞᆯ時代에ᄂᆞᆫ國民이流離ᄒᆞ고國勢가危殆ᄒᆞ얏ᄉᆞ니以此視之라도大綱通知ᄒᆞᆯ지로다嗚呼라現今我大韓帝國의農業界를察ᄒᆞᆯ지여다興歟아衰歟아此를見ᄒᆞ면國民의安危도知ᄒᆞᆯ거시오國家의存亡도知ᄒᆞᆯ바라然則如此히重大ᄒᆞᆫ關係가有ᄒᆞᆫ農業을國家에셔엇지保護와政良에關ᄒᆞᆫ施設이無ᄒᆞ리오故로玆에數言을陳述ᄒᆞ야當局諸公의參考에供ᄒᆞ노라

（一）農業教育制度

凡事物의改良進步ᄂᆞᆫ教育의力을由치아니치못ᄒᆞᆯ지라經驗을由ᄒᆞ야不知不識間에幾多의改良됨을得ᄒᆞᄂᆞᆫ것은實地上事實이나其經驗을得ᄒᆞᆷ은實로幾世의失敗를重疊ᄒᆞᆫ結果이라然이나教育은此等의不自由를除却ᄒᆞ고이믜發明發見된高尙ᄒᆞᆫ學理를應用ᄒᆞ며또生産上의理解力을養ᄒᆞ야ᄡᅥᄉᆞᄉᆞ로啓發ᄒᆞᄂᆞᆫ바가有케ᄒᆞᆷ이라

農業教育에ᄂᆞᆫ高等과普通이有ᄒᆞ니前者ᄂᆞᆫ農業을指導ᄒᆞᄂᆞᆫ人物（農學者와農業上의高等官吏等）을作成ᄒᆞᆷ으로ᄡᅥ目的ᄒᆞ고後

者는實際農業에從事ᄒᆞ는者를爲ᄒᆞ야ᄡᅧ行ᄒᆞᄂᆞᆫ바라

普通農業教育에도常設者와臨時者가有ᄒᆞ니前者는常時開講演習ᄒᆞ는學校오後者는農事閑暇時에開催講習ᄒᆞ야農業上一般의知識을附與ᄒᆞ는것이라講習會와巡回講話는後者에屬ᄒᆞᄂᆞ或은地方農業教育에與ᄒᆞᆯ教師와의의普通農業上의學識이有ᄒᆞᆫ者를爲ᄒᆞ야高尙ᄒᆞᆫ學理를教授ᄒᆞ는바도有ᄒᆞ도다然而此等普通農業教育을如何히ᄒᆞ면適當ᄒᆞᆯᄭᅡ不可不研究ᄒᆞᆯ바라大抵農業이國家에重大ᄒᆞᆫ關係가有ᄒᆞ면이로써業ᄒᆞ는者即農民도또ᄒᆞᆫ國家에重大ᄒᆞᆫ者가되지아니치못ᄒᆞᆯ지라故로農民을教育ᄒᆞᄃᆡ適當ᄒᆞᆫ講習會와簡易ᄒᆞᆫ農學校를設ᄒᆞ야修業케ᄒᆞᆷ이可ᄒᆞ도다

또農學校를完全히ᄒᆞᆯ야면반다시公立으로ᄒᆞ지아니치못ᄒᆞᆯ지나是를國立으로ᄒᆞ든가郡面村立으로ᄒᆞ는問題에對ᄒᆞ야는高等農學校類는國立으로ᄒᆞ고普通農學校等은其關係ㅣ有ᄒᆞᆫ郡面村의設立으로ᄒᆞᆷ이可ᄒᆞ도다然而必要가有ᄒᆞᆫ境遇에는國家가此等小農學校의制度에干涉ᄒᆞ며또補助金을給ᄒᆞᆯ지니라

(二)農產試作塲

政府는農業의改良을圖ᄒᆞ기爲ᄒᆞ야農產試作塲을設立ᄒᆞᆯ지니試作塲에셔는改良種子外國種子特種農產物等을試作ᄒᆞ야만일良好ᄒᆞᆫ結果가有ᄒᆞ면一般人民의게使用을奬勵ᄒᆞ고또는其使用을强制로도ᄒᆞᆯ지니라

試作塲은或模範農作地라稱ᄒᆞ는事도有ᄒᆞ니如此ᄒᆞᆫ境遇의目的은耕作方法(畦(이랑)를作ᄒᆞ는方法畦間과株間을整ᄒᆞ는方法播種移植培養收獲等의方法)을示ᄒᆞ야

其成績을目擊케ᄒᆞ야써各々스ᄉᆞ로是를效則ᄒᆞ야良好ᄒᆞᆫ結果를收獲케ᄒᆞᆷ에在ᄒᆞ나然이나其各種特選의種子와肥料를使用ᄒᆞ야其結果를研究ᄒᆞᆷ도亦是目的이니라

試作場은委員을設置ᄒᆞ야農民의質問（農事에關ᄒᆞᆫ것이라）을應答ᄒᆞ고또每年試作의成績을使用ᄒᆞᆫ種子、肥料와耕作方法에對照ᄒᆞ야統計表를製作ᄒᆞ며圖解를製作ᄒᆞᄂᆞᆫ等種々의方法으로ᄡᅧ公表ᄒᆞ야詳密ᄒᆞᆫ것은學者와政府의參考에供ᄒᆞ고簡易ᄒᆞᆫ것은一般農民의게示ᄒᆞᆷ이可ᄒᆞ도다

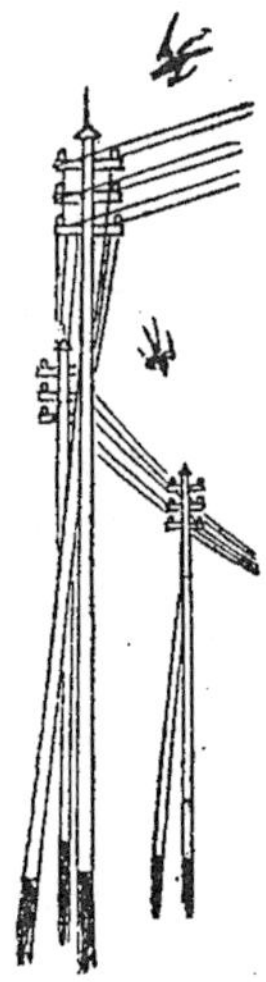

磁石（俗의所謂指南鐵）의니야기

研究生

西洋古說에一樵夫가腰間에斧를揷帶ᄒᆞ고深山에伐木次로往ᄒᆞ엿ᄂᆞᆫᄃᆡ漸々深處로入ᄒᆞᆫ즉忽然히腰間에揷ᄒᆞ엿든斧가自拔ᄒᆞ야空中으로飛去ᄒᆞᄂᆞᆫ데樵夫가此를奇異히녁여望見ᄒᆞ나其去處를不知ᄒᆞ엿고其後에도此山近處에來ᄒᆞᄂᆞᆫ樵夫ᄂᆞᆫ恒常斧를失ᄒᆞ야採薪치못ᄒᆞ고空手로歸ᄒᆞᄆᆡ此所聞이浪藉ᄒᆞ니其時世論이此山奧에神靈이有ᄒᆞ다ᄒᆞ야다시入ᄒᆞᄂᆞᆫ者ㅣ無ᄒᆞ엿소

此時에一個大膽ᄒᆞᆫ樵夫가此說을聞ᄒᆞ고그러면自己가一次此山에入ᄒᆞ야該恠物의正体를發見ᄒᆞ리라ᄒᆞ고大斧를强繩으로堅結ᄒᆞ야腰部에牢着ᄒᆞᆫ後에其山奧으로漸入ᄒᆞᆫ즉自己身体가忽然空中으로浮去ᄒᆞ야大ᄒᆞᆫ

速力으로一處에下落되니樵夫는一時失神ᄒᆞ엿다가漸次精神을回復ᄒᆞ야仔細히周圍를ᄉᆞᆯ펴본즉其周圍一面에斧와鎌等의鉄屬이無數히積堆ᄒᆞ엿는지라樵夫는此를奇異히넉여仔細히視察ᄒᆞᆫ즉此는一大磁石이라其周圍에無數ᄒᆞᆫ鉄金屬이古來로吸着積堆ᄒᆞᆫ것이라樵夫는此를發見ᄒᆞ고卽時로財産家가되엿다는傳說이有ᄒᆞ니此傳說의眞虛는探究ᄒᆞᆯ바아니거니와大抵磁石이라ᄒᆞ는石은鉄屬을잘吸着ᄒᆞ는性質이有ᄒᆞᆫ礦物인ᄃᆡ世界各國에서多大히産出ᄒᆞ며日本에셔도處々에서出ᄒᆞ는데此를磁鐵礦이라稱ᄒᆞᄂᆞ니上等의鐵은다ㅣ此磁鐵礦으로鑄出ᄒᆞᄂᆞ니라

磁石의鐵屬을吸着ᄒᆞ는性質은此를任意로他鐵棒에移轉케ᄒᆞ기能ᄒᆞ니今에鐵針을扁平ᄒᆞᆫ台上에置ᄒᆞ고此를磁石의石으로一二三次잘ㅣ摩擦(부븨는것)ᄒᆞ면其鐵針은卒地에性質을全變ᄒᆞ야此에다른鐵屬을近接ᄒᆞ면磁石과如히吸着ᄒᆞᆷ을見ᄒᆞᆯ것이오또此를水上에靜置ᄒᆞ면正確히南北을指ᄒᆞᆯ지니此를磁石이라稱ᄒᆞ도다此中에또滋味잇는것은以上과如ᄒᆞᆫ性質이有ᄒᆞᆫ鐵針二個를作ᄒᆞ야一個는水 上에靜置ᄒᆞᆫ他針의一端을水上에浮置ᄒᆞᆫ針端에接近ᄒᆞ면此兩針의各端이互相吸引ᄒᆞ던지或不然ᄒᆞ면互相排斥ᄒᆞᆷ을見ᄒᆞᆯ거시오次에는手에持ᄒᆞᆫ針의他端을亦是前과如히接近ᄒᆞ면今番에는前次와反對의性質로兩針의各端이互相排斥ᄒᆞ든지或不然ᄒᆞ면互相吸引ᄒᆞᆷ을見ᄒᆞᆯ지니此로써此針의兩端의性質이不同ᄒᆞᆫ것을知ᄒᆞᆯ것이오此水上에浮置ᄒᆞᆫ針이北을指ᄒᆞ는端을北極이라稱ᄒᆞ고南을指ᄒᆞ는端은南極이라稱ᄒᆞᄂᆞ니라

航海用羅針盤之圖

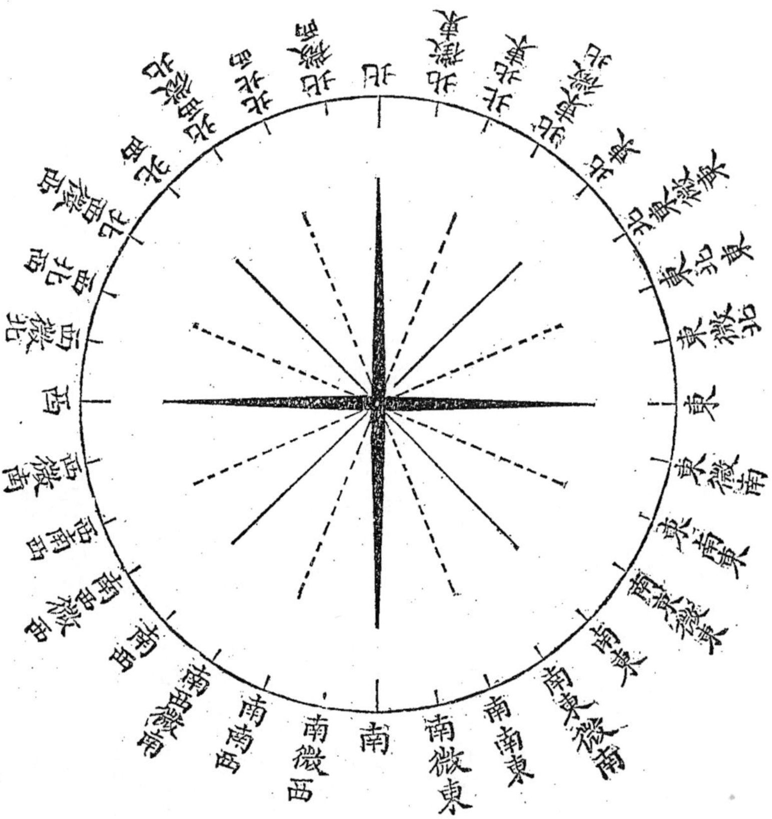
北
北微東
北北東
北東微北
北東
北東微東
東北東
東微北
東
東微南
東南東
南東微東
南東
南東微南
南南東
南微東
南
南微西
南南西
南西微南
南西
南西微西
西南西
西微南
西
西微北
西北西
北西微西
北西
北西微北
北北西
北微西

我國地師의用ᄒᆞᄂᆞᆫ指南鐵과近日또時計줄에佩ᄒᆞᄂᆞᆫ磁石針은大抵以上의方法으로作ᄒᆞᄂᆞᆫᄃᆡ此針은大凡南北의方向을指흠으로써生蹟ᄒᆞᆫ土地에往ᄒᆞᆯ지라도此磁石針을持ᄒᆞ면大抵其土地의方向을知키能ᄒᆞ니라

磁石은上古로브터發見ᄒᆞᆫ者이니距今四千五六百年前에淸國의黃帝軒轅氏가指南車를作ᄒᆞᆫ것도此磁石針을利用ᄒᆞᆫ것이라그러나其時代에ᄂᆞᆫ人智가아직發達치못ᄒᆞ엿슴으로指南鐵이라도大概天然으로産ᄒᆞᄂᆞᆫ磁石을用ᄒᆞᆫ것이나今日에ᄂᆞᆫ人工으로種々ᄒᆞᆫ磁石을作ᄒᆞ나니軍艦輪船等에用ᄒᆞᄂᆞᆫ磁石針은其搆造가極히精巧ᄒᆞ야大風浪에船体가如何히動搖ᄒᆞᆯ지라도磁石針은恒常南北의方向을指示ᄒᆞ야微少의誤差가無ᄒᆞ며또指示ᄒᆞᄂᆞᆫ方向도東西南北만確知케ᄒᆞᄂᆞᆫ것이아니라東西南北線間을幾多의細部分으로分ᄒᆞ야方向을精確히知케ᄒᆞ나니此를羅針盤이라稱ᄒᆞ나니라萬一如此히貴重ᄒᆞᆫ磁石針이發見치못ᄒᆞ엿드면今日과如히遠洋航海도勿論能치못ᄒᆞᆯ것이며海上의事業도今日과如히發達치못ᄒᆞ엿슬것도分明ᄒᆞ고또클럼버쓰와如ᄒᆞᆫ大航海者가有ᄒᆞᆯ지라도新大陸을發見키不能ᄒᆞ엿슬것이며마졜란과如ᄒᆞᆫ大膽者가有ᄒᆞᆯ지라도我地球를一週ᄒᆞ야地球가確實히圓ᄒᆞᆫ것을證明키無由ᄒᆞ엿슬지라

如何ᄒᆞᆫ理由로磁石의針이恒常南北을指ᄒᆞ나뇨ᄒᆞ면此ᄂᆞᆫ一大難問이나今에學問上으로硏究ᄒᆞᆫ結果에ᄂᆞᆫ地球中心에一大磁石의棒이有ᄒᆞ여地球表面에잇ᄂᆞᆫ物을吸引ᄒᆞᆫ다고說明ᄒᆞᄂᆞᆫ外에方法이無ᄒᆞ도다

接木法 (前號續)

朴 相 洛(譯)

(四)接木의季節

接木은如何히其技術이熟達ᄒᆞ야百發百中으로一의失敗가無ᄒᆞᆷ에至ᄒᆞᆯ지라도其適當ᄒᆞᆫ季節을만일擇치아니ᄒᆞ면接芽가癒着키難ᄒᆞ도다其季節은普通春夏及秋三期에行ᄒᆞᄂᆞᆫᄃᆡ歐米各國에서ᄂᆞᆫ春期와及冬期農業의閑暇를利用ᄒᆞ야接木에從事ᄒᆞᆷ이不少ᄒᆞ나東洋各國에서ᄂᆞᆫ此를大槪春期에行ᄒᆞᄂᆞ니此ᄂᆞᆫ春期에ᄂᆞᆫ樹勢가漸次旺盛ᄒᆞ야細根에서養滋을吸収ᄒᆞᄂᆞᆫ作用이活潑ᄒᆞᆷ으로砧木이其切斷ᄒᆞᆫ痕傷으로因ᄒᆞ야樹勢衰弱의憂가少ᄒᆞ미接合癒着이容易ᄒᆞ고同化의力이非常이饒富ᄒᆞᆯ뿐만아니라此時氣候의温度도不寒不熱ᄒᆞ고空氣ᄂᆞᆫ不燥不濕ᄒᆞ야四季中에第一適合ᄒᆞ도다그러나春期中에ᄂᆞᆫ何月頃이最適當ᄒᆞᆯ고ᄒᆞ면春期에至ᄒᆞ야樹勢가多少生氣를帶ᄒᆞ고樹幹內에ᄂᆞᆫ養液이發動ᄒᆞ야循環을始作ᄒᆞ며從此表皮에도幾分의光澤이生ᄒᆞ야아즉發芽치ᄂᆞᆫ아니ᄒᆞ여슬지라도多少膨脹이되고將次芳芽를發코져ᄒᆞᆯ時가最適當ᄒᆞ도다如此ᄒᆞᆫ好季節은氣候寒暖과土地形勢에依ᄒᆞ야何月何日頃이라고斷定키難ᄒᆞ나不可不以上과如ᄒᆞᆫ樹勢를觀察ᄒᆞ야行ᄒᆞᆷ이可ᄒᆞ니라

接木의好季節은以上과如ᄒᆞ거니와萬一早ᄒᆞᆷ에失ᄒᆞ던지또晩ᄒᆞᆷ에失ᄒᆞ면다ㅣ如意ᄒᆞᆫ結果를見키難ᄒᆞ나此兩者中에其癒着의優劣을比較ᄒᆞ면早에失ᄒᆞᆫ거시過晩ᄒᆞᆫ者보다比較的良好ᄒᆞᆫ結果를生ᄒᆞ도다

夏期에至ᄒᆞᆫ면樹勢가最旺盛ᄒᆞᄂᆞᆫ期에達ᄒᆞ야枝葉이鬱蒼繁茂ᄒᆞ고또温度도最酷熱ᄒᆞᆫ

時期인즉普通接木法으로ᄂᆞᆫ到底十分ᄒᆞᆫ成功을望키難ᄒᆞ나故로此際에ᄂᆞᆫ壓接、身接을行ᄒᆞᆯ거시나此도亦是十中의三四ᄂᆞᆫ不成功에終ᄒᆞᆯ거슬預定치 아니치 못ᄒᆞᆯ거시오또秋期ᄂᆞᆫ氣候가大槪春期와同一ᄒᆞᆷ으로此를行ᄒᆞ면好結果를收ᄒᆞᆯ듯ᄒᆞ나決코不然ᄒᆞ니春은樹木이將次發動코져ᄒᆞᄂᆞᆫ最强盛ᄒᆞᆫ時期오秋ᄂᆞᆫ此에反ᄒᆞ야樹勢가漸次沈淪ᄒᆞᄂᆞᆫ期節이미氣候가相仝ᄒᆞ다고決코同一ᄒᆞᆫ結果를收키不能ᄒᆞ나夏期에比ᄒᆞ면秋期ᄂᆞᆫ오히려優勝타謂ᄒᆞ리로다

氣候도同一ᄒᆞᆫ土地에在ᄒᆞᆯ지라도僅々二三里間隔에大ᄒᆞᆫ異同이有ᄒᆞ니假令南으로向ᄒᆞ고北으로山을負ᄒᆞᆫ處와또北을向ᄒᆞ고南으로丘陵을負ᄒᆞᆫ處所ᄂᆞᆫ無論樹木發芽期에遲速이有ᄒᆞᆯ거시오또其年寒暖에依ᄒᆞ여서도遲速이有ᄒᆞᆯ거시라假令正月頃으로브터北風이猛烈ᄒᆞ고降雨少ᄒᆞᆫ年에ᄂᆞᆫ一體樹草의發芽期를遲延ᄒᆞ고此에反ᄒᆞ야南風이多ᄒᆞ고降雨가多ᄒᆞᆫ年에ᄂᆞᆫ發芽期를大早케ᄒᆞ나니要컨ᄃᆡ接木의好時期ᄂᆞᆫ樹木이將次新芽를發코져ᄒᆞᆯ時에此를行ᄒᆞᄂᆞᆫ거시可ᄒᆞ니라

接木을行ᄒᆞᄂᆞᆫ時日은某條록大風이吹치아니ᄒᆞᄂᆞᆫ日에行ᄒᆞᄂᆞᆫ거시適合ᄒᆞ도다萬一大風이有ᄒᆞᆫ日에此를行ᄒᆞ면接穗의乾燥가甚ᄒᆞ야接合癒着을完成키難ᄒᆞ니假令花草類와如히다못其花를觀賞코져ᄒᆞ고其收益을目的치아니ᄒᆞᄂᆞᆫ者면此接木ᄒᆞ기爲ᄒᆞ야設使數三年의長日月을空費ᄒᆞᆯ지라도如許ᄒᆞᆫ利害關係가無ᄒᆞ나果樹의栽培ᄂᆞᆫ其目的이根本其收益에在ᄒᆞ미此가萬一接木ᄒᆞ기爲ᄒᆞ야一二個年을空費ᄒᆞ면實노其損害가多大ᄒᆞᆯ거시오萬一果樹의數爻가數千百株에

達ᄒᆞ면一年空費ᄂᆞᆫ자못一資產을失ᄒᆞᄂᆞᆫ거시니此를行ᄒᆯ時에其技術에熟練ᄒᆞᆫ거ᄉᆞᆫ無論이어니와또ᄂᆞᆫ氣候의適合을測定ᄒᆞ야行치아니치못ᄒᆯ거시오또樹木의發芽期ᄂᆞᆫ各樹木의性質에從ᄒᆞ야一定치아니ᄒᆞᆫ거시니接木者가此를測ᄒᆞ야行ᄒᆯ지니라

養鷄說

金鎭初

△鷄의良種

鷄의種類를一々히枚擧ᄒᆞ야說明코져ᄒᆞ얏던만너무繁雜ᄒᆞ야다說明치못ᄒᆞ고玆에良種만名擧ᄒᆞ니卵用鷄ᄂᆞᆫ「렝구호ㅣ」「미놀ᄉᆞ」「ᄒᆞᆷ박ㅣ구」「우ㅣ단」「안달ㅣ샹」「포ㅣ룬도」等이最良ᄒᆞ고肉用鷄ᄂᆞᆫ「부라마」「푸리마우쓰록그」「토싱그」等이最良ᄒᆞ고卵肉兼用鷄ᄂᆞᆫ「고ㅣ잔」「안됴샹」「와이안돗도」等이良種이라此等諸種은普通飼養ᄒᆞ기易ᄒᆞ야放養舍飼에皆適ᄒᆞ니라

△鷄의繁殖

鷄를繁殖ᄒᆞᆷ에當ᄒᆞ야ᄂᆞᆫ爲先其目的을從ᄒᆞ야適當ᄒᆞᆫ種類를選ᄒᆞᆷ이肝要ᄒᆞ도다其目的이라ᄒᆞᆷ은흔이經濟上事項에關ᄒᆞ야或需肉이든가用卵이든가卵肉兩用의外에不出ᄒᆞᄂᆞ或은賞翫을主로ᄒᆞ고實用을副로ᄒᆞᄂᆞᆫ者도有ᄒᆞ되然而前에揭載ᄒᆞᆷ과갓치鷄ᄂᆞᆫ種類가頗多ᄒᆞ야特能도亦各不同ᄒᆞ니勿論其得失의鑑察과体質의强弱과風土氣候의適否과時好의如何等點ᄭᆞ지라도參酌ᄒᆞ야ᄀᆞ장適當ᄒᆞᆫ鷄種을撰擇ᄒᆯ지라如何히形態와用途에可望이有ᄒᆞᆫ鷄種이라도其土地氣候等自然境遇에不應ᄒᆞ고또時好에不適ᄒᆞ면必竟經濟上成算이無ᄒᆞ야將來繁殖의効ㅣ少

ᄒᆞᆯ이로다種類ᄅᆞᆯ定ᄒᆞ면其次에ᄂᆞᆫ繁殖用에供ᄒᆞᆯ雌雄鷄의箇体ᄅᆞᆯ檢ᄒᆞᆯ지니是ᄂᆞᆫ爲先血統을尋求ᄒᆞᆷ이肝要ᄒᆞᆫᄃᆡ血統이純粹치못ᄒᆞᄃᆞᆫ가或新成된鷄種은一時ᄂᆞᆫ其用途ᄅᆞᆯ滿得ᄒᆞᆫ다ᄒᆞ야도形質이固定確實치못ᄒᆞ야니여變種되야不利ᄒᆞᆫ境遇에陷ᄒᆞᆷ이有ᄒᆞ니特히注意ᄒᆞ야其來歷의純粹ᄒᆞᆷ을擇ᄒᆞ고其次에ᄂᆞᆫ個体自身에就ᄒᆞ야調査ᄒᆞᆯ지니種類의特徵과体質의健全이必要ᄒᆞᆫ條件이라如何히種類가正ᄒᆞ고血統이純粹ᄒᆞ야도体質이虛弱ᄒᆞ면何用에도不適ᄒᆞ도다体質의健否如何ᄂᆞᆫ大凡外貌로도判得ᄒᆞᄂᆞ니体質이强健ᄒᆞᆫ鷄ᄂᆞᆫ羽毛ᄂᆞᆫ豊生ᄒᆞ야色擇이佳ᄒᆞ고皮膚ᄂᆞᆫ脂油ᄅᆞᆯ分泌ᄒᆞ야艶美ᄅᆞᆯ放ᄒᆞ고肉冠及肉髥은鮮紅色을呈ᄒᆞ고眼은快大ᄒᆞ야淸涼ᄒᆞ고舌은赤ᄒᆞ야自由로動ᄒᆞ고脚은眞直ᄒᆞ야强ᄒᆞ고擧動은寬容ᄒᆞ야快活ᄒᆞ며容姿가又美ᄒᆞ도다然이나不健康者ᄂᆞᆫ大槪反此ᄒᆞ야

鷄의自然壽命은十歲로至廿歲라稱ᄒᆞ나繁殖의適齡은雌雄이皆一歲로至五歲라二歲로至五歲ᄂᆞᆫ精力이旺盛ᄒᆞ고五六歲以上에ᄂᆞᆫ漸次生産上에能力이減却되며最早熟ᄒᆞᆫ種類ᄂᆞᆫ孵化된後四五個月이되면卵을始産ᄒᆞ며其下中種은六七個月이오最晩種은八九個月에始産ᄒᆞᄂᆞ니라鷄의幼老ᄅᆞᆯ分別ᄒᆞᄂᆞᆫ法은外貌로벼ᄒᆞᄂᆞ니即鷄冠、肉髥、羽毛等發育의如何와及色擇의如何와體의大小重量의如何ᄅᆞᆯ經驗ᄒᆞ야老幼의分別을始定ᄒᆞᆯ지니라然而雄은其距의長短으로벼老幼ᄅᆞᆯ判別ᄒᆞ나大盖ᄂᆞᆫ孵化後四五個月이된즉距의始根이發顯ᄒᆞ고滿一歲에至ᄒᆞ면其長이四五分長이되고次年에ᄂᆞᆫ更히三分餘가增長ᄒᆞ며또普通二三歲부터ᄂᆞᆫ上方을向ᄒᆞᄂᆞ니라鷄의配合은一雄에相當ᄒᆞᆫ雌數ᄂᆞᆫ種

文藝

廣告

本學報代金을收入홈에便宜를從ᄒᆞ여京城과平安北道에ᄂᆞᆫ委托收金所를置ᄒᆞ엿싸오니京城서本報를購覽ᄒᆞ시ᄂᆞᆫ이ᄂᆞᆫ代金을

京城北署苑洞李甲氏宅留

金基玉氏許로交付ᄒᆞ시고平安北道에서本報를購覽ᄒᆞ시ᄂᆞᆫ이ᄂᆞᆫ

平安北道定州南門內

洪成麟氏許에交付ᄒᆞ심을敬要

太極學會告白

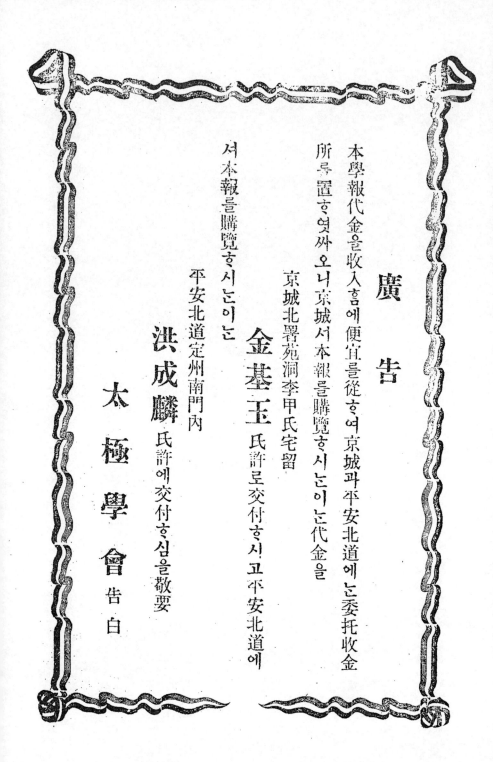

類를因ᄒᆞ야相異ᄒᆞᆫ故로論定키不能ᄒᆞᄂᆞ大盖其目的을依ᄒᆞ야配置ᄒᆞᄂᆞ니假令鷄卵販賣를目的ᄒᆞᄂᆞᆫ者ᄂᆞᆫ良好ᄒᆞᆫ一雄에對ᄒᆞ야十羽乃至十五六羽의雌를置ᄒᆞᄂᆞ可及的八羽乃至十羽를置ᄒᆞ고一層重大ᄒᆞᆫ種類에ᄂᆞᆫ更減ᄒᆞ야八羽以內로ᄒᆞ고繁殖을目的ᄒᆞᄂᆞᆫ者ᄂᆞᆫ一雄에對ᄒᆞ야四五雌以內로置홈이可ᄒᆞ니라

○鷄卵의孵化

雞卵을孵化ᄒᆞᄂᆞᆫᄃᆡᄂᆞᆫ二法이有ᄒᆞ니一은自然孵卵法이라云ᄒᆞ고一은人工孵卵法이라稱ᄒᆞᄂᆞ니自然孵卵法은家禽(雞)의天性을從ᄒᆞ야行ᄒᆞᄂᆞᆫ것인ᄃᆡ雌雞가一期(ᄒᆞᆫ빈)의產卵을終ᄒᆞ면蟄巢抱卵ᄒᆞ야自己體溫으로孵化ᄒᆞᄂᆞᆫ거시오人工孵卵法은雞卵을孵卵器에入ᄒᆞ고人工으로適當ᄒᆞᆫ溫度를一定ᄒᆞᆫ時日間에供給ᄒᆞ야孵化ᄒᆞᄂᆞᆫ거시라前者ᄂᆞᆫ通常農家에서慣行ᄒᆞᄂᆞᆫ法이니簡單ᄒᆞ고失敗가無ᄒᆞ나後者ᄂᆞᆫ如干히能熟치못ᄒᆞ면失敗를招ᄒᆞ기易ᄒᆞ니普通人은前者를取用홈이可ᄒᆞ도다또注意을要ᄒᆞᆯ거ᄉᆞᆫ抱卵用雞의選擇이라雞ᄂᆞᆫ種類를ᄯᆞ라抱卵念의厚薄이有ᄒᆞ야孵卵上에或은熱心ᄒᆞ고或은凉情도ᄒᆞ며或은巧妙ᄒᆞ고或은拙劣도ᄒᆞ니其巧拙이實노直接으로孵化上에大關係를有ᄒᆞᆯ뿐아니라普通境遇에ᄂᆞᆫ抱卵雞가孵化의任務를終ᄒᆞᆫ後에所謂母雞가되야將來雛의獨立을得ᄒᆞ기ᄭᆞ지其雛를育食ᄒᆞᄂᆞᆫ任務도兼ᄒᆞ니孵卵과갓치育雛에도巧妙ᄒᆞᆫ者를選ᄒᆞᆯ지라然而흔이ᄂᆞᆫ孵卵의巧拙이育雛의巧拙과相伴ᄒᆞ도다此等의巧拙은其種類의特性과個體의性質에도關ᄒᆞ며또其年齡에도關ᄒᆞ니比擧ᄒᆞ면「고ㅣ진」「부라마」「룽구샹」「부리마우쓰롯그」「와이안돗도」絹羽雞等

은本是孵化에熱心ᄒᆞ고또性品이溫順ᄒᆞ며擧動이靜穩ᄒᆞ고羽毛가膨生ᄒᆞ야育雛에도巧能ᄒᆞ도다

또雌雞는時季를因ᄒᆞ야抱卵念의厚薄이生ᄒᆞ니春期溫暖ᄒᆞᆫ時에는抱卵心이强ᄒᆞ고冬期寒凉ᄒᆞᆫ時에는薄弱ᄒᆞ니故로春은孵化에만適當ᄒᆞᆯ뿐아니라育雛에도ᄀᆞ장便利ᄒᆞ도다또抱卵의個數는雞體의大小와種卵의大小及氣候의寒暖等을因ᄒᆞ야差異가自有ᄒᆞ니「고ㅣ진」「부라마」갓치體大ᄒᆞᆫ種類는中大ᄒᆞᆫ種卵十五介乃至十八介可量이면足ᄒᆞ고矮雞갓치體小ᄒᆞᆫ者는小卵이라도十介를不過ᄒᆞ도다此等兩者는皆極端으로例를擧ᄒᆞ야스나普通體大의雌雞에普通卵으로言ᄒᆞ면限十二三介可量式홈이適ᄒᆞ고氣候는盛夏炎熱時는母鷄가衰弱ᄒᆞ야卵을多抱치못ᄒᆞ고嚴冬寒冷時는抱卵의適溫을保全ᄒᆞ기爲ᄒᆞ야多抱치못ᄒᆞ나氣候温和ᄒᆞᆫ陽春에는多抱에適宜ᄒᆞ도다雌雞가産卵을終ᄒᆞ고스ᄉᆞ로蟄巢ᄒᆞ야抱卵孵化ᄒᆞᆯ境遇에는別로他手段을要ᄒᆞᆯ必要가無ᄒᆞ나巢雞(抱卵鷄)를他에서求ᄒᆞ든가種卵을他에서購入ᄒᆞᆯ境遇에는夕刻과夜中에抱卵시키미可ᄒᆞ고或巢鷄는有ᄒᆞ나種卵이나여업슬時는巢鷄의就巢念을繼續ᄒᆞ기爲ᄒᆞ야僞卵(木卵等)을抱置ᄒᆞ얏다가後에種卵을求ᄒᆞ야換入ᄒᆞᆯ지라然后에日記冊을製ᄒᆞ야抱卵의日과各巢의卵數를記入ᄒᆞ고多數의巢箱(ᄃᆞᆰ의둥지)을使用ᄒᆞᆯ境遇에는各箱의號數와卵數와抱入의月日과種卵의種類等을一々히冊에記入ᄒᆞ고또抱卵鷄에도巢箱의號數를應ᄒᆞ야適當ᄒᆞᆫ記號를付홈이便ᄒᆞ다抱卵初日부터孵化日ᄭᆞ지日數는諸種의事情을因ᄒᆞ야多少의差가有ᄒᆞ니或은十九日或은二十四五

日이되ᄂᆞᆫ平均ᄒᆞ면二十一日許라巢箱內의溫度ᄂᆞᆫ四十五度內外로ᄒᆞ고抱卵中에管理ᄒᆞᆯ거슨抱卵鷄에食餌를每日給ᄒᆞ며運動시키며卵을檢査ᄒᆞ며巢箱을淸潔히ᄒᆞᄂᆞᆫ等事라抱卵鷄를每日一回式十分乃至三十分間巢箱을離ᄒᆞ야忙急히餌를啄ᄒᆞ며水를啜ᄒᆞ고砂浴(모릭에후릭질ᄒᆞᄂᆞᆫ것)을ᄒᆞᆫ后巢箱에入ᄒᆞ게ᄒᆞᆯ거시나만일日氣가寒ᄒᆞ야卵이冷爽ᄒᆞᆯ念慮ㅣ有ᄒᆞ면巢箱近傍에食餌(穀粒、麵麭屑、菜類、軟食等)를備置ᄒᆞ며新鮮ᄒᆞᆫ淸水를準備ᄒᆞᆷ이可ᄒᆞ고砂浴의資料(砂、灰、細土等)ᄂᆞᆫ適當ᄒᆞᆫ器에入ᄒᆞ야其近傍에整置ᄒᆞᆷ이肝要ᄒᆞ도다

孵卵中時々로檢卵ᄒᆞ야不良ᄒᆞᆫ卵이有ᄒᆞ면除去ᄒᆞ야食用에供ᄒᆞᆷ이經濟上에有利ᄒᆞ니不良卵이라ᄒᆞᄂᆞᆫ것은受精치못ᄒᆞᆫ卵(홋알)或受精ᄒᆞ얏더라도諸種의事情을因ᄒᆞ야胚의發育이中途에止ᄒᆞᆫ卵(腐卵)等을總稱ᄒᆞᆷ이라檢卵ᄒᆞᄂᆞᆫ時ᄂᆞᆫ三期에分ᄒᆞ야一期ᄂᆞᆫ抱卵後三四日乃至一週間에施行ᄒᆞ고二期ᄂᆞᆫ抱卵後十日乃至二週間에施行ᄒᆞ고三期ᄂᆞᆫ孵化ᄒᆞ기三四日前에施行ᄒᆞᆯ지니其方法은卵을透見ᄒᆞ야良與否를檢査ᄒᆞᆷ이라夜間燈火에透見ᄒᆞ든가晝間暗室에셔燈火에透見ᄒᆞᆷ이可ᄒᆞ나ᄀᆞ장便利ᄒᆞᆫ거슨檢卵器로暗室에셔施檢ᄒᆞᆷ이니라

또抱卵中에注意ᄒᆞᆯ거슨巢의淸潔이라만일巢가不潔ᄒᆞ면害虫을生ᄒᆞ며害菌을招ᄒᆞ기易ᄒᆞ야雛鷄의衛生上에甚히有害ᄒᆞ니時々로巢를檢ᄒᆞ야叮嚀히掃除ᄒᆞᆯ지니라。

美國에留學ᄒᆞᄂᆞᆫ友人의게

椒 海 生

聖世光武七年春에君을洛陽城濟衆院에셔相逢ᄒᆞ야識荆의願을始遂ᄒᆞᆫ以來日夕會遇에應求의聲氣를相通ᄒᆞ고進退連襟에密勿의情契를相結ᄒᆞ야一平生難離의誼分을團交ᄒᆞ엿건만世事ᄂᆞᆫ難測이라光武九年九月秋에君은湖南木浦港으로下去ᄒᆞ고余ᄂᆞᆫ扶桑三島邦에渡來ᄒᆞ니憧憬ᄒᆞᆫ理想的情誼로平生을保證ᄒᆞ던吾輩로도魔王의地遐人亦遐의恠術을未避ᄒᆞ여屋樑看月의嘆과夕岩瞻雲의恨을春風秋雨에泣訴ᄒᆞᆫ지가已爲三度星霜이라至今君은快爽濶步의精神을嵩山荒漠處에셔提起ᄒᆞ야跨巨鯨駕長風ᄒᆞ고抱希望志鵬飛ᄒᆞ야海山萬里로美洲行을作ᄒᆞ엿ᄉᆞ니壯ᄒᆞ다君이여余ㅣ비록東隅一角에孤落ᄒᆞ엿ᄉᆞ나空中理想的樓閣을雲外에高築ᄒᆞ고歐山美水에萬里眼은長照ᄒᆞ엿ᄉᆞ니余ㅣ엇지一言의陳辭가無ᄒᆞ랴大抵美洲ᄂᆞᆫ坤輿의中心이오萬邦의趨集所라人民은自由의大主義를基因ᄒᆞ고社會ᄂᆞᆫ民主의大機關을主動ᄒᆞ야於千萬物이ᄒᆞ나도君의眼界를光濶케ᄒᆞ며君의心胸을開拓지못ᄒᆞᆯ바가無ᄒᆞ니불지어다太西太平両大洋은東西幾萬餘里에連延ᄒᆞ고大岩山連脉은重々히萬丈高屛을築ᄒᆞᆫ듯미스십의大江은蜿々滾々히中央을橫貫ᄒᆞ고秀媚麗明ᄒᆞᆫ景處ᄂᆞᆫ쎈트로렌스의島가有ᄒᆞ며雄大絕驚의名勝地ᄂᆞᆫ나이양아라大瀑布와이리슈ᄡᅦ리알의淡水湖가有ᄒᆞ고政治社會에暫入ᄒᆞ면三千

年以前의 雅典都市를遊覽ᄒᆞᄂᆞᆫ듯結搆瞻仰의思가그繁榮에壓倒ᄒᆞ며圓錐의崇高塔이中空에聳出ᄒᆞ야鐘聲이點々ᄒᆞᄂᆞᆫ者ᄂᆞᆫ是公堂의集會오百丈煙筒에淡沫烟을長吐ᄒᆞ야앙ㅣ앙ㅣᄒᆞᄂᆞᆫ鼓動소리만時送ᄒᆞᄂᆞᆫ者ᄂᆞᆫ皆是各種製造所며一望無際黃雲色이牛背秋를天際에連亘ᄒᆞᆫ者ᄂᆞᆫ盡也穀物의生熟地오茂草ᄂᆞᆫ靑々ᄒᆞ고淸泉은涓々ᄒᆞᆫᄃᆡ蟻群갓치部落을列成ᄒᆞᆫ者ᄂᆞᆫ又皆是牧畜場이라農畜製造의表面的文明만世界에冠高ᄒᆞᆯᄲᅮᆫ아니라政治宗敎가全歐에著名ᄒᆞ고ᄯᅩ學者先生大人豪傑이宇內에最多數로輻湊ᄒᆞ엿ᄉᆞ니에ㅣᆯ하버ㅣ트大學에ᄂᆞᆫ精深浩博ᄒᆞᆫ學識으로一世를雄視ᄒᆞᄂᆞᆫ大學者가有ᄒᆞ고上院門內闖入ᄒᆞ면懸河口舌에老練ᄒᆞᆫ政務를活用ᄒᆞᄂᆞᆫ雄高縉紳의士가海陸을連續ᄒᆞ엿고풀나이마우쓰公堂에ᄂᆞᆫ波濤를捲起ᄒᆞᄂᆞᆫ듯ᄒᆞᆫ챠ㅣ先生의雄辨이有ᄒᆞ고아메손롱펠로ᄂᆞᆫ已爲長逝ᄒᆞ엿스나쎈라이언、루스벨트等名流가古聲을猶響ᄒᆞ야巍々ᄒᆞᆫ其道德政治가文明人의泰斗가되엿스니美國의形勢도已爲如此ᄒᆞ고壯觀이如許ᄒᆞᆫ中에韓人共立大同兩會가西方갈니포니아洲에奮起ᄒᆞ여屢十百忠勇公毅의大國民을組合ᄒᆞ고大岩山西北方에一大活動場을廣開ᄒᆞ야儼然ᄒᆞᆫ新大韓帝國의氣像을萬里長空에白虹橋를高掛ᄒᆞᆫ드시自由의大活步를演出ᄒᆞᄂᆞ니君이비록그廣大ᄒᆞᆫ感化를被코져아니ᄒᆞᆫ들活觀奇聞이君을空歸케아니ᄒᆞ겟거든又況活潑意氣로剛毅力行ᄒᆞ야求而不釋ᄒᆞᄂᆞᆫ君의志操라故로余ᄂᆞᆫ君의此行이偶事가아닌줄노確信ᄒᆞ노라…………

沈思ᄒᆞ라此를比컨ᄃᆡ君의已往生涯ᄂᆞᆫ宛然히湍水가群山萬壑을曲々折々ᄒᆞ야回流駛

進ᄒᆞᆷ과如ᄒᆞ고將來의生涯ᄂᆞᆫ浩々茫々ᄒᆞᆫ大海와如ᄒᆞᆫᄃᆡ君의此行은萬里洪江이平野大郊ᄅᆞᆯ橫流ᄒᆞ야海內에驀入코져ᄒᆞᄂᆞᆫ一大過度時代라그命運의長流가俄然히廣活空朗ᄒᆞᆫ境堺ᄅᆞᆯ已出ᄒᆞ엿ᄉᆞ니그驚異愉快의感想이果然何如ᄒᆞᆯ가만은이快爽ᄒᆞᆫ空氣中에셔라도君의最愛最重ᄒᆞᄂᆞᆫ大韓現象을回顧ᄒᆞ라今日狀態ᄂᆞᆫ如何ᄒᆞ며明日狀態ᄂᆞᆫ如何ᄒᆞᆯ고此ᄅᆞᆯ持ᄒᆞ여彼와比較ᄒᆞ면政府ᄂᆞᆫ如何ᄒᆞ며人民은如何ᄒᆞ며文學技藝ᄂᆞᆫ如何ᄒᆞ며農工商業은如何ᄒᆞ며그風俗의汚隆은如何ᄒᆞᆯ고此ᄂᆞᆫ必也君의胸濤ᄅᆞᆯ蕩潒ᄒᆞᆯ機味가有ᄒᆞᆯ지니이胸濤ᄅᆞᆯ更一層蹴起ᄒᆞ야美洲人民의盛昌、安全、自由、幸福이如此ᄒᆞᆫ所以ᄂᆞᆫ果然如何ᄒᆞᆫ手段과如何ᄒᆞᆫ方針을由ᄒᆞ야然ᄒᆞ며且我邦의如此ᄒᆞᆫ其事其理가何ᄅᆞᆯ因ᄒᆞᆷ인지今에我國으로ᄡᅥ美洲의形勢ᄅᆞᆯ作코져ᄒᆞ면如何ᄒᆞᆫ措處와如何ᄒᆞᆫ道理로ᄡᅥ行ᄒᆞ여야妥當ᄒᆞᆯ거슬到底히深思熟慮ᄒᆞᆯ경우에至ᄒᆞᆯ지니然則一躍ᄒᆞ야美洲ᄅᆞᆯ如此ᄒᆞᆫ樂境에進達케ᄒᆞᆫ者ᄂᆞᆫ誰의力이며我國의將來ᄅᆞᆯ彼와同케ᄒᆞ려면誰의力을要ᄒᆞᆯ가已爲思度가此에至ᄒᆞ미愉快ᄒᆞ던者ㅣ一轉ᄒᆞ야嘆美ᄅᆞᆯ出ᄒᆞ고再轉ᄒᆞ야慷慨ᄅᆞᆯ作ᄒᆞ고三轉ᄒᆞ야体認의精神이屹立不動ᄒᆞᆷ에至ᄒᆞ야觀者ㅣ我ᄅᆞᆯ激動치안ᄂᆞᆫ物이업고逢者ㅣ我ᄅᆞᆯ教喩치안ᄂᆞᆫ人이無ᄒᆞ며讀者ㅣ我ᄅᆞᆯ有益케아니ᄒᆞᆯ書籍이無ᄒᆞᆯ지니故로余ᄂᆞᆫ大言ᄒᆞ기ᄅᆞᆯ君의大事業을做起ᄒᆞᆯ바가다만此行에在ᄒᆞ다ᄒᆞ노라萬一不然ᄒᆞ야使氣任意에体認ᄒᆞᄂᆞᆫ바ㅣ無ᄒᆞ고力行ᄒᆞᄂᆞᆫ바업셔그見聞ᄒᆞᆫ바가雲烟에眼眸ᄅᆞᆯ轉過ᄒᆞ듯走馬에灯燭을直馳ᄒᆞ듯ᄒᆞ면果然何用을補ᄒᆞᆯ고大凡此世上에ᄂᆞᆫ其志ᄂᆞᆫ高尙ᄒᆞ되識이薄ᄒᆞ고氣ᄂᆞᆫ軒盛ᄒᆞ되才가

踈ᄒᆞ며論은多ᄒᆞ되實이空ᄒᆞᆫ것텨럼無滋味無効用ᄒᆞᆫ事ᄂᆞᆫ更無ᄒᆞᆯ듯ᄒᆞ오

大抵奇偉의人이라非凡의士라云ᄒᆞᄂᆞᆫ者라도他人으로觀察ᄒᆞ면一動一靜이無非可取로ᄃᆡ그實價ᄂᆞᆫ○+○=○이되고스ᄉᆞ로樹立ᄒᆞᆫ바가되면人生의目的品位를決코如此히粗鄙치아ᄂᆞᆫ듯시ᄒᆞᄂᆞ니少年時代에ᄂᆞᆫ聲譽를光揚ᄒᆞ든者가往々히此境遇의人을作ᄒᆞᆷ은何故뇨沈思默禊ᄒᆞᆫ바ᄂᆞᆫ少ᄒᆞ고自信自覺ᄒᆞᄂᆞᆫ바가太高ᄒᆞ여才가多ᄒᆞ면才에被役ᄒᆞ고氣가盛ᄒᆞ면氣에使用되여此境遇를當ᄒᆞ면그學識聞見이此를節制ᄒᆞᄂᆞᆫ要用의具가아니오도로혀助長媒介ᄒᆞᄂᆞᆫ長技가되ᄂᆞ니故로余ᄂᆞᆫ君의此行을喜悅ᄒᆞ니마큼恐懼도有ᄒᆞ고祝禱ᄒᆞᆫ바ㅣ多ᄒᆞᆷ과ᄀᆞᆺ치希望ᄒᆞᆯ바도多ᄒᆞ다ᄒᆞ노라

君은試思ᄒᆞ소美洲中央에聳立ᄒᆞᆫ政治角石塔은我邦에서얼다큼模造ᄒᆞᆷ이可ᄒᆞᆯ가暫間此를築造ᄒᆞᆫ諸偉人의傳記를溯考ᄒᆞ니遠慮賢智ᄂᆞᆫ프랑크린氏가有ᄒᆞ고活潑敏健은하ㅣ밀톤氏가有ᄒᆞ고大膽直實은아담氏가有ᄒᆞ고慷慨博識ᄒᆞ야大体를通曉ᄒᆞᄂᆞᆫ者ᄂᆞᆫ데퓔손氏가有ᄒᆞ고加之에千古英雄第一流되ᄂᆞᆫ와싱톤氏가有ᄒᆞ니此等興雲起風의愛國志士들이各種의辛苦艱難을擊碎ᄒᆞ고遠大ᄒᆞᆫ目的을透達ᄒᆞᆫ거슨今日吾儕로싱각ᄒᆞ면皆是不可及의事뿐이나暫間古人의詩를回思ᄒᆞ니

「空中에聳出ᄒᆞᆫ大石塔도
갓가히서보면조각들의
一重二重뿐이로다
大人의高位라도一足으로
躍越ᄒᆞᆫ바가아니라
더各人의親友들이

잠든밤에工夫ᄒᆞᆷ으로
더런高處에達힛네」

ᄒᆞ엿ᄉᆞ니此를熟思ᄒᆞ면駑劣ᄒᆞᆫ余輩라도鞭責의一步를急進ᄒᆞᆯ傾向이有ᄒᆞ니此地에孤落ᄒᆞᆫ余의思想이此에至ᄒᆞᆯ제ᄂᆞᆫ慷慨剛毅ᄒᆞᆫ君의意操로親히그形勢를熟察ᄒᆞ며萬知萬能의庫倉되ᄂᆞᆫ典籍을對ᄒᆞ며諸先覺輩의光風霽月의感化를被ᄒᆞᆷ이라余ㅣ西言을曾聞ᄒᆞ니云ᄒᆞ되美洲ᄂᆞᆫ熱心任氣로豪活을充入ᄒᆞᆫ青年이라그生活노ᄂᆞᆫ實務의智慧를得ᄒᆞ며그健全ᄒᆞᆫ官能으로ᄂᆞᆫ經驗을得ᄒᆞ고歐洲人의講論ᄒᆞ여둔道理ᄂᆞᆫ美洲人의活用이된다ᄒᆞ니올토다歐洲의太陽은西天으로下去ᄒᆞ고저ᄒᆞ고美洲의太陽은東天에昇出ᄒᆞ려ᄒᆞᆷ이로다。 美洲가已爲如此ᄒᆞᆫ大關係를世界에負有ᄒᆞᆷ과ᄀᆞᆺ치君의生涯命運에一大關係가含付ᄒᆞ엿ᄉᆞ니大蓋已往의生涯ᄂᆞᆫ三峽을下ᄒᆞᆷ과如ᄒᆞ야飛石奔湍의處가少有ᄒᆞ다ᄒᆞᆯ지라도少許만用心ᄒᆞᆫ以上에ᄂᆞᆫ失數ᄒᆞᆯ바가無ᄒᆞ려니와今后의生涯ᄂᆞᆫ灘을下ᄒᆞᆷᄀᆞᆺ치容易ᄒᆞᆯ理가無ᄒᆞ니所謂大海長風이捲紫深이되여水天一髮이渺々茫々ᄒᆞ미何處가是陸을未知ᄒᆞᄂᆞᆫ處地라此時此地를當ᄒᆞ야其羅針을失ᄒᆞ고其舵櫓를折ᄒᆞ면沈沒難破ᄂᆞᆫ疑訝도無ᄒᆞᆯ바오그生命이滅亡을未免ᄒᆞᆯ거ᄉᆞ確然치아니ᄒᆞᆫ가今番君行이順好케되면大利益을得ᄒᆞᆯ터히오不幸이되면大不幸을當ᄒᆞᆯ터힌즉그幸不幸의相分이分明ᄒᆞᆫ大鴻溝를知ᄒᆞᄂᆞᆫ以上에야君이銳氣張膽으로그危險을奮鬪ᄒᆞᆯ거ᄉᆞᆫ勿論이어니와某條深思謹愼ᄒᆞ여少許의失案이出치안토록ᄒᆞ되그方寸의沈靜ᄒᆞᆫ거ᄉᆞᆫ幽潭과갓치ᄒᆞ고規度의大濶ᄒᆞᆫ거ᄉᆞᆫ大洋과ᄀᆞᆺ치ᄒᆞ고才能의活湧은波瀾의蕩漾ᄒᆞᆷ과ᄀᆞᆺ치ᄒᆞ고學識의雄博ᄒᆞᆫ거ᄉᆞᆫ

極洋의深茫渺漫홈갓치ᄒᆞ라그럴지라도寧靜히ᄒᆞ지아 느면不能홀지니故로恒常沈深ᄒᆞ야良心으로써主動者를삼아崇高ᄒᆞ신救主濟世의十字架로唯心의良鏡을삼고汪々ᄒᆞ난靈泉水로더亞細亞東半島上에渴涸ᄒᆞᆫ蒼生을飮生케ᄒᆞ고萬里風雲에冗鎖ᄒᆞᆫ廣酋의靑息을碎盡토록遠久長全의術을講究ᄒᆞ야吾人의最大目的??을達ᄒᆞ여가지면……

……此를爲ᄒᆞ야는余가日夜로長祝ᄒᆞ기를君의成功이오朝夕으로苦待ᄒᆞ기를君의還國이니君이여君의心思ㅣ果然若何ᄒᆞ오……

……嗚呼라金風이蕭颯ᄒᆞ고玉宇가崢嶸ᄒᆞᆫ夕陽天에太平洋上에折返ᄒᆞᄂᆞᆫ落照를靜帶ᄒᆞ고쇨든팍ㅣ園頭에孤笻을獨樹홀時에君의感想은果然何如홀고余ᄂᆞᆫ君으로더브러燕遊一時의交分이아니ᄯᅩ오曾이航西에微志가有ᄒᆞ엿든고로君을思홈에惓々ᄒᆞᆫ情意를未禁ᄒᆞ야萬里晴天에一隻鴈을遠送ᄒᆞ노라

漢陽述懷 五首

東憂子 鄭錢迺

久戀槿花故國春、歸看萬事與時新。茫々
宇宙塵埃裏、一代俊才有幾人。人間
盲雨腥風冷亞洲、英雄此日不堪愁。
興廢無窮事、更覺淒然獨倚樓。願得
欲將文字醒羣生、壯氣哀聲兩不平。
尙方斬馬釼、掃除奸猾慰輿情。更待
一片靑邱百萬家、誰能恢復舊山河。
他年獨立館、萬人同唱自由歌。
涕流申訴玉臺間、殉國忠魂幾往還。荼毒
生靈一何劇、應知天道復循環。

觀菊記

惟一閒々子

江戶(東京古號)는自古로名勝之地也라水陸草木之花에可以奇觀홀者ㅣ甚히多ᄒᆞ니若夫春晩公園에玉手爭拏는櫻花時節이是也오月明樓臺에笙歌妙舞는秋水芙蓉이是也오垂柳長堤에來輸去蹄는鶯花富貴是也라故로歐亞大陸의名士들이種々過此ᄒᆞ야一寓目而輒忘情者ㅣ良有以也로다閒子ㅣ來玆數禩에遍覽四境山水之勝景홀ᄉᆡ其西南方面에林園이尤美ᄒᆞ니望之鮮明而可餐者는向島(무고시마)之百花園也오納凉細雨에忘却蒸炎者는日比谷(히비야)之噴水也라豊草가綠縟而爭茂ᄒᆞ고佳木이葱籠而可悅이라四時景이皆不同而樂亦無窮也라至若秋霜一夜에草拂之而色變ᄒᆞ고木遭之而葉脫이라萬里風烟에境虛關東之野ᄒᆞ고一陣鴻鴈이聲斷橫濱之港이라從此로山川이寂寥에令人蕭々然無可觀者矣라가適有黃花一種이於是乎始開ᄒᆞ야獨帶秋光ᄒᆞ니其氣也ㅣ可以凌霜이오其香也ㅣ可以襲人이라靈露淡々에寫史無妨이오柔葉嫩々에滌食이亦可라美酥一種은極佳加州(地名)越後(上仝)之所産이오人形假裝은有名下谷區(區名)團子坂(당고사가)之觀光이라采來東籬ᄒᆞ니陶處士(淵明)之獨愛가在昔何世오華奢墻園ᄒᆞ니大隈伯(重信)之娛樂이正當今日이라時維菊辰에序屬三秋라閒子ㅣ孤燈滄海夢에坐看萬國興亡史홀맛ᄎᆞᆷ고ᄯᅦ一客이叩門이라萬古史더져노코酒一壺茶一杯로百篇花譜細論혼다夫桃李牡丹은花之富貴者也ㅣ라宜乎衆人之所愛오山櫻玉梅는花之繁華者也ㅣ라宜乎佳人才子之所愛오菊은花之

隱逸者也ㅣ라宜乎隱者之所愛而陶後에鮮有聞焉이로다噫라夫世人之愛菊者ㅣ甚히多ᄒᆞ나但知愛其香而愛其色ᄒᆞ고不知閒子之愛其愛也ㅣ라對其眞面ᄒᆞ야寫其眞意者ᄂᆞᆫ閒子也ㅣ니閒子謂誰오漢陽(京城古號)李承瑾也ㅣ러라

客中歲暮

浮萍生

客中送客歲、萬里海隅東。故國雪應白、
異鄉梅始紅。憂時心不穩、論事意難同。
唾手磨孤釖、欲誅稗與蓬。

新年詠

石蘇 李東初

蒼天空濶歸鴻得意、悠然醒我僑臆一夢。
東閣雪中梅笑微溫、南溪水面柳眠半醒。
於是乎春王布政、歲針近中星移寅。俯仰宇宙新精神之動機、靜觀萬物生光輝之妙工。歲去歲來天道常則、物敗物感人事自然。乾坤一夕雨洗出山河塵埃、草木萬里風同享壽福禎祥。元旦日之耀々、瑞光布乎萬方。高揭太極旗祥影翩翩、細斟屠蘇醪香味郁郁。盡丹心謹擎白玉盃、依北斗奉獻南山壽。涵醺餘滴泰然與、彈和一曲愛國歌。意思一層新、氣象百倍新。今年初到處、萬機截然新。

新年祝詞

李奎濼

三百六星次一轉歲新月新日新
二千萬人智方開學識見識聞識
惟我在外同胞 身健志確 學孜智長
期圖自由咸完團体之實力
備嘗艱苦益奮祖國之精神

雜錄

挽車勤學　會員柳晩秀氏ᄂᆞᆫ年前에東京에渡來ᄒᆞ야明治大學法律科에入學ᄒᆞ엿ᄂᆞᆫᄃᆡ本來學資가不贍흠으로非常ᄒᆞᆫ困難을經盡ᄒᆞ되大志ᄂᆞᆫ少許도不屈ᄒᆞ더니月前브터ᄂᆞᆫ人力車를貰出ᄒᆞ야夜에ᄂᆞᆫ風雨를不憚ᄒᆞ고孜孜勞働ᄒᆞ야學資를支續ᄒᆞ고晝에ᄂᆞᆫ熱心通學ᄒᆞ니學資가贏贍ᄒᆞ고時間이有餘ᄒᆞᆫ富豪學生들은同情의淚를難禁이라고學界稱頌이藉藉ᄒᆞ더라

會事要錄

本月十二日總會에本會副會長崔錫夏氏가有故解任된代에評議員金洛泳氏가被撰되고評議員崔麟、朴容喜、金洛泳三氏辭任ᄒᆞᆫ

代에金鴻亮、楊致中、李道熙三氏가被撰되다

本會員金基斑氏ᄂᆞᆫ修學次로名古屋地方에往住ᄒᆞ엿다가觀親次로歸國ᄒᆞ다

本會會長金志侃氏ᄂᆞᆫ私故가有ᄒᆞ여冬期休學에歸國ᄒᆞ엿다가本月十七日에渡來ᄒᆞ다

本會員蔡奎丙氏ᄂᆞᆫ冬期休學에覲親次로暫時歸國ᄒᆞ다

永柔郡支會新入會員

鄭致烈	安貞瑞	全秉權	安宗源
李致善	康泰中	咸元善	金東基
金載鉉	崔亨淳	盧龍錫	劉昌憲
崔元淳	盧利根	金利赫	李禧杜
金台應	張贊吉	李俊道	羅用燁
金大殷	康芝英	韓鳳得	李基淵
李根善	洪熺均	金達弘	尹鳳洙

金永懋　曹陽默　金翼鍊　崔健九
朴泰源　韓龍星　石鍊堯　徐泰根
金範植　吳元俊

正誤 本報第十六號會錄欄永柔郡支會長李基燦氏報告內에會員金永鍊氏의退會請願을依請許施라ᄒᆞᆫ거ᄉᆞᆫ金永鎭氏의鎭字를鍊字로誤植ᄒᆞ엿기玆에正誤ᄒᆞᆷ

太極學報義捐人氏名

實善學校　貳圜　金性稷氏　參圜
盧麟奎氏　貳圜　鄭益魯氏　貳圜

恭呈太極學會

敬啓者貴會員鄭世胤氏許에貴會情況을得聞ᄒᆞ고欽望感謝ᄒᆞ던中万里航海에一書가來到ᄒᆞ기披見ᄒᆞᆫ니即太極學報라有意哉有意哉라太極之名이여豈不重且貴哉아實是我大韓獨立思想이包括于此로太極肇判後萬物之中에吾人이最貴ᄒᆞᆫ거ᄉᆞᆫ智靈이有ᄒᆞᆫ故라智靈으로써萬物을壓服ᄒᆞᆫ後에차〻社會의思想이起ᄒᆞ미一家一部一國에至ᄒᆞ니已의家와部와國이他보다勝ᄒᆞ고强ᄒᆞᆷ을好ᄒᆞ야至今二十世紀의優勝劣敗ᄒᆞ고强食弱肉ᄒᆞᄂᆞᆫ時局을當ᄒᆞᆫ지라　貴會僉員이如此ᄒᆞᆫ時勢를察ᄒᆞ고閉關舊守ᄒᆞ야能히優强者에敗肉을免키難ᄒᆞᆫ故로聞見을博ᄒᆞ며智識을明키爲ᄒᆞ야親戚을棄ᄒᆞ며故舊를離ᄒᆞ고海外萬里에多年風霜을冒ᄒᆞ고新學을研究中에學會를設ᄒᆞ고月報를刊ᄒᆞ야內로同胞의智識을開牖ᄒᆞ며外로太極旗章을擢揚ᄒᆞ야우리四千年傳來祖國을世界列强으로共立同等ᄒᆞᆯ目的으로勇敢不挫ᄒᆞ니其卓越ᄒᆞᆫ氣志를何等感謝리오文詞의固陋ᄒᆞᆷ과語意의難澁ᄒᆞᆷ을不顧ᄒᆞ고微忱을表ᄒᆞ기爲ᄒᆞ야

二圓金을付呈ᄒᆞ니 貴會萬一之費를補用ᄒᆞ옵소서

大韓平壤西面太平洞

寶善學校 敎呈

寄書

平壤 盧麟奎

大韓全國同胞들아 **太極學報**愛讀ᄒᆞ소敎育得失警告ᄒᆞ고外人凌辱抗斥ᄒᆞ니我韓敎育界에警世鐘이**太極學報**그아닌가如我愚者도不勝憤激補助ᄒᆞ니嗟我全國同胞들아同心合力ᄒᆞ여보세

六十二

光武十年八月廿四日創刊
隆熙二年一月二十日印刷
隆熙二年一月二十四日發行
明治四十一年一月二十日印刷
明治四十一年一月廿四日發行

●代金郵税並新貨拾貳錢

日本東京市小石川區久堅町四十五番地
編輯兼發行人　張膺震
日本東京市小石川區久堅町四十五番地
印刷人　金志侃
日本東京市小石川區中富坂町十九番地
發行所　太極學會
日本東京市牛込區辨天町二十六番地
印刷所　明文舍

○廣告

本會事務所를今番에**東京小石川區中富坂町十九番地**로移定ᄒᆞ고每通常會를當所에셔開ᄒᆞ옵기茲에廣佈ᄒᆞᆷ

日本東京小石川區仲富坂町十九番地

太極學會 告白

太極學報 第十七號
光武十年十月二十四日 / 明治三十九年十月二十四日 第三種郵便物認可
隆熙二年一月二十四日 / 明治四十一年一月二十四日 發行（每月廿四日一回發行）

光武十年九月二十四日
明治卅九年九月廿四日 第三種郵便物認可

光武十年八月二十四日創刊

隆熙二年二月廿四日發行

(每月廿四日一回)

太極學報

第十八號

太極學會發行

注意

△本報를購覽코저ᄒᆞ시ᄂᆞᆫ이ᄂᆞᆫ本發行所로通知ᄒᆞ시ᄃᆡ居住姓名統戶를詳細히記送ᄒᆞ시며代金은郵便爲替로本會에交付ᄒᆞᆷ을要ᄒᆞᆷ

△本報를購覽ᄒᆞ시ᄂᆞᆫ僉君子씌셔住所를移轉ᄒᆞᄂᆞᆫ이ᄂᆞᆫ速히其移轉處所를本事務所로通知ᄒᆞ시옵

△本報ᄂᆞᆫ有志人士의購覽을便宜케ᄒᆞ기爲ᄒᆞ야出張所及特約販賣所를如左히定ᄒᆞᆷ

皇城中署東闕罷朝橋越便 **朱翰榮冊肆** (中央書舘內)

平安南道三和鎭南浦港築垌 **金元燮家**

平壤貫洞 **耶蘇教書院**

平壤法首橋 **大同書觀**

平安北道定州郡南門內 **洪成麟商店**

北米國桑港韓人共立協會內 **金永一住所**

◎投書注意

一、諸般學術과文藝詞藻統計等에關ᄒᆞᆫ投書ᄂᆞᆫ歡迎ᄒᆞᆷ

一、政治上에關ᄒᆞᆫ記事ᄂᆞᆫ一切受納치아니ᄒᆞᆷ

一、投書의揭載與否ᄂᆞᆫ編輯人이撰定ᄒᆞᆷ

一、投書의添削權은編輯人의게在ᄒᆞᆷ

一、一次投書ᄂᆞᆫ返附치아니ᄒᆞᆷ

一、投書ᄂᆞᆫ完結ᄒᆞᆷ을要ᄒᆞᆷ

一、投書ᄂᆞᆫ縱十二行橫二十五字原稿紙에正書ᄒᆞᆷ을要ᄒᆞᆷ

一、投書ᄒᆞ시ᄂᆞᆫ이ᄂᆞᆫ居住와姓名을詳細히記送ᄒᆞᆷ을要ᄒᆞᆷ

一、投書當撰ᄒᆞ신이의게ᄂᆞᆫ本報當號一部를無價進呈ᄒᆞᆷ

特別廣告

○內外圖書出版

○教科書類發兌

○新聞雜誌取次

○學校用品販賣

京城中署東闕罷朝橋越邊

本店 中央書館 朱翰榮

平安北道宣川邑川邊

支店 新民書會 安濬

太極學報第十八號目次

論壇

講壇

學園

文藝

雜錄

論壇 講壇 學園

太極學報 第十八號

太極學報

第十八號

隆熙二年二月二十四日
明治四十一年二月廿四日
〔發行〕

無名의英雄

農窩生 鄭濟原

今夫造天下者를孰不曰英雄이리오英雄으로써世界의恩人오삼으니然則英雄의恩人은誰乎아ᄒᆞ면卽無名의英雄을謂치안니미不可ᄒᆞ니蓋一個의石이雖大ᄒᆞᄂᆞ足히써高城을築지못ᄒᆞ며一個의人이雖偉ᄒᆞᄂᆞ足히써英雄이되지못ᄒᆞᆷ일ᄉᆡ高城으로ᄒᆞ야곰如彼히其層高를成케ᄒᆞᆷ은無名의片石에在ᄒᆞᆷ이오英雄으로ᄒᆞ야곰如彼히其偉蹟을成케ᄒᆞᆷ은無名의英雄에在ᄒᆞᆷ이라英雄의事業은一人一個의事業으로만認知치말거시며또事業뿐不啻라곳英雄의自身도또ᄒᆞᆫ一人一個의得ᄒᆞ야成ᄒᆞᆫ바가아니니彼城樓가雲霄에聳出ᄒᆞᆷ도樓下의無數ᄒᆞᆫ礎石을據ᄒᆞ야聳ᄒᆞᆷ은곳無名의礎石에代表됨이오此英雄이世界에秀出ᄒᆞᆷ도世界의無數ᄒᆞᆫ英雄을賴ᄒᆞ야秀出ᄒᆞᆷ이亦無名의英雄에代表됨을닐음이라是故로華盛頓은無數ᄒᆞᆫ無名의華盛頓이아니면能히써十三州의獨立을成就치못ᄒᆞ며俾士麥은無數ᄒᆞᆫ無名의俾士麥이아니면能히德意를聯邦케못ᄒᆞ며路得으로도無數ᄒᆞᆫ無名의路得이아니면能히宗敎改革의功을成立지못ᄒᆞᆯ지니譬컨ᄃᆡ英雄은金剛石과恰如ᄒᆞ야비록一塊라도分拆ᄒᆞ면實로多數의同質、同角度、同分子로由ᄒᆞ여阿屯躰를成ᄒᆞᆫ바라試觀ᄒᆞ라懷中時辰表가其外面으로ᄂᆞᆫ長短二針이轉去轉來ᄒᆞ여簡單ᄒᆞᆫᄃᆡ不過ᄒᆞᆫ듯ᄒᆞᄂᆞ裏面을窺ᄒᆞ면毛髮과如ᄒᆞᆫ螺線이며比櫛과如ᄒᆞᆫ小輪이繁雜ᄒᆞ야其運動機關이됨이니이ᄂᆞᆫ곳有名의英雄은長短二針에不過ᄒᆞᄂᆞ無名의英雄은裏面에螺線小輪과如ᄒᆞᆯ셔英雄을造ᄒᆞ며運動케ᄒᆞᄂᆞᆫ英雄은卽世界에隱ᄒᆞᆫ農夫와織工과商賈와役人과兵卒과小學校敎師와老翁과寡婦와孤兒等無數ᄒᆞᆫ無名의英雄이是라嗟흡다彼等은國의生命이며平和의源泉이며世界의大恩人이라청컨ᄃᆡ英雄을愛ᄒᆞᄂᆞᆫ人은無名의英雄을先愛ᄒᆞᆯ거시며英雄脚下에頂禮코져ᄒᆞᄂᆞᆫ人은몬져無名英雄의脚下에頂禮ᄒᆞᆯ거시며英雄에出世홈을期望ᄒᆞᆯ진ᄃᆡ無名英雄에出世홈을先望ᄒᆞᆯ지라豈不聞乎아一株의樹가雖大ᄂᆞ足히써森林에盛홈을當치못ᄒᆞ며一個의石이雖崇ᄒᆞᄂᆞ足히써山岳이되지못ᄒᆞᄂᆞ니然홈으로此世界의英雄을造ᄒᆞᄂᆞᆫ無名의英雄이眞英雄이라謂ᄒᆞᆯ진져

青年의處世

浩然子

大凡青年은世를如何히處ᄒᆞ면可ᄒᆞᆯ가此ᄂᆞᆫ至實重大ᄒᆞᆫ問題이ᄆᆡ甲論乙說로條緖를常求ᄒᆞ되其端을不得ᄒᆞᄂᆞ니到底히吾輩黃口의豎子로ᄂᆞᆫ敢히容喙ᄒᆞᆯ餘地가無ᄒᆞ나然ᄒᆞ

나此ᄂᆞᆫ吾人自己의問題인즉自己를爲ᄒᆞ야自己腦裡에圓滿ᄒᆞᆫ解決을求ᄒᆞᆷ은決코無益의事가아닐지로다

吾人이單獨히處世의生活을得ᄒᆞ면寧可ᄒᆞ려니와、만일友人만잇서相對ᄒᆞᆯ지라도其間에相互의整頓과相互의秩序等相當ᄒᆞᆫ作儀가能無치안켓거든尤況天民十六億이擾々히叫呼ᄒᆞ고蠢々히起動ᄒᆞᄂᆞᆫ處地에吾人도一個分子가됨이라必也相當ᄒᆞᆫ作儀가有ᄒᆞᆯ거시미曰禮讓、曰忍耐、曰眞摯、曰不拔、曰何、曰何로其數를試計ᄒᆞ면吾人은天下에一大修身書를著述ᄒᆞᆯ지라도但只此로써ᄂᆞᆫ滿足ᄒᆞᆫ慰懷를未得ᄒᆞᆯ지니嗚呼라吾人의處世여엇지그리方法이煩雜數多ᄒᆞ뇨然ᄒᆞ나試思ᄒᆞ라處世의方式이雖多ᄒᆞᆯ지라도一言으로總蔽ᄒᆞ면義務의遂行五字에不過치안ᄂᆞᆫ가誠實ᄒᆞ다此言이여曰禮讓曰忍耐가다만自己가世上에서禀受ᄒᆞᆫ天職——義務를遂行코저ᄒᆞᄂᆞᆫ手段에不過ᄒᆞᄂᆞ니故로云ᄒᆞᆫ바處世의目的은義務遂行에在ᄒᆞ다稱ᄒᆞ겟도다

己爲此를知得ᄒᆞ엿ᄉᆞ미吾人은再次多言을不要ᄒᆞᆯ듯ᄒᆞ나然ᄒᆞ나本題에云ᄒᆞᆫ바青年의處世ᄂᆞᆫ決코一般吾人의處世를滿足히解得ᄒᆞᆫ바가아니오其間에青年의何等特色을發揮透出치아니면不可ᄒᆞ리로다

靈妙ᄒᆞᆫ神界를去ᄒᆞ고呱々의聲을人世에始擧ᄒᆞᄂᆞᆫ者ᄂᆞᆫ嬰兒라云ᄒᆞ고溫純ᄒᆞᆫ家庭의父母를離ᄒᆞ야將次獨立의社會的生活을經營코져ᄒᆞᄂᆞᆫ者ㅣᄂᆞᆫ青年이라云ᄒᆞ니故로青年은社會의嬰兒요一言半句도廻棹키不能ᄒᆞ든口舌노自然히習得ᄒᆞ야言도能ᄒᆞ고語도能ᄒᆞᆫ者ㅣᄂᆞᆫ嬰兒요一知半才를特殊히研究치아니ᄒᆞ든技能으로도社會의趨勢를洞察

ᄒᆞ야一步二步로理想의高丘를志望ᄒᆞ고自我의義務를遂行홈에漸次着手코져ᄒᆞᄂᆞᆫ者ㅣᄂᆞᆫ青年이니故로青年은凡百境遇에進取的、積極的이요決코保守的、消極的이아니니苟且히消極코져홀가此ᄂᆞᆫ聾兒盲童에一般이요또苟且히保守코져홀가此ᄂᆞᆫ跛者蹶者와同型이니到底히天民十六億과隊伍를並連키不能홀더힌즉不可不進取ᄒᆞ라此ᄂᆞᆫ活動이요積極ᄒᆞ라此ᄂᆞᆫ向上이니然則吾輩青年의處世要素가但只此로써元을作ᄒᆞ리로다

所謂處世라홈은義務의遂行이라云ᄒᆞ엿ᄉᆞ니然則義務라云홈은何이며天職이라云홈은何이뇨宏博ᄒᆞᆫ學識과卓越ᄒᆞᆫ技術이라도此를敎홀者ㅣ必無ᄒᆞ겟고此를示指홀者ㅣ別無ᄒᆞ겟ᄉᆞ니吾人이青年時代에此를自撰自求홈이可ᄒᆞ지라何者오青年이되여天職을能善히撰得지못ᄒᆞ면吾人處世의根底가破壞되ᄂᆞᆫ所以니아ᄉᆞ青年이여青年吾輩ᄂᆞᆫ

●如何히此重大ᄒᆞᆫ事項을解決코져홀가

所謂處世에對ᄒᆞᆫ義務라云홈은何物인지人이單獨히生活을爲得지못홈은何故며社交的生活이最上甚好ᄒᆞᆫ거ᄉᆞᆫ何故뇨非他라吾人은各人이共同助力ᄒᆞᄂᆞᆫ其間에셔世上의偉大ᄒᆞᆫ利益과幸福을受ᄒᆞᄂᆞᆫ所以니人이一次債金을負ᄒᆞᆫ後에此를返償ᄒᆞᄂᆞᆫ義務가有ᄒᆞᆫ以上에야如此히偉大ᄒᆞᆫ利福을對ᄒᆞ야何等貢獻이必有ᄒᆞ여야可홀거ᄉᆞᆫ多言을不要홀거시며此가云ᄒᆞᆫ바世에對ᄒᆞᆫ義務라ᄒᆞ리로다

已爲貢獻이義務인줄을知得ᄒᆞ엿ᄉᆞᆫ즉此後에ᄂᆞᆫ可爲可成的으로多大ᄒᆞᆫ貢獻의資料를豫備홀거신뒤此를實行ᄒᆞ쟈면自己의特徵을從ᄒᆞ며長處를遵ᄒᆞ여十分ᄒᆞᆫ活動을要홈

거시오또自己의天職을求ᄒᆞᄂᆞᆫ標榜은實노自己의特徵과長處이니然則自己의長處를知ᄒᆞᆯ者ㅣᄂᆞᆫ何物이뇨唯一의答案으로曰修養이라ᄒᆞ나니修養은何物인고非他과吾輩靑年의處世初程이요吾人人生々活의根底이니靑年이되여萬一修養이無ᄒᆞ면中空의囊橐이能히正立치못ᄒᆞ고裏虛의瓶缸이傾ᄒᆞ되所出이無ᄒᆞᆷ과如ᄒᆞ야社會가吾人을容許치아니ᄒᆞ리로다

吾人도亦是情慾의動物이라困勞보다快樂을思ᄒᆞ고災殃에서幸福을願ᄒᆞᆷ은情理의通常이요人世의發展도亦是此를基因ᄒᆞ것만은世海ᄂᆞᆫ每樣不順이多ᄒᆞ야時々로濁流澎湃에小舟를荒迷ᄒᆞ고隱々ᄒᆞᆫ暗礁와轟々ᄒᆞᆫ風浪에艇腹을破壞ᄒᆞᄂᆞᆫ等事가種々ᄒᆞᄂᆞ니果然吾人의希望과義務를遂行ᄒᆞᆷ에必也多大ᄒᆞᆫ困難과非常ᄒᆞᆫ試驗이奄有ᄒᆞᆯ거슨不問可知ᄒᆞ겟도다靑年諸君이여挽近數十年來에共受同遇의寃惡이九天에亘滿ᄒᆞᆫ거슬思度ᄒᆞᄂᆞ뇨吾輩ㅣ만일相當ᄒᆞᆫ貢獻이有ᄒᆞ고義務를完全히遂行ᄒᆞ엿드면此等寃惡이今日項趾에及ᄒᆞᆯ수無ᄒᆞᆯ지라故로苦가有ᄒᆞ거든將來의幸福을預思ᄒᆞ고災가有ᄒᆞ거든未來의快樂을想像ᄒᆞ여奮鬪의生涯를計圖ᄒᆞ고犧牲의精神을貢獻ᄒᆞ소世上에悲事가何에在ᄒᆞ며不能의事가何에在ᄒᆞ랴皆是吾人의皮相的猥度으로迷妄을不覺ᄒᆞ고絶大의希望을徒然히墜失ᄒᆞᆷ이니世界上에愚昧ᄒᆞᆫ者ㅣ가此外에何有ᄒᆞ리오

以上義務에對ᄒᆞᆫ覺悟와天職에對ᄒᆞᆫ覺悟로靑年時代에處世의初務를十分透得ᄒᆞ야그急務에眞摯ᄒᆞᆫ素養으로善히活動ᄒᆞ고向上ᄒᆞ야其一生의根底를確固케ᄒᆞ면此ᄂᆞᆫ吾人生活上에唯一永生油가될거시오世海怒濤

에防波機가될진뎌

文明의準備

金志侃

一日의計ᄂᆞᆫ晨에在ᄒᆞ고一年의計ᄂᆞᆫ春에在ᄒᆞ고一生의計ᄂᆞᆫ少에在ᄒᆞ다ᄒᆞ야스니此ᄂᆞᆫ個人生活의準備를謂ᄒᆞᆷ이나國家의文明準備도ᄯᅩᄒᆞᆫ此와同一ᄒᆞᆯ줄노思ᄒᆞ노라何則고ᄒᆞ면國家ᄂᆞᆫ個人의集合으로成立된者라그럼으로國家의文明은即個人의文明이오國家의滅亡은即個人의滅亡이라ᄒᆞᆯ지니故로洋의東西를勿問ᄒᆞ고國家를愛ᄒᆞᄂᆞᆫ民族은個人의幸福을享有ᄒᆞ고國家를愛치못ᄒᆞᄂᆞᆫ人類ᄂᆞᆫ個人의滅亡을當ᄒᆞᄂᆞᆫ도다近時의一例를擧ᄒᆞᆫ건ᄃᆡ英米人이到處에歡迎을受

ᄒᆞᆷ은自己國家를文明에致케ᄒᆞᆫ所以오猶太人이到處에虐殺을當ᄒᆞᆷ은自己國家를滅亡에至케ᄒᆞᆫ所以니然則愛國이라愛國이라ᄒᆞᆷ은特別ᄒᆞᆫ名詞가아니오即個人이自己를愛ᄒᆞᆷ이라自己가自己를愛ᄒᆞᆯ줄不知ᄒᆞ면論ᄒᆞᆯ비無ᄒᆞ거니와自己를愛ᄒᆞᆯ줄知ᄒᆞ면自己國家를愛ᄒᆞᆷ은世界人類의共通ᄒᆞᆫ原理原則이라噫라試ᄒᆞ야過去ᄒᆞᆫ我國々民의個人狀態를思ᄒᆞ라個人이國家를爲ᄒᆞ야國家의文明을準備ᄒᆞ엿나못ᄒᆞ엿나今日에外族의虐待와同胞의相殘ᄒᆞᆷ은個人이個人만爲ᄒᆞ고國家를爲치못ᄒᆞᆫ罪惡이아니인가所謂政局의當事者ᄂᆞᆫ自己一個人의地位를保全케ᄒᆞ고福祿을安享ᄒᆞ기爲ᄒᆞ야國家를無視ᄒᆞ고同胞를犧牲에供ᄒᆞ야스니其人은我國々民의一分子가아닌가我國이不幸ᄒᆞᆫ日에ᄂᆞᆫ官爵이雖高ᄒᆞ나外族의奴隷되기ᄂᆞᆫ一般이

오外族의게虐殺을當홈을免치못홀비라엇지싱각지못ᄒᆞ나또國內財產家로言ᄒᆞ야도自己個人의財產을保全ᄒᆞ야子孫의게傳給ᄒᆞ기爲ᄒᆞ야社會振興홀方針은以無暇論이고同胞救濟의事業도夢外로置之ᄒᆞ니其人은我國々民의一分子가아니인가我國이不幸ᄒᆞᆫ日에ᄂᆞᆫ財產이雖富ᄒᆞ나外族의奴隷되기ᄂᆞᆫ一般이오外族의게虐殺을當홈을免치못홀바라엇지싱각지못ᄒᆞ나貴ᄂᆞᆫ何에用ᄒᆞ며富ᄂᆞᆫ何에用홀고國家가安全ᄒᆞ여야個人이安全홈은人類社會에原理原則이아니인가然則吾人은過去의狀態를鑑ᄒᆞ야將來의文明을準備홀지라機會가雖有ᄒᆞ나準備가無ᄒᆞ면엇지結果를望ᄒᆞ리오世界의大勢ᄂᆞᆫ日을從ᄒᆞ야變遷이無常ᄒᆞᆫ것인즉吾人의活動홀만ᄒᆞᆫ好機會가目前에在ᄒᆞᆫ事니準備홀지라準備홀지라時期를勿失ᄒᆞ고準備할지라一般同胞여官職을現帶ᄒᆞ야스면自巳個人의地位만思치말고自巳의能力잇ᄂᆞᆫᄃᆡ로國家를爲ᄒᆞ야鞠躬盡瘁ᄒᆞ다가能力이不及ᄒᆞ면辭職退來ᄒᆞ야民間社會에活動홈이可ᄒᆞ고資產家로言ᄒᆞ면守錢奴가되지말고義金을出ᄒᆞ야學校를設立ᄒᆞ고人材를養成ᄒᆞ며聰明子弟를選拔ᄒᆞ야外國에留學을시키여新學問을輸入ᄒᆞ며資本을投ᄒᆞ야農工商의實業을發達케ᄒᆞ며銀行을組織ᄒᆞ야金錢을融通케ᄒᆞ며志士를連結ᄒᆞ야有益ᄒᆞᆫ事業을成就케홈이可ᄒᆞ고또社會의先覺者로言ᄒᆞ면有名無實ᄒᆞᆫ政黨에만傾向치말고地方敎育을視察ᄒᆞ야軍國을注意ᄒᆞ고實業을奬勵ᄒᆞ며外交홀人材를養成ᄒᆞ야他日의需用에應케홀지라將來에千百機會가有ᄒᆞ야도吾人의實力準備가無ᄒᆞ면所謂機會ᄂᆞᆫ無用ᄒᆞᆫ長物이니아못됴록準備에不怠홀지라爰

國同胞여今日準備는一日의晨이오一年의春이오一生의少라ᄒᆞ노라

最善의文明開化는各種產業의發達에在홈

萩丹山人

顧惟컨ᄃᆡ社會는開闢以來로年々히單純을去ᄒᆞ야複雜에趨ᄒᆞ며粗小를出ᄒᆞ야精大에向홈이恰然赤兒의날노滋長ᄒᆞ야大人을成홈과如ᄒᆞ도다盖社會成立의初에는人民이날노天生의食餠을只求ᄒᆞ야스ᄉᆞ로農作을不執ᄒᆞ며穴居홈의寒濕을防ᄒᆞ며格鬪홈의獸害를除홀ᄲᅮᆫ이고政治도無ᄒᆞ며宗敎도無ᄒᆞ며法律도無ᄒᆞ며學藝도無ᄒᆞ더니맛치搖籃中의小兒가自然語言을漸發홈과如히社會는歲月노同伴ᄒᆞ야畢竟其君臣이有ᄒᆞ며道義가有ᄒᆞ며商業이有ᄒᆞ며農工이有ᄒᆞ며名敎가有ᄒᆞ며法政이有ᄒᆞᆫ一大機關을成홈에至ᄒᆞ엿도다大局에就ᄒᆞ야社會發達의狀態를觀察ᄒᆞ건ᄃᆡ社會는엇지實노一大活体로서날노成熟進步ᄒᆞ는者가아닌가此社會成熟의經行을可히써文明開化라謂홀자로다

ᄃᆡ개人의生存홈은身体各部의機關이互相保合ᄒᆞ야써活運이各々不息홈에在ᄒᆞ니卽手足은運動의機關이며眼耳腦漿神經은知覺의機關이며肺管은呼吸의機關이며口腹血脉心臟은榮養의機關이며皮膚尿口는排泄의機關이라故로此가다一局에蜜合ᄒᆞᆫ然後에야可히써完全ᄒᆞᆫ生活을得홀지오만약此等의諸機關이其一을欠홀지라도生存을遂키不得홈은抑人類生理에當然ᄒᆞᆫ바ㅣ가

아니리오社會도此와同히農作工商政治學藝宗教의各種産業이다緊着蜜附ᄒᆞ야써成立된一大活体니此等의機關은各々必要를占ᄒᆞᆫ者라만약個中其一을欠ᄒᆞᆯ지라도社會의生存을容치못ᄒᆞᆯ것은恰然、指頭粒大의小腫物이時로全身을害홈과如ᄒᆞ도다

故로人生의職分은農工商士를不問ᄒᆞ고一様으로社會의生存을組織ᄒᆞᄂᆞᆫ機關이되ᄂᆞ니其必要의度ᄂᆞᆫ寸毫의差를不見ᄒᆞ겟스며各種의産業이다社會에必要ᄒᆞᆫ平等이되ᄂᆞᆫ것을正知ᄒᆞ겟도다그런즉最良의發達은社會各種의機關이平等으로發達홈에在ᄒᆞ고最善의文明開化ᄂᆞᆫ各種의産業이平等으로進步홈에在ᄒᆞ다謂ᄒᆞᆯ지로다

各種의産業을大別ᄒᆞ면左의四大個에歸ᄒᆞ니

一曰政治機關、二曰生産機關、三曰武備機關、四曰理想機關、

國家의組織及人民의統治上에關ᄒᆞᆫ施政法製의職分은政治機關에屬ᄒᆞ고天然物을收獲ᄒᆞ며或은人工으로써衣食住의用을濟ᄒᆞᄂᆞᆫ職分은生産機關에屬ᄒᆞ고防衛攻伐의具되ᄂᆞᆫ陸海軍은武備機關에屬ᄒᆞ고또宗教道德과各種의學藝及美術은理想機關에屬ᄒᆞᄂᆞᆫ者라

現今西洋各國의富强이世界文明의宗이되ᄂᆞᆫ所以ᄂᆞᆫ全혀此四大機關이平等으로發達ᄒᆞᆫ結果니此ᄂᆞᆫ可히써西洋의近世史로確証ᄒᆞ리로다

西洋各國의中에就ᄒᆞ야英吉利ᄂᆞᆫ가장進步를善히ᄒᆞᆫ國이라人이만약英國의歷史를讀ᄒᆞ면其思ㅣ반다시奮興치아니ᄒᆞᆯ者ㅣ無ᄒᆞ리로다見ᄒᆞ라英國은一方으로君主의暴橫에抗ᄒᆞ야憲法을創定ᄒᆞ며政治를改良ᄒᆞᄂᆞᆫ

者ㅣ有ᄒᆞ며一方으로는海外에奮進ᄒᆞ야拓地殖民의業을建ᄒᆞ는者ㅣ有ᄒᆞ며一方으로는蒸滊機關을發明ᄒᆞ며一方으로는織物器機를創作ᄒᆞ며一方으로는自由貿易을斷行ᄒᆞ며一方으로는鐵道를創建ᄒᆞ며一方으로는文學을振作ᄒᆞ느니嗚呼라英國의歷史는他의東洋諸國과如히政治及武備機關을運轉ᄒᆞ는小數의貴族及武族의歷史가안이고卽人民全體의歷史라故로英國의大樂器는政治界의義人크롬웰、하무덴、古武電、武雷士、政治界의豪傑핏터、카ㅣ라이엘、파ㅣ마스턴、쓸닉드스톤 武備界의勇者넬손、웰닝톤、쏠ㅣ덴、生産界의勸業家왓트、스데벤손 理想界의先導者밀톤、쎅스피아 其他無量無數의偉人傑士가特殊獨得의力量을所謂四大機關의上에加ᄒᆞᆫ結果로其精妙雄大ᄒᆞᆫ富强의音調를發ᄒᆞ는도다

盖四大機關의一方에偏ᄒᆞ야發達ᄒᆞᆫ國은맛치人身의一局部에偏ᄒᆞ야發達ᄒᆞᆫ者와同然ᄒᆞ니故로此等不具의國은其生存을保久키難ᄒᆞ나니見ᄒᆞ라古代希臘은其政治法律文學美術이當時世界文明의宗이되엿스나一朝마게도니아未開人種에긔亡ᄒᆞᆷ을取ᄒᆞᆫ것은無他라盖希臘이비록政治及理想의機關은異常히發達ᄒᆞ엿스되其武備機關의不完全ᄒᆞᆫ所以로恰然、銳敏ᄒᆞᆫ人의다못坐食逸居로平生手足의運動을全欠타가忽然一朝의病으로容易히身을滅ᄒᆞᆷ에至ᄒᆞᆫ類라現今日俄兩國은世界의强國이라其武備機關의發達과其政治機關의偏重ᄒᆞᆷ은天下無比라稱ᄒᆞᆯ지라도兩國의强이라ᄒᆞ는所以는即其日에財政의困難을由ᄒᆞᆫ所以가아닌가況且彼의所謂文明이實노根本的文明이안이고

한갓物質的文明에不過홈이리오嗚呼라彼等은恰然、 手足及頭腦가獨히成熟ᄒᆞ엿스되呼吸의機關이此에不伴ᄒᆞ고血肉의順環이此에不供ᄒᆞᆫ者와如히一國의精氣된理想及一國의血液된生産의三機關은全혀澁塞ᄒᆞ야活素를不通홈이로다斯와如ᄒᆞᆫ不具의者가能히生存을遂홈은抑一時의僥倖이려니와永久의間에반다시自滅을來ᄒᆯ것은決코余의過言이아니라可히元理上에擧質ᄒᆯ만ᄒᆞᆫ事이니엇지甚히戎愼恐懼ᄒᆯ바ㅣ아니리오一國의富强文明을期홈에는各種의職分平等의發達을要ᄒᆯ것은이믜明確ᄒᆞᆫ지라그려면能히社會에四大機關을運轉ᄒᆞ야써此가順正ᄒᆞᆫ發達을遂ᄒᆞ랴ᄒᆞ면또ᄒᆞᆫ一要素를由치아니치못ᄒᆯ지니卽自主獨行의力이아니면不可ᄒᆞ도다大槪自主獨行의人은其職分에向ᄒᆞ야自信自任ᄒᆯ者며其産業의上에、滿足ᄒᆞ야可히써全力을籠ᄒᆯ者며其職分産業의本領에一步라도他人의侵犯을不容ᄒᆯ者니彼等은十分의勞働으로써自個의職分을務ᄒᆞ는同時에社會에對ᄒᆞᆫ職分에向ᄒᆞ여서도恒常德義의扶持者가되며時로革新의原動力이될者라야可ᄒᆞ도다彼戰爭에就ᄒᆞ야歷史上에는恒常大將의英名만爀々ᄒᆯ뿐이로되實際勝利는士卒個々의勇往奮戰에多因홈과如히社會의事도또ᄒᆞᆫ政治家學者等의名譽가局面을獨占ᄒᆯ지라도實際는至微至賤의間에就ᄒᆞᆫ自主獨行의人民이國家의基礎가됨인故로다見ᄒᆞ라彼英國政治의弊害를革新ᄒᆞ고社會의腐敗를洗滌ᄒᆞᆫ主動力은其淸敎徒가아닌가彼等은大槪純粹의農夫와鍛冶工과靴工等이러라其職分은至微ᄒᆞ고其境界는至賤ᄒᆞ야決코學者政治家와如히名義를當時에不顯ᄒᆯ지라도彼等은

239

學者政治家의企及치못ᄒᆞᆯ大革新을政治上에加ᄒᆞᆷ으로써英國千載의規模를開ᄒᆞᆷ에在치아니ᄒᆞᆫ가蓋彼等은다못自主獨行의人이될ᄲᅮᆫ이며質實儉勤으로其職分에向ᄒᆞ야全力을盡ᄒᆞᆯᄲᅮᆫ이니엇지實로社會에對ᄒᆞᆫ職分上에其自主獨行의精神을貫徹ᄒᆞᆫ者가아니리오

特히清敎徒의然ᄒᆞᆷ만아니라英國人民이비록今日에至ᄒᆞ여서도此自主獨行의良氣風을抱持扶植ᄒᆞ야其國家의富强文明에補益을遺ᄒᆞᄂᆞ니彼等은或鐵道의工夫或織工或蒸汽機關의火夫로個々獨立自行ᄒᆞ야其職分을盡ᄒᆞᆷ에孜々不止ᄒᆞ며ᄯᅩ彼等은自身이假令至賤至微의境遇에在ᄒᆞ더리도其先天의遺風을享ᄒᆞ야其本領을確持ᄒᆞ고國家의富力實力에稗益을與ᄒᆞᄂᆞᆫ同時에政治上社交上의監督者가되며道義及國風의推輓者가되ᄂᆞᆫ도다

嗚呼라英國의今日富强이世界列國을凌駕ᄒᆞᆷ은其故가全혀彼多數의人民이此良氣風을有ᄒᆞᆷ에基ᄒᆞᆷ이아닌가如何ᄒᆞᆫ邦國을勿論ᄒᆞ고此의良氣力이無ᄒᆞ면永久의隆昌을可期키不得ᄒᆞᆷ은定코確然ᄒᆞ도다故로一國의發達의要所ᄂᆞᆫ第一自主獨行의氣力第二産業의自由가卽是라謂ᄒᆞᆯ지로다

嗚呼吁矣라惟我의同族이여今日吾人은果是全具의國家機關을有ᄒᆞᆫ民族인가果是良氣風을有ᄒᆞᆫ民族인가果是自主獨行의氣力을有ᄒᆞᆫ民族인가果是産業의自由가有ᄒᆞᆫ民族인가嗚呼吁矣라……想念이此에及ᄒᆞᆷ의論者ㅣ도로혀此論을不著ᄒᆞᆷ만不如ᄒᆞ도다그러나今에余ㅣ一言으로써更警ᄒᆞᆷ을不已ᄒᆞ노니諒ᄒᆞ라讀子諸君諒ᄒᆞ라讀子諸君ㅣ蓋人이遠大의行動이無ᄒᆞ면莫大의功業을

遂키不得ᄒᆞ나니願컨ᄃᆡ諸君은今日이라고落膽말고後日我의固占ᄒᆞᆯ大自由大福樂을享得ᄒᆞᆯ것을確期前進ᄒᆞᆯ지어다嗚呼回顧ᄒᆞ라今日我國家의現狀이此와如홈에在ᄒᆞᆯ지라도決코我民間의文明程度ᄂᆞᆫ날노積極홈에在ᄒᆞ려니와絕對消極홈에不在ᄒᆞ니此ㅣ엇지大影響의效를收ᄒᆞᆯ期會가遠타謂ᄒᆞ리오見ᄒᆞ라彼北美에留寓ᄒᆞᄂᆞᆫ我同胞의勞働誠力으로써今日國家事業에對ᄒᆞᆫ效能이며吾人이今日에言必稱我의生命糧이니我의自由鍾이니我의獨立先鋒이니ᄒᆞ야子午愛讀ᄒᆞᄂᆞᆫ者가彼桑港의共立報가아니며彼布哇의合成報가아닌가今에吾人이何特英國淸敎徒를慕頌ᄒᆞ리오

蓋其國의文明程度ᄂᆞᆫ몬져勞働界로써觀占ᄒᆞ나니故로余ᄂᆞᆫ大言ᄒᆞ야曰今日我韓의大權을挽回ᄒᆞ며大福을享得ᄒᆞᆯ基礎ᄂᆞᆫ오직我民間의新鮮ᄒᆞᆫ勞働社會로브터反다시始興ᄒᆞᆯ지라ᄒᆞ노니몬져着手ᄒᆞᆯ지어다國家事業을我內外의勞働ᄒᆞ시ᄂᆞᆫ同胞들이여……

小學校教員의注意

勸學子

小學校教員의良否ᄂᆞᆫ普通教育의弛張에關ᄒᆞ고普通教育의弛張은國家의隆替에係ᄒᆞᄂᆞ니其任이重ᄒᆞ고大ᄒᆞ다謂ᄒᆞᆯ지라今에만일小學教員에其人을未得ᄒᆞ야普通教育의目的을達ᄒᆞ며人으로身을修ᄒᆞ고業을就케아니ᄒᆞ면何를由ᄒᆞ야國을愛ᄒᆞ고君을忠ᄒᆞᄂᆞᆫ志氣를振起ᄒᆞ고風俗을淳美케ᄒᆞ며民生을富厚케ᄒᆞ야써國家의安寧福祉를增進케ᄒᆞ라故로小學教員된者ᄂᆞᆫ宜當히此意를深体ᄒᆞ야恪守實踐ᄒᆞ기를要ᄒᆞ노니小學教員으로在職ᄒᆞᆫ諸君은夙宵黽勉ᄒᆞ야服膺勿忘

ᄒᆞ시오

一、人을引導ᄒᆞ야善良케ᄒᆞᆷ은知識을廣博케ᄒᆞᆷ보다더욱緊要ᄒᆞᆯ지니故로敎員된者ㅣᄂᆞᆫ道德敎育上에全力을用盡ᄒᆞ야生徒로ᄒᆞ여곰國을愛ᄒᆞ고君에忠ᄒᆞ며父母에孝ᄒᆞ고長上에敬ᄒᆞ며朋友에信ᄒᆞ며卑幼를慈ᄒᆞ고自己를重히ᄒᆞᄂᆞᆫ諸般倫理의大道를通曉케ᄒᆞ며또自己의躬行으로其模範이되게ᄒᆞ야生徒로德性에薰染ᄒᆞ고善行에感化케ᄒᆞ기를勉力ᄒᆞ라

一、智心敎育의目的은專혀人으로ᄒᆞ여곰智識을廣博히ᄒᆞ고才能을助長케ᄒᆞ야其本分을必盡케ᄒᆞᆷ이適當ᄒᆞᆯ지라엇지聲譽만徒取ᄒᆞ고奇功만貪求ᄒᆞ라故로敎員된者ㅣᄂᆞᆫ宜當히此를体認ᄒᆞ야生徒智心上의敎育을從事ᄒᆞ라

一、身体敎育은다만体操로만依著ᄒᆞᆯ거시아니니맛당히恒常校舍를淸潔케ᄒᆞ고光線溫度의適宜와大氣의流通에留意하며또生徒의健康을妨害ᄒᆞᆯ習癖에汚染될거슬豫防ᄒᆞ야從事ᄒᆞᆯ지어다

一、鄙吝의心志와陋劣의思想을懷有치말거슨世人이皆然이로ᄃᆡ特別히敎員된者ㅣᄂᆞᆫ自己의心上에最先히謹愼ᄒᆞ야除去ᄒᆞᆯ지어다大蓋幼兒의智健을養成ᄒᆞ며身体를發育ᄒᆞᄂᆞᆫ重任에服膺ᄒᆞ야世上의福祉를增進케ᄒᆞᆯ者ᄂᆞᆫ根本鄙吝陋劣ᄒᆞ야偸安貪利를徒事ᄒᆞᄂᆞᆫ賤輩의到底不能ᄒᆞᆯ者니라

一、學校管理上에不可不有ᄒᆞᆯ快活의氣象은心神이萎靡ᄒᆞᆫ者의具有치못ᄒᆞᆯ바며또生徒敎授上에不可不有ᄒᆞᆯ許多의勞力은身体殘弱ᄒᆞᆫ者의能耐ᄒᆞᆯ바아니니故로敎員된者ㅣᄂᆞᆫ特別히起居飮食等의常度를嚴守ᄒᆞ며散策及運動等良規를緊循ᄒᆞ야其心身의健

康을保全ᄒᆞᆷ으로써其務를必盡케ᄒᆞᆯ지어다

一、教員된者ᄂᆞᆫ但只小學校則中에揭在ᄒᆞᆫ바學科로만은自足치못ᄒᆞᄂᆞ니校則外의學科를博涉도록ᄒᆞᆯ거시라苟或不然ᄒᆞ면教授上에破綻을倏生ᄒᆞ야生徒의信憑을抛失ᄒᆞ고畢竟은其身을學校職務上에置立키不能케될지니라

一、教員된者ᄂᆞᆫ恒常整肅ᄒᆞᆫ秩序를依ᄒᆞ야學識을廣博히ᄒᆞᆷ으로써其心志를鍊磨케ᄒᆞ라萬一不然ᄒᆞ면教授의實欲를奏明ᄒᆞ고根抵를堅立키不能ᄒᆞᆯ지니大蓋我의鍊磨치못ᄒᆞᆫ心志로써他人의心志를鍊磨케ᄒᆞᆫ者曾有치안엇ᄂᆞ니라

一、師範學校에서曾習ᄒᆞᆫ教育法은大概一樣子에不過ᄒᆞᄂᆞ니故로教員된者ㅣᄂᆞᆫ但只此를准蹩ᄒᆞᆷ으로滿足히아지말고宜當히恒常其得失利病을考究取捨ᄒᆞ야써此를活用ᄒᆞᆯ지니라

一、人의心神과及身体의組織作用에至ᄒᆞ여ᄂᆞᆫ教員된者第一意를留ᄒᆞ야講究과經驗으로其原理實際에精通케ᄒᆞ기를要ᄒᆞ라萬一不然이면假令孜々汲々히教育에從事ᄒᆞᆯ지라도臆度妄作의弊를難免ᄒᆞᄂᆞ니라

一、學校를管理ᄒᆞ기ᄂᆞᆫ教授ᄒᆞᆷ에比ᄒᆞ면尤極困難ᄒᆞᆫ事이라故로教員된者ᄂᆞᆫ恒常人情世態를詳審ᄒᆞ며通義公道를辨分ᄒᆞ고ᄯᅩ處事의方法及順序等을諳練ᄒᆞᆯ지니라

一、校則은校內의秩序를整肅히ᄒᆞᆯᄲᅮᆫ아니라兼ᄒᆞ여生徒의德誼를勸誘ᄒᆞᄂᆞᆫ要具니故로教員된者ㅣᄂᆞᆫ此趣旨를善히体認ᄒᆞ야執行ᄒᆞᆯ지니라

一、熟鍊、懇切、黽勉此三者ᄂᆞᆫ教育上에不可無의美事라故로教員된者ㅣ能히此三者를具備ᄒᆞ야其事에從ᄒᆞᆯ時ᄂᆞᆫ但只教授의實

効만發ᄒᆞ야得ᄒᆞᆯ섇아니요ᄯᅩ生徒로不知不識之間에此美事에感化ᄒᆞ며習慣이自然과如히됨에至케ᄒᆞᆯ지니라

一、學校를統率ᄒᆞᆷ은剛毅、忍耐、威重、懇誠、勉勵等諸德을依ᄒᆞᆯ지니大抵剛毅치못ᄒᆞ면難을勝ᄒᆞ기不能ᄒᆞ고忍耐치아니ᄒᆞ면久를持ᄒᆞ기不能ᄒᆞ고威重치아니ᄒᆞ면人을感服키不能ᄒᆞ며懇誠치아니ᄒᆞ면衆을懷키不能ᄒᆞ며勉勵치아니ᄒᆞ면事를成키不能ᄒᆞ나니라

一、生徒가萬一黨派를結ᄒᆞ고爭論을起ᄒᆞ는等事가有ᄒᆞ거든此를處置ᄒᆞᆷ에極히穩當詳密히ᄒᆞ야偏頗의弊가無ᄒᆞ고苛酷의失이無ᄒᆞ기를要ᄒᆞᄂᆞ니故로教員된者ㅣ는恒常寬厚ᄒᆞᆫ意量을養成ᄒᆞ야中正ᄒᆞᆫ識見을持ᄒᆞ며就中政治及宗教上에涉獵ᄒᆞ야執拗矯激의言論을作行치말지니라

一、人으로ᄒᆞ여금善良ᄒᆞᆫ性行을有ᄒᆞᆯ거슨再言을不俟ᄒᆞᆯ거시어니와教員된者에至ᄒᆞ여는最善히善良ᄒᆞᆫ性行을持有ᄒᆞ라不然이면但只幼兒를涵養ᄒᆞ고善行을誘掖키不能ᄒᆞᆯ섇아니라天賦를戕賊ᄒᆞᆷ에反至ᄒᆞᆯ지니大蓋幼童의中心은至虛至冲ᄒᆞ야外物의感染되기가極히銳敏ᄒᆞ니라

一、教員된者品行을尊尙ᄒᆞ고學識을廣博히ᄒᆞ며經驗을積ᄒᆞᆯ거슨亦是其職業에對ᄒᆞ야서도必盡ᄒᆞᆯ務라稱ᄒᆞᆯ지라大蓋品行을尊尙ᄒᆞᆷ은其職業의品位를重貴케ᄒᆞᄂᆞᆫ所以요學識을廣博히ᄒᆞ야經驗을積ᄒᆞᆷ은職業의光澤을增進ᄒᆞᄂᆞᆫ所以니라

農業의保護와改良에關ᄒᆞᆫ國家의施設（前號續）

耕世生

（三）肥料의使用

有效肥料를使用ᄒᆞᄂᆞᆫ것은勿論必要ᄒᆞ나地方에各々慣習이有ᄒᆞ야或은厠肥（퉁셰의지）만使用ᄒᆞ고其他ᄂᆞᆫ無效ᄒᆞᆫ듯ᄒᆞ며或은廐肥（마소의두엄）만使用ᄒᆞ고其他ᄂᆞᆫ다無效ᄒᆞᆫ줄노思ᄒᆞᄂᆞ니政府ᄂᆞᆫ某條록其使用을奬勵ᄒᆞ고또必要ᄒᆞᆫ境遇에ᄂᆞᆫ其强制使用을命ᄒᆞᆯ지라肥料의强制ᄂᆞᆫ를엇던肥料를엇던農業에使用ᄒᆞ라고命令ᄒᆞᄂᆞᆫ거신ᄃᆡ其使用의最少限度를指示ᄒᆞᆯ지라比擧ᄒᆞ면某村과某村의烟草耕作地에ᄂᆞᆫ一日畊에豆粕幾百兩重을使用ᄒᆞ라ᄒᆞᆷ과如ᄒᆞ도다肥料의强制使用이一見ᄒᆞ면비록壓制갓흐나有效肥料의效力을自覺치못ᄒᆞ고또自覺ᄒᆞ야도其理學的有效量을不知ᄒᆞᆯ時에其使用量과使用時期와밋使用ᄒᆞᆯ肥料의種類를指敎ᄒᆞ야使用케ᄒᆞ면도리여農民의利益만될ᄲᅮᆫ아니라또ᄒᆞᆫ國家의利益이莫大ᄒᆞᆯ지니政府ᄂᆞᆫ恒常其使用量과使用時期와밋使用ᄒᆞᆯ肥料의種類에就ᄒᆞ야注意不怠ᄒᆞᆯ지니라肥料使用과密接關係가有ᄒᆞᆫ것은肥料의生産이라肥料使用의好果를收코저ᄒᆞ면또肥料生産에關涉ᄒᆞᆷ을要ᄒᆞᄂᆞ니곳有效ᄒᆞᆫ肥料를廉價로生産ᄒᆞᄂᆞᆫ方法을講究ᄒᆞ야비록貧寒ᄒᆞᆫ農民이라도一般堪用ᄒᆞ게ᄒᆞᆯ지라肥料의材料가惡ᄒᆞ든가或不正ᄒᆞᆫ品類를供給ᄒᆞ든가또價格이不廉ᄒᆞᆯ時ᄂᆞᆫ如何히肥料使用을强制로ᄒᆞ야도好果를收키難ᄒᆞ니政府ᄂᆞᆫ某條록此目的을爲ᄒᆞ야地方各處에肥料會社設立을奬勵ᄒᆞᆷ이急務니라肥料使用과反對로從來

의使用ᄒᆞ던肥料를禁止ᄒᆞᄂᆞᆫ境遇도有ᄒᆞ니是ᄂᆞᆫ肥料의强制禁止라强制禁止ᄂᆞᆫ此을肥料로使用ᄒᆞ면有害無效ᄒᆞ던가或은多少의效力이有ᄒᆞ야도害가利보담勝ᄒᆞᆯ境遇에行ᄒᆞᄂᆞᆫ바라

(四)栽培方法

栽培方法에關ᄒᆞ야政府가關涉ᄒᆞᄂᆞᆫ理由ᄂᆞᆫ收穫의量을贍多케ᄒᆞ기를爲ᄒᆞᆷ이라故로試作場과巡回講話等을設ᄒᆞ야ᄒᆞᆷ이其目的을達ᄒᆞᄂᆞ니만일必要가有ᄒᆞᆯ時ᄂᆞᆫ官吏를派遣ᄒᆞ야耕作의方法를指示ᄒᆞ며或은文書로써命令도ᄒᆞ고또ᄂᆞᆫ灌水、引水、貯水에關ᄒᆞᆫ事項과耕作地의日光에對ᄒᆞᆫ關係와斜面田畝의利害得失과移植의時期와移植의方法等에關ᄒᆞ야서도國家ᄂᆞᆫ能히此를考究ᄒᆞ야指示命令ᄒᆞᆯ지니라

(五)信用制度

農民의收入과租稅와各用支出이一定ᄒᆞᆫ時期가有ᄒᆞ고其他生産에要ᄒᆞᄂᆞᆫ固定資本의買入과雇人에對ᄒᆞᆫ先給等을爲ᄒᆞ야一時多類의支辦을要ᄒᆞᄂᆞ니만일農民에對ᄒᆞ야信用機關이無ᄒᆞ면此等關係를調和ᄒᆞ기不能ᄒᆞ야小農은드듸여豪農의倂呑을未免ᄒᆞᆯ지니國家ᄂᆞᆫ適當ᄒᆞᆫ信用機關(農工銀行農業銀行等)을設立ᄒᆞ야農民間의金融을調理ᄒᆞᆯ지니라

(六)運輸機關

運輸機關이農業에重大ᄒᆞᆫ影響을及ᄒᆞᄂᆞ니田畝과農家間의農路를完全히ᄒᆞ야肥料의運搬과收穫等을便利케ᄒᆞ고各市場과生産地間의通路를連結ᄒᆞᄂᆞᆫ運輸機關을設備ᄒᆞ야農民의利益과市民의便利를計圖ᄒᆞᆯ지니라

(完)

世界文明史 非文明的人類

金洛泳(譯述)

第二章 自然民族

大凡人類ᄂᆞᆫ一切同樣의資性을稟有치아니ᄒᆞ엿ᄉᆞ니故로思索辨證에技長ᄒᆞᆫ者도有ᄒᆞ고空想信仰에富贍ᄒᆞᆫ者도有ᄒᆞ며現世를崇尙ᄒᆞ야萬般을多樂ᄒᆞᄂᆞᆫ者도有ᄒᆞ고來世를憧仰ᄒᆞ야一機를煩悶ᄒᆞᄂᆞᆫ者도有ᄒᆞ며情에冷熱의差가有ᄒᆞ고智에明暗의別이有ᄒᆞ며意에强弱의異가有ᄒᆞ고氣에寬暴의殊가有ᄒᆞ야到底히一律에規正키不能ᄒᆞ나然ᄒᆞ나所謂其名稱을世界人文史上에排列ᄒᆞᆫ人類로ᄂᆞᆫ可히缺無치못ᄒᆞᆯ바一大特性이有ᄒᆞᄂᆞ니何者오非他라即自然의制御를不受ᄒᆞ고自然을反制ᄒᆞᄂᆞᆫ特性이니改言ᄒᆞ면自然界를對ᄒᆞᄂᆞᆫ態度가恒常受動的이아니오能動的이되ᄂᆞᆫ特性이니此特性의大小有無가畢竟人文民族과自然民族의差別을有分ᄒᆞᆫ所以로다

今日地球上人類를通觀컨ᄃᆡ世界人文過程과全數懸隔ᄒᆞ야毫末의所爲가無ᄒᆞ고其自身에도何等觸目의人文을未有ᄒᆞᆫ所謂自然民族의群團이處々에散在ᄒᆞᆫᄃᆡ多數의旅行家와探險者의報道를因ᄒᆞ야其生活을觀察컨ᄃᆡ其名의稱呼와如히거의自然界一部로存在ᄒᆞ야人類된所以의特性을發揮ᄒᆞᆫ事가極히微少ᄒᆞ며彼等은外界의勢力을依賴ᄒᆞ야그與物은取ᄒᆞ되不與物은不取ᄒᆞ고自然의强迫이아니면行動을不能ᄒᆞ고그隨從ᄒᆞᄂᆞᆫ바ᄂᆞᆫ但只先天의本能뿐이며一切感情의奴隷가되여時々로推移ᄒᆞ되本來一定의意志가有ᄒᆞᆷ이아니오歲序의經過ᄂᆞᆫ四時가反覆ᄒᆞᄃᆡ彼等은一生에少許의變化가無ᄒᆞ고

一朝一夕에茫々히起伏홀뿐이며設或彼等의게思想과道德이有ᄒᆞ다홀지라도此ᄂᆞᆫ習慣을因ᄒᆞ야固定된第二의本能뿐이오彼의精神은不自由니能히其意에撰擇決定을未遂홀거시며將來의謀慮가貧乏ᄒᆞ야眼前의滿足만徒求ᄒᆞ며土地의耕作은未知ᄒᆞ고森林水涯로써其住所를作ᄒᆞ며또財産의觀念이無ᄒᆞᆫ故로權利와制裁가無ᄒᆞᄂᆞ니然則何許方面으로見ᄒᆞ던지人文民族과ᄂᆞᆫ都是絶對的反比例를成ᄒᆞ엿도다

熱帶와極帶地方에人文發達이無홈은世人의共知ᄒᆞᄂᆞᆫ바어니와赤帶地方은食物이豊富ᄒᆞ야毫末도收穫의努力을不要ᄒᆞ며炎熱이極高ᄒᆞ야懶惰心만誘起ᄒᆞ고寒帶에ᄂᆞᆫ寒氣極隆ᄒᆞ야人類畢生의勤勞로도其生存만僅保홀뿐이미外他幸福의餘裕ᄂᆞᆫ望念이無ᄒᆞᄂᆞ니然則世界人文의隆盛은地球兩極端中央溫帶地方에셔起源된거슬可想ᄒᆞ리로다만은自然民族과人文民族은程度의差違뿐이오種類의殊別이無有홈을忘却치말지어다今日自然民族에關ᄒᆞᆫ幾多最近ᄒᆞᆫ觀察을據ᄒᆞ건ᄃᆡ宗教的感情과善惡의辨別에關ᄒᆞᆫ道德上概念과外界事物에對ᄒᆞ야或統一的說明을試出코져ᄒᆞᄂᆞᆫ傾向이衆多民族에게初芽를萌始ᄒᆞ엿ᄉᆞ니左에自然民族에對ᄒᆞᆫ數種事例를擧列ᄒᆞ리라

蒙昧野蠻의人民이自然界事物에神秘ᄒᆞᆫ威力을感得홈은宗教의核子요殷々ᄒᆞᆫ雷鳴을聞ᄒᆞ며轟轟ᄒᆞᆫ怒濤를接ᄒᆞ야個中에如何ᄒᆞᆫ勢力이存在ᄒᆞᆫ거슬覺悟ᄒᆞ되初에ᄂᆞᆫ神이라云ᄒᆞᄂᆞᆫ想像的觀念에到達치못ᄒᆞ고山川木石이나煒々煌々ᄒᆞᆫ星宿의羅列ᄒᆞᆫ天空도其本能의刺戟을因ᄒᆞ야行動ᄒᆞᄂᆞᆫ動物과風雨霜雪이다野蠻人의게ᄂᆞᆫ모다外界의勢力이

라初에ᄂᆞᆫ但只其眼을張放ᄒᆞ야其異象을驚奇ᄒᆞ다가漸次何目的으로其然ᄒᆞᆫ거슬忖度ᄒᆞᆷ에至ᄒᆞ미自己와均一히意志가有ᄒᆞ고感情이有ᄒᆞᆫ一個生物의所爲ㄴ줄노解釋ᄒᆞ엿ᄉᆞ니此가自然의逕行이요所謂人視的說明이라危難은畏怖와共히崇拜를訓與ᄒᆞ고恩惠ᄂᆞᆫ喜悅과幷히感謝를指示ᄒᆞ미此에至ᄒᆞ여外界의勢力으로人生의게妨害되ᄂᆞᆫ者ᄂᆞᆫ祈禱로써其意를和ᄒᆞ고利益되ᄂᆞᆫ것은頌德으로其願을遂成코져ᄒᆞ엿더라彼等은如此ᄒᆞᆫ勢力을다시死者靈魂의所爲로知ᄒᆞ여所謂靈魂不滅의希望이漸次奧明ᄒᆞᆫ듯ᄒᆞ도다故로더風을吹ᄒᆞ고雨를落ᄒᆞ며雷를鳴ᄒᆞ고電光을驅使ᄒᆞᄂᆞᆫ者와草木을繁盛케ᄒᆞ며花實을開結케ᄒᆞᄂᆞᆫ勢力은다死者의靈魂이라ᄯᅩ그無數ᄒᆞᆫ靈魂中에셔一個君主가잇서統轄ᄒᆞ니此ᄂᆞᆫ最大의靈魂이라彼ᄂᆞᆫ天에在ᄒᆞ야人을司ᄒᆞ고더靑色으로見ᄒᆞᄂᆞᆫ天은其形体라ᄒᆞ며그意志ᄂᆞᆫ宿命이되여人間에行ᄒᆞᆫ다ᄒᆞ니이러ᄒᆞᆫ信念ᄭᆞ지到達ᄒᆞᆫ거슨即流傳無常ᄒᆞᆫ世界現象中에一個有機的統一을彷彿히得認ᄒᆞᆫ거신ᄃᆡ初ᄂᆞᆫ流水飛鳥零葩落葉으로브터漸次進想ᄒᆞ야主宰神이라ᄂᆞᆫ意志ᄭᆞ지達ᄒᆞᆫ지라然ᄒᆞ나此點에도自然民族의信仰은猶然히受動的을未免ᄒᆞᆯ지니何者오非他라所謂神이라ᄂᆞᆫ觀念을思索과意力으로求得ᄒᆞᆫ바ㅣ가아니오但自己의自在ᄒᆞᆫ意志ᄂᆞᆫ放擲ᄒᆞ고一向外界에依賴ᄒᆞᆫ結果로다大抵野蠻人이夢裡의聲幻覺의影과如ᄒᆞᆫ偶生的事情으로써信仰의道에至ᄒᆞᆫ것과一般이니其智力과意志ᄂᆞᆫ到底히能動的態度를取ᄒᆞᆫ者가아니라故로野蠻人의宗敎가必也荒唐恠異ᄒᆞ게된自然宗敎에留住ᄒᆞ야他民族의神敎科學哲學等과如히同一ᄒᆞᆫ發達을

成치못훈所以로다
自然民族은言語手態와身態의手段으로內部의感情과思想을發表ᄒᆞᄂᆞ니大抵熱心의談話ᄂᆞᆫ意外에身体運動을隨伴ᄒᆞ고또諸調의節度가合曲된謠歌ᄂᆞᆫ感情의强弱과緩急을應ᄒᆞ야四肢의運動을催促ᄒᆞᄂᆞ니이ᄂᆞᆫ身体生理的節調의一表章에不外홈이라此와如히舞蹈ᄂᆞᆫ一種의技藝로숨아謠歌와同히性情을發表ᄒᆞᄂᆞᆫ要具로用ᄒᆞ엿ᄉᆞ니亞米利加印度人이沈默ᄒᆞᆫ身態로戰鬪、獸獵、戀愛等事情을明白히表示홈을因ᄒᆞ여셔라도足히斟酌ᄒᆞ겟도다

自然民族은審美의感覺이欠乏지아니ᄒᆞᄂᆞ니故로其民族間에普行ᄒᆞᄂᆞᆫ文身(文身은皮膚中에墨汁을注入ᄒᆞ야面과其身을文繡ᄒᆞᆫ者니라)도畢竟衣服其他附屬物의代로自己의身体를裝飾ᄒᆞᆫ者요一步를更進ᄒᆞ면自己身体外에器物에至ᄒᆞ여셔도亦是紋理의相稱을求ᄒᆞ야單純ᄒᆞᆫ直線의代에複雜多樣ᄒᆞᆫ曲線을圖劃ᄒᆞᆫ거신ᄃᆡ其無數ᄒᆞᆫ曲線은瓶壺等形容으로中央一點에셔始作ᄒᆞ야一番彎曲으로離合交錯ᄒᆞ야元點에再集ᄒᆞᄂᆞ니此ᄂᆞᆫ多數中에셔一을求ᄒᆞᄂᆞᆫ美的意識에達ᄒᆞᆫ者요弓矢에施ᄒᆞᆫ裝飾等도亦是其美感의醒覺을意示ᄒᆞᆫ所以로다또謠歌ᄂᆞᆫ通常野蠻人이呼吟ᄒᆞᄂᆞᆫᄃᆡ이ᄂᆞᆫ다戰鬪漁獵에關ᄒᆞᆫ等事요對句頭韻이極히簡單ᄒᆞᆫ者라中夜敵人의陣營를見ᄒᆞ고奮起ᄒᆞᆫ湖心杙上에住ᄒᆞᄂᆞᆫ北美印度人의歌가如左ᄒᆞ니

여보게동모들아鎗을쓸고
뜨거운가마를쓸어올니셰
우리ᄂᆞᆫ머리에기람칠ᄒᆞ고
또얼골을윤치나게홉셰다

250

우리의노리ᄂᆞᆫ저녁물노리
또ᄂᆞᆫ병뎡들의술노리로다
죽은쟈를깃브게ᄒᆞ랴면
대뎍에원수를갑흘지라
(同奏)우리들노원수의피를마시게ᄒᆞ고
우리들노원수의고기를먹게ᄒᆞ오
(킬리엘氏의翻譯을依ᄒᆞᆷ)

此軍歌中에敵人의血과肉을食ᄒᆞᆫ다言ᄒᆞᆷ은自然民族中에牧者를除ᄒᆞ면거의다食人俗의痕跡을持有ᄒᆞ야今日ᄭᆞ지도此를實行ᄒᆞᄂᆞᆫ民族이尙有ᄒᆞᄂᆞ니此俗은敵者의게激怒深怨을漏洩치안키爲ᄒᆞᆷ에但只其生命을奪ᄒᆞᆷ으로써ᄂᆞᆫ不足ᄒᆞ리라ᄂᆞᆫ感情에서起因ᄒᆞᆫ바나然ᄒᆞ나其同族間에서도往々히遂行ᄒᆞᄂᆞ니大蓋彼等이人類를甚히輕視ᄒᆞ야一個의骨架肉塊에不過ᄒᆞᄂᆞᆫ것으로解知ᄒᆞᆯ뿐이며其性慾을滿足케ᄒᆞ기爲ᄒᆞ야婦人도殺食ᄒᆞ며亞美利加印度人은殘弱者를生ᄒᆞ면墓穴에陷殺ᄒᆞ고幼少者ᄂᆞᆫ繞立ᄒᆞ야相踊相蹴ᄒᆞ며歌ᄒᆞ여曰「生命의神이여吾輩를矜憫ᄒᆞ오吾輩ᄂᆞᆫ彼를吾輩父兄의神의게送去ᄒᆞ리라願컨ᄃᆡ彼ᄂᆞᆫ他界에셔幸福을受ᄒᆞ다가吾輩의게再來ᄒᆞ여共獵케ᄒᆞ시오」ᄒᆞ고스마드라土人은其老衰者를樹上에升置ᄒᆞ고其下에家族이集會ᄒᆞ야此를撼搖ᄒᆞ면서歌ᄒᆞ여曰「時期가來ᄒᆞ엿ᄉᆞ니菓物은熟實ᄒᆞᆫ지라엇지일즉隕落지아니ᄒᆞᄂᆞ뇨」ᄒᆞᆫ다ᄒᆞ니此ᄂᆞᆫ스펜사(英國文士)가其社會學에種々히記述ᄒᆞᆫ事例로다

家庭敎育法

金 壽 哲(譯述)

第二部 家庭敎育의 方法

家庭敎育一般에關ᄒᆞᆫ理論은前部에就ᄒᆞ야大概述盡ᄒᆞ엿슨즉此에又進ᄒᆞ야其實際的方面、即家庭敎育方法에對ᄒᆞ야또ᄒᆞᆫ論述을要ᄒᆞᆯ지로다盖余輩가此問題를選擇ᄒᆞᆫ所以는實노此方法論을陳키爲ᄒᆞᆷ이니故로以下詳細의研究를稍擧ᄒᆞ야世의家庭敎育者에게向ᄒᆞ야貢獻코져ᄒᆞ노라

第一編 身體敎育

總論

身體敎育은人生敎育의主要部라實로人을敎育코저ᄒᆞ면반다시身體敎育으로붓터始치아니치못ᄒᆞᆯ지로다盖身體敎育은精神敎育의基礎가되는者이니家庭에對ᄒᆞᆫ敎育의

大部는자못此身體敎育에在ᄒᆞ다云ᄒᆞ여도可ᄒᆞ도다그러나從來의積弊를見ᄒᆞ건ᄃᆡ學校에서는兒童의身體敎育에留意ᄒᆞᆷ이每切ᄒᆞ되家庭에就ᄒᆞ여서는或은此를不顧ᄒᆞ는習慣이有ᄒᆞ니故로余輩는此等의等閒忽諸ᄒᆞᆫ家庭을覺醒키爲ᄒᆞ야몬져身體敎育의必要로붓터立論ᄒᆞ고終次其敎育法에及코져ᄒᆞ노라

身體敎育의事를呼ᄒᆞ야單히體育이라云ᄒᆞᆷ은一般의傾向이라此를熟考ᄒᆞ건ᄃᆡ身體各機關의作用은極히巧緻靈妙ᄒᆞ야可히써精神作用의機能의精緻ᄒᆞᆷ과選ᄒᆞᆯ바ㅣ無ᄒᆞ도다故로身體諸機關의發育增進을圖ᄒᆞᆷ에는決코普通體育의方法으로數ᄒᆞ는榮養運動等으로만主ᄒᆞ면到底히滿足을遂키不得ᄒᆞᆯ거시미맛당히解部學、生理學、心理學、人類學、精神病學等을研究ᄒᆞ야써身體의均齊

ᄒᆞᆯ發育을期치안으면不可ᄒᆞ리니此를特히身體敎育이라稱ᄒᆞᄂᆞ니라

第一節 身體敎育의必要

身體敎育의必要를論홈에ᄂᆞᆫ心理上과實際上으로붓터홈이便利ᄒᆞ니

心理上으로써身이如何ᄒᆞᆫ關係가有ᄒᆞᆫ것을知ᄒᆞ면從ᄒᆞ야身體敎育의必要됨도明確ᄒᆞ리로다抑心身은二元이될가一元이될가홈은古來爭論이有ᄒᆞ엿스나今日에至ᄒᆞ야서ᄂᆞᆫ兩者互相의間에親密ᄒᆞᆫ關係가有ᄒᆞᆫ것은널니學者의認ᄒᆞᄂᆞᆫ바ㅣ니其所謂健康ᄒᆞᆫ精神은健康ᄒᆞᆫ身體에宿ᄒᆞ며身體ᄂᆞᆫ心意의指導者가된다홈은可히ᄡᅧ金言이라謂ᄒᆞᆯ지로다盖知識、感情、志操의陶冶ᄂᆞᆫ健全ᄒᆞᆫ身體라야可望이有ᄒᆞᆯᄲᅮᆫ이고病弱ᄒᆞᆫ身体에ᄂᆞᆫ可望이無ᄒᆞᆯ것은更히說明을不要ᄒᆞ려니와吾人의心情에對ᄒᆞᆫ快濶銳敏、鬱憂遲鈍의等은다身體의狀態如何에因홈이니兒童이만약身體의一部에苦痛이有ᄒᆞᆯ것ᄀᆞᆺᄐᆞ면其知性이遲鈍ᄒᆞ야感情을鬱屈케ᄒᆞ며意思를薄弱케ᄒᆞ며ᄯᅩᄒᆞᆫ身體가衰弱ᄒᆞ면神經이過敏ᄒᆞ야所謂狂者의狀態가될것은何人을不問ᄒᆞ고實際로認ᄒᆞᆯ處이니心身相關의親密ᄒᆞᆫ것을知홈에可히足ᄒᆞ도다

更히實際上으로考ᄒᆞ건ᄃᆡ健康、活潑、堪能은人生의一大幸福이오疾病、羸弱、衰耗ᄂᆞᆫ一大災禍라故로身体의健全、强壯、活潑及均齊의道ᄂᆞᆫ敎育의一目的이니此를尊重히홈은其度가可히ᄡᅧ精神敎育에不讓ᄒᆞᆯ이로다疾病羸弱은不必要、不經濟의極ᄒᆞᆫ者니만약家庭內에病者가有ᄒᆞᆯ것ᄀᆞᆺᄐᆞ면家庭의快樂의大部ᄂᆞᆫ此로因ᄒᆞ야奪ᄒᆞᆯ지니엇지一家의衰頹를招ᄒᆞᄂᆞᆫ原因이此에不在ᄒᆞ리오一國의衛生도一家의衛生으로붓터始ᄒᆞ

ᄂᆞ니其關係되ᄂᆞᆫ바ㅣ實노些少에不在ᄒᆞ도다

그런즉實際로家庭敎育의任을當ᄒᆞᆫ者ᄂᆞᆫ맛당히以上의必要를考究ᄒᆞ야兒童의幼時로붓터此點에留意ᄒᆞ야健全强壯ᄒᆞᆫ各部調和의完全ᄒᆞᆫ몸體를組織케ᄒᆞᆯ것을主眼을ᄉᆞᆷ아將來兒童으로ᄒᆞ여곰不幸의運命에遭遇치아니ᄒᆞ도록注意ᄒᆞᆯ지어다

第二節　身体敎育의二種

身体敎育의方法은消極積極의二種이有ᄒᆞ니消極的方法이라ᄒᆞᄂᆞᆫ것은身体各部機關의發達을妨害ᄒᆞ며禁遏ᄒᆞᄂᆞᆫ것을除去ᄒᆞ야ᄡᅥ衛生學을勉ᄒᆞᄂᆞᆫ者니衣服、住居、節制、運動의一部等은此目的을達ᄒᆞᄂᆞᆫ手段이요積極的方法이라ᄒᆞᄂᆞᆫ것은單히身体를養護ᄒᆞᆷ에不止ᄒᆞ고十分運動을盛히ᄒᆞ야身体의發育增進으로ᄡᅥ目的ᄒᆞᄂᆞᆫ者니故로前者에

比ᄒᆞ면其効ㅣ果大ᄒᆞ나그러나兩々相俟ᄒᆞ야비로소完全ᄒᆞᆫ敎育을可望ᄒᆞᆯ지니其關係를明知ᄒᆞ야ᄡᅥ適宜併用ᄒᆞ야身体敎育의目的을可達ᄒᆞᆯ지니라

第一章　榮養

第一節　榮養의意義

榮養은積極的身体敎育의一方法이니生物의一日이라도缺치못ᄒᆞᆯ者라幼兒의身体ᄂᆞᆫ盛히化學作用을營ᄒᆞ며恒常消費排泄ᄒᆞ야或種이成分을失ᄒᆞᄂᆞ니故로此等의成分을補充ᄒᆞ야ᄡᅥ其發育을謀치아니치못ᄒᆞᆯ지니此ᄂᆞᆫ即榮養의目的이라

榮養은身體에對ᄒᆞ야三種의務를有ᄒᆞᆫ者니即消費部分의補充과發育의增進과疲勞의恢復이是라消費部分의補充도大緊ᄒᆞᆫ榮養이나더욱必要ᄒᆞᆫ者ᄂᆞᆫ增進을圖ᄒᆞᄂᆞᆫ榮養과疲勞를慰ᄒᆞᄂᆞᆫ榮養이니幼兒의活潑ᄒᆞᆫ運動

은恒常多量의消費가有홈으로써其充分의榮養을施홀것을注意홀지나此ᄂᆞᆫ僅히補充에不外ᄒᆞ고身体의增進을望키不能ᄒᆞ며疲勞를療키不能ᄒᆞ니故로榮養에ᄂᆞᆫ三種의目的이有ᄒᆞᆫ것을記憶ᄒᆞ야此에對ᄒᆞᆫ榮養을可與홀지니라

第二節

榮養物을其性質에由ᄒᆞ야分類ᄒᆞ면大槪四種이되ᄂᆞ니第一은飮料水、第二은動物性榮養物、第三은植物性榮養物、第四ᄂᆞᆫ刺激性榮養物이卽是라

第一 飮料水

飮料水ᄂᆞᆫ消費部分의補充에當ᄒᆞᄂᆞᆫ主要니抑人의身體의成分中、百分의七十五ᄂᆞᆫ水로써吾人은恒常水分을身體外에排泄ᄒᆞᄂᆞ니特히兒童의活潑ᄒᆞᆫ運動은發汗을惹起ᄒᆞ야多量의水分을排泄ᄒᆞᄂᆞᆫ時에飮料에由ᄒᆞ야此를補치아니치못홀지라特히夏季에就ᄒᆞ야兒童이日射病에多罹홈은畢竟水分의排泄을補치못홈에原因홈이로다

飮料水에種類가有ᄒᆞ니泉水、井水、河水가卽是라何를用ᄒᆞ여야可홀고맛당히炭酸、空氣、及礦物成分에富ᄒᆞ야有機性의成分을含有치아니ᄒᆞ고無色無臭無味의것으로써最良을삼을지니故로泉水及井水가極可ᄒᆞ니라

現今我國에ᄂᆞᆫ到處마다河水를用ᄒᆞᄂᆞᆫ習慣이有ᄒᆞ니此가最恐홀者로다此로因ᄒᆞ야多大의病源을釀出ᄒᆞ야赤痢、虎列刺病、傳染病의流行이有ᄒᆞᄂᆞ니危哉라河水ᄂᆞᆫ斷然코不用홈이可ᄒᆞ도다

第二、 動物性榮養物

動物性榮養物에도種々이有ᄒᆞ나兒童의榮養으로ᄂᆞᆫ다못乳汁、鷄卵、肉類의三者로써

足ᄒᆞ다ᄒᆞᆯ지니此三者ᄂᆞᆫ消費部分의補充은勿論、發育의增進上에必要ᄒᆞᆫ者라故로生後初年의榮養은全혀此에依ᄒᆞᆫ다云ᄒᆞ여도可ᄒᆞ도다鷄卵、肉類의二種은稍長ᄒᆞᆫ兒童에向ᄒᆞ야可히써供給ᄒᆞᆯ지나그러나乳汁에ᄂᆞᆫ母乳와牛乳가有ᄒᆞᄂᆞ니其優劣은一概로論定키難ᄒᆞᆫ즉반다시醫師의決定을依ᄒᆞ야決定ᄒᆞᆯ지로다蓋完全ᄒᆞᆫ乳汁은其種類의如何ᄒᆞᆫ것을不問ᄒᆞ고身體發育에必要ᄒᆞᆫ成分、即蛋白質、脂肪質及糖分等을含有ᄒᆞᆫ者로뼈最重ᄒᆞᆫ榮養物을삼을지며鷄卵은乳汁에副되ᄂᆞᆫ榮養物이니多量의蛋白質을含有ᄒᆞ야消化도ᄯᅩᄒᆞᆫ容易에至ᄒᆞᆯ者를取ᄒᆞ며肉類도ᄯᅩᄒᆞᆫ蛋白質、脂肪質等의貴重ᄒᆞᆫ榮養物質에富ᄒᆞᆫ者로取ᄒᆞᆯ지나其消化의力이前二者에比ᄒᆞ면稍劣ᄒᆞᄂᆞ니故로單히動物性分의成分만專用ᄒᆞ야消化의遲速을不顧ᄒᆞ고猥히兒童에게與ᄒᆞᄂᆞᆫ時에ᄂᆞᆫ反히身體의發育을害ᄒᆞᆯ지니라

第三、植物性榮養物

植物性榮養物의種類도甚多ᄒᆞ나其主되ᄂᆞᆫ것은穀類、蔬菜、果實의三種이니就中、穀類ᄂᆞᆫ多量의澱粉과少量의蛋白質及鹽類를含有ᄒᆞᆫ者미가장榮養上에要用ᄒᆞᆫ者로다此內米麥은我國人의常食ᄒᆞᄂᆞᆫ바ㅣ라米ᄂᆞᆫ榮養分에富ᄒᆞ고麥은消化에速ᄒᆞᄂᆞ니故로兩者를混用ᄒᆞ면其効果ㅣ甚多ᄒᆞᆯ지오ᄯᅩ豆ᄂᆞᆫ此를豆腐를製ᄒᆞ야用ᄒᆞ면其養分에富ᄒᆞᆯ것은決코動物性食物에不讓ᄒᆞᆯ지니라

蔬菜ᄂᆞᆫ蛋白質、澱粉、糖分等의成分에乏ᄒᆞ고多量의水를含有ᄒᆞ야其纖維ᄂᆞᆫ極히不消化가되ᄂᆞ니前述의諸成分과混用ᄒᆞᆯ必要가有ᄒᆞ니라

果實의成分은砂糖、鹽類、酸類에富ᄒᆞ야滋

養分은少無ᄒᆞ나니故로幼兒의食物로用ᄒᆞ기는極히不適當ᄒᆞᆫ즉此는榮養의目的을達키不能ᄒᆞᆯ者니라

第四、刺激物

酒、煙草、茶、唐椒、胡椒、芥子等의、刺激物은大人에는或興奮劑、刺激劑로小量을用ᄒᆞ면其効ㅣ無ᄒᆞᆷ이아니로ᄃᆡ幼兒에取ᄒᆞ여서는全然、利益이無ᄒᆞᆯ뿐더러反히害惡을來ᄒᆞᄂᆞ니玆에榮養物노ᄡᅧ論ᄒᆞᆯ必要가無ᄒᆞ도다

歷史譚 第十六回

崇古生

크롬웰傳(前號續)

此夜議院의騷擾ᄂᆞᆫ英國史中에實所罕見者라敵便議員은勝敗를今次一擧에付ᄒᆞ고胸濤를挑躍ᄒᆞ야採決을苦待ᄒᆞ더니多數의聲이堂內에一聞ᄒᆞ미民黨議員은脫帽擧手로民主黨萬歲를盛唱ᄒᆞ고敵黨은帶劒을提擧ᄒᆞ야激烈怒號로不測의變劇을欲演ᄒᆞᄂᆞᆫ지라한푸덴이厲氣一聲에多數議員을抑制ᄒᆞ야暫時無事ᄒᆞ엿더니翌朝四時頃에至ᄒᆞ야各議員이漸次退場ᄒᆞᄂᆞᆫ지라크롬웰이徐々히追後ᄒᆞᄂᆞᆫ議員폭클닌드氏를向言曰萬一前夜의議事가否決되엿던들余ᄂᆞᆫ今朝브터所有財産을盡爲散賣ᄒᆞ야浮海而外ᄒᆞ야足跡을英國에再次不入ᄒᆞ려ᄒᆞ엿노니此ᄂᆞᆫ余一人의決心이아니라大槪議員이되여多少眞正의思想이有ᄒᆞᆫ者ᄂᆞᆫ余와同一ᄒᆞᆫ決心을抱ᄒᆞ엿다ᄒᆞ더라十二月一日에此決議案을한프트宮찰쓰王玉座前에捧呈ᄒᆞ미찰쓰ᄂᆞᆫ不重要의事件으로未知의狀態를故作ᄒᆞ야

案側에受押ᄒᆞ여日閑隙이有ᄒᆞ면思考ᄒᆞ리라ᄒᆞ니庶民院은全幅勝利下에雀躍ᄒᆞ면서八十三에對ᄒᆞᆫ百三十五의多數로決議案을印刷出附ᄒᆞ야一般人民의게頒布ᄒᆞ니事旣至此에찰쓰도庶民의所爲를放任ᄒᆞ고決議案에無承認ᄒᆞᆫ거ᄉᆞᆯ天下에公布ᄒᆞ며近臣中暴悍者를命ᄒᆞ야倫敎城獄을恪別緊管ᄒᆞ고國會에對ᄒᆞ야示威運動을開始ᄒᆞ니於是에國會民主黨도市井無賴輩를陰動ᄒᆞ야秘密히義勇兵團을組織ᄒᆞ니形勢漸次不穩에至ᄒᆞ더라騎兵黨은圓顱黨과相軋ᄒᆞ고縉紳은市民과相爭ᄒᆞ야不過數日之間에繁華ᄒᆞᆫ倫敎府가革命大火焰中에投入되니라然ᄒᆞ나찰스ᄂᆞᆫ頑强히自尊의驕姿를抱ᄒᆞ고國會中에서議決案에反對ᄒᆞᆫ者와氣脉을相連ᄒᆞ고其領首된者ᄂᆞᆫ高官大爵으로賂金을多與ᄒᆞ야王黨勢力이議院에擴張ᄒᆞ기를企圖ᄒᆞ며民主黨에ᄂᆞᆫ한푸덴、크롬웰、훌ㅣ쓰等諸名士가在ᄒᆞ여其勢力이全院을殆壓ᄒᆞ엿더라

越翌年初頃에國會가皇后彈劾ᄒᆞᆫ다ᄂᆞᆫ傳評이一播ᄒᆞ미찰쓰ᄂᆞᆫ激怒尤甚ᄒᆞ야貴族院勢力으로써民主黨의五議員을無禮不敬ᄒᆞ다指目捕執ᄒᆞ야積年의怨恨을快雪코져ᄒᆞᆯ시王의無道를彈劾ᄒᆞᄂᆞᆫ民黨五議員이庶民院에서自已無罪를辯明ᄒᆞ더니同日午后에찰쓰ㅣ五名議員을拘引코져議會에親臨ᄒᆞᆫ다ᄂᆞᆫ飛報가有ᄒᆞ며近衛兵士三百을帶同來襲ᄒᆞᆫ다ᄒᆞ거ᄂᆞᆯ此報를接ᄒᆞ미五名議員은舟子를招々ᄒᆞ야順風高帆으로倫敦市를向ᄒᆞ야避去ᄒᆞ니라須臾에찰쓰ㅣ八十餘名從兵을率同ᄒᆞ고悠々히議院에入來ᄒᆞᄂᆞᆫ뒤從兵은戶外에留陣ᄒᆞ고單身으로入塲ᄒᆞ니大蓋찰쓰의命令이一發ᄒᆞ면製電飛雷의悲劇을演

出홀計劃이더라然이나的烏는已飛ᄒᆞ고沈默靜肅ᄒᆞᆫ三百頭顱中에는其目的物된五名議員의形姿는未見ᄒᆞᄂᆞᆫ지라찰쓰ㅣ無限의和色을强作ᄒᆞ야揚言曰諸君이여諸君은朕의今日此擧를矜憫ᄒᆞ라朕이昨日에守衛兵을遣ᄒᆞ야此中에在ᄒᆞᆫ國家叛逆者의捕縛을要求ᄒᆞ엿스미諸君이朕의命令을遵行홀줄노斷信ᄒᆞ엿더니諸君이朕의守衛를反逐ᄒᆞ고但一片의答辭로罪責을欲免ᄒᆞ엿ᄉᆞ니此가朕이本院에來ᄒᆞᆫ所以로다ᄒᆞ고五人議員의形姿를猶求ᄒᆞ되形色이終無ᄒᆞᆫ지라찰쓰怒氣益騰ᄒᆞ야大聲發問曰힘氏는何處에在ᄒᆞ뇨一人도不答ᄒᆞ미又問曰한푸덴氏는何處에在ᄒᆞ뇨滿場이沈默如前ᄒᆞᆫ지라찰쓰ㅣ議長렌솔氏를顧見曰彼等이何去오렌솔이恭答曰臣은本院의僕隷라本院의指揮가無ᄒᆞ오면一事一物이라도擅行키不能ᄒᆞ오니伏願陛下는臣의無禮를寬宥ᄒᆞ옵쇼셔 嗚呼라찰쓰의今次一擧가畢生의失敗를釀成ᄒᆞ엿도다찰쓰ㅣ또嚴然히議場을向ᄒᆞ야大言曰朕이反逆者를捕獲코저來ᄒᆞ엿스나朕의目的을透達치못ᄒᆞ엿ᄉᆞ니朕은今此國會가善良을變成ᄒᆞᆫ後에反逆者를捕獲送附홈을願ᄒᆞᄂᆞ니萬一國會가되여朕言을不用ᄒᆞ면朕은從此自索ᄒᆞ리니卿等은体行ᄒᆞ라」

五名議員이逃避홈을一聞ᄒᆞ미院外에留陣ᄒᆞᆫ從兵도切齒痛恨者가多ᄒᆞ며或은大呼ᄒᆞ여曰惜哉라彼等이已遁ᄒᆞ엿스니吾輩는徒然히勞力만空費ᄒᆞ엿도다ᄒᆞ더라찰쓰王이最後言句를畢ᄒᆞ고歸駕를欲命홀시數時間을沈默ᄒᆞ엿든議場에셔不平의聲이四隅에셔起ᄒᆞ며特權을連呼ᄒᆞ야滿場이震動ᄒᆞ니嗚呼라革命의初端이現出ᄒᆞ얏도다庶民院은찰쓰王의威脅行動을不關ᄒᆞ고斷然히五

名議員의無罪를議決ᄒᆞ야勅令에도一步를不讓ᄒᆞ미十月十日에王이화잇홀(白宮)을遂去ᄒᆞ니國會와政府가全然히反對行動을實行ᄒᆞᆫ지라翌十一日에五名議員이幾隊의鍊軍을擁率ᄒᆞ고凱歌一曲에庶民院으로歸來ᄒᆞ야多大數로힘氏가其首領이된지라自此로庶民院은騎虎의勢를乘ᄒᆞ야無氣力無節操ᄒᆞᆫ貴族院을威脅ᄒᆞ야僧正을貴族院에셔排除홀事와陸海軍總督의全權을國會에委任홀議案을議決ᄒᆞ미포클린드、하이드二氏를爲始ᄒᆞ야卅二名貴族議員과急激黨의所爲를反對ᄒᆞᄂᆞᆫ庶民院議員六十名은웨스트미스미터를離ᄒᆞ야욕에在ᄒᆞᆫ찰쓰王麾下에歸投ᄒᆞᆫ지라急激黨領袖ᄂᆞᆫ國王의不在를憑藉ᄒᆞ야上下兩院으로써主權의擅用홀權能이有홈을宣言ᄒᆞ고有名ᄒᆞᆫ名士로行政委員會를組織ᄒᆞ며兵士를四方에徵募ᄒᆞ야國會軍을盛大히編成ᄒᆞ니於此에大革命이起始ᄒᆞ엿더라

國會軍이漸次編成ᄒᆞ미山飄이枯葉을捲起ᄒᆞ며暴雨가大空에注下ᄒᆞᄃᆞᆺ頃刻間에革命大波가英國天地를蔽來ᄒᆞ니悲殺凄慘의光景이四方에亘滿ᄒᆞᆫ지라騎兵黨과圓顱黨은每日倫敦市中에戰鋒을連交ᄒᆞ고清敎徒와舊僧侶ᄂᆞᆫ寺院公會中에軋轢을相與ᄒᆞ며商賈ᄂᆞᆫ市戶를閉鎖ᄒᆞ고烟突은烔沫을一絕ᄒᆞ야紛々ᄒᆞᆫ殺氣가天地에衝震ᄒᆞ더라此時크롬웰은故鄕에直歸ᄒᆞ야田土家産을傾盡ᄒᆞ며有力을沒入ᄒᆞ야自己의訓導ᄒᆞᆫ바켄풀니듸、한팅뜬新敎徒壯丁의게武器를發與ᄒᆞ고自己가隊長이되여所有의氣力을國會軍에供盡코져ᄒᆞ니於戲라長久히沈默ᄒᆞ야社會의罪惡과壓制、不義、不正을觀察ᄒᆞᆫ크롬웰이銳利ᄒᆞᆫ武器를提挈ᄒᆞ고奮然히義旗

를擧ᄒᆞᆯ식七月에켄풀니틔大學에셔찰쓰王의게進上ᄒᆞᄂᆞᆫ二萬磅金皿을塞路强奪ᄒᆞ고八月에켄풀니틔城을攻陷ᄒᆞ야多數堆積ᄒᆞᆫ武器를奪獲ᄒᆞ고走坂의勢로直下ᄒᆞ야國會軍에來會ᄒᆞ니한팅돈의聖徒農夫가皆是勇敢無比ᄒᆞᆫ神聖武士가되여勇氣를大振ᄒᆞ더라

前世界의研究

研究生

時間의經過ᄂᆞᆫ東流水와如히暫時도不休ᄒᆞᆷ으로今日은須臾間에昨日이되고明日은忽焉間에今日이되야靑春은白髮을變成ᄒᆞ고桑田은碧海를幻作ᄒᆞᄂᆞ니未來도本是永久ᄒᆞᆫ것이로ᄃᆡ過去도亦是長遠ᄒᆞᆫ者ㅣ라廣博히思度ᄒᆞ쟈면未來나過去가皆是無限無際ᄒᆞ야始初도업고終末도업ᄉᆞ나然ᄒᆞ나吾人은地球라稱ᄒᆞᄂᆞᆫ一世界에生來ᄒᆞᆫ者인즉過去나未來를言ᄒᆞ쟈면地球의過去나未來를云ᄒᆞᆷ인ᄃᆡ地球의過去未來에ᄂᆞᆫ始終이本無ᄒᆞᆯ바ㅣ아니오더욱過去에至ᄒᆞ여ᄂᆞᆫ始初가確有ᄒᆞᆯ것은明瞭ᄒᆞᆫ事이로다大蓋學說을據ᄒᆞᆫ건ᄃᆡ地球始初에ᄂᆞᆫ瓦斯의球가되여其熱度ᄂᆞᆫ現今地球上의所有物体를足히氣体로變作ᄒᆞᆯ마큼極熱極高ᄒᆞ엿다ᄒᆞ니直接으로此를證據키ᄂᆞᆫ不能ᄒᆞ되間接으로他世界의狀態를見察ᄒᆞᆷ은可爲의事가될지로다

其後漸次年月의經過ᄒᆞᆷ을從ᄒᆞ야瓦斯ᄂᆞᆫ冷却ᄒᆞ야液体가되고液体ᄂᆞᆫ冷却ᄒᆞ야固体即今日地球의現狀을作ᄒᆞ엿다ᄒᆞ니固体라ᄒᆞ면地球의中心ᄭᆞ지已爲固体가되엿ᄂᆞᆫ지其邊은未詳ᄒᆞ되地底에非常ᄒᆞᆫ高溫度로ᄡᆡ見

ᄒᆞ건ᄃᆡ或은中心ᄭᆞ지固結치아니ᄒᆞᆫ지도未知ᄒᆞᆯ지라左右間地球ᄂᆞᆫ表面만이라도固体가되여漸次水도生ᄒᆞ며空氣도出ᄒᆞ야以來現世界에至ᄒᆞ기ᄭᆞ지其間의時代를前世界라稱ᄒᆞ야專혀地質學者의研究홈이되기前에ᄂᆞᆫ液体라瓦斯體라云ᄒᆞᄂᆞ니此ᄂᆞᆫ推測뿐이라直接의證據ᄂᆞᆫ아니며此等時代ᄂᆞᆫ엇던方面으로言ᄒᆞ면亦是前世界라稱ᄒᆞᆯ터히나然ᄒᆞ나未分明의時代인즉地質學者의云ᄒᆞᆫ바前世界브터ᄂᆞᆫ全혀除減ᄒᆞᆫ者ㅣ로다

前世界라云ᄒᆞ면誰某던지其年數를알고십ᄒᆞᄂᆞ니此ᄂᆞᆫ其然ᄒᆞᆯ事實이미地質學者自身이라도知悉ᄒᆞ기를願ᄒᆞᄂᆞᆫ바이나種々히研究ᄒᆞᆯ지라도아직確知키不能ᄒᆞ고但只其長所만知得ᄒᆞ엿스니此를年數로言ᄒᆞ자면幾百萬年或은幾千萬年이나될거시며또吾人이現世界라稱ᄒᆞᄂᆞᆫ時代가自今三四萬年以前으로思度ᄒᆞᄂᆞ니支那가舊國이라埃及이舊國이라ᄒᆞᆯ지라도其歷史가自今五六千年以上에不過ᄒᆞᆫ則此를萬一前世界歷史에比較ᄒᆞ면其長短이九牛一毛에不過ᄒᆞᆫ年月이될지며

五六千年以來ᄂᆞᆫ史家의所謂有史期니何等依據ᄒᆞᆯ만ᄒᆞᆫ記錄의類가有ᄒᆞᆫ時代로ᄃᆡ人類가記述ᄒᆞᆫ書ᄂᆞᆫ아닌즉其以前의前世界에ᄂᆞᆫ無論如此ᄒᆞᆫ것도無ᄒᆞ엿스리로다地質學者ᄂᆞᆫ如何히此를知得ᄒᆞᄂᆞ뇨無他라科學의力이니其順序方法은大綱左述과如ᄒᆞ니

地殼

地球가已爲固体가된部分은中心ᄭᆞ지結固되지아니ᄒᆞᆫ거스로觀察ᄒᆞ야此를地殼이라稱ᄒᆞᄂᆞ니其厚에至ᄒᆞ여ᄂᆞᆫ勿論分明치못ᄒᆞ나如許히淺薄ᄒᆞᆫ者ᄂᆞᆫ가니라ᄒᆞᄂᆞᆫ學說이잇서四五十年前ᄭᆞ지ᄂᆞᆫ鷄卵의卵殼으로

比ᄒᆞ야其中에ᄂᆞᆫ赫灼ᄒᆞᆫ大熱의大液海가된것으로推測ᄒᆞ엿ᄉᆞ니萬一然ᄒᆞ면吾人은淺薄ᄒᆞᆫ氷上에住居ᄒᆞᆷ과同一ᄒᆞ야何時何刻에陷落燒盡ᄒᆞᆯ거슬未知ᄒᆞᆯ理由이나然ᄒᆞ나人類의歷史가有ᄒᆞᆫ以來로ᄂᆞᆫ尙今如許히酷大ᄒᆞᆫ災難을經歷ᄒᆞᆫ前例가無ᄒᆞ엿슨즉此說은正當치아니ᄒᆞᆫ者라稱ᄒᆞᆯ지라도關係치아니ᄒᆞᆯ지니然則地殼은相當ᄒᆞ게深厚ᄒᆞᆫ距離를成ᄒᆞ엿ᄉᆞ리로다

몬뎌地殼의厚ᄂᆞᆫ未定으로ᄉᆞᆷ고其次의問題ᄂᆞᆫ其成分이니地殼도其上部만은已爲調査ᄒᆞᆫ바를據ᄒᆞᆫ뒤到處에岩石으로成立ᄒᆞ엿ᄉᆞᄆᆡ或者ᄂᆞᆫ普通土砂로成立ᄒᆞᆫ것도有ᄒᆞ다ᄒᆞᆯ넌지未知ᄒᆞ거니와元來土에二種이有ᄒᆞ니一은岩石의崩壞로된者요一은岩石더렴固結치아니ᄒᆞᆫ者라前者ᄂᆞᆫ無論岩石의變形이요後者ᄂᆞᆫ將來固結ᄒᆞᆯ者인즉土砂도亦是岩石이라稱ᄒᆞᆯ터히나地質學으로ᄂᆞᆫ地殼을搆造ᄒᆞᆫ것만論ᄒᆞ엿스ᄆᆡ其質의軟硬을不拘ᄒᆞ고總히岩石이라稱ᄒᆞᄂᆞ니라

水成岩及火成岩

岩石은大別ᄒᆞ야二種을作ᄒᆞ니一은水成岩이요一은火成岩인ᄃᆡ甲은水中에셔作成ᄒᆞᆫ者ㅣ오乙은熱을依ᄒᆞ야溶液되엿든것이成固ᄒᆞᆫ者ㅣ니川河가土砂를流去ᄒᆞ야海와湖中에注射ᄒᆞ야其底面에沈澱ᄒᆞᆷ은吾人의日常目擊ᄒᆞᄂᆞᆫ事實이라뎌河口海峽에洲가漸生ᄒᆞ여畢竟陸地가되며ᄯᅩᄂᆞᆫ河口ᄲᅮᆫ만아니라大洋의底에도成立ᄒᆞᆫ處가有ᄒᆞᄂᆞ니此ᄂᆞᆫ川河의流出ᄒᆞᆫ것이아니오其近邊에棲息ᄒᆞᄂᆞᆫ小動物의皮殼으로成ᄒᆞᆫ者도有ᄒᆞ니假令有孔蟲、放散蟲、珊瑚、海綿等物인ᄃᆡ南洋으로브터臺灣附近에連接ᄒᆞ여珊瑚로島嶼를作成된거슨일즉吾人의夙知ᄒᆞᄂᆞᆫ바로다

大洋底에沈澱은動物뿐아니라植物도成生ᄒᆞᆫ者도有ᄒᆞ니假令硅藻라稱ᄒᆞᄂᆞᆫ一種下等의小植物은時々로堆積ᄒᆞ야原層을作ᄒᆞᄂᆞᆫ事가有ᄒᆞᄂᆞ니라、以上陳述ᄒᆞᆫ河口附近의海와遠洋의深底에沈澱ᄒᆞᆫ土砂의類ᄂᆞᆫ最初에ᄂᆞᆫ無論柔軟ᄒᆞ더니滄桑의變으로陸地ᄂᆞᆫ漸次沈沒ᄒᆞ야海底가되고海底ᄂᆞᆫ漸次隆起ᄒᆞ야陸地가됨으로其上에沈澱ᄒᆞᆫ土地ᄂᆞᆫ乾暴固結ᄒᆞ야畢竟岩石이되고其中沉沒ᄒᆞ야海底가된陸地에ᄂᆞᆫ셔로土砂가沈澱ᄒᆞ야層을作ᄒᆞ고其海底가또ᄒᆞᆫ隆起ᄒᆞ야다시陸地가되미其上에土砂層은乾爆固結ᄒᆞ야、또岩石이되엿ᄂᆞ니大抵地球의表面이固体가된以來로如此ᄒᆞᆫ事가幾百回를繰返ᄒᆞᆫ것인고로地球의表面은到處에所謂水成岩이存在ᄒᆞ니라

火成岩은地底에셔브터溶液体의狀態로水成岩을貫穿ᄒᆞ야噴出ᄒᆞᆫ것인ᄃᆡ此亦地球面各處에現出ᄒᆞ야最上廣大ᄒᆞᆫ面積을占有ᄒᆞᆫ者이나水成岩面積에比ᄒᆞ면極히狹窄ᄒᆞᆫ거시며今日世界上에噴火山이多ᄒᆞᆫ地方은其大部分이必也火成岩으로成立ᄒᆞᆫ줄노推度ᄒᆞᄂᆞᆫ그러나此ᄂᆞᆫ誤解라亦是水成岩이多ᄒᆞᄂᆞ니大抵水成岩의地와火成岩의地ᄂᆞᆫ其面積을比ᄒᆞᆫ건ᄃᆡ世界上火山이最多ᄒᆞᆫ日本도거의三와一의比가될이로다(未完)

人造金

學海主人

距今十餘年前에北美合衆國人某가銀으로製金ᄒᆞᄂᆞᆫ法을發明ᄒᆞ엿다ᄒᆞ미當時學者間에多大ᄒᆞᆫ注意를惹起ᄒᆞ더니其後에ᄂᆞᆫ他金

屬으로黃金을製造ᄒᆞᆫ다ᄂᆞᆫ論者가生ᄒᆞ엿ᄉᆞ니此等論者가勿論少數인즉識者間에ᄂᆞᆫ不能의事로信知ᄒᆞ엿ᄉᆞ나其然가未然가를確然히未知ᄒᆞ니此ᄂᆞᆫ一元論이眞理인지多元論이眞理인지必也此兩者를駁論ᄒᆞᆷ이可ᄒᆞᆯ지로다

大抵宇宙萬物이如何의物노成出ᄒᆞ엿ᄂᆞᆫ지此問題ᄂᆞᆫ太古브터討究ᄒᆞ야非常ᄒᆞᆫ議論을起ᄒᆞ엿ᄂᆞ니上古希臘國學者들도或은水가元이되여萬物을形造ᄒᆞ엿다ᄒᆞ고或은空氣라ᄒᆞ야一品物노萬物의元을作ᄒᆞ엿다ᄒᆞ니此ᄂᆞᆫ所謂一元論에屬ᄒᆞᄂᆞᆫ者요其後에ᄂᆞᆫ地水火風의四元素로寄合作成ᄒᆞ엿다ᄒᆞ니此ᄂᆞᆫ所謂多元論이라印度에셔도多元論이流行ᄒᆞᆫ듯ᄒᆞ고支那의金木水火土의說도亦是相似ᄒᆞ지만은此等說은學問이發達되지못ᄒᆞᆫ時代인즉善良ᄒᆞᆫ事實노調成ᄒᆞᆫ바가아니ᄆᆡ大段히誤錯된것이로다

支那에ᄂᆞᆫ二千年前브터人工造金說이盛行ᄒᆞ엿사니即丹砂를化ᄒᆞ야黃金을作ᄒᆞᆫ다ᄒᆞᆷ과不死不老의藥을製造ᄒᆞᆫ다ᄒᆞᆷ이요西洋에ᄂᆞᆫ千五六百年前브터埃及과알력산드리아邊에居ᄒᆞᄂᆞᆫ希臘人이漸次稍同ᄒᆞᆫ事를唱始ᄒᆞ엿ᄉᆞ니此ᄂᆞᆫ西漢時代브터支那와羅馬帝國間에交通이頻煩ᄒᆞ엿슨즉必也支那思想이西洋에移轉 、者로思度ᄒᆞ겟고亞剌比亞人이羅馬帝國의一部分을攻取ᄒᆞ엿ᄉᆞ니其時에其文化를受繼ᄒᆞ엿슨즉鍊金術도傳承된듯ᄒᆞ도다亞剌比亞學者들은此事를研究ᄒᆞᆫ者가頗多ᄒᆞ야今日ᄭᆞ지傳來ᄒᆞᄂᆞᆫᄃᆡ其中에ᄂᆞᆫᄆᆡ우滋味잇ᄂᆞᆫ事도有ᄒᆞ니此等鍊金家ᄂᆞᆫ宇宙萬般의現象을研究ᄒᆞ쟈ᄂᆞᆫ廣博ᄒᆞᆫ思想으로研究ᄒᆞᆫ거시아니며黃金을作ᄒᆞ며不老不死의藥을作ᄒᆞ려ᄂᆞᆫ狹少ᄒᆞᆫ思想으로브

的을作ᄒᆞ엿스미其研究의範圍가極少ᄒᆞᆫᄃᆡ但只其代에議論은幾許間判然ᄒᆞ나其試驗ᄒᆞᆫ바가他金屬으로黃金을變作코져ᄒᆞᆷ에在ᄒᆞᆫ즉第一金屬의成分이何物인거슬善究ᄒᆞ엿슬터이오其時에汎行ᄒᆞᆫ說을看ᄒᆞ건ᄃᆡ金屬은다水銀과硫黃으로(丹砂의成分)作成ᄒᆞᆫ者인ᄃᆡ其性分의純粹ᄒᆞᆫ度와混合ᄒᆞᆫ比較를依ᄒᆞ야金銀銅鐵의各種金屬이되ᄂᆞᆫ줄노信ᄒᆞ엿고鉛、鐵、銅、安質母尼等鑛石中에ᄂᆞᆫ硫黃을含有ᄒᆞ야金銀色의光澤을持有ᄒᆞᆫ者ㅣ가不少ᄒᆞᆫ故로此等事實을因ᄒᆞ야如許ᄒᆞᆫ誤錯의說이出ᄒᆞ여一般信知ᄒᆞᆫ듯ᄒᆞ고同時에黃金製造ᄒᆞᄂᆞᆫ方法을依ᄒᆞ야不老不死의藥을造得ᄒᆞᄂᆞᆫ줄노亦是信知ᄒᆞ엿더라此等說은亞刺比亞에셔브터種々의經路를由ᄒᆞ여八九百年前브터二三百年前ᄭᆞ지歐羅巴에傳行ᄒᆞᆯ식各國鍊金家라爲名ᄒᆞᆫ者中에各種實驗研究로有益ᄒᆞᆫ發明을擧ᄒᆞᆫ者도有ᄒᆞ나黃金을製造ᄒᆞᆫ다ᄂᆞᆫ主要ᄒᆞᆫ目的을到達ᄒᆞᆫ者ᄂᆞᆫ無ᄒᆞ고其間에似而非學者와似而非技術家가多ᄒᆞ엿ᄉᆞ니此ᄂᆞᆫ二三百年에著出ᄒᆞᆫ小說과歌謠中에鍊金家를嘲笑ᄒᆞᆫ古文으로도可測ᄒᆞ겟도다洋의東西를勿論ᄒᆞ고往昔은陰陽術이天文學과殆同ᄒᆞᆫ体地가되여非常ᄒᆞᆫ密接의關係를持ᄒᆞ야同時에發達ᄒᆞᆫ것과如히同一ᄒᆞᆫ關係로鍊金術도化學과殆同의体地로思度ᄒᆞᆫ時代가有ᄒᆞ엿다가陰陽術이頽敗ᄒᆞ고天文學이眞正으로進步ᄒᆞᆫ것과如히化學도鍊金術을離ᄒᆞᆫ後에眞正ᄒᆞᆫ發達을得ᄒᆞ엿도다然ᄒᆞ나直接으로有益ᄒᆞᆫ問題研究에ᄂᆞᆫ人智가比較的幼稚ᄒᆞᆫ時代에라도精神을費盡ᄒᆞᆫ人이多ᄒᆞᆫ故로鍊金術과如ᄒᆞᆫ誤錯의事도大体上으로論及ᄒᆞ면其結果ᄂᆞᆫ後世에多大ᄒᆞᆫ有益을與ᄒᆞ엿실지라何者

오萬一如此ᄒᆞᆫ始機가無ᄒᆞ엿스면幾多의發明이當時에生來치못ᄒᆞ엿스리로다만은此ᄂᆞᆫ往昔의事이미二三百年來鍊金術을信ᄒᆞᄃᆞᆫ者ᄂᆞᆫ少數의迷信者이나近頃에至ᄒᆞ여ᄂᆞᆫ前陳과如히人工으로黃金을造得ᄒᆞᆫ다ᄂᆞᆫ說을唱出ᄒᆞᄂᆞᆫ者가種々히表出ᄒᆞᆷ은可謂注目ᄒᆞᆯ現象이라ᄒᆞᆯ거시라何者오世人이從來學說의覊絆을脫解ᄒᆞ고新方面을開拓ᄒᆞ려ᄂᆞᆫ勇氣가迸進ᄒᆞᄂᆞᆫ所以를因ᄒᆞᆷ이로다

今日化學上으로元素라云ᄒᆞᄂᆞᆫ思想은二百年頃前브터漸次明瞭히된거신ᄃᆡ此思想을明瞭케ᄒᆞ기前에ᄂᆞᆫ成分이라ᄂᆞᆫ思想이先瞭ᄒᆞ엿슬지니假令砂糖水의成分은砂糖과水요眞鍮의成分은亞鉛과銅이나水가果是單純ᄒᆞᆫ品物인지或은種々의成分으로集合ᄒᆞ여된거신지云ᄒᆞ자면亦是水素酸素의二成分으로成ᄒᆞᆫ者요砂糖은多數의有機物과如히水素酸素와其他炭素를含有ᄒᆞ엿ᄂᆞ니然則水素酸素炭素等은如何ᄒᆞᆯ가是亦種々의成分으로成ᄒᆞᆫ者나ᄒᆞ면今日ᄭᆞ지ᄂᆞᆫ何等種々雜多의方法을依ᄒᆞ여其成分을發見코져ᄒᆞᆯ지라도到底히其目的을透達치못ᄒᆞ엿스미化學上으로言ᄒᆞ면今日ᄭᆞ지分解를未得ᄒᆞᆫ者요亞鉛과銅도亦是未能ᄒᆞ엿스미此等二種以上의他物質을分解치못ᄒᆞᄂᆞᆫ物質을化學上으로ᄂᆞᆫ元素라稱ᄒᆞ니元素ᄂᆞᆫ萬物究竟의成分이오砂糖水에在ᄒᆞᆫ水와砂糖은그近成分이라稱ᄒᆞᄂᆞᆫᄃᆡ今日ᄭᆞ지發見된元素ᄂᆞᆫ의總數가거의八十이나그러나此後에도硏究의方法이益進ᄒᆞᆷ을從ᄒᆞ야最新의元素가幾許이나生ᄒᆞᆯ지未知ᄒᆞ겟도다

此等八十餘種의元素가如何히地球上에分配되엿ᄂᆞᆫ지說明ᄒᆞ기通常容易ᄒᆞᆯ지니即動植物体의重要ᄒᆞᆫ部分을成ᄒᆞᆫ炭素水素窒素

酸素이라此等은金屬의性質이아닌즉非金屬元素라ᄂᆞᆫ部分에屬ᄒᆞᆯ거시오岩石土壤은地球의外殼을形造ᄒᆞ엿스나其主要ᄒᆞᆫ元素ᄂᆞᆫ硅素、酸素、알미니윰、鐵、其他小金屬이요日常吾人이使用ᄒᆞᄂᆞᆫ金銀銅錫鉛等은地殼中에存在ᄒᆞᆫ거시僅少ᄒᆞ나諸處에集合ᄒᆞ여鑛脈이되엿ᄉᆞ미比較的採取ᄒᆞ기가容易ᄒᆞᆫ者며此等元素ᄂᆞᆫ地球上에만存在ᄒᆞᆯ뿐아니라太陽과其他恒星에도存在ᄒᆞ다ᄒᆞ나니如何히其事實을確得ᄒᆞ엿나냐問ᄒᆞ면何許의元素던지極히强熱ᄒᆞ면氣体가되여有色의光線을放生ᄒᆞᄂᆞᆫᄃᆡ各其元素를從ᄒᆞ야其色이懸殊ᄒᆞᆫ거시라故로其光線을細密히精究ᄒᆞ면各元素도分明히知得ᄒᆞᄂᆞᆫ거시미地球上의在ᄒᆞᆫ種々의元素가高温度의氣体가되여放出ᄒᆞᄂᆞᆫ光線은十分研究ᄒᆞᆯ거신고로太陽과其他諸恒星에셔來ᄒᆞᄂᆞᆫ도것一樣의方法으로調擧ᄒᆞ면如何ᄒᆞᆫ元素가存在ᄒᆞᆫ거슬知得ᄒᆞᆯ거시며地球上에存ᄒᆞᆫ元素中에太陽의光線에셔發見된元素總數가二十餘種이오其他恒星에ᄂᆞᆫ如許히數多치못ᄒᆞ나水素等元素가最上全宇宙를廣通存在ᄒᆞᆫ거슨正確ᄒᆞᆫ거시라然ᄒᆞᆫ즉地球上뿐아니라地球上에存在ᄒᆞᆫ萬物이總畧同樣의元素로成立ᄒᆞᆫ거슬推定ᄒᆞ겟도다

其中에最上趣味잇ᄂᆞᆫ事實이有ᄒᆞ니年前英吉利學者록키어라稱ᄒᆞᄂᆞᆫ人이太陽의光線을研究ᄒᆞᆯ時에從來地球上에셔發見ᄒᆞᆫ元素와不同ᄒᆞᆫ光線을出ᄒᆞᄂᆞᆫ者가有ᄒᆞᆫ지라此에헤리윰이라ᄂᆞᆫ名稱을附與ᄒᆞ엿스니이ᄂᆞᆫ太陽元素라ᄂᆞᆫ意味인ᄃᆡ數年前에英人림쎄이라云ᄒᆞᄂᆞᆫ者ㅣ地球上에셔도同一ᄒᆞᆫ헤리윰을發見ᄒᆞ니空氣의一成分이되여存在ᄒᆞ미勿論其分量이非常히僅少ᄒᆞᆫ故로長久히發

見치못ᄒᆞ엿ᄉᆞ나遠距離에在ᄒᆞᆫ太陽에서發見ᄒᆞᆫ者가後에吾人의手側에서發見된거슨滋味잇ᄂᆞᆫ事가아닌가故로地球上諸元素에對ᄒᆞᆫ立論은宇宙元素에推及ᄒᆞᆷ이當然ᄒᆞ리로다

元素ᄂᆞᆫ非金屬元素와金屬元素二種으로分別ᄒᆞ니其中에非金屬元素ᄂᆞᆫ겨우二十餘種에不過ᄒᆞ고其餘ᄂᆞᆫ盡是金屬元素니金屬元素라云ᄒᆞ면金이나銀과如히光澤잇고又ᄂᆞᆫ熱이나電氣를良導ᄒᆞᄂᆞᆫ相似의性質을持有ᄒᆞᆫ者인ᄃᆡ諸元素ᄂᆞᆫ其性質上에도種々類似의點도有ᄒᆞ며樣々의分類된것도有ᄒᆞ나全然히無關係ᄒᆞᆫ거시아니오恰然히各種生物間에血族의關係가有ᄒᆞ고遠近의差가有ᄒᆞᆫ것과如히元素도亦是同一의根原으로브터種々殊異의狀況以下에種々의現象이된거스로思測ᄒᆞᆯ點도不無ᄒᆞᆯ지라然則生物學上에諸生物이同樣祖先의後裔라고稱ᄒᆞᄂᆞᆫ進化論과如히近頃에도元素의進化論을唱出ᄒᆞᄂᆞᆫ者ㅣ가有ᄒᆞ니此ᄂᆞᆫ勿論生物學上의進化論과如히論據가正確ᄒᆞᆫ거시아닌즉今日에ᄂᆞᆫ一種臆說노看破ᄒᆞᆯ지로다萬一此議論中에的中ᄒᆞᆫ者가有ᄒᆞ엿스면諸元素ᄂᆞᆫ同一의元質노歸ᄒᆞᆯ지니亦是一元論으로主ᄒᆞᆯ거시어ᄂᆞᆯ研究의進步됨을從ᄒᆞ야畢竟元素의數가增加ᄒᆞᆷ에至ᄒᆞ엿고또ᄂᆞᆫ前에陳述ᄒᆞᆷ과如히高溫度에在ᄒᆞᆫ氣体元素의光線의研究가進步ᄒᆞ야水素酸素와如ᄒᆞᆫ元素라도決코單純ᄒᆞᆫ者가아니오各種成分이化合ᄒᆞ야된거시라唱ᄒᆞᄂᆞᆫ者도有ᄒᆞ나此亦今日觀察로ᄂᆞᆫ十分信憑치못ᄒᆞᆯ바이라果是正當ᄒᆞᆯ것갓ᄒᆞ면一元論ᄭᆞ지至ᄒᆞᆯ바아니로되元素의數ᄂᆞᆫ今日보다減少ᄒᆞᆷ이可ᄒᆞ리로다또物理學者에도物質의成分에就ᄒᆞ여ᄂᆞᆫ種々의議

論이有ᄒᆞᆫ中에物質은皆是極細ᄒᆞᆫ微塵으로成出ᄒᆞ엿다는學說이今日에도廣行ᄒᆞ는ᄃᆡ此微塵에는原子라는名稱을付ᄒᆞ야一元論을唱ᄒᆞ나此는一箇臆說에不過ᄒᆞ야事實上證據가甚히薄弱ᄒᆞ며今日ᄭᆞ지確實히實驗ᄒᆞᆫ結果를據ᄒᆞᆫ건ᄃᆡ元素는各々別種의物이라其以上에는他成分을發見치못ᄒᆞ엿슨즉事實上으로多元論을信憑ᄒᆞ는外에更無ᄒᆞᆯ지로다萬一一元論을眞理라云ᄒᆞ면一元素를他元素로變作ᄒᆞᆯ수가有ᄒᆞ겟스니他金屬으로黃金을變製ᄒᆞᆯ수도有ᄒᆞ겟고非金屬物노도黃金을變製ᄒᆞᆯ수가有ᄒᆞᆯ터힌ᄃᆡ事實上多元論이正確ᄒᆞᆫ以上에야人工으로黃金올製作ᄒᆞᆫ다ᄒᆞᆷ은容易히可爲의事가아니로다無用의物을有用의物노變作ᄒᆞ고價低의物을貴重의物노變化ᄒᆞᆷ은同一의元素로도製得ᄒᆞ는者인ᄃᆡ現今에炭으로石墨（鉛筆心을造物ᄒᆞ는物）을變作ᄒᆞ는거과炭으로金剛石을變作ᄒᆞᆷ에比較的好箇成功을得ᄒᆞᆫ즁에炭으로製ᄒᆞᆫ金剛石은極히細微ᄒᆞ야粧飾의目的에不過ᄒᆞ나然ᄒᆞ나木炭이라石墨이라金剛石이라云ᄒᆞ는物을燃燒ᄒᆞ면炭酸瓦斯가되ᄂᆞ니然則此는其形態만變ᄒᆞᆯ뿐이오一種元素를他元素로變作ᄒᆞᆫ다ᄒᆞᆷ은不可能의事實이니假令普通의銀을金色으로溶得ᄒᆞᆯ수有ᄒᆞ나然ᄒᆞ나銀은銀이요決코金이아니며또灼熱ᄒᆞ면其前과如히普通銀이되ᄂᆞ니然則此로써推測ᄒᆞᆯ지라도銀을金으로製作ᄒᆞ기가極難ᄒᆞᆯ지니近頃에世人이人造金이라稱ᄒᆞ야販賣ᄒᆞ는거슨但只數種의金屬을合ᄒᆞ야金色을鍍ᄒᆞᆫ者에不過ᄒᆞᄂᆞ니라

（完）

寒中動物談

柳種洙

大抵吾人々類ᄂᆞᆫ寒氣甚嚴ᄒᆞᆫ冬期를當ᄒᆞ면錦衣綿襪手袋等으로一身을緊着ᄒᆞᆯ뿐不啻라房內에도暖爐、火爐、毛褥等各種設備가各別完全ᄒᆞᆫ故로温暖을常得ᄒᆞ거니와彼設備가完全치못ᄒᆞᆫ動物은如何히大寒風雪을尋常히經過ᄒᆞᄂᆞᆫ가此ᄂᆞᆫ吾人의一次研究的思想으로審察ᄒᆞᆯ바ㅣ니左에大綱을記述ᄒᆞ건ᄃᆡ兎、狸、虎、獅子等은天然的防寒具로極密極厚ᄒᆞᆫ毛皮를自持ᄒᆞᆫ고로冬期를當ᄒᆞ면其軆毛가一層成密ᄒᆞ야寒氣를尋常히經過ᄒᆞ나니此ᄂᆞᆫ吾人의共知ᄒᆞᄂᆞᆫ바어니와假令鯨과如ᄒᆞᆫ動物은鞣皮와如히柔弱ᄒᆞᆫ皮膚를持有ᄒᆞ엿ᄂᆞ니其身體의長大ᄒᆞᆷ은果是水産動物中에先頭를占領ᄒᆞᆯ지라도極嚴ᄒᆞᆫ寒中에ᄂᆞᆫ其生活이必也多大ᄒᆞᆫ困難을未免ᄒᆞᆯ듯ᄒᆞ나此ᄂᆞᆫ誤度ᄒᆞᆫ바니何者오非他라果然至極히結構된防寒의裝置가有ᄒᆞᄂᆞ니其表面身體에ᄂᆞᆫ殊別ᄒᆞᆫ機官이無ᄒᆞ나其皮膚裏에厚가五六寸乃至一尺四五寸되ᄂᆞᆫ脂肪層이有ᄒᆞ야隆寒盛冬中에서라도其脂肪이適宜ᄒᆞᆷ을因ᄒᆞ야体温이無奪ᄒᆞᆷ으로能히大海中에荒遊ᄒᆞᄂᆞ니라

蝙蝠은夏節夜天에多數히空中에飛出ᄒᆞ야蚊蛔等의小昆虫을捕食生活ᄒᆞᄂᆞᆫ者라비록小寒中이라도何處로避去ᄒᆞᄂᆞᆫ지其影이不見ᄒᆞᆷ은餌料되ᄂᆞᆫ昆虫을取得키不能ᄒᆞᆷ으로飛行ᄒᆞᆯ必要가無ᄒᆞᆫ然故ㅣᆫ듯ᄒᆞ나其實은自身이動作을不能ᄒᆞᆫ所以로初秋브터空屋、洞穴、木穴、橋隙等處에風雨不襲ᄒᆞ야濕氣適宜ᄒᆞᆫ處所를撰擇ᄒᆞ야隱避接懸ᄒᆞ되或數千百多數의蝙蝠이群集ᄒᆞᆯ時ᄂᆞᆫ堅固ᄒᆞᆫ狀態

로互相接懸ᄒᆞ야冬籠을成ᄒᆞᆫ後에冬眠을作ᄒᆞᄂᆞ니如此ᄒᆞᆫ狀態를作ᄒᆞᆫ時난其体温이攝氏寒暖計三十五度及十四五度內外에降ᄒᆞ며其脉搏는三分時間에一度를僅纔循環ᄒᆞᆷ으로脉搏ㅣ甚低ᄒᆞ야死態와如ᄒᆞᆫ듯ᄒᆞ나但只活潑치만못ᄒᆞᆯ뿐이오實은生理的作用으로幾分의營養이有ᄒᆞ며餌食은不得ᄒᆞ나其体形調法은駱駝와如ᄒᆞ니大抵駱駝는牛馬와比等ᄒᆞᆫ動物노食物이豐富ᄒᆞᆯ時를當ᄒᆞ면預備的으로一時에多量ᄒᆞᆫ食料를呑嚥ᄒᆞ야背上에隆肉이特出케貯藏ᄒᆞ엿다가沙漠旅行에食物이多日缺乏ᄒᆞ면其貯藏ᄒᆞᆫ거슬畧々히消費ᄒᆞ야生活을繼續ᄒᆞ는者ㅣ라蝙蝠도亦是脂肪形으로養力을貯置ᄒᆞ엿다가冬期中에는其貯藏ᄒᆞᆫ養分을畧々히血液中에溶入ᄒᆞ야生理作用을繼續ᄒᆞ며ᄯᅩ巧妙ᄒᆞᆫ裝置가自備ᄒᆞ엿ᄂᆞ니此는濃密ᄒᆞᆫ其体毛라其体는少ᄒᆞᆯ지라도一百五十萬以上의多數를持有ᄒᆞ엿ᄉᆞ며他一般動物의毛는体部各面에大畧同樣으로圓筒形이되엿스나蝙蝠은不然ᄒᆞ니只今顯微鏡으로細察ᄒᆞ건ᄃᆡ多節ᄒᆞᆫ毛가漏斗를同方向의連續ᄒᆞᆫ模樣으로뵈일뿐아니라体毛가甚히交密ᄒᆞ야寒風을其皮膚에直受치아니ᄒᆞ고ᄯᅩ防寒具로兩脇에飛膜이잇서吾人이外套로身体를包着ᄒᆞᆷ과恰似히其全体를蔽掩ᄒᆞ며其膜間에空氣가少許式流通ᄒᆞ미熱氣中其体温의過度를放散케ᄒᆞᄂᆞ니라

두더쥐(鼴)는同食虫動物이라耐寒이不能ᄒᆞ야氣候의寒度를當ᄒᆞ면漸次地層下方에深入ᄒᆞ야四五尺地下에셔蚯蚓等幼昆虫을採食ᄒᆞᄂᆞ니此等幼昆虫도亦是寒氣를慴畏ᄒᆞ야地層深處에入留ᄒᆞ는고로두더쥐의生活이亦是困難치아니ᄒᆞ니라

다람쥐(栗鼠)는樹上에서生活ᄒᆞ는動物이라冬期近迫ᄒᆞᆫ暮秋브터預備的으로禽鳥의古巢를盜取ᄒᆞ야樹上必要處에巢를構作ᄒᆞ고巢內에柔苔로溫床을作ᄒᆞᆫ後에地下面에一小孔을作ᄒᆞ니此는但只防寒目的뿐아니라第一敵獸의所侵이有ᄒᆞᆯ가ᄒᆞ야保護法으로必要ᄒᆞ게構成ᄒᆞᆫ所以요如或危急ᄒᆞᆫ時를當ᄒᆞ면此床下面小孔으로逃避ᄒᆞᆷ이巧拙伶俐ᄒᆞ며또夏秋間에木葉과果實을取集ᄒᆞ여洞穴、岩間、樹隙等處에貯藏ᄒᆞ엿다가落盡ᄒᆞᆫ木葉果實이雪中에深埋ᄒᆞ여外界에得食이不能ᄒᆞᆫ冬期에는其貯藏ᄒᆞᆫ거ᄉᆞ로尋常ᄒᆞᆫ生活을作ᄒᆞᆷ은吾人々類가秋收冬藏으로過年을生活ᄒᆞᆷ과恰似ᄒᆞ도다

接木法 (前號續)

朴相洛

(五) 接木用器具及用品

接木을施行ᄒᆞᆷ에當ᄒᆞ야所用ᄒᆞ는器具는鋏(剪力)과小刀와鋸等이오其他用品은布片과藁와接蠟과接紐等이라鋏은흔이砧木의枝와根과밋接穗를切斷ᄒᆞᆷ에用ᄒᆞ는거신ᄃᆡ普通木鋏이라稱ᄒᆞ고鋸는稍히大ᄒᆞᆫ樹木을切斷ᄒᆞᆷ에用ᄒᆞ는거신ᄃᆡ其齒의細密ᄒᆞᆫ者를擇ᄒᆞ야使用ᄒᆞᆯ지라만일鋸齒가粗大ᄒᆞ면其切斷面을後에小刀로平滑히削斫ᄒᆞ야도傷痕이殘留ᄒᆞ기容易ᄒᆞ니砧木과接穗를切斷ᄒᆞᆯ時에다욱注意ᄒᆞᆯ거시오小刀는흔이切斷面을削斫ᄒᆞ야平滑히ᄒᆞ고或은他의斷面을削ᄒᆞ는거신ᄃᆡ最히銳利ᄒᆞᆫ者를擇ᄒᆞᆯ지라만일刄上에些少라도缺落ᄒᆞᆫ部分이有ᄒᆞ면削斫ᄒᆞ는斷面이平滑치못ᄒᆞ야或接木이密着

치못홈으로癒合이不能홀이니凡我園藝家는此에注意할지라또接紬(或은接紐이라云홈)은接合혼部分이癒着ᄒᆞ기ᄭᆞ지纏置ᄒᆞ는거신ᄃᆡ外科治療에要ᄒᆞ는繃帶(bandage)와如ᄒᆞ도다我國에셔는古來로麻와藁(찰베딥)을使用ᄒᆞ나麻는濕氣을帶ᄒᆞ면甚히緊縮ᄒᆞ야樹의養液循環을阻害ᄒᆞ는患이有ᄒᆞ고藁는反此ᄒᆞ야月日을經過ᄒᆞ면從此朽腐ᄒᆞ나恰然이接木이癒合ᄒᆞ야着生혼頃에自然이朽落홈인즉藁가麻보다實用上에便利홈이多ᄒᆞ고接蠟은接合部外面에塗付ᄒᆞ야濕氣의侵入을防禦ᄒᆞ야腐敗치못ᄒᆞ게ᄒᆞ는거시라接蠟의製造方法은諸種이有ᄒᆞ나最簡單혼거슨松脂(송진)三兩重과密蠟一兩重과獸脂(豚脂)五錢重을溶解混合ᄒᆞ되獸脂는氣候의寒暖을從ᄒᆞ야寒혼時에는幾許間加入ᄒᆞ고暖혼時에는減ᄒᆞ야不硬不軟ᄒᆞ게ᄒᆞ야使用할지니라

또塗付料와接蠟綿布가有ᄒᆞ니塗付料는砧木에負傷혼部分이有ᄒᆞ면此에塗付ᄒᆞ야樹의養液이其處로漏치아니ᄒᆞ게ᄒᆞ되其製法은石板石의粉末五六分과「다ー루」一分과混合善煉ᄒᆞ야塗付ᄒᆞ나니是는樹木의負傷혼部分이던지又는切斷혼面으로養液이漏出ᄒᆞ는境遇에適用홀지오接蠟綿布는接木의接合部에包纏ᄒᆞ면多大혼效果을奏ᄒᆞ는것인ᄃᆡ其製法은密蠟을溶解혼中에綿紗를疊入ᄒᆞ야能히密蠟이綿紗에浸ᄒᆞ면此를取出冷却케ᄒᆞ야使用홀時에適宜히切홀지니라

接木의種類

接木法에枝接法과芽接法의二種이有혼ᄃᆡ枝接法은左와如히十一種으로細別ᄒᆞ니

一、砧接法 二、割接法 三、水接法

四、舌接法 五、鞍接法 六、根接法
七、腹接法 八、搭接法 九、揷接法
十、合接法 十一、寄接法

芽接法은또左와如히八種으로細別ᄒᆞ니

一、丁字形芽接法 二、丄字形芽接法
三、剝皮芽接法 四、十字形芽接法
五、環狀芽接法 六、H字形芽接法
七、方形芽接法 七、三角形芽接法

等이是라自此로逐條說明ᄒᆞᆯ깃소

化學瞥記

朴廷義

吾人은日常種々ᄒᆞᆫ物体가時々變化ᄒᆞᄂᆞᆫ거슬目擊ᄒᆞᄂᆞᆫ거과갓치山川草木으로브터禽獸虫魚에至ᄒᆞ도록千古不變ᄒᆞᄂᆞᆫ物体ᄂᆞᆫ一種도無ᄒᆞᆫᄃᆡ其中動植物等은生死營枯ᄒᆞᄂᆞᆫ고로其變化가最히顯著ᄒᆞ고鑛物도亦是變化ᄒᆞᄂᆞᆫ거신ᄃᆡ例ᄒᆞ면岩石等의崩壞ᄒᆞ야土壤이되며銅鐵類의空氣中에서鏽를生ᄒᆞᄂᆞᆫ거시此也라

此等變化가다못緩急의差別은有ᄒᆞ나皆是物質組成上變化라如此ᄒᆞᆫ物質組成의諸變化와各種物質의性狀을講究ᄒᆞᄂᆞᆫ理學의一分科를稱ᄒᆞ야化學이라ᄒᆞᄂᆞ니라

總히物体變化에甲乙의差別이有ᄒᆞ야甲은物体의組成에不關ᄒᆞ고乙은物体의組成을變ᄒᆞᄂᆞᆫ同時에其性質을變ᄒᆞᄂᆞᆫ거신ᄃᆡ甲을物理的變化라ᄒᆞ고乙을化學的變化라稱ᄒᆞᄂᆞ니甲乙의例를詳細이擧ᄒᆞ면水가氷되ᄂᆞᆫ거ᄉᆞᆫ其本質을不失ᄒᆞ야組成上에不關ᄒᆞᄂᆞᆫ故로物理的變化라ᄒᆞ고鐵이鏽되ᄂᆞᆫ거ᄉᆞᆫ組成과밋性質을變ᄒᆞᄂᆞᆫ故로化學的變化라ᄒᆞ

ᄂᆞ니라

單体又ᄂᆞᆫ元素

元素ᄅᆞᆯ金屬과非金屬二種에大別ᄒᆞ엿난ᄃᆡ金屬元素난一種의光澤을有ᄒᆞ고水銀以外에난다ㅣ固体인ᄃᆡ熱과밋電氣의良導体요ᄯᅩ蒼鉛을除ᄒᆞᆫ外에난水素와直接으로化合ᄒᆞ지못ᄒᆞ고非金屬元素에ᄂᆞᆫ氣体와液体와밋固体가有ᄒᆞᆫᄃᆡ何体던지光澤이無ᄒᆞ고或水素과化合ᄒᆞ야輝發性의物体도生ᄒᆞ고或酸素와化合ᄒᆞ야酸生酸化物도生ᄒᆞᄂᆞ니라

元素의記號及原子量

元素의記號ᄂᆞᆫ簡單ᄒᆞ야記憶ᄒᆞ기便ᄒᆞᆫ고로化學硏究上에가장必要ᄒᆞᆫ거시라

即元素名은水素　記號ᄂᆞᆫH　原子量은一

元素名은酸素　記號ᄂᆞᆫO原子量은十六

化合ᄒᆞᄂᆞᆫ法則及方程式記號

一元素가他元素과化合ᄒᆞᆯ時에其分量이適

當ᄒᆞ면化合ᄒᆞ거니와만약分量이相違ᄒᆞ면化合지못ᄒᆞᄂᆞᆫ지라가량甲元素一과乙元素二ᄅᆞᆯ化合量이라ᄒᆞ면甲元素二와乙元素二던지甲元素三과乙元素二과ᄂᆞᆫ化合지못ᄒᆞᄂᆞ니라

方程式記號ᄂᆞᆫ　＋은化合이요＝ᄂᆞᆫ變ᄒᆞᄂᆞᆫ票라

物質不滅의定律

物質不滅의定律이라ᄒᆞᄂᆞᆫ거ᄉᆞᆫ何物을不問ᄒᆞ고다ㅣ三体로變移도ᄒᆞ고ᄯᅩ化合的變化도有ᄒᆞ나다못形象本質만變ᄒᆞᆯᄲᅮᆫ이고原量은決코增減이無ᄒᆞᆫ거시니비겨말ᄒᆞ면水가水蒸氣되ᄂᆞᆫ거ᄉᆞᆯ外視ᄒᆞᄂᆞᆫ데ᄂᆞᆫ업서지ᄂᆞᆫ겻갓트나適當ᄒᆞᆫ機械로精密히試見ᄒᆞ면增減이少無ᄒᆞᆫ거ᄉᆞᆯ確得ᄒᆞᆯ지니此定律이化學上에大原則이되ᄂᆞᆫ니라

酸素、記號난O、原子量은十六、

文藝

廣告

本學報代金을收入홈에便宜를從ᄒᆞ여京城과平安北道에ᄂᆞᆫ委托收金所를置ᄒᆞ엿싸오니京城서本報를購覽ᄒᆞ시ᄂᆞᆫ이ᄂᆞᆫ代金을

京城北署苑洞李甲氏宅留

金基玉 氏許로交付ᄒᆞ시고平安北道에서本報를購覽ᄒᆞ시ᄂᆞᆫ이ᄂᆞᆫ

平安北道定州南門內

洪成麟 氏許에交付ᄒᆞ심을敬要

太極學會 告白

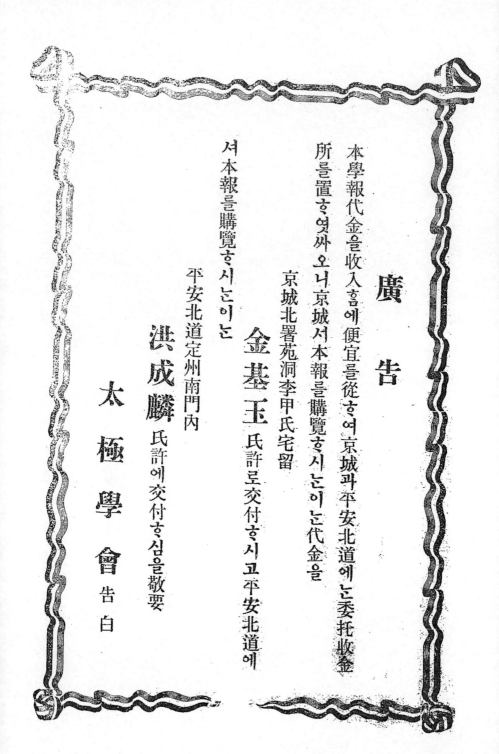

酸素ᄂᆞᆫ無色無味無臭ᄒᆞᆫ氣体인ᄃᆡ地球上에가장多量되ᄂᆞᆫ氣体라游離ᄒᆞ여서ᄂᆞᆫ空氣의容積五分之一을占ᄒᆞ고他元素와化合ᄒᆞ여서ᄂᆞᆫ諸動植物의組織에들고또水의九分之八을占ᄒᆞᆫ고로七十六元素中에가장多ᄒᆞᆫ거신ᄃᆡ其製法은(一)酸化水銀을强熱ᄒᆞ야液体의水銀과氣體의酸素를生ᄒᆞ고(二)鹽酸加里를熱ᄒᆞ야固體의鹽化加里와氣體의酸素를生ᄒᆞᄂᆞ니라

酸素의效用

(一)動物은空氣를呼吸ᄒᆞ야酸素의化用으로써血液을精純케ᄒᆞ고또體温을生ᄒᆞ며

(二)酸素가他物과化合ᄒᆞ야動植物과난數多鑛物을組成ᄒᆞ며또可히不無ᄒᆞᆯ水를組成ᄒᆞ고

(三)空氣中의酸素로因ᄒᆞ야薪炭을燒ᄒᆞ며熱을取ᄒᆞᄂᆞ니라如此히動物의呼吸과薪炭의燃燒等으로由ᄒᆞ야空氣中의酸素난時々로減少되야終末에난다罄盡ᄒᆞᆯ듯ᄒᆞ나植物은炭酸瓦斯를分解ᄒᆞ야酸素를放散ᄒᆞ난故로千古不盡ᄒᆞᄂᆞ니라

窒素、記號난N、原子量은十四、

窒素난無色無味無臭ᄒᆞᆫ氣體인ᄃᆡ元素ᄃᆡ로난空氣의容積五分之四를占ᄒᆞ고化合ᄒᆞ여서ᄂᆞᆫ生物의組織에들고또礦物中에도存在ᄒᆞᆫ거신ᄃᆡ其製法은可히酸化ᄒᆞᆯ만ᄒᆞᆫ物體를燒ᄒᆞ야空氣中에酸素를除去ᄒᆞ면窒素를得ᄒᆞ나空氣中에난酸素와窒素以外에도少量의種々ᄒᆞᆫ物質을含有ᄒᆞᆷ으로써此法으로난純粹ᄒᆞᆫ窒素를製得치못ᄒᆞ난고로其化合物을分解ᄒᆞ면純粹ᄒᆞᆫ物을製ᄒᆞᄂᆞ니라

水素、H、一、

水素난無色無味無臭ᄒᆞ고甚히輕ᄒᆞᆫ氣體인고로水를上에서下로注下ᄒᆞᆷ과갓치水素

를아레셔우에注入홀수가有호거신덕其製法은(一)水中에金屬나트리움(Na)을投호면水과 Na 가反應(化合)호야一種의氣體即水素를生호며(二)鐵屑을强熱호야此에水蒸氣를通入호면亦是水素를生호난딕其中簡便호製法은(三)亞鉛에稀硫酸을加호야電解(水를電氣로分解호난法)호난딕有호도다

水素의効用은許多호지만은第一必要호곳은酸素과化合호야水를生호며또白金갓치高温度를要호난金屬을溶解호는딕有호도다

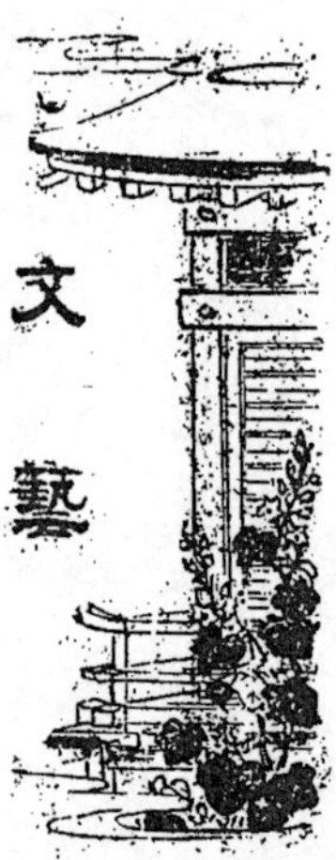

文藝

臨終時에其子의게與호는遺書

經世老人

嗚呼라余의命運이至今此世를離去케되엿스미汝等의게마즈막數言을托告호노니汝等은부딕銘心謹守호여라

一、人이世上에生호여國家의獨立을完保치못호며墮落호國權을挽回치못호고世間公道로年光이已老호여不得已로此世를永訣케되엿스니胸中에焚熱호는沸血은形言키難호다余는天下社會의賴國大罪責을難逃로되여손즉今에痛論호여 도何等殊效가無

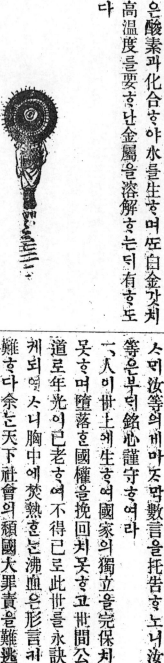

ᄒᆞ겟ᄉᆞ나汝等은子午起臥間에國家를長念ᄒᆞ며愛國ᄒᆞᄂᆞᆫ義務를盡ᄒᆞ여我等의원수를復報ᄒᆞ고我等의自由幸福을期圖ᄒᆞ여라萬一此를到達치못ᄒᆞ면天下의罪人이요社會의罪人이요祖宗의罪人이요同胞의罪人이ᄲᅮᆫ더러禽獸에近似ᄒᆞᆫ野人批評을未免ᄒᆞ리니某條록熱心勇鬪ᄒᆞ여라

二、以上우리의自由幸福을廓復ᄒᆞ려면當時急務와將後遠計ᄂᆞᆫ國民敎育과實業發達外에不出ᄒᆞᆯ거신ᄃᆡ敎育은特別히義務軍人敎育을普及토록武的勇敢의氣像을養成ᄒᆞᆯ거시오農工商實業은多數奬勵ᄒᆞ야外國物品은少數로輸入ᄒᆞ고內國物品은多數로輸出케ᄒᆞ여漸次實業上權利를擴復ᄒᆞ야其勢力을全地球上에發展케ᄒᆞ여라

三、余가死ᄒᆞᆫ後汝等은其業을各守ᄒᆞ야決코左之右之ᄒᆞ지ᄆᆞᆯ나時勢ᄂᆞᆫ變遷無常ᄒᆞ리니此를注意ᄒᆞ여業務上에改良을施設ᄒᆞᆷ은可ᄒᆞ거니와決코自己本性에不適當ᄒᆞᆫ事業에ᄂᆞᆫ從事치말지라

四、投機ᄂᆞᆫ眞實노人을失敗ᄒᆞᄂᆞᆫ深谷에陷落케ᄒᆞᄂᆞᆫ바니如何ᄒᆞᆫ事情이有ᄒᆞ던지決코妄行치말지니라

五、비록不得已ᄒᆞᆫ事가有ᄒᆞ야田土를放賣ᄒᆞᆯ지라도決코外國人의게放賣치말나一次外國人手中에驅入ᄒᆞᆫ土地ᄂᆞᆫ다시我韓人의庄土가되기容易치못ᄒᆞ니라

六、汝等의子女中에如何히難避의事가有ᄒᆞᆯ지라도決코外國人과結婚치말지라至古로異國人間에結婚ᄒᆞᆫ國家ᄂᆞᆫ美好ᄒᆞᆫ效果가無ᄒᆞᆯᄲᅮᆫ아니라終當은衰國의惡運을未免ᄒᆞ엿ᄂᆞ니라

七、他人의保證人이되여證書에捺印ᄒᆞᆷ은ᄉᆞᄉᆞ로借金ᄒᆞᆷ과同一ᄒᆞᆫ즉其結果ᄂᆞᆫ自己의全

數財産을蕩失홀事가重々ᄒᆞᄂᆞ니余가死ᄒᆞᆫ後에決코他人證書에捺印치말거신ᄃᆡ만일不得已ᄒᆞᆫ境遇에ᄂᆞᆫ처음브러放棄홀生覺으로若干의金錢을其人의게贈與ᄒᆞ라

八、自己의全數財産은반ᄃᆞ시半分ᄒᆞ야半部ᄂᆞᆫ己有를作ᄒᆞ고半部ᄂᆞᆫ汝等의長男長女(或은妻)等의所有를爲置ᄒᆞ라그리ᄒᆞ면假令不時의事變을因ᄒᆞ야其半部ᄂᆞᆫ設或蕩失홀지라도他半部로써能히家計再興의策을得立ᄒᆞᄂᆞ니라

九、人格은世界上最重ᄒᆞᆫ物이라此物이無ᄒᆞ면거의人된價値가無ᄒᆞᄂᆞ니故로汝等은其子孫의幼稚時代브터恒常此物을養成홈에注意ᄒᆞ여라

一〇、生存競爭이激烈ᄒᆞᆫ現代에셔ᄂᆞᆫ体力의健不健이其人의事業成敗를決斷ᄒᆞᄂᆞ니汝等은恒常適宜ᄒᆞᆫ運動을行ᄒᆞ야体力의健康을共圖ᄒᆞ며또汝等의子孫도此를養成케ᄒᆞ여라

一一、七十年間經驗을依ᄒᆞ건ᄃᆡ余의病患은據半이나無理ᄒᆞᆫ行動에서孕生ᄒᆞ엿ᄉᆞ니故로汝等은凡百事務를處行홈에너무身体를無理ᄒᆞ게使用치말나萬一無理히使用ᄒᆞ면我身에缺陷이必生홀거지오病患도흔히此缺陷으로侵入ᄒᆞᄂᆞ니深思ᄒᆞ여라

一二、汝等及汝等의兒女가病에罹ᄒᆞ거든速히其初期에治療ᄒᆞ라少許의徵狀이有홀初期에豫防ᄒᆞ면此外에上策이更無ᄒᆞ리라余ᄂᆞᆫ此方法을緊用ᄒᆞ여僥倖無病히지ᄂᆡ엿다

一三、汝等은반다시何等宗敎던지信奉ᄒᆞ라基督敎나或은佛敎나相分말고다相當ᄒᆞ나大抵其心이宗敎를深信ᄒᆞᄂᆞᆫ者ㅣᄂᆞᆫ逆境에陷홀지라도其心이迷惑落膽ᄒᆞᄂᆞᆫ事가無ᄒᆞ고多大ᄒᆞᆫ慰藉를得ᄒᆞ며宗敎心이無ᄒᆞᆫ者ㅣ

는順境에서는其心이大驕ᄒᆞ야失敗의原因을造出ᄒᆞ고逆境에서는狼狽非常ᄒᆞ야漸々其身을深巷에陷沒ᄒᆞᄂᆞ니我의子孫된者야此事를銘心不忘ᄒᆞ여라

一四、汝等의子孫은可爲可成的으로品性을足히陶冶ᄒᆯ만ᄒᆞᆫ學校에入學식혀라不善ᄒᆞᆫ子孫은每々不善ᄒᆞᆫ學校教育으로從生ᄒᆞᆷ이每多ᄒᆞ니라

一五、汝等의子女를嫁娶ᄒᆯ時에는其配匹될者의正實與否와賢明與否며健全與否를善히調査ᄒᆞ여라空然히現在의門閥과富裕에만奪眼되여子女의百年大事를誤錯케말지니라

一六、汝等의使用ᄒᆞ는傭人下人의게對ᄒᆞ여는될수有ᄒᆞᆫ디로親切히ᄒᆞ되使用되는者를我의子息과如히見치아ᄂᆞ면他人은我를爲ᄒᆞ야勤勞치아니ᄒᆯ거슬覺悟ᄒᆞ여라

一七、汝等의兒女의게는幼時브터勇往邁進ᄒᆞ는艱難不虞의性格을養成ᄒᆞ라衣食의不自由가無ᄒᆞᆫ子孫에愚者가多出ᄒᆞᆷ은其子孫의게老婆的偏愛를施ᄒᆞ야其性格을養成ᄒᆞᆫ所以니라

一八、余가死後에萬一一家浮沉에關ᄒᆞᆫ大事가有ᄒᆞ거든恒常正實ᄒᆞ야思量에富贍ᄒᆞᆫ某々諸氏와熟議ᄒᆯ거시오決코輕忽히處理치말지니라

一九、余가死後에는余가生前에借用ᄒᆞᆫ物은假令些少ᄒᆯ지라도다一々返附ᄒᆞ며余의使用ᄒᆞ든者의게도相當ᄒᆞᆫ金을附與ᄒᆞ고其他余의貯蓄金中에서若干의金을割出ᄒᆞ야可憐ᄒᆞᆫ孤兒院盲兒院等處에寄附ᄒᆞ여라

以上은現今死床에横臥ᄒᆞᆫ七十年經驗을持有ᄒᆞᆫ汝父余가汝等의게向ᄒᆞ야告ᄒᆞ는言이니此言에錯誤는有ᄒᆯ더히아니지만은余

가死後에汝等은謹愼ᄒᆞ야肝膽에銘刻ᄒᆞ고
朝夕으로勿忘ᄒᆞ여라

찬愛國歌

(찬셩시하나님곳가히로同調)

愛國生

一
긴날이맛도록 깁흔밤들도록
생각ᄒᆞ고 생각ᄒᆞᆷ은
우리나라로다 길이셩국ᄒᆞ셰
우리나라로다 길이셩국

二
닉먹고마시며 모든족쳑들과
의탁하여 생당ᄒᆞᆫ곳
우리나라로다 길이사ᄅᆞᆼᄒᆞ셰
내일생사ᄅᆞᆼ히 길이사ᄅᆞᆼ

三
나의부모형뎨 조샹들의히골
곳치술고 뭇친ᄃᆡᄂᆞᆫ
우리나라로다 닛지못ᄒᆞ겟네
항샹닛지못히 닛지못히

四
ᄐᆡ산이변ᄒᆞ야 바다가변ᄒᆞ야
바다되고 들이된들
나라ᄉᆞᄅᆞᆼᄒᆞᄂᆞᆫ 길이불변일셰
내몸변ᄒᆞᆯ손가 길이불변

五
내나라를내가 뉘가내나라를
ᄉᆞ랑ᄒᆞ지 ᄉᆞ랑ᄒᆞᆯ고
내몸이죽어도 길이보젼ᄒᆞ셰
내나라보젼히 길이보젼

六
우리나라문명 우리나라독립
발달되고 공고ᄒᆞ면
빗ᄂᆞᆫ영화로다 나라영광일셰
항샹즐겁겟네 나라영광

海底旅行奇譚

冒險生

第九回 氣銃放聲忽倒巨蟹
匍匐躲軀巧瞞沙魚

話說네모及아氏의一行이크레스포ㅣ島森林에到着ᄒᆞ미數百의喬樹ᄂᆞᆫ梢를列ᄒᆞ고數千의灌木은枝를交ᄒᆞ야厚薄의綠葉은參差相嵌ᄒᆞ고縱橫의幹旋은盤碗相結ᄒᆞ엿ᄂᆞᆫ데地面을掩閉ᄒᆞᆫ雜草ᄂᆞᆫ鬱々蒼々히絨氈을撤布ᄒᆞᆫ듯、枝端에垂下ᄒᆞᆫ果實은珠玉을聯貫ᄒᆞᆫ듯目中所觸이陸地의森林과少許도無異ᄒᆞ야花樹ᄂᆞᆫ迎時綻葩에紅白을亂粧ᄒᆞ엿ᄉᆞ니錦繡의大幕을廣張ᄒᆞᆫ듯枝間에遊泳ᄒᆞᄂᆞᆫ魚族은黃鳥의金梭를投織ᄒᆞᄂᆞᆫ듯入眼風物이陸地에比ᄒᆞ미幾層의美觀을呈ᄒᆞ더라네모ᄂᆞᆫ新世界를發見ᄒᆞᆫ듯이誇壯의顏色을帶ᄒᆞ고아氏ᄂᆞᆫ餘念업시此處彼處를覽回ᄒᆞ며珍奇ᄒᆞᆫ樹木을驚異ᄒᆞ되欲言未遂ᄒᆞ고欲答不能ᄒᆞ야徒然히콘셀의頭를撫ᄒᆞ면셔手目으로其喜를表出ᄒᆞ더라四時頃을踏步ᄒᆞ미心身도俱疲ᄒᆞᆯ뿐더러空腹을頗覺ᄒᆞ겟ᄂᆞᆫ지라綠草를披坐ᄒᆞ고暫時休息ᄒᆞᆯ식心神의融弛를從ᄒᆞ야稍々就睡ᄒᆞ엿더니忽然遺響에아氏愕然破眠ᄒᆞ야起身四顧ᄒᆞ니滿波金鱗은漸次로逃去ᄒᆞ고日色은西山에將斜ᄒᆞ야美麗壯觀이蕭寥의氣味를挑出ᄒᆞ더니忽然恠異의遺響이更聞ᄒᆞᄂᆞᆫ지라驚急視之ᄒᆞ니甲의直徑이大略十五尺可量의大蟹가兩指를伸張ᄒᆞ야아氏背後를摑付코져ᄒᆞ거ᄂᆞᆯ惶怯太甚에所爲를莫知ᄒᆞ던次에네모도眠目을漸覺ᄒᆞ자電氣銃을急持ᄒᆞ야向射一放ᄒᆞ니蟹甲이壓碎라콘셀과노티라스水夫等이驚起ᄒᆞ야콘셀은主人身上에不測의虞가有

ᄒᆞᆫᄶᅮᆯ노誤測ᄒᆞ고魂飛九天ᄒᆞ야所爲를莫知ᄒᆞ다가僥倖無恙홈을覺破ᄒᆞ고欣喜를莫測ᄒᆞ며아氏ᄂᆞᆫ撫膺獨思ᄒᆞ여曰從此로吾人前途上에如彼怪物이幾度逢着ᄒᆞᆯ거슬難測ᄒᆞ겟ᄉᆞ니身上에必要ᄒᆞᆫ防備物不無ᄒᆞ겟거늘余의身上에ᄂᆞᆫ單着ᄒᆞᆫ一領常衣ᄲᅮᆫ이니此로써危險을何避리오ᄒᆞ야前後를沈思ᄒᆞ며恐念이不止ᄒᆞ되네모ᄂᆞᆫ秋毫도屈撓ᄒᆞᄂᆞᆫ氣色이無ᄒᆞ고意氣勃々ᄒᆞ야冒險의路를愈探ᄒᆞ니到底禁止의術이無ᄒᆞᆫ지라其心은怏々이나事勢無可奈何로隨行ᄒᆞ더니海路가下坂을作ᄒᆞᆫ지라谷底에深入ᄒᆞ미時ᄂᆞᆫ午後三時頃이라水面以下大凡四百五十尺地에深在ᄒᆞ니其以下ᄂᆞᆫ太陽光線이全然不及ᄒᆞ야漸次暗黑ᄒᆞᆫ지라네모ㅣ腰間에電氣燈을燃出ᄒᆞ미아氏等도螺旋舘을掠回ᄒᆞ야玻璃提燈中에移取ᄒᆞ니四箇電灯이一時에明光을發

ᄒᆞ미光이三十야드距離의四方을廣照ᄒᆞ니海底暗天이變作白晝江山이라一行이皆是氣力을奮發ᄒᆞ야漸次深進ᄒᆞ니此邊은草木의生育이全絶ᄒᆞ야一莖도不見ᄒᆞ나魚族의游泳은依然尙多ᄒᆞ야成群作隊로燈光을從來홈이蝴蝶이花間에醉來홈과恰似ᄒᆞ더라於焉間에크레스포ㅣ島根抵에至ᄒᆞ니네모ᄂᆞᆫ所志를盡ᄒᆞᆫ지라前路를更轉ᄒᆞ야險阻ᄒᆞᆫ谷間을攀登ᄒᆞ니忽然水面下十야드半處에至ᄒᆞᆫ지라太陽光線이明光을透來ᄒᆞ미空氣中諸嶼에서보다數多種々의魚族이身邊에來集ᄒᆞ야戱泳ᄒᆞᄂᆞᆫ現狀이아氏一行을同類로斟酌ᄒᆞᄂᆞᆫ듯ᄒᆞ미一行도戱喜를未禁ᄒᆞ야或捕尾擊鰭로興味를相埒더니忽然네모ㅣ銃端을自己頭上으로向ᄒᆞ야一次狙擊ᄒᆞᄂᆞᆫ지라一行이無非驚怪ᄒᆞ엿더니忽然水心에沈落物이有ᄒᆞᆫ되長이五尺有餘의一種水獺

이라元來此海獸ᄂᆞᆫ大韓、淸國、近海에多產ᄒᆞᄂᆞᆫ바이며兼且皮質이殊良ᄒᆞ야一張價格이六七百弗에不下ᄒᆞ미爭先獵盡ᄒᆞᆷ으로今日에至ᄒᆞ여ᄂᆞᆫ種類가殆盡ᄒᆞ엿더라네모ㅣ水夫를命ᄒᆞ야水獺을提負ᄒᆞ고漸次前進ᄒᆞ야水面近地에踏到ᄒᆞ야水夫ㅣ手銃一發에水面上數야드距離에翩々ᄒᆞᄂᆞᆫ一羽白鳥를射落ᄒᆞ거늘아氏主僕은其神巧ᄒᆞᆫ射術을感嘆ᄒᆞ야捲舌相見ᄒᆞᆯ而已더라須臾에前路半里隔地에灼爀ᄒᆞᆫ光耀가照ᄒᆞ거늘아氏ㅣ眸子를定注ᄒᆞ니此ᄂᆞᆫ노티라쓰艦인ᄃᆡ此時에器械中空氣가幾欲將盡에身体의困憊도頗覺ᄒᆞ겟더라速히本艦에歸來ᄒᆞ야新鮮ᄒᆞᆫ空氣를十分吸入ᄒᆞᆯ計劃으로步調를促進ᄒᆞᆯ식忽然네모ㅣ停步佇立ᄒᆞ엿다가아氏의首部를押取ᄒᆞ야地上에壓倒코져ᄒᆞ거늘콘셀이怒氣大發ᄒᆞ야네모를摳打코져ᄒᆞ더니水夫等이合力奮臂ᄒᆞ야畢竟콘셀을押倒ᄒᆞᄂᆞᆫ지라아氏ㅣ此光景을見ᄒᆞ고駭驚滋甚ᄒᆞ야네모ㅣ의手腕을捉振코져ᄒᆞ나到底腕力을堪當치못ᄒᆞ미畢竟狙伏ᄒᆞᆯ而已러라넷氏도打倒를被ᄒᆞ미四肢를不動ᄒᆞ고雜草間에靜臥ᄒᆞ엿더니忽然身長百餘尺可量의二頭大鯊魚가箕를連ᄒᆞ고巨口를並開ᄒᆞ야鈒刄과如ᄒᆞᆫ大齒를露出ᄒᆞ고燐火를放散ᄒᆞ며疾風又치馳來ᄒᆞᄂᆞᆫ지라아氏ㅣ毛骨이震慄ᄒᆞ고齒根이不合ᄒᆞ야所爲를莫知ᄒᆞ고屛息俯伏ᄒᆞ엿더니僥倖鯊魚ᄂᆞᆫ아氏等을未見ᄒᆞ고忽然走去ᄒᆞ거늘虎口의難을纔避ᄒᆞ고노티라쓰에歸來ᄒᆞᆯ식海上에露出ᄒᆞᆫ戶口가依然尙開ᄒᆞᆫ지라콘、넷兩人도네모ㅣ의後를隨ᄒᆞ야艦中에入來ᄒᆞ니네모ㅣ戶口를先閉ᄒᆞ고第二戶를少叩ᄒᆞ미喞筒의衝音이始起ᄒᆞ며室中의水를無漏吸上ᄒᆞᆫ지라開戶入中ᄒᆞ야各其

身体를洗ᄒᆞ며器械를脫ᄒᆞᆯ식아氏等은네모ㅣ의不敬無禮ᄒᆞᆷ을尙奮ᄒᆞᄂᆞᆫ中넷氏ᄂᆞᆫ特히怒拳을揮ᄒᆞ야네모를打擊코져ᄒᆞᄂᆞᆫ지라큰셀이附耳微語로從容挽留曰彼等이吾儕를押倒ᄒᆞᆷ은決코惡意가아니오鯊魚를避ᄒᆞ려ᄒᆞᆫ바니君은怒氣를鎭靜ᄒᆞ라넷氏拍掌大笑曰噫라余ᄂᆞᆫ愚物이로다余ᄂᆞᆫ君이手로ᄡᅥ余의게摺伏을勸示ᄒᆞ기로余ᄂᆞᆫ不平을强抑ᄒᆞ고地上에摺伏ᄒᆞ엿노라ᄒᆞ니一座가捧腹相笑ᄒᆞ고晩餐을經ᄒᆞᆫ後에各其寢所에歸ᄒᆞ야疲勞를休養ᄒᆞ고翌十六日昧爽에起出ᄒᆞ니昨日疲勞ᄂᆞᆫ已爲消復ᄒᆞᆫ지라室內에獨步ᄒᆞ더니少焉에노틔라쓰가水面에浮上ᄒᆞ야新鮮ᄒᆞᆫ空氣를吸入ᄒᆞ거ᄂᆞᆯ甲板上에先登ᄒᆞ야海上을遠望ᄒᆞ니太陽은碧波를快披ᄒᆞ고瞳々ᄒᆞᆫ光線을雲霧에拂ᄒᆞ며累々ᄒᆞᆫ金瀾은金色을呈出ᄒᆞ니風景의美麗ᄂᆞᆫ客子의鄕愁를挑盡ᄒᆞᄂᆞᆫ지라嘆賞一聲에聊然憑坐ᄒᆞ엿더니須臾에네모ㅣ出來ᄒᆞ야一心으로視察ᄒᆞᆯ식아氏의在傍을未知ᄒᆞᄂᆞᆫ樣子러니少頃에視察을畢ᄒᆞ고海面을遠望ᄒᆞ미노틔라쓰水夫等數十名이大網을負出ᄒᆞ야魚獵을將始ᄒᆞᄂᆞᆫ지라아氏도其側에在ᄒᆞ여熟視ᄒᆞᆫ즉水夫等이一種奇異ᄒᆞᆫ言語를發ᄒᆞᄂᆞᆫ中에佛國産愛耳蘭、希臘等國產者ㅣ가有ᄒᆞ더라此時네모ㅣ水夫를指揮ᄒᆞ야艦窓의鈠板을推外ᄒᆞ니炯々ᄒᆞᆫ光輝가海中에忽發ᄒᆞ미巨多의魚族이光彩를羨慕ᄒᆞ야艦周에來集ᄒᆞ니其數ㅣ幾億萬을難測ᄒᆞ겟더라水夫等이一齊히網을投ᄒᆞ니穀物을袋囊에盛入ᄒᆞᆷ과恰似ᄒᆞ야網罟가欲裂이라次第擧上ᄒᆞ야甲板上에傾敷ᄒᆞ고最良ᄒᆞᆫ品質만撰擇ᄒᆞ야食用을供ᄒᆞ고其餘ᄂᆞᆫ一切海中에投ᄒᆞ거ᄂᆞᆯ아氏快味를難勝ᄒᆞ야큰、넷、兩人을呼誘ᄒᆞ니先是

에兩人은客室에在ᄒᆞ야窓前에群集ᄒᆞᄂᆞᆫ魚族을注視ᄒᆞ며娓々相笑ᄒᆞ더라아氏도一層의美觀을驚嘆ᄒᆞ며津々相娛ᄒᆞ더니而已요投網을畢ᄒᆞ미네모ㅣ와ᄒᆞᆷ끠室內에歸入ᄒᆞ야昨日銃獵으로브터今日投網等事를細々說明ᄒᆞ거늘아氏問曰今日投網은實是奇觀이거니와大槩幾許의魚族을獲捕ᄒᆞ엿ᄂᆞ뇨네모ㅣ答曰概算ᄒᆞ면九千噸以上에達ᄒᆞ리다아氏ㅣ再問曰此魚를沒數生蓄ᄒᆞ겟ᄂᆞ뇨네모答曰或은生蓄ᄒᆞᆯ者ㅣ도有ᄒᆞ고或은鹽漬ᄒᆞᆯ者ㅣ도有ᄒᆞ리다아氏ㅣ又問曰如此ᄒᆞᆫ漁獵을往々開催ᄒᆞᄂᆞ뇨네모ㅣ答曰然하다何時던지開催ᄒᆞ노라아氏又問曰今日爲始ᄒᆞ여는本艦이何許方向을取ᄒᆞ야進航ᄒᆞ겟ᄂᆞ뇨네모ㅣ答曰從此로進路를東南에取ᄒᆞ야太平洋中水面以下二百尺地를進航ᄒᆞ겟노라如此히談話로時間을移ᄒᆞ다가네모ㅣᄂᆞᆫ居室노歸去ᄒᆞ고其後ᄂᆞᆫ接客의樣子가頗稀ᄒᆞ미奇譚妙論을聽치못ᄒᆞ엿더라十二月十一日午後三時頃에아氏ㅣ客室에在ᄒᆞ야古書를閱讀ᄒᆞ더니콘、넷、兩人도來會ᄒᆞ야艦窓을倚ᄒᆞ고海中을眺望ᄒᆞ니或海草上에偃臥ᄒᆞᆫ海馬의形体도見ᄒᆞ며礁上에就眠ᄒᆞᄂᆞᆫ海豹도有ᄒᆞᆫ지라넷氏ㅣ奮然曰余ㅣ萬一海中에在ᄒᆞ엿드면揮拳一打에彼等海獸를倒去ᄒᆞ리라콘셀이笑曰君은艦中에서만謾言을空吐ᄒᆞ나萬一海中에在ᄒᆞ면彼의牙瓜를難脫이리라넷氏笑曰否라余ㅣ腕力을久廢ᄒᆞ엿ᄉᆞ미近頃에ᄂᆞᆫ拳擊의念이時起ᄒᆞ노라아氏ㅣ曰君等은這邊에셔游泳ᄒᆞᄂᆞᆫ尺魚를知ᄒᆞᄂᆞ뇨넷氏答曰此ᄂᆞᆫ北美加奈陀近海에多產ᄒᆞᄂᆞᆫ者인ᄃᆡ其名은로ㅣ브로다아氏曰否라此ᄂᆞᆫ「로ㅣ브」가아니오沙魚의一種되ᄂᆞᆫ鯢魚의兒魚로다콘셀이넷氏다려謂曰

彼礁根에生着ᄒᆞᆫ海草ᄂᆞᆫ何名이뇨넷氏曰此ᄂᆞᆫ石菜花로다ᄒᆞ야相問相答ᄒᆞ더니而已요了頭一盤珍饔을持來ᄒᆞ거ᄂᆞᆯ二人이下箸ᄒᆞᆯ時에其珍美ᄒᆞᆫ味臭ᄅᆞᆯ嘆賞ᄒᆞ여且食且言ᄒᆞ야艦外風光을有時觀望ᄒᆞ던次에큰셀이一言을不發ᄒᆞ고眼眸ᄅᆞᆯ頻轉ᄒᆞ야凝視良久에忽然容態ᄅᆞᆯ變作ᄒᆞ고急히아氏다려向言曰相公은請看ᄒᆞ오這邊에驚怖ᄒᆞᆯ巨大物体가有ᄒᆞ외다ᄒᆞᄂᆞᆫ지라

雜 録

恭賀太極學會

僕之讀貴報者自二號로至十六號이로ᄃᆡ每祝賀者ᄂᆞᆫ非獨愛學識之宏博과言論之慨切不啻요不忘祖國之熱誠과忠告同胞之善擧가是也라著述講壇에使我國民으로堅益愛心ᄒᆞ야愛國如家ᄒᆞ며愛國如身ᄒᆞ며身堅立於百折不撓之熱心界ᄒᆞ야死乃含笑ᄒᆞ고殺身甘心이면可以揚國旗於六洲上ᄒᆞ며振國威於萬國이리니孰敢不慄이며孰敢不慕리요斯乃

皇國之榮光이라故로讚太極學會之創立而

呼

大韓帝國萬歲ᄒᆞ며

盖太極學會者ᄂᆞᆫ棄墳墓離親戚ᄒᆞ고遠航數萬里他邦ᄒᆞ야海外風霜에辛苦를不避ᄒᆞ고自奮其血誠ᄒᆞ며自固其志操ᄒᆞ야回憶國事而懷抱大志ᄒᆞ고快吸文明之空氣ᄒᆞ야篤意力行於學問工夫ᄒᆞᄂᆞᆫ有志諸君子가固心團力으로不贍學資를撙節義捐ᄒᆞ야如此宏大ᄒᆞᆫ事業을創始也라攻修實工之餘暇에講著高談貴說ᄒᆞ야使此愚蠢之吾輩로도感發徵誡케ᄒᆞ니喜悅雀躍ᄒᆞ야不勝手舞足蹈ᄒᆞ야不拘淺短之學識ᄒᆞ고敢此遠爲跪賀而玆에祝賀ᄒᆞᄂᆞᆫ微忱을表ᄒᆞ기爲ᄒᆞ야贊成金五十錢과學報代金壹圓八十錢과第一回贊成金條五十錢合二圓八十錢을忘些汗呈ᄒᆞ오니恕其同情ᄒᆞ시와幸爲収容焉謹祝太極學報萬歲無極仰頌太極學會　僉員大安做工

隆熙二年一月廿五日　金泰鉉

○北美合衆國紐約市大韓人共濟會에서斷指學生補助金二十一圓을光武十一年七月十三日에大韓每日申報社를經由ᄒᆞ야去一月에本會로送來ᄒᆞ엿기로即時斷指學生의게傳致ᄒᆞ다

○北美桑港大韓共立協會에서多年熱心視務ᄒᆞ든金成武李交倓兩氏가歸國次로一月末에滊艦만츄리아號로無事히東京에到着ᄒᆞ야一週間遊覽ᄒᆞ다가本月初에發程歸國ᄒᆞ엿더라

○北美羅城地方에셔留學ᄒᆞ든柳弘瑞、李膺斗、張順和三氏가滊艦亞細亞號로本月初에無事히東京에渡來ᄒᆞ야數日間留ᄒᆞ다가發程歸國ᄒᆞ엿더라

○東京에在ᄒᆞᆫ我韓人大韓留學生會、洛東親睦會、湖南學會三會가一齊團合ᄒᆞ야大韓學會를新成ᄒᆞ고本月九日에監督廳에會集ᄒᆞ야任員을撰定ᄒᆞ엿스며將次同會機關

雜誌를刊行ᄒᆞᆫ다ᄒᆞ니吾人은該會發展을爲ᄒᆞ야贊祝不已ᄒᆞ노라

○東京에在ᄒᆞᆫ我韓人大韓基督青年會에서去月初에該會々員及信教諸氏가一齊會同ᄒᆞ야將次東京內에一會館을新建ᄒᆞᆯ旨意로當席에義金을多數醵聚ᄒᆞ엿다니吾人은心香感祝ᄒᆞᆷ을不勝ᄒᆞ노라

會事要錄

○一月三十日에本會에서金成武李交倓兩氏歡迎會를開ᄒᆞ엿ᄂᆞᆫᄃᆡ會長金志侃氏ᄂᆞᆫ開會辭、姜麟祐氏ᄂᆞᆫ兩氏事歷、金鴻亮氏ᄂᆞᆫ祝辭를濟々陳述ᄒᆞᆫ後李交倓金成武兩氏가次第登壇ᄒᆞ야美洲及布哇에在留ᄒᆞᄂᆞᆫ我同胞의情形과慷慨激切ᄒᆞᆫ時論을滔々數百言으로長時盡述ᄒᆞ니滿場會衆이無不拍手喝采에激憤含淚라仍ᄒᆞ야金壽哲氏의答辭로閉會를告ᄒᆞ고茶菓式을擧行ᄒᆞ니當日盛況은新年初有러라

○任員新任　本會事務兼書記員金洛泳氏가遞任된代에事務員은金淵祜氏요書記員은金壽哲氏로被任되다

○本月一日에龍義支會々長鄭濟原氏의報告를據ᄒᆞᆫ즉同支會任員의任期가已滿ᄒᆞ야總撰擧式을擧行ᄒᆞ고新任員을如左히擇定ᄒᆞ엿더라

龍義支會任員錄

會　長	白鎭珪	白運昊
副會長	鄭鎭周	車得煥
摠務員	鄭尙默	朴尙學
評議員	鄭濟原	獨孤櫄
	崔仁廷	林英峻
	文精華	金敬念

事務員 鄭濟乘 獨孤㰖 鄭成海 林英峻 韓永河 車得煥 金敬念

會計員 鄭濟乘 朴尙學

書記員 鄭尙默 金龍善

司察員 白鏞一 張致鏞 林昌峻

新入會員

金鉉軾、朴璇根、金鉉載、金有雨、金星起、金昌燮諸氏와平南安州郡金翼河、蔣舜鳳、崔義熏、吳德行、金瀅植、金鼎淳、張學俊、金昌燮、蔣志禎、高漢奎諸氏ᄂᆞᆫ本會에入會ᄒᆞ다

龍義支會新入會員

獨孤㰖、李世勳、張起弦、崔在巡、金敬念、金尙龜、張寅燮、崔錫瓘、張致鏞諸氏ᄂᆞᆫ去番龍義支會에入會ᄒᆞ엿더라

本會規則中에未備件이有ᄒᆞᆫ고로本月九日總會에서規則委員四人을撰定ᄒᆞ야本會則第十二章二十九條本會가如或會名을變更ᄒᆞᆯ時ᄂᆞᆫ支會의同意ᄅᆞᆯ經ᄒᆞᆫ後에實行ᄒᆞᆷ이라ᄂᆞᆫ一條ᄅᆞᆯ補添ᄒᆞ고第十三章二十九條ᄂᆞᆫ三十條로、第十三章三十條ᄂᆞᆫ三十一條로改正ᄒᆞ다

會員消息

○會員洪正求氏ᄂᆞᆫ昨年夏期休學에歸國ᄒᆞ엿다가過冬期에日本京都市에再次渡來ᄒᆞ야私立法政大學에서經濟科와簿記專門科ᄅᆞᆯ勤修ᄒᆞ더라

○會員李恒烈氏ᄂᆞᆫ埼玉縣養蠶學校에入學次로本月初에目的地로往留ᄒᆞ다

○會員裵永淑氏ᄂᆞᆫ其季氏ᄅᆞᆯ京都市染織學校에入學ᄒᆞ려고本月十三日에新橋發列車로出發ᄒᆞ다

○會員張啓澤氏ᄂᆞᆫ昨年에明治大學警務課ᄅᆞᆯ卒業ᄒᆞᆫ後警視廳第三期講習所에入學ᄒᆞ엿더니去一月末에全科ᄅᆞᆯ卒業ᄒᆞ엿더라

○會員韓致愈氏ᄂᆞᆫ慶南東萊府尹을被任ᄒᆞ고申相鎬氏ᄂᆞᆫ忠北警察署警部ᄅᆞᆯ被任ᄒᆞ고吳錫裕氏ᄂᆞᆫ內部主事ᄅᆞᆯ被任ᄒᆞ고鄭錫迺氏ᄂᆞᆫ釜山港警察署警部ᄅᆞᆯ被任ᄒᆞ엿더라

○會員金璨永氏ᄂᆞᆫ其慈親喪變을因ᄒᆞ야本月五日午後三時半新橋發列車로發程歸國ᄒᆞ다

太極學報義捐人氏名

李世勳氏 壹圓五十錢　李仁迪氏 伍拾錢
獨孤橚氏 伍拾錢　林昌峻氏 伍拾錢
林炳茂氏 伍拾錢　崔在巡氏 參拾錢
白學龍氏 伍拾錢　金得守氏 參拾錢
金敬念氏 伍拾錢　崔錫瓘氏 伍拾錢
張起弦氏 伍拾錢　朴舜欽氏 伍拾錢
(以上은龍義支會義捐金續)
金聖武氏 貳圓五拾錢　金泰鉉氏 伍拾錢
柳弘瑞氏 伍拾錢

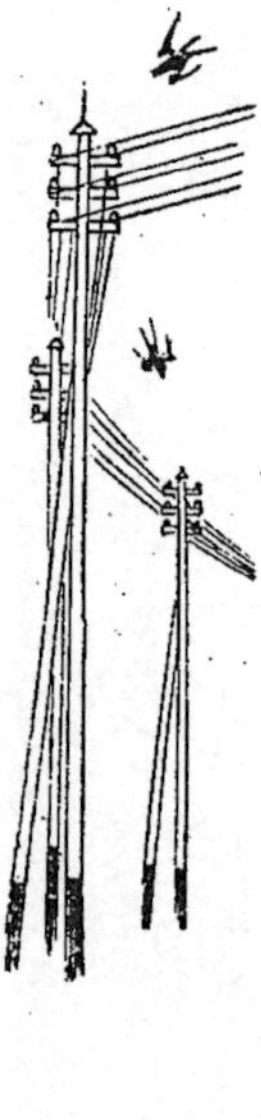

光武十年八月廿四日創刊
隆熙二年二月二十日印刷
隆熙二年二月二十四日發行
明治四十一年二月二十日印刷
明治四十一年二月廿四日發行

●代金郵稅並新貨拾貳錢

日本東京市小石川區久堅町四十五番地
編輯兼發行人　張膺震

日本東京市小石川區久堅町四十五番地
印刷人　金志侃

日本東京市小石川區中富坂町十九番地
發行所　太極學會

日本東京市牛込區辨天町二十六番地
印刷所　明文舍

太極學報第十八號

光武十年九月二十四日
明治三十九年九月二十四日 第三種郵便物認可

隆熙二年二月二十四日
明治四十一年二月二十四日 發行(每月廿四日一回發行)

光武十年九月二十四日 明治卅九年九月廿四日 第三種郵便物認可

十年八月二十四日創刊

隆熙二年三月廿四日發行
(每月廿四日一回)

太極學報

第十九號

太極學會發行

注意

△本報를購覽코저ᄒᆞ시ᄂᆞᆫ이ᄂᆞᆫ本發行所로通知ᄒᆞ시ᄃᆡ居住姓名統戶를詳細히記送ᄒᆞ시며代金은郵便爲替로本會에交付ᄒᆞᆷ을要ᄒᆞᆷ

△本報를購覽ᄒᆞ시ᄂᆞᆫ僉君子씌셔住所를移轉ᄒᆞᄂᆞᆫ이ᄂᆞᆫ速히其移轉處所를本事務所로通知ᄒᆞ시옵

△本報ᄂᆞᆫ有志人士의購覽을便宜케ᄒᆞ기爲ᄒᆞ야出張所及特約販賣所를如左히定ᄒᆞᆷ

皇城中署東闕罷朝橋越便
朱翰榮冊肆（中央書館內）

平安南道三和鎭南浦港築垌
金元燮家

平壤貫洞
耶蘇教書院

平壤法首橋
大同書觀

平安北道定州郡南門內
洪成麟商店

北米國桑港韓人共立協會內
金永一住所

◎投書注意

一、諸般學術과文藝詞藻統計等에關ᄒᆞᆫ投書ᄂᆞᆫ歡迎ᄒᆞᆷ

一、政治上에關ᄒᆞᆫ記事ᄂᆞᆫ一切受納치아니ᄒᆞᆷ

一、投書의揭載與否ᄂᆞᆫ編輯人이撰定ᄒᆞᆷ

一、投書의添削權은編輯人의게在ᄒᆞᆷ

一、一次投書ᄂᆞᆫ返附치아니ᄒᆞᆷ

一、投書ᄂᆞᆫ完結ᄒᆞᆷ을要ᄒᆞᆷ

一、投書ᄂᆞᆫ縱十二行橫二十五字原稿紙에正書ᄒᆞᆷ을要ᄒᆞᆷ

一、投書ᄒᆞ시ᄂᆞᆫ이ᄂᆞᆫ居住와姓名을詳細히記送ᄒᆞᆷ을要ᄒᆞᆷ

一、投書當撰ᄒᆞ신이의게ᄂᆞᆫ本報當號一部를無價進呈ᄒᆞᆷ

太極學報第十九號次

論壇 講壇 學園

太極學報

第十九號

隆熙二年三月二十四日
明治四十一年三月廿四日 (發行)

論壇

靑年의得意

椒海生

大韓全國에無數ᄒᆞᆫ青年들아余輩ᄂᆞᆫ檀君四千餘年文明의古歷史를持有ᄒᆞᆫ者요將來億萬年無疆의大帝國을發輝ᄒᆞᆯ코리안民族으로現今二十世紀生存競爭의活舞臺를登踏ᄒᆞᄂᆞᆫ青年이라處世生活에ᄂᆞᆫ手段方法의差異가少有ᄒᆞᆯ지언정將來國家의永遠ᄒᆞᆫ幸福을希望ᄒᆞᆷ은均是一般이니此ᄂᆞᆫ吾人의最大ᄒᆞᆫ理想이同一ᄒᆞ고最大ᄒᆞᆫ目的이同一ᄒᆞᆫ所以라誰가此目的을達ᄒᆞᆷ에心身을犧牲에供進치아니ᄒᆞ며誰가此理想을遂ᄒᆞᆷ에酷毒ᄒᆞᆫ苦楚를嘗盡치아니ᄒᆞ엿스리오故로句踐은會稽臣妾의侮辱을甘受ᄒᆞᆫ後十年嘗膽으로大讐를遂復ᄒᆞ엿고摩西ᄂᆞᆫ埃及奴隷의困惱를大奮ᄒᆞ야四十日禁食祈禱로天祐를默得ᄒᆞ

야以色列民族을死亡에拯出ᄒᆞ엿ᄉᆞ니吾輩ᄂᆞᆫ如此ᄒᆞᆫ千秋大義를如何히模範하며幾許나崇拜홈이可ᄒᆞᆯ가嗚呼라挽近數年來에莫重ᄒᆞᆫ國權이暗雷에被擊ᄒᆞ야長遠ᄒᆞᆫ國途가非塗非炭의悲劇을演出ᄒᆞ쟈無上ᄒᆞᆫ羞辱이眉上에臨迫ᄒᆞ야神聖ᄒᆞᆫ我民族이前無後의慘史를血著ᄒᆞ엿ᄉᆞ니廣大ᄒᆞᆫ此天下에何國何人이我民族의神聖을論及ᄒᆞ며我帝國의有無를公認ᄒᆞ리오吾人心思가此에至ᄒᆞ면悲恨이湧出ᄒᆞ고血淚가遮前ᄒᆞ지만은暫爾回思ᄒᆞ자면此ᄂᆞᆫ吾輩青年의自作ᄒᆞᆫ罪孽이라비록逃活코져ᄒᆞᆯ지라도容納ᄒᆞᆯ餘地가無ᄒᆞᆯ지니然則何爲면可ᄒᆞᆯ고大廈가將傾ᄒᆞ니圯頽ᄒᆞᆯ而已며負甑이欲墜ᄒᆞ니碎屑될而已일가否哉라已往의吾人은內外의時勢를全昧ᄒᆞ고傍隣의爭奪을只翫ᄒᆞ야何等의預備도無ᄒᆞ고長夜乾坤에醉夢을不醒ᄒᆞ엿ᄉᆞ니不知不識之間에盜掠을忽遇ᄒᆞ엿거니와今後의吾人은如許ᄒᆞᆫ前鑑을參照ᄒᆞ고後途를預度ᄒᆞ야孜々勤念이吾人의最大目的에만但在ᄒᆞ면一粒의蟻卵도長久히積集ᄒᆞ야ᄂᆞᆫ過冬의穴糧을安連ᄒᆞ고一介의蝦角도多數히會同ᄒᆞ야ᄂᆞᆫ敵魚의跋扈를制御ᄒᆞᄂᆞ니吾人思潮가此地에至ᄒᆞ면大省悟大奮飛의感想이勃々然興起ᄒᆞ건만은嗟呼라挽近以來에我韓青年中에ᄂᆞᆫ恠毒ᄒᆞᆫ絕望病이流行ᄒᆞ야其傳染遺毒이四海에充盈ᄒᆞᆯ식或者ᄂᆞᆫ祖先브터廣濶ᄒᆞᆫ地球上에一等國이數多커ᄂᆞᆯ何必偏少ᄒᆞᆫ半島國에生出ᄒᆞ엿노普天下之가莫非王土며率土之濱이莫非王臣이라ᄒᆞ야家庄을放賣ᄒᆞ고塋墓를遠棄ᄒᆞ야入籍紙一張下에卒地에外國人이되ᄂᆞᆫ者와或者ᄂᆞᆫ國家도已矣요人民도休矣라人生七十古來稀인ᄃᆡ蜉蝣天地에寄過ᄒᆞᄂᆞᆫ吾人生이幾日

이나生存ᄒᆞ겟다고辛苦艱難의生活을經營ᄒᆞ야心身으로自由의奴隷를甘作ᄒᆞ랴人生一世ᄂᆞᆫ榮華가第一이니ᄒᆞ야自家財産을粗價에沒賣ᄒᆞ야外國人의게請囑ᄒᆞ고仕宦一窠圖得ᄒᆞ기沒數히散盡이라僅々辛苦數十月에外郡一倅到任ᄒᆞ면民財勒奪例私ᄒᆞ고官民信用全廢ᄒᆞ야强盜恣行奬勵ᄒᆞ고或者ᄂᆞᆫ此事彼事擾亂ᄒᆞ다紅塵世界不願이니桃花流水尋入ᄒᆞ면別有天地其源이라人生々活何心作고飄然一帆逃去後에遯世村을自成ᄒᆞ야游牧民族自甘ᄒᆞ고或者ᄂᆞᆫ人生一代生活上에娛樂이最要味니一身美妾數十人에花柳乾坤不離ᄒᆞ고風流世界主人되여可惜ᄒᆞᆫ青春을無聊히虛送ᄒᆞ고或者ᄂᆞᆫ死學問의奴隷되여机上塵만吹掃ᄒᆞ고玄妙界에馳心ᄒᆞ야社會事를非論ᄒᆞ며悲歌一曲厭世調에貴重ᄒᆞᆫ小宇宙를萬丈瀑布流에無端히葬送ᄒᆞ고或者ᄂᆞᆫ外國留學數箇年에卒業證書一張만圖得ᄒᆞ면歸國ᄒᆞᄂᆞᆫ途上에實地應用全無ᄒᆞ고眼目만只高ᄒᆞ야內地同胞를稱以無識例私ᄒᆞ야輕佻浮華의狀態로人民輿論을悲境에驅陷ᄒᆞ고或者ᄂᆞᆫ中裏가虛無ᄒᆞᆫ知識上에猿尾ᄀᆞᆺ흔外國語數句節만能噪ᄒᆞ면此를學界上教育普及에ᄂᆞᆫ秋毫도獻用을不計ᄒᆞ고外國人을藉勢ᄒᆞ야京鄉에出沒ᄒᆞ며民財를討索ᄒᆞ야人情을嗷々케ᄒᆞ고或者ᄂᆞᆫ宗教界의眞正ᄒᆞᆫ信仰을憑藉ᄒᆞ야國家도例外요人民도例外라亡國ᄒᆞᆫ猶大人도今日世界上의欵待를受ᄒᆞᆫ다ᄒᆞ야神聖ᄒᆞᆫ國家의元氣를喪落ᄒᆞ니嗚呼라此ᄂᆞᆫ世界上에何國을勿論ᄒᆞ고一切不用ᄒᆞᄂᆞᆫ今日我韓의特別ᄒᆞᆫ宗教主義로다以上諸類가現代我韓에彌錯ᄒᆞ야流行이迅速ᄒᆞ고遺傳이急劇ᄒᆞ야多少健全ᄒᆞᆫ頭腦라도漸次其影響을隱受ᄒᆞ야國

民奮發力이全倒ᄒᆞ고社會風紀가去益壞亂ᄒᆞ야甚至於學校記號를嚇々히帽甲에着衣ᄒᆞᆫ學生輩도白晝乾坤에獵酒好色을忌憚업시擅行ᄒᆞ니社會風紀가如此히墮落ᄒᆞᆫ現代에所謂有志士라稱ᄒᆞᄂᆞᆫ者誰가喪心落膽ᄒᆞ야絕望病에陷罹치아니리오만은暫思ᄒᆞ라漆夜가沉々ᄒᆞ야暴風急雨가江山을不辨토록甚劇ᄒᆞᆯ時에야誰가能히白晝를豫期ᄒᆞ리오만은少焉曉鷄拍羽聲이幾次를連聞ᄒᆞ면旭日이東天에昇出치아니ᄒᆞ며風雪이霏々ᄒᆞ야萬樹千枝에生氣가蕭條ᄒᆞᆯ時에야誰가春節을致望ᄒᆞ리오만은須臾春帝回駕ᄒᆞ면萬物이方暢치아니ᄒᆞᄂᆞᆫ가物理의循環이如許ᄒᆞ고時序의變遷이如此ᄒᆞ거늘何故로吾輩ᄂᆞᆫ目前만但瞰ᄒᆞ야絕望病에自罹ᄒᆞ랴吾輩도如或亞非利加野蠻과如히向上의發展을未知ᄒᆞ고野獸山虫으로起居를同營ᄒᆞ면未知ᄒᆞ려니와前古後今의神聖ᄒᆞᆫ歷史를持有ᄒᆞ고愛國誠이天下에無比ᄒᆞᆫ大韓青年이된以上에야暫時의苦楚를何憂ᄒᆞ며須臾의否運을何患ᄒᆞ랴故로吾輩ᄂᆞᆫ此로써意를得ᄒᆞ고望을續ᄒᆞ야多大ᄒᆞᆫ活動을練試ᄒᆞ고幼時브터獨立心을涵養ᄒᆞ야他人의게依賴를勿願ᄒᆞᆯ뿐아니라外族의跋扈를勿許ᄒᆞ고自主自行ᄒᆞ면將來國家前途의大發展이不期自成ᄒᆞ리라ᄒᆞ노라

教育界의思潮

浩然子

大凡稗穢를播種ᄒᆞ야ᄂᆞᆫ正穀을獲收키不能ᄒᆞ고荆棘를栽培ᄒᆞ야ᄂᆞᆫ眞果를摘得키難ᄒᆞᄂᆞ니此ᄂᆞᆫ古今生物界의原理요相當ᄒᆞᆫ訓導가無ᄒᆞᆫ家庭에ᄂᆞᆫ忠孝의子弟를做出치못ᄒᆞ

고眞正ᄒᆞᆫ敎育이無ᄒᆞᆫ社會에ᄂᆞᆫ健全ᄒᆞᆫ國民을養成치못ᄒᆞᄂᆞ니此ᄂᆞᆫ社會發展界의原則이라所以로世界各國이生存을競爭ᄒᆞᄂᆞᆫ今日舞臺上에敎育으로써最先의政策을作ᄒᆞᆷ은吾人의一般覺破ᄒᆞᆫ處일ᄉᆡ挽近以來로我國民도暗號一聲에全体가敎育의急務를爭唱ᄒᆞ야江湖遠處라도學校設立이步武를漸進ᄒᆞ야年月의經過ᄃᆡ로其數가愈增愈加ᄒᆞ니此ᄂᆞᆫ吾人一般同胞가心香相祝ᄒᆞ야來頭國家社會의永遠ᄒᆞᆫ幸福을預期ᄒᆞᆯ而已로ᄃᆡ此等諸學校가建設된以來로其現象이果是何如ᄒᆞᆫ지吾輩ㅣ確知키未能ᄒᆞ나近日傳說을據ᄒᆞᆫ건ᄃᆡ或者ᄂᆞᆫ初則大熱心大奮飛로敎室을新築ᄒᆞᆫ다무엇무엇數多히設備ᄒᆞ고伶妙ᄒᆞᆫ靑年子弟를多數入學ᄒᆞ야當時盛況은國家社會의大事業을建設ᄒᆞᆫ듯시熱心諸彦이無非喜湧雀躍ᄒᆞ엿스되今日에至ᄒᆞ여ᄂᆞᆫ生徒가零星ᄒᆞ고校況이散霰ᄒᆞ야何等의企望을抱負키難ᄒᆞᆫ處所가比々有之라ᄒᆞ니此ᄂᆞᆫ敎育界의莫大ᄒᆞᆫ病狀이요急重ᄒᆞᆫ疑問이라余의所見으로觀察ᄒᆞᆫ건ᄃᆡ其病源을四種으로分析ᄒᆞ니一曰敎師의非賢、二曰財政의窘絀、三曰敎科書의不完、四曰假有志者의主張

一、敎師의非賢、大抵敎師ᄂᆞᆫ將來의少年國民을養成ᄒᆞᆷ에重大ᄒᆞᆫ責任을擔負ᄒᆞᆫ者니相當ᄒᆞᆫ智識과道德과品行과理想을備有ᄒᆞᆫ者라야其任을勘當ᄒᆞ겟거ᄂᆞᆯ我國에ᄂᆞᆫ由來師範學校卒業生으로多大ᄒᆞᆫ修養과特別ᄒᆞᆫ經驗을持有ᄒᆞ야敎育界의事業을擔負ᄒᆞᆫ者ㅣ가鮮少ᄒᆞ고如干ᄒᆞᆫ普通或은中學校卒業生이나或은外國遊歷者로一等敎師를選定ᄒᆞᆯ而已이미學識上에ᄂᆞᆫ如或相當ᄒᆞᆫ合處가有ᄒᆞ나敎授方法과道德與品行에對ᄒᆞ여ᄂᆞᆫ一々히稱善치못ᄒᆞᆯ뿐더러如此ᄒᆞᆫ敎師도百에一、

三人에不過ᄒᆞᆷ으로新式教育法을唱道ᄒᆞᆫ지于今十餘年에教授方法이依然히舊習을不改ᄒᆞ고或은漢文으로만主課를作ᄒᆞ며或은体操算術로宗務를作ᄒᆞ야名目은普通學校、中學校、小學校云々이나其實은尋常專門學校名色에不過ᄒᆞ며個中에算術의加減乘除나僅觧ᄒᆞ고漢文의史歷編이나能知ᄒᆞᄂᆞᆫ者라도生活上에一手段으로教鞭을猥執ᄒᆞ면根工이原無ᄒᆞᆫ學識이라到底히長久ᄒᆞᆫ假面을裝飾키極難ᄒᆞ미不過數月間에破綻이生來ᄒᆞ야畢竟教任을辭去ᄒᆞ면相當ᄒᆞᆫ教師를更求ᄒᆞᆷ에月日을屢經타가如意ᄒᆞᆫ者를未得ᄒᆞ면父兄과生徒가厭症이自生ᄒᆞ야學校教育을冷笑ᄒᆞ기와或者ᄂᆞᆫ教師의名稱을領帶ᄒᆞ고生徒를誘引ᄒᆞ야花柳乾坤에日夜를虛送타가形跡이綻露ᄒᆞ면夜半逃走를尋常作爲ᄒᆞ니如此ᄒᆞᆫ教師의게其子弟를入學ᄒᆞᆫ父兄이야誰가能히滋味를得ᄒᆞ리오故로此가教育界에病魔를誘入ᄒᆞᆫ第一源因이오第二、財政의困難、大抵財政은吾人生活上에唯一의要素니國家社會의何許事業을勿論ᄒᆞ고皆是此로써實行의原料를作ᄒᆞᆷ은吾人의共知ᄒᆞᄂᆞᆫ바어니와教育事業에對ᄒᆞ여ᄂᆞᆫ尤要의關係를持有ᄒᆞᆫ지라挽近以來我國財政權이一次外人手中에盡歸ᄒᆞᆫ後로農工商鑛森海諸般實業權도沒數被奪ᄒᆞ여財政上融通의大路가自絕ᄒᆞ고急時의恐慌이忽劇ᄒᆞ미如干ᄒᆞᆫ實業들도活動을未敢ᄒᆞ고富家들은公通을未肯ᄒᆞ니所以로所謂富豪의手中으로設立ᄒᆞᆫ學校도中廢의嘆이重々ᄒᆞ거든尤況基金은不贍ᄒᆞ고費用이猶多ᄒᆞᆫ私立學校야支保를何望ᄒᆞ리오設或支保ᄒᆞᆫ다ᄒᆞᆯ지라도保守的消極的뿐이리니國內의無數ᄒᆞᆫ富豪가私富의頑腦를堅執ᄒᆞ고今日을未

悟홈이 如此ᄒᆞ고야教育의振興을何望이리오此는今日敎育界의非常ᄒᆞᆫ第二病因이오

第三、敎科書의未備、 大抵敎科書는國民子弟敎育ㅣ에最急히預備홀者니比言ᄒᆞ면航海者의羅針盤과如ᄒᆞ고旅行家의地圖와如ᄒᆞᆫ者라萬一此가未備ᄒᆞ야多數ᄒᆞᆫ靑年을正當히敎授치못ᄒᆞ면學校의基金이巨額에達ᄒᆞ고有意ᄒᆞᆫ敎員이車斗로載量될지라도何等의効用이無ᄒᆞ고幾年의苦心熱誠으로도何許의 進展이無홀지라我國敎育이 一次實施된以來于今十餘年間에學部에서所謂敎科書를幾許間出刊ᄒᆞ엿ᄉᆞ되民間社會에는多數ᄒᆞᆫ發布도無홀ᄲᅮᆫ더러民間社會에서如干ᄒᆞᆫ發刊任用物이有홀지라도一切奬勵撿定의監督 이無ᄒᆞ더니 近來에某 々有志人士間에時務를覺破ᄒᆞ고各樣敎科書를續々出刊ᄒᆞ야閭巷私塾들도敎科로編用ᄒᆞᆫ다ᄒᆞ니敎育界의發展을爲ᄒᆞ야長視ᄒᆞ거니와今日外國서編用ᄒᆞ는敎科書類와比見ᄒᆞ자면汚隆의差가果是如何홀가國民知識程度가向上홈을從ᄒᆞ야月々改刊ᄒᆞ고年々校正ᄒᆞ야舊를去ᄒᆞ고新을取ᄒᆞ거늘我國則果然如何ᄒᆞ뇨余ㅣ四五年前에京城某學校敎科를參觀ᄒᆞᆫ즉十三四年前에著述ᄒᆞᆫ士民必知를維新의學問이라고地理科敎科書로編用ᄒᆞ고又는淸國敎科書를多數買入ᄒᆞ야漢文科課程으로採用ᄒᆞ니此는十八九世紀에普行된程度의敎科일ᄲᅮᆫ더러淸國敎科書와如ᄒᆞᆫ者는淸國人이自國人民의理想과史歷과風俗及禮節을著述ᄒᆞ야自國人民의愛國思想을培養ᄒᆞ는바여늘今에我國靑年으로此等法外의敎科를敎授홈이果是大害가아닌가又는近今日本敎科書가精微ᄒᆞ다ᄒᆞ야地理及各種敎科書를無數히採用ᄒᆞᆫ다ᄒᆞ니

大抵少年은頭腦가恰足히發展치못ᄒᆞ고自國思想이完全히成進치못ᄒᆞᆫ者라自國々語國文으로自國精神을孶々히教養ᄒᆞᆯ지라도腐敗ᄒᆞᆫ社會風潮의遺毒을未免ᄒᆞ겟거든尤况世界의普用되ᄂᆞᆫ地名及人名을日本語로習得ᄒᆞ야言語文字라도伊呂波를從ᄒᆞ게ᄒᆞ면此ᄂᆞᆫ外國思想을養成ᄒᆞᆷ이요自國精神을買渡ᄒᆞᆷ이니然則此가教科書의未備를因ᄒᆞᆷ이아니리오故로今日教育界의不幸된第三病因이요

第四、假善者의主張、大抵國家와社會의發達은血誠과忠心이充滿ᄒᆞᆫ國民으로야團圓ᄒᆞᆫ結果를收ᄒᆞᆷ은東西洋何國을勿論ᄒᆞ고一般의實例니萬一國家社會에假善者가多數占據ᄒᆞ면國家社會ᄂᆞᆫ此를因ᄒᆞ야絶大의敗亡을未免ᄒᆞᄂᆞ니嗚呼라今日我國은此等無用의英雄이多數蟻集ᄒᆞᆫ所以로教育界에도一身의名譽를欲釣ᄒᆞ고滿腹의野心을將行ᄒᆞᆯ시最初ᄂᆞᆫ無上ᄒᆞᆫ外熱心과非常ᄒᆞᆫ假血誠으로假面을裝飾ᄒᆞ다가如或一校의權理名望이他人名下에歸去ᄒᆞ면即時에是를嗚ᄒᆞ고非를恨ᄒᆞ야有志ᄒᆞᆫ人士를彈劾ᄒᆞ고純良ᄒᆞᆫ青年을教唆ᄒᆞ야百般罔測의運動으로一校를廢止乃已ᄒᆞ니此ᄂᆞᆫ今日我國教育界가不振된第四病因이로다

以上論述ᄒᆞᆫ바四箇條ᄂᆞᆫ我韓教育界의病狀이니淵源이深久ᄒᆞ고醫治가無方ᄒᆞ야如干ᄒᆞᆫ方策과些少ᄒᆞᆫ經畧으로ᄂᆞᆫ到底히挽回키極難ᄒᆞᆫ즉經驗이未富ᄒᆞ고思量이不贍ᄒᆞᆫ年少輩로ᄂᆞᆫ容啄ᄒᆞᆯ餘地가無ᄒᆞ나然ᄒᆞ나余ᄂᆞᆫ左에私見을畧記ᄒᆞ노니

一、國內에一大教育會를組織ᄒᆞ되中央總會ᄂᆞᆫ京城에設置ᄒᆞ고支會ᄂᆞᆫ各地方에設置ᄒᆞ야支部로各其一郡教政을管轄ᄒᆞ며學務

員을派送ᄒᆞ야村里人民을勸喩警醒ᄒᆞ고學界進展如否를中央總會에報告ᄒᆞ면中央會는各地方支部의報告를因ᄒᆞ야相當ᄒᆞᆫ善後方針을鑽究ᄒᆞ며每月에機關雜誌를發行ᄒᆞ되內外國學界敎育界의制度施設과行政方針을一般學界에紹介ᄒᆞ고

二、時急히京城에敎員養成所를設立ᄒᆞ되敎員은現今外國留學卒業生을雇聘ᄒᆞ고生徒는各郡支會々員中에서才德이特著ᄒᆞᆫ者를撰來收容ᄒᆞ야簡單ᄒᆞᆫ年限(假令五年間이면三年으로短定ᄒᆞᆷ)內에畢業歸鄕ᄒᆞ야自來各鄕里에已設ᄒᆞᆫ普通學校或은小學校의敎員으로從事케ᄒᆞ되鄕里小學校는每坊中點地에設置ᄒᆞ고其卒業生을收容ᄒᆞᆷ에는已往普通學校를合併ᄒᆞ야郡內에中學校를設置ᄒᆞ며又는各道首府或은交通이便利ᄒᆞᆫ處所를撰擇ᄒᆞ야實業學校를設置ᄒᆞ고其卒業生과前記ᄒᆞᆫ各郡中學校卒業生을收容ᄒᆞᆷ에는高等學校、高等師範學校、高等實業學校를設立ᄒᆞ야便宜를取ᄒᆞ고各高等部卒業生은各地方中學校와實業學校의敎員으로採用ᄒᆞ되其中才德이富贍ᄒᆞᆫ人으로幾人을撰擇ᄒᆞ야東西洋各國에留學을命送ᄒᆞ야學界의制度行政을模來採用ᄒᆞ야發展方針을鑽究ᄒᆞ고

三、以上諸項을實行ᄒᆞ쟈면最先要用物은黃金이니此物이無ᄒᆞ면如何ᄒᆞᆫ能力과如何ᄒᆞᆫ方針이有ᄒᆞᆯ지라도是는空山의遺響이요木鐸의破聲인즉財政上問題로研究ᄒᆞᆷ이可ᄒᆞᆯ지라財政으로言ᄒᆞ면勿論巨欵을要ᄒᆞᆯ지니本來政府의補助를依受ᄒᆞᆷ이可ᄒᆞ나然ᄒᆞ나此는勿拘ᄒᆞ고敎育會會員의義務로巨額을醵取ᄒᆞ고又는國內財產家의同情을多得ᄒᆞ되其方針은實業을奬勵ᄒᆞᆷ으로써言論을

大發ᄒᆞ여株式或股金을募集ᄒᆞ야爲先銀行을設立ᄒᆞ고各大都會處에支店을置ᄒᆞ야經濟界의恐慌을應救ᄒᆞ고融通을計劃ᄒᆞ며其他各種實業々지看攝實行ᄒᆞᄂᆞᆫ者ᄂᆞᆫ一般敎育會々員으로視務ᄒᆞ야其利益으로ᄂᆞᆫ敎育界의發展과施設을主張ᄒᆞ며各地方中學校及小學校의財政은各里神社와其他公用田土與錢으로幾分의費額을充用케ᄒᆞ고敎科書도各國의敎育制度와編用方法中의最長處를採取ᄒᆞ야一時에多數ᄒᆞᆫ書冊으로一般學界의採用을便宜케ᄒᆞ면外國敎科書를編用ᄒᆞᆷ은無用의長物이되겟ᄉᆞ니此ᄂᆞᆫ敎育界의大發展을遂ᄒᆞᆯ바요

四、敎員、敎科書、財政에對ᄒᆞ여ᄂᆞᆫ上陳과如히可救의方이有ᄒᆞ다ᄒᆞᆯ지라도所謂假有志者ᄂᆞᆫ踪跡이全沒되기前에ᄂᆞᆫ何時何地를勿論ᄒᆞ고遺涎을更垂ᄒᆞ야別般罔測ᄒᆞᆫ恠劇을演出ᄒᆞᄂᆞ니此等物은相當ᄒᆞᆫ社會敎育과宗敎上眞理로心志를悛改ᄒᆞ야多大ᄒᆞᆫ悔悟를得케ᄒᆞᆫ然後에야救急의方策을實施得效ᄒᆞ겟거늘嗚呼라國內에彌滿ᄒᆞᆫ無數ᄒᆞᆫ假善者여君輩가今日國家社會의重責을全擔치아니ᄒᆞ며億萬年無窮의國家幸福을企圖치안ᄂᆞᆫ뇨胡爲乎一時一身의名譽를徒貪ᄒᆞ고虛望을但抱ᄒᆞ야莫重莫大ᄒᆞᆫ國家社會로非常ᄒᆞᆫ不幸을自致ᄒᆞ고永遠ᄒᆞᆫ死病을自取ᄒᆞᄂᆞ뇨木穴土穴로一生의生活을經營ᄒᆞᄂᆞᆫ下等動物도其社會公益을爲ᄒᆞᆷ에ᄂᆞᆫ千萬의辛苦를嘗盡ᄒᆞ고無數ᄒᆞᆫ艱難을不避ᄒᆞ거든尤況萬物의靈長되ᄂᆞᆫ人類中의大韓男子가되以上에야世目이無憚ᄒᆞ고人指가不畏ᄒᆞ야如許ᄒᆞᆫ蠻獸의行動을敢作ᄒᆞ리오急急히罪孼을自悔ᄒᆞ고全力을集注ᄒᆞ야無上의勇氣를奮發ᄒᆞ며將來의幸福을豫備ᄒᆞ되道德上罪

十

罰을恐懼ᄒᆞ고公益上心身을犧牲ᄒᆞ면過者一改에賞賛을自致ᄒᆯ지니諸君은多大ᄒᆫ覺悟를期得ᄒᆯ지어다

以上諸件을實行ᄒᆷ에ᄂᆞᆫ其重大責任을先擔ᄒᆯ者ᄂᆞᆫ國內一般의有志人士니余ㅣ一言을終陳ᄒᆞ건ᄃᆡ僉公은現時有名無實ᄒᆫ政黨을勿顧ᄒᆞ고實地上國民敎育을急施ᄒᆞ야多大ᄒᆫ成聚와眞正ᄒᆫ豫備를有ᄒᆫ後에泰回ᄒᆞᄂᆞᆫ時機를造待ᄒᆞ라大抵時機ᄂᆞᆫ變遷이無常ᄒᆞ여吾人瞰下에確然ᄒᆫ大路를廣開ᄒᆞ엿ᄂᆞ니速히經營ᄒᆞ고急히實行ᄒᆞ야孜々前進ᄒᆞ면國家興復이不遠自來ᄒᆞ리라ᄒᆞ노라

東洋史의研究

挽天生

既往을觀鑑ᄒᆞ고未來를推算ᄒᆷ은人類의共通ᄒᆫ理想이오外界의刺激을受ᄒᆞ야內部의動作을試ᄒᆷ은人類의固有ᄒᆫ感情이라故로吾人이歷史를研究ᄒᆯ時에八萬里地上、五千年時間에林々葱々ᄒᆫ人類社會의盛衰興亡이皆是吾人의게多大ᄒᆫ經驗을資ᄒᆞ며非常ᄒᆫ訓戒를予치안ᄂᆞᆫ者無ᄒᆞ도다

東洋史ᄂᆞᆫ殆히漢族과諸異族의競爭ᄒᆫ事蹟이라　唐虞ᄂᆞᆫ勿論ᄒᆞ고上古周末에戎狄이侵入ᄒᆞ야周室이遂亡에天下가西戎秦의게歸ᄒᆞ고中古漢을經ᄒᆞ야西晉末에至ᄒᆞ야ᄂᆞᆫ幾百年間五胡十六國이踵起相爭ᄒᆯᄉᆡ就中凶奴族漢과氐種前秦과鮮卑族後魏ᄂᆞᆫ江北에占據ᄒᆞ야武力으로써文弱에流ᄒᆫ漢族을制御ᄒᆞ며版圖를擴張ᄒᆞ야其勢가强大ᄒᆞ고隋唐을經ᄒᆞ야五季에至ᄒᆞ야ᄂᆞᆫ潢河附近에據ᄒᆞ야世々로隋唐에臣事ᄒᆞ든靺鞨族契丹이起ᄒᆞ야回紇의古地를倂呑ᄒᆞ며東渤海와

後秦을滅ᄒᆞ며宋의朝貢을受ᄒᆞ니領土가東으로日本海와西으로天山에至ᄒᆞ야當時東亞에第一强國이되고、吐蕃의別種西夏가宋仁宗時에西河의地를畧ᄒᆞ야其勢가一時强大ᄒᆞ고、松花江流域에住ᄒᆞ야遼에隷屬ᄒᆞ던靺鞨族一部女眞이興ᄒᆞ야遼를滅ᄒᆞ며宋을降ᄒᆞ야當時에覇ᄒᆞ고其他西突厥의一部族셔루직이興ᄒᆞ야亞細亞西半을畧ᄒᆞ며歐洲耶蘇敎徒의十字軍을屢破ᄒᆞ야國威를遠近에振揚ᄒᆞ고、近古에至ᄒᆞ여ᄂᆞᆫ遼金에服屬ᄒᆞ던蒙古族이興起ᄒᆞ야東亞를倂呑ᄒᆞ며西歐를侵入ᄒᆞ야歐亞兩大陸에兩次空前의大帝國을建設ᄒᆞ고近世에至ᄒᆞ야滿洲族이明을滅ᄒᆞ고燕京에都ᄒᆞ니即淸國이며、現今에大和族（日本이自稱大和族此亦蒙古種이라）이東三島에셔堀起ᄒᆞ야淸國을戰勝ᄒᆞ며露國을擊退ᄒᆞ고東亞에覇權을握ᄒᆞ야宇內에雄飛ᄒᆞ니其勢頗强이라以上은古今東亞諸異族과漢族의武强으로써隆興ᄒᆞ며文弱으로써衰亡ᄒᆞᆫ一例어니와未知커라今後ᄂᆞᆫ誰가繼起ᄒᆞᆯᄂᆞᆫ지大小勿論ᄒᆞ고諸種族諸部落이次第로、皆是活動ᄒᆞ엿ᄂᆞᆫᄃᆡ我國은開闢이四千年이오疆域이三千里며人民이二千萬이라歷古ᄂᆞᆫ支那로並肩ᄒᆞ고地勢ᄂᆞᆫ意大利와類衆ᄒᆞ며民族은堂々ᄒᆞᆫ蒙古種이라如此民族과로土地로如彼長日月에寥々沈着ᄒᆞ야大活動이曾無ᄒᆞ여스니此ᄂᆞᆫ余의頗히疑訝ᄒᆞᄂᆞᆫ바오甚히愧恧ᄒᆞᄂᆞᆫ바로다、或曰往古新羅文物이當時東方에師範地位를占據ᄒᆞ고高句麗强盛이一時隋唐을凌駕ᄒᆞ며、我朝의風敎가文明의稱이有ᄒᆞ엿다ᄒᆞᄂᆞᆫ此ᄂᆞᆫ全体의大活動이아니오部分의小活動이니齒論ᄒᆞᆯ價値가更無ᄒᆞ도다然則過去現在에俱無ᄒᆞ야스니將來의必有ᄂᆞᆫ

余敢斷言ᄒᆞ노라然하나我國의弊源이文만崇尙ᄒᆞ고武를尋常에置ᄒᆞᆫ故로民心이懦弱ᄒᆞ며士氣가挫折ᄒᆞ야强者를逢ᄒᆞ면抵抗力이乏ᄒᆞ며大者를見ᄒᆞ면屛縮心이先ᄒᆞ야姑息을是事ᄒᆞ며苟安을是圖ᄒᆞᄂᆞᆫ惡習에在ᄒᆞ니自來惡習을一掃ᄒᆞ고主義를一變ᄒᆞ야武勇을奬勵ᄒᆞ야軍律노써國是를定ᄒᆞ고質朴을崇尙ᄒᆞ야忠節노써民心을作ᄒᆞ야亂時에ᄂᆞᆫ人民이國家의義務血稅를奉貢ᄒᆞ고平時에ᄂᆞᆫ鐵艦金甲으로水陸의防備를堅固케ᄒᆞ라야國이國될지며民이民될지라

嗚呼라今日風潮鼓揚ᄒᆞ며雷霆震盪ᄒᆞᄂᆞᆫ時를當ᄒᆞ야非常ᄒᆞᆫ能力과適合ᄒᆞᆫ資格이無ᄒᆞ고ᄂᆞᆫ到底히此天地에生存치못ᄒᆞᄂᆞᆫ故로於是에各國의共通한主義를採用히며大勢의相當ᄒᆞᆫ方策을利用하ᄂᆞ니同胞ᄂᆞᆫ能知否아美國이自來의實業主義를軍律主義로變更ᄒᆞ야每年艦隊와軍隊를擴張치안ᄂᆞᆫ가此ᄂᆞᆫ今日에生存키爲ᄒᆞᆷ이니我亦生存의心이無ᄒᆞᆫ즉已어니와苟有ᄒᆞᆫ즉此를効則치아니치못ᄒᆞ러로다雖然이나縛束羈絆에在ᄒᆞ야此를任意로實行치못ᄒᆞᆷ에奈何오、曰否否라意國이佛國의蹂躪을不被ᄒᆞ드면自由思想이何萌이며美國이英國의暴虐을不受ᄒᆞ얏드면獨立精神이豈芽ᄒᆞ얏스리오今日我가危境險地에陷落ᄒᆞᆷ은皇天이我民族으로ᄒᆞ야금鐵肝石膓의鍊鍛ᄒᆞᆯ機會를與ᄒᆞ심이니我ᄂᆞᆫ此機會를利用ᄒᆞ야各其智鏡을修ᄒᆞ며心釰을磨ᄒᆞ얏다가一陣風雨에同時幷起ᄒᆞ야西洋에意大利、美利堅과東洋에蒙古族、大和族과如히되기를

實業과公德

荍丹山人

原夫實業과公德은서로離코저ᄒᆞ여도離치못ᄒᆞᆯ深重ᄒᆞᆫ關係를有ᄒᆞᆫ者니其公德을養成ᄒᆞᆷ이實노完全ᄒᆞᆫ實業教育의奬勵普及에由ᄒᆞᆯ것은更히云ᄒᆞ기ᄭᆞ지不要ᄒᆞ리로다

道德의起原은必也人과人의互相交際에創始ᄒᆞᆫ者나其發達ᄒᆞᆷ에至ᄒᆞ야ᄂᆞᆫ完然히一定의順序가自有ᄒᆞ니即第一은個人的道德이오第二ᄂᆞᆫ家族的道德이오第三은國家的道德이오第四ᄂᆞᆫ社會的道德이라此四個道德中에第一第二를稱ᄒᆞ야曰私德이라ᄒᆞ고第三第四를稱ᄒᆞ야曰公德이라ᄒᆞ니私德은即自己一個의德을修ᄒᆞᄂᆞᆫ者라故로其關係의處ㅣ極히狹ᄒᆞ되公德은反是ᄒᆞ야廣히國家社會에關係가有ᄒᆞᆫ者니其影響의處ㅣ實노不尠ᄒᆞ도다斯와如히云ᄒᆞ면公德과私德은온젼히別物과如히聞ᄒᆞᆯ지나實際私德을修치못ᄒᆞᆫ人은能히公德을守키不能ᄒᆞᄂᆞ니ᄆᆞᆺ치私德은公德의萠芽라云ᄒᆞ여도可ᄒᆞ도다

公德이라ᄒᆞᄂᆞᆫ者ᄂᆞᆫ國家社會의幸福利益을增進ᄒᆞ며又其安寧秩序를保全ᄒᆞᄂᆞᆫ所有所行으로其範圍ᄂᆞᆫ國家社會의大ᄒᆞᆷ을從ᄒᆞ야漸々廣ᄒᆞ여가ᄂᆞᆫ者니故로世의進步를依ᄒᆞ야公德이益々大切케되ᄂᆞᆫ道理니라

此私德과公德을實業家의身上에應較ᄒᆞ건ᄃᆡ蓋節儉을能守ᄒᆞ야其身分의相應치아니ᄒᆞᆫ事를不爲ᄒᆞ며又ᄂᆞᆫ家內가互相親睦ᄒᆞ야其稼業의精美를出ᄒᆞᆷ으로能히其職分을守去ᄒᆞᄂᆞᆫ者 ᄂᆞᆫ即私德이 오決코 商品의僞造와粗製等을不爲ᄒᆞ며又不當의利益을不貪ᄒᆞ야다ᄆᆞᆺ世間의信用을保重히ᄒᆞ야正直一圖에立働ᄒᆞᆯ뿐이 고寸毫도 他人에 게迷惑

을不遺ᄒᆞᄂᆞᆫ것은卽公德이라云ᄒᆞᆯ지로다我韓의實業家를叱責ᄒᆞᆷ은아니로ᄃᆡ實노世間에此公德心이缺乏ᄒᆞᆫ人物은慨憐ᄒᆞ기無限ᄒᆞ도다無論此等의人도스ᄉᆞ로公德을缺코져ᄒᆞᆷ은아니나以上의云ᄒᆞᆫ바ㅣ卽私德을不修ᄒᆞᆫ故로其身分의相應치아니ᄒᆞᆫ奢侈를致ᄒᆞ며又自家의稼業을惰怠ᄒᆞ야收支의計를相俟치못ᄒᆞᆷ으로自然不當의利益을貪ᄒᆞ며不正의品物을獲ᄒᆞ야眼前의利益을取코져ᄒᆞᄂᆞᆫ淺短의思想이起ᄒᆞᄂᆞ니嗚呼라斯와如히ᄒᆞ야設令一時ᄂᆞᆫ首尾能成으로不正의利益을得ᄒᆞᆷ이有ᄒᆞᆯ지라도斯와如히公德心이缺코ᄂᆞᆫ到底히其永續ᄒᆞᆯ道理가無ᄒᆞᆯ지니忽然其不正ᄒᆞᆫ것은世間에傳達ᄒᆞ야信用은全혀落地ᄒᆞ고自巳의一生을맛ᄎᆞᆷᄂᆡ窮寒白屋莫可奈何地에陷케ᄒᆞᆯ뿐만아니라延ᄒᆞ야他實業家에게ᄭᆞ지迷惑을遺ᄒᆞ며更進ᄒᆞ야實業의發達進步를妨害ᄒᆞ며國家에多大ᄒᆞᆫ損害를與ᄒᆞᄂᆞ니大槪公德의缺乏ᄒᆞᆷ이此境에達ᄒᆞᆯ者ㅣ更有ᄒᆞ리오此로써想ᄒᆞ더ᄅᆡ도公德이라ᄒᆞᄂᆞᆫ것이如何히必要ᄒᆞᆫ것은可히明知ᄒᆞ겟도다

從來我國에公德이라ᄒᆞᄂᆞᆫ것을全혀不重히녁임은特別ᄒᆞᆫ一大理由가有ᄒᆞ니卽我國은四千年來封建制度에統治되야所謂官이나士이나ᄒᆞ야實業家를下賤히待遇ᄒᆞᆯ뿐만아니라一切外國과交通ᄒᆞᆷ이無ᄒᆞᆫ故로通商의範圍를一小國內에爲限ᄒᆞ고幾十年을經ᄒᆞ여도其業의發達을務치아니ᄒᆞᆷ으로自然道德의不良을來ᄒᆞ야其弊風이深히心底에刻入되야容易히改키不能ᄒᆞᆷ에至ᄒᆞᆷ으로種々의惡結果를現出ᄒᆞᆷ에至ᄒᆞᄂᆞᆫ도다

近時에種種의事業을起ᄒᆞ자곳潰ᄒᆞ며潰ᄒᆞ자곳起ᄒᆞ야一般世人으로ᄒᆞ여곰迷惑케ᄒᆞᆷ

이甚多ᄒᆞᆫ것도畢竟其人等의公德心에無ᄒᆞᆷ으로다못一時의虛名을貪ᄒᆞ며眼前의利益을得ᄒᆞ기爲ᄒᆞ야充分ᄒᆞᆫ成算도無ᄒᆞ고輕輕히起事ᄒᆞᆯ而已니此로爲ᄒᆞ야其關係가다못不尠ᄒᆞᆫ迷惑을起ᄒᆞᆷ에만止ᄒᆞᆯ뿐不啻라延ᄒᆞ야海外에ᄭᆞ지信用을失墜ᄒᆞᆷ에至ᄒᆞᄂᆞᆫ도다

嗚呼라余의親愛ᄒᆞᄂᆞᆫ姊妹兄弟여今日吾人의實業界의風潮가此와如ᄒᆞ니엇지寒心치아니며痛憤치아니ᄒᆞᆫ고嗚呼라余ᄂᆞᆫ大聲疾呼ᄒᆞ야曰我江山을愛ᄒᆞ고我未來를營ᄒᆞᄂᆞᆫ惟我의宗族은반다시實業道德을改善ᄒᆞ며實業道德을奬勵ᄒᆞ며實業道德을普及케ᄒᆞᆷ이今日急務中最先急務라ᄒᆞ노라

十六

世界文明史 (前號續)

金洛泳譯述

非文明的人類

第二章 自然民族

食人의風俗이野蠻人間에普行된主要의原因은必是食物의欠乏을因ᄒᆞ야從起ᄒᆞᆫ外部强迫을由ᄒᆞᆷ이니大蓋野蠻人은元來耕作을未知ᄒᆞ고一切漁獵으로飢餓를欲避ᄒᆞ되漁獵의收獲이農作의收獲만不如ᄒᆞᆫ고로往々히十數日間闕食ᄒᆞᄂᆞᆫ事가有ᄒᆞᆫ지라故로彼等이如許ᄒᆞᆫ生活에習慣이自成되여定時食事를要ᄒᆞᆷ이文明人과不如ᄒᆞ며忍耐의極限이超過ᄒᆞ면畢竟其同類를相食ᄒᆞᆷ에至ᄒᆞᆷ은亦是必要上의不得已ᄒᆞᆫ狀態며ᄯᅩ各自의食料ᄂᆞᆫ幼稚老弱이各々自辨치아니ᄒᆞ고但只壯年者의게만重荷를任負ᄒᆞ야社會全体의

生活을困難케ᄒᆞᄂᆞᆫ等事가有ᄒᆞᆫ즉此가野蠻人의其老衰者를殺害ᄒᆞᄂᆞᆫ所以가되엿ᄂᆞ니亦是食人俗의一原因을生成者ᄒᆞᆫ요後世東洋諸國에서廣行ᄒᆞ든隱居制度와如ᄒᆞᆫ者도社會生活上에餘裕를嘗盡ᄒᆞᆫ以後인즉其所行이如許히酷甚치ᄂᆞᆫ아니ᄒᆞ엿슬지라도此亦是食人俗의形態만暫改ᄒᆞᆫ者ㅣ라ᄒᆞ리로다

黑人은野蠻의人種이라稱ᄒᆞ나然ᄒᆞ나彼等은歌謠도有ᄒᆞ고舞蹈도有ᄒᆞ며資質이大概快濶ᄒᆞ야笑謔을多有ᄒᆞ고涕淚를不知ᄒᆞ며宴遊를當ᄒᆞ면極히奇異ᄒᆞᆫ形色을扮裝ᄒᆞ고高歌亂聲으로飽厭을不識ᄒᆞ며敗軍을當ᄒᆞᆯ지라도生殘者ᄂᆞᆫ其生還을自喜ᄒᆞ고其朋友親戚들은新墳을圍坐ᄒᆞ야長夜의歌聲을不絕ᄒᆞ며其宗教ᄂᆞᆫ通常拜物教가多ᄒᆞ니山河草木風雨雷電이며其他禽獸昆虫에至ᄒᆞ기서지一事一物에다各々其神이有ᄒᆞ야威力을現行ᄒᆞᄂᆞᆫ줄노確信ᄒᆞᄂᆞᆫ고로敬禮와禮拜를獻ᄒᆞ야幸福을享受코져ᄒᆞ니此ᄂᆞᆫ自然界現象에統一主宰를想像ᄒᆞᄂᆞᆫ一神教的傾向을指示홈에未至ᄒᆞᆫ바더라

黑人은戀愛를歌ᄒᆞ고狩獵을歌홈으로세내삼비아에ᄂᆞᆫ世襲의歌人이잇서其歌의褒貶이彼等社會의一大勢力을占據ᄒᆞ고싸호메이에ᄂᆞᆫ歌人이興諷諧優의詩人도될뿐더러古來傳說의保存者가되여其人民의게祖先의功業과冒險을傳說ᄒᆞ면皆是無上의滋味로耽聞ᄒᆞᄂᆞᆫ디大蓋其謳歌ᄂᆞᆫ對句의反覆이煩雜ᄒᆞ고調鏤刻彫琢의遺痕이無ᄒᆞᆫ代에自然人情의流露를現出ᄒᆞᄂᆞ니大抵對句의反覆은古代詩歌의特徵이라希伯來支那의古歌ᄂᆞᆫ多少如許ᄒᆞᆫ反覆이無ᄒᆞ되德國古詩에頭韻이繁多ᄒᆞᆫ것도同一ᄒᆞᆫ事情上에서生ᄒᆞᆫ

文學의一現象이로다、黑人詩歌에도想像에優美ᄒᆞᆫ者가不少ᄒᆞ니故로其戀人의容貌를叙述ᄒᆞᆷ에曰其額은月과如ᄒᆞ고其眼은雲間의新月과如ᄒᆞ며鼻ᄂᆞᆫ朝虹과如ᄒᆞ고唇의甘味ᄂᆞᆫ蜂蜜과如ᄒᆞ고冷氣ᄂᆞᆫ淸氷과如ᄒᆞ다ᄒᆞ며又其動作을形容ᄒᆞ야曰輕風에搖々ᄒᆞᄂᆞᆫ柳枝와如ᄒᆞ다ᄒᆞ며又其俚諺에ᄂᆞᆫ驚嘆ᄒᆞᆯ者가不少ᄒᆞ니云ᄒᆞ되希望은世界의柱礎라ᄒᆞ고又云ᄒᆞ되天은忍耐ᄒᆞᄂᆞᆫ者의頭를覆下ᄒᆞᆫ다ᄒᆞ고又云ᄒᆞ되灰ᄂᆞᆫ吹者의게反ᄒᆞᆫ다ᄒᆞ고又云ᄒᆞ되凡人은草와如히多ᄒᆞᆯ지라도善人은眼目보다도稀貴ᄒᆞ다ᄒᆞ니如此ᄒᆞᆫ俚諺은吾人의耳朶에도多大ᄒᆞᆫ興味를感得ᄒᆞ겟고또黑白兩人種의根本을一種比喩로說明ᄒᆞ야曰古昔天地開闢ᄒᆞᆯ始初에ᄂᆞᆫ黑人이白人보다尤勝ᄒᆞ더니智慧와黃金의贈物을受ᄒᆞᆯ時에白人은智慧를擇ᄒᆞ고黑人은黃金을取ᄒᆞ엿사ᄆᆡ貪慾이如此히多大ᄒᆞᆫ所以로黑人이白人의奴隷를永作ᄒᆞ엿다ᄒᆞ니大抵黑人은熱帶地方의自然民族이거니와만일極帶地方自然民族에至ᄒᆞ야ᄂᆞᆫ面目이更變ᄒᆞ나니彼等은食物의欠乏을因ᄒᆞ야將來의準備를勤侃ᄒᆞ고雪寒을防禦ᄒᆞ기에住接를別制ᄒᆞ고長夜를經照ᄒᆞᆷ에燈油를長製ᄒᆞ미勤勉節儉이果是非常ᄒᆞ나然ᄒᆞ나天然의幸福이極薄ᄒᆞᆷ으로畢生의盡瘁로도其生을僅保ᄒᆞᆯ뿐이니此가熱帶地方의野蠻人과如히自然民族의範圍를永遠히不免ᄒᆞᄂᆞᆫ所以로다只今其生活狀態의思想及信仰의一般을左에記述ᄒᆞ노라

ᄭᅳ린린드人의冬時住所ᄂᆞᆫ土石으로써壁을作ᄒᆞ고角材蘚苔積雪로屋蓋를作ᄒᆞᄂᆞᆫᄃᆡ夏期에至ᄒᆞ면天幕中에ㅣ居ᄒᆞ며에스키모人의家屋은透明ᄒᆞᆫ氷板과牢固ᄒᆞᆫ雪塊로構成

ᄒᆞ엿ᄂᆞᆫᄃᆡ內部의温度로溶解된거시外界의寒氣를因ᄒᆞ야再次凝結ᄒᆞ야天然의結晶体形을作ᄒᆞ미當地旅行者ㅣ가大体其外觀의壯麗ᄒᆞᆫ거슬每々嘆美ᄒᆞᄂᆞ니라。 其宗敎ᄂᆞᆫ他極帶地方의自然民族과如히現世를超去ᄒᆞ면別天地의世界가有ᄒᆞ야數多의人衆이永暖ᄒᆞᆫ太陽下에서神으로더브러永遠ᄒᆞᆫ生命을保續ᄒᆞ야現世苦痛의缺欠을補充ᄒᆞ고도十分餘裕를享受ᄒᆞ며馴鹿과雪犬과其他禽獸를靜坐ᄒᆞ고도足히捕獲ᄒᆞᆯ줄노信知ᄒᆞ고류틱켄人의宗敎ᄂᆞᆫ死後世界에無數ᄒᆞᆫ黃金角馴鹿을到處마다捕獲ᄒᆞ리라ᄒᆞ야此等宗敎心이多少間死靈의信仰과結合ᄒᆞᆫ者가有ᄒᆞᆷ으로써云ᄒᆞ기를專念의渴仰이有ᄒᆞ면死者의靈魂과交通을開ᄒᆞ겟고未來의吉凶도知ᄒᆞᆫ다ᄒᆞ며ᄯᅩ自然界와人事界의一切事變을祈禱의所爲라稱ᄒᆞ야犧牲祈禱로誠을致ᄒᆞ면死者의欲心을默得ᄒᆞ야禍로써福을致ᄒᆞᆫ다ᄒᆞᄂᆞ니此ᄂᆞᆫ神託、呪咀、魔術等이彼等의게依信되ᄂᆞᆫ所以요加之에夢事와如ᄒᆞᆫ者ᄂᆞᆫ彼等의게極히異常ᄒᆞᆫ現象이되ᄂᆞᆫ고로夢中의遭遇ᄒᆞᆫ바를現實世界에批擬ᄒᆞ야他界神靈의觀念을固定ᄒᆞᄂᆞ니此ᄂᆞᆫ尤極未避ᄒᆞᆯ自然逕行이되엿도다

牧蓄民族에至ᄒᆞ여ᄂᆞᆫ前述ᄒᆞᆫ熱、極兩帶地方의自然民族과ᄂᆞᆫ少許의異點이有ᄒᆞ니彼等은剝食으로狩獵을爲事치아니ᄒᆞ고도리혀獸類를保存ᄒᆞ고馴致ᄒᆞ야其繁殖으로써永殖의利源을求ᄒᆞᄂᆞ니故로其生活이自然民族과不同ᄒᆞ야目前의利害ᄂᆞᆫ不顧ᄒᆞ고多少未來의設備를不懈ᄒᆞ며其團体間에서ᄂᆞᆫ温和柔順으로家長或은族長의命令을服從ᄒᆞ되敢히睽離狠戾의素行을不持ᄒᆞᄂᆞ니此ᄂᆞᆫ牧蓄生活上自馴自練된氣質이라故로幾

世紀間만連綿不斷의生存을得ᄒᆞ면一是히順從의氣質을成ᄒᆞ겟도다、極帶地方牧民의게ᄂᆞᆫ馴鹿으로至寶를作ᄒᆞ되肉과乳로ᄂᆞᆫ食料를作ᄒᆞ고毛皮로ᄂᆞᆫ衣服을作ᄒᆞ고骨腱으로ᄂᆞᆫ什器를作ᄒᆞ고溫度地方의몽골人은鹿羊과馬牛를飼養ᄒᆞ며랍人、오스틔아人、등쓰人은皆是民歌가有ᄒᆞᆫᄃᆡ他民族과如히不用意로其歌를作ᄒᆞ엿다ᄒᆞ며몽골人은歌舞의特長이有ᄒᆞ야沈憂婉微의悲曲으로戀愛의哀情을歌舞ᄒᆞᆯ時에ᄂᆞᆫ人을感動케ᄒᆞᄂᆞᆫ風趣가有ᄒᆞᆫᄃᆡ其歌의一例를擧ᄒᆞ건ᄃᆡ其戀人을形容ᄒᆞ여曰其姿ᄂᆞᆫ檜樹와如ᄒᆞ고其秋波ᄂᆞᆫ朝紅과如히觸送ᄒᆞᄂᆞᆫ者에幸福이라ᄒᆞ니此로써彼等이自然의景物과人生間에所擬를已知ᄒᆞ엿다云ᄒᆞ겟고彼等은또其英雄의祖先成吉思汗에關ᄒᆞᆫ頌歌를咏愛ᄒᆞ되其形式은野蠻人의詩歌와如히普通對句가多ᄒᆞ며韻脚만履題ᄒᆞᆯ뿐아니라每二行頭語에同音된거슬要ᄒᆞᆫ다ᄒᆞ니此ᄂᆞᆫ아알民族의未發ᄒᆞᆫ叙事詩와同一ᄒᆞ도다

以上所記로足히自然民族의生活과思想의一般을想像ᄒᆞᆯ터인ᄃᆡ大抵此等民族이人文史中의國民을未成ᄒᆞᆫ所以ᄂᆞᆫ非他라外界의制御를但受ᄒᆞ야自己思想의發動으로能히制御치못ᄒᆞᆫ緣由니此ᄂᆞᆫ其土地氣候가自然히其然ᄒᆞᆯ바ㅣ가多ᄒᆞᆷ이라大盖熱帶地方에ᄂᆞᆫ天然의産物이饒多ᄒᆞ야生活上에何樣困惱가無ᄒᆞ다ᄒᆞᆯ지라도其極熱이人을放懶無爲케ᄒᆞ엿고寒帶地方에ᄂᆞᆫ正反對가되여其極寒이人民의力行과氣性을雖起ᄒᆞᆯ지라도天産物이每々匱乏ᄒᆞ야畢生의力行으로도其生命만僅保ᄒᆞᆯ뿐이니故로人文發達에餘裕가無ᄒᆞ엿고溫帶地方에在ᄒᆞᆫ牧蓄民族은何等障害가無ᄒᆞᆫ故로만일一定ᄒᆞᆫ土地에定

住를作홀時에는人文發達이其間에서生ᄒᆞ엿스니今日亞細亞、歐羅巴에所謂文明國民이라稱ᄒᆞ는者도其祖先에는多數ᄒᆞᆫ牧蓄民族이一定ᄒᆞᆫ土地를占據ᄒᆞ고永住의基礎를鞏固케ᄒᆞᆫ者에不外ᄒᆞ리라大凡人文의發達은國家의成立을要ᄒᆞ고國家의成立은主權人民과一定ᄒᆞᆫ土地를要홈이라故로游牧民族은隨時轉居를因ᄒᆞ야人文民族을未成ᄒᆞ고自然民族과人文民族兩間에中住ᄒᆞᆫ다는評林을作ᄒᆞ엿도다

家庭敎育法（前號續）

金壽哲譯述

身體敎育

第一章 榮養

第三節 榮養의方法

榮養物의種類、及其性質은前節에已述ᄒᆞᆫ바ㅣ와如ᄒᆞ거니와此를用ᄒᆞ는方法의如何에依ᄒᆞ야는榮養의目的을達키不能ᄒᆞ니例言ᄒᆞ면滋養物質에最富ᄒᆞᆫ鷄卵이라도此를熟煮ᄒᆞ야用ᄒᆞ면消化가甚遲ᄒᆞ고又片時라도缺치못홀飮料水라도善良ᄒᆞᆫ것을擇치아니ᄒᆞ면傳染病의媒介가되야드듸여生命을失홈에至ᄒᆞᄂᆞ니故로玆에榮養의方法을詳論ᄒᆞ야써其目的을全達코저ᄒᆞ노라

第一、飮料水

飮料ㅣ가吾人의게必要ᄒᆞᆫ것은前節에已述홈과如ᄒᆞ나然하나此를用ᄒᆞ는方法이適宜를不得홀時에는不慮의災禍를招ᄒᆞᄂᆞ니가장此에嚴密ᄒᆞᆫ注意를要홀지로다此點에關

ᄒᆞ야余輩는河水를退ᄒᆞ고井水及泉水로써適當ᄒᆞᆫ者를已定ᄒᆞ엿스나此도亦是漫然히取用키不可ᄒᆞᆫ즉期必適宜ᄒᆞᆫ方法으로써試驗ᄒᆞ기前에는用치말지니라今日村落의狀況을觀察ᄒᆞ건ᄃᆡ크게寒心ᄒᆞᆯ바ㅣ는多數의人民이河水를其本性ᄃᆡ로用ᄒᆞ되寸毫도介意ᄒᆞᆷ이無ᄒᆞ며又는井水及泉水를用ᄒᆞ는者라도其水質을檢別ᄒᆞᆷ이無ᄒᆞ고厨와下水等의近傍에在ᄒᆞᆫ井水와밋有機物을溶解ᄒᆞᆫ泉水를用ᄒᆞ는者ㅣ多有ᄒᆞ니此等人은食物에對ᄒᆞ야는其適否良不良等에關ᄒᆞᆫ注意가有ᄒᆞ되가장大緊ᄒᆞᆫ飮料水에對ᄒᆞ야는不注意ᄒᆞᆷ이如此ᄒᆞ니眞實노本末을顚倒ᄒᆞ는者라可謂ᄒᆞ겟도다兒童의아직幼稚ᄒᆞᆫ者는스ᄉᆞ로水를求用키不能ᄒᆞ나漸長ᄒᆞ야二三歲에至ᄒᆞ면스ᄉᆞ로進ᄒᆞ야渴을醫ᄒᆞ는便이有ᄒᆞ느니此時期가가장危險ᄒᆞᆫ時ㅣ라何者오卽兒童은濁水와汚水를顧察치아니ᄒᆞ고飮用ᄒᆞ는所以니此를因ᄒᆞ야下痢를催ᄒᆞ며或은不測의疾病을起ᄒᆞᆷ은屢々히聞ᄒᆞ는바ㅣ라此는全혀其父母의不注意ᄒᆞᆷ에原因ᄒᆞᆷ이니故로비록井水、泉水를用ᄒᆞᆯ지라도不良의疑ㅣ有ᄒᆞᆫ즉此를濾過히用치못ᄒᆞᆯ지니라特히夏時에在ᄒᆞ야는一旦煑沸ᄒᆞᆫ것을與ᄒᆞ거나或은稀鹽酸을點ᄒᆞᆫ것을與ᄒᆞ야不慮의疾疫을生치아니ᄒᆞ도록注意ᄒᆞᆷ이肝要ᄒᆞ도다盖水는生命이依ᄒᆞ야保持되는榮養物이로되又病源을釀出ᄒᆞᆷ도有ᄒᆞ니라

第二、動物性榮養物

最初로幼兒에게與ᄒᆞᆯ者는乳汁이니乳汁에는母乳와牛乳가有ᄒᆞ나良質노榮養에適ᄒᆞᆫ者는母乳니라元來、生母의乳를與ᄒᆞ면單히幼兒의身体에對ᄒᆞ야만榮養物을與ᄒᆞ는效에不止ᄒᆞ고精神教育上에도또ᄒᆞᆫ非常의

影響을及케ᄒᆞᆷ이어늘現世에는所謂善良ᄒᆞᆫ母乳를不要ᄒᆞ고乳母를置ᄒᆞᆷ으로써一美風을ᄉᆞᆷᄂᆞ니實노痛歎ᄒᆞᆯ바ㅣ로다何故오ᄒᆞ면如何ᄒᆞᆫ者가乳母가되는것을考察ᄒᆞ건ᄃᆡ乳母는居半이나其子를失ᄒᆞ야悲哀의境에沈ᄒᆞᆫ者인故로其精神이憂鬱ᄒᆞ고活力이遲鈍ᄒᆞᆯ것은可히免치못ᄒᆞᆯ事實이라그런즉此等의乳母가家庭間에立ᄒᆞ야能히幼兒를保護養育ᄒᆞᆯ가此는一大疑問이라故로不得已ᄒᆞᆫ形便을除ᄒᆞᆫ外에는乳母를不置ᄒᆞᆷ이極可ᄒᆞ니라그러나만약乳母를依ᄒᆞᆯ境遇에는반다시其性質과行爲를顧察ᄒᆞᆯ지며身體를驗査ᄒᆞ야乳汁의成分을擇치아니치못ᄒᆞᆯ거시오만일此要件에適當ᄒᆞᆫ乳母가無ᄒᆞᆫ時에는牛乳에依ᄒᆞᆷ이可ᄒᆞᆫᄃᆡ牛乳를用ᄒᆞᆷ에對ᄒᆞ여서도ᄯᅩᄒᆞᆫ其乳汁의成分을驗ᄒᆞ는것이必要ᄒᆞ나牛乳를用ᄒᆞᆷ에는可及的母乳成分에類似케ᄒᆞ야用치아니치못ᄒᆞᆯ지니라要컨ᄃᆡ如何ᄒᆞᆫ乳汁을用ᄒᆞ던지其分量과時間을考치아니치못ᄒᆞᆯ지니分量은年齡에依ᄒᆞ야差가有ᄒᆞ나恒常幼兒가飽ᄒᆞ기ᄭᆞ지與ᄒᆞᆷ이可ᄒᆞ니라牛乳를與ᄒᆞᆷ에는生後二週間된兒童에는水五倍를加ᄒᆞ며二個月ᄭᆞ지는四倍、六個月ᄭᆞ지는二倍、八個月ᄭᆞ지는二分의一을加ᄒᆞ고十個月以後는純乳를用ᄒᆞᆯ지니라時間은嚴重히定키不能ᄒᆞ나幼兒를抱ᄒᆞᆯ時에與ᄒᆞ며泣ᄒᆞᆯ時에與ᄒᆞᆷ과如ᄒᆞᆫ不規律은크게不可ᄒᆞ니自初로適當의時間을計ᄒᆞ야與ᄒᆞ는習慣을養成ᄒᆞ면幼兒가ᄯᅩᄒᆞᆫ無時로請求ᄒᆞᆷ이無ᄒᆞᆯ지니故로此種의習慣을作用ᄒᆞᆷ이가장緊要ᄒᆞ니라

兒童은生後九個月에至ᄒᆞ면新齒가生ᄒᆞᄂᆞ니此期에至ᄒᆞ면제긔固形物을與ᄒᆞᆷ을得ᄒᆞ나오직消化機가一般纖弱ᄒᆞᆫ즉消化가容易

히되는者外에는與키不可ᄒᆞ니鷄卵과如ᄒᆞᆫ者라도此를半熟ᄒᆞ야가장消化키易ᄒᆞᆫ形에就ᄒᆞ야與ᄒᆞᆷ은可ᄒᆞ나肉類와如ᄒᆞᆫ固形物은三歲에達ᄒᆞ기ᄭᆞ지不與ᄒᆞᆷ이可ᄒᆞ니라

我國에는米麥等植物性의食物을常食으로슴아由來ᄒᆞᆷ으로써아직齒牙가發生치못ᄒᆞᆫ幼兒에게向ᄒᆞ여서도일즉부터飯粒을與ᄒᆞ는惡習이有ᄒᆞ나니此는兒童의身體榮關의發育程度를未知ᄒᆞ는謬見中으로來ᄒᆞᆫ者미身体各種의機關을傷害ᄒᆞᆷ이不少ᄒᆞ도다蓋穀類、蔬菜와如ᄒᆞᆫ植物性榮養은十分咀嚼케아니ᄒᆞ면消化가困難ᄒᆞ나니故로다못乳汁으로만은榮養物質의不足을告ᄒᆞᆯ時期、即二歲頃에不達ᄒᆞᆫ者에게는此를不與ᄒᆞᆷ이可ᄒᆞ니라또消化는煮沸를取치아니ᄒᆞ면容易치못ᄒᆞᄂᆞ니故로穀物、蔬菜를與ᄒᆞᆷ에는반다시此用意를預要ᄒᆞᆷ이可ᄒᆞ니라果實과如ᄒᆞᆫ것은如何ᄒᆞᆫ方法으로써與ᄒᆞᆯ지라도利益이寸無ᄒᆞ고도로혀諸種의病源을生ᄒᆞᆷ이多ᄒᆞ나니此를斷然코不與ᄒᆞᆯ거시며居宅의周圍에는果樹를培栽ᄒᆞᆷ이不可ᄒᆞ니라

第四、刺激物

刺激物의特質은精神을鼓舞ᄒᆞ며血行을旺盛케ᄒᆞ는者로ᄃᆡ此는一時的이오永久的이아니라故로全體로는도로혀精神을遲鈍히ᄒᆞ고心意의活動을妨害ᄒᆞ나니라就中喫煙飮酒와如ᄒᆞᆫ것은一旦習慣으로終身不改ᄒᆞᆷ에至ᄒᆞ나니身体上經濟上에大損害를招ᄒᆞ는者니라此外의刺激物도兒童에取ᄒᆞ여서는全然不用ᄒᆞᆷ이可타斷言ᄒᆞᆷ을不憚ᄒᆞ노라

以上各種의榮養物에對ᄒᆞ야其榮養의方法을論述ᄒᆞ엿스나更히全體를擧ᄒᆞ야榮養上의注意를述ᄒᆞ건ᄃᆡ其第一은品質의選擇이

니品質을擇홈에는榮養分에富흔것과消化의速흔것을最良으로삼을것이오、第二는飮食物의温度니무릇温暖흔것은消化가速흐나니비록夏時라도冷흔것은用치말지며特히極熱、極冷의二物을混用홈은가장不可흐니라、第三은食物의分量이니分量을榮養에充足흐도록與흘것이오、第四는食前食後의休息이니特히食後에는곳精神及身体의運動을中止홈이可흐고、第五는飮食時間이니我國의習慣은兒童으로흐여곰速히飮食케흐는弊가有흐나니此는[illegible]게消化에妨害되는者요、第六은調理法이니食物의消化는調理의方法과多大흔關係가有흐나니故로消化키容易흔形으로調理치아니치못흘것이오、第七은食物의配合이니時々로變化가有흔食物을與흘것이오第八은食器의選擇이니銅器와如흔有害의器具를用치말지니라

第四節　榮養의原則

以上榮養에關흔概要를論述흐엿스니由之흐야榮養의原則을左와如히定흐노라

第一、榮養의主되는者는飮食物이니故로飮食物의成分을驗홈이肝要흐도다其成分은人軆를搆造흔物質과同一흐고또成長흐는ᄃᆡ必須흔것을選치아니치못흘지니即人軆의成分된蛋白質、脂肪質、澱粉質、鐵質水分等을含흔榮養物을適宜흐게用흘지니라

第二、이믜各種의成分을要흐엿슨즉또흔此等의成分을含흔飮食物을與치아니치못흘지라그러나一種의飮食物노各種의成分을具含흔者는少흐나니各色飮食物을混用흐야써各成分의過不及이無흐게供給흘것이니라

第三、榮養物의成分은비록選擇配合이適宜ᄒᆞᆷ을得ᄒᆞᆯ지라도만일消化의作用이容易치못ᄒᆞᆯ時에는決코榮養의目的을達키不能ᄒᆞ나니故로同一ᄒᆞᆫ成分을有ᄒᆞᆫ者中에도消化作用의迅速ᄒᆞᆫ것을選ᄒᆞᆯ지니만일如此ᄒᆞᆫ者를得키不能ᄒᆞᆯ時에는가장容易히消化ᄒᆞᆯ者로써與ᄒᆞᆯ지니라

第四、消化作用의遲速은調理法에關ᄒᆞᆷ이多ᄒᆞ니比ᄒᆞ면蔬菜는煮ᄒᆞᆫ것이消化키容易ᄒᆞ며肉類는此에反ᄒᆞᆷ과如ᄒᆞ니라

第五、飮食物의分量을定ᄒᆞᆷ이極히必要ᄒᆞ니幼兒의疾病은過飮暴食으로因生ᄒᆞᄂᆞᆫ것이多ᄒᆞᆫ즉맛당히身體의必要와消化器의能力에應ᄒᆞ야此를定ᄒᆞᆯ지니라大槪幼兒는每日三時間乃至四時間을隔ᄒᆞ야五六回를與ᄒᆞᄂᆞᆫ것으로써適度를삼을지니兒童이戲弄으로飮食의競爭을相賭ᄒᆞᄂᆞᆫ것은가장注意ᄒᆞ야禁止ᄒᆞᆯ것이니라

第六、飮食時에는兒童으로ᄒᆞ여곰極히安寧케ᄒᆞ며愉快케ᄒᆞᆯ지니元來、兒童은大人과如히精神을勞ᄒᆞᆷ이無ᄒᆞ되身体外部의狀態로는大段히不快의感을起케ᄒᆞ며飮食의消化를妨害ᄒᆞᄂᆞ니라

第七、食物은又一種의化學作用을因ᄒᆞ야비로소身体의榮養物이되나니同化作用을起ᄒᆞᄂᆞᆫᄃᆡ必要ᄒᆞᆫ新鮮의空氣를附與ᄒᆞᆷ이肝要ᄒᆞ니라

第八、食物의溫度는身体溫度에比等케ᄒᆞᆷ을要ᄒᆞᆯ지니만일冷熱이適宜치못ᄒᆞᆫ者를與ᄒᆞ면消化器를害ᄒᆞᄂᆞ니라

第九、刺激性의食物은胃腸의疾病、神經過敏의病源이되는者니진실노此는禁ᄒᆞᆯ바ㅣ니라

第十、食前食後는身體를靜穩ᄒᆞᆫ位置에置

置ᄒᆞᆷ이可ᄒᆞ니食後三十分間은特히消化에大緊ᄒᆞᆫ時間인즉全혀消化機의運動을自由케ᄒᆞ며嚴히此ᄅᆞᆯ妨害ᄒᆞᄂᆞᆫ外界의事情을去ᄒᆞᆷ이可ᄒᆞ니라그러나一定ᄒᆞᆫ時間後에ᄂᆞᆫ반다시運動을行치아니치못ᄒᆞᆯ지니라

歷史譚第十七回

崇古生

크롬웰傳(前號續)

當時革命의潮流가去々益甚ᄒᆞ야最後의方策을不取하면到底히鎭壓키未能ᄒᆞ겟ᄂᆞᆫ지라千六百四十二年八月二日에찰쓰王이大兵을노팅ㅣ감城에召屯ᄒᆞ고牙旗ᄅᆞᆯ嵯峨ᄒᆞᆫ城壁上에樹立ᄒᆞ니此ᄂᆞᆫ人民의게宣戰을布告ᄒᆞᆷ이라從此로慘憺ᄒᆞᆫ戰雲이英土四隅에充溢ᄒᆞ고腥穢의血風이英蘭到處에不絕ᄒᆞ더라찰스王麾下에集屯ᄒᆞᆫ兵卒은步騎倂一萬人이니無非驍勇일뿐더러루벨트親王은年纔弱冠이僅過三歲로ᄃᆡ勇敢無上ᄒᆞ야三軍을震慴ᄒᆞ며有名ᄒᆞᆫ善戰大將린제이伯이大將位置에在ᄒᆞ미王軍의襄々ᄒᆞᆫ威氣가國會軍을一擧大破ᄒᆞᆷ직ᄒᆞ며찰스王은漸次誘民의方策을講究ᄒᆞ야國會의大非ᄅᆞᆯ彈明ᄒᆞᄂᆞᆫ檄文이倫敦市中에矢飛ᄒᆞ더라、此時에國會軍은노ㅣ썸프톤에牙營을措屯ᄒᆞ고義勇兵을召集ᄒᆞᆯ식其果不空ᄒᆞ야不過旬日間에步兵二萬과騎兵一萬五千이忽地에牙旗下에來會ᄒᆞ니此ᄂᆞᆫ無非勇敢ᄒᆞᆫ淸敎徒라救主ᄅᆞᆯ爲ᄒᆞ야身命을不惜ᄒᆞ고陸軍總督에섹스伯은幾隊의練軍을加ᄒᆞ야大將軍이되고檄文을亦飛ᄒᆞ야찰스의無法壓制ᄅᆞᆯ國民의

게訴告ᄒᆞ더라然ᄒᆞ나國會軍과王軍을比較컨ᄃᆡ國會軍은統率의大將이大概一個紳士에未過ᄒᆞ야練兵實戰의術이未熟ᄒᆞ고兵卒도亦是紛亂錯雜ᄒᆞ야一人도訓鍊을經ᄒᆞᆫ者가無ᄒᆞᆯ뿐더러엣섹스伯과如ᄒᆞᆫ者도國會軍에特著ᄒᆞᆫ技能이無ᄒᆞᆫᄃᆡ將來大將될크롬웰은群羊中에隱在ᄒᆞᆫ猛虎와如히尙今如何ᄒᆞᆫ技倆을不試ᄒᆞ고但止맨티스타ㅣ와한팅똔에셔募集된三十七小隊의隊長일뿐이라然ᄒᆞ나其名聲勢力이不知間에軍中을占得ᄒᆞ엿스며渠의親戚故舊가極多ᄒᆞ야大事業을建樹ᄒᆞᆷ에도多大ᄒᆞᆫ便利를得ᄒᆞᆯ식義兄라스ᄒᆞ훌노ㅣ는크롬웰隊의分隊長이되여驍名이一軍에超重ᄒᆞ고長男올리하는第八小隊의副官이되여精銳無比의博名이有ᄒᆞ고叔父한푸덴은第二十六隊의佐官이요未來의義子헨리아일톤은第五十八隊의隊長이되고義弟웰돈은七十三隊의隊長이되엿ᄉᆞ니크롬웰의一族으로도其勢가王軍에優過ᄒᆞ거든尤況渠의統率ᄒᆞᆫ義勇兵은無非勇敢直前으로上帝를爲ᄒᆞ야身命을不惜ᄒᆞᄂᆞᆫ者라久抱ᄒᆞᆫ主張을未遂ᄒᆞ면陣頭에셔戰歿ᄒᆞᆯ지언뎡醜惡ᄒᆞᆫ社會의同染을不作ᄒᆞ리라ᄒᆞ더라

十月二十七日(日曜日)에兩軍의衝突을始作ᄒᆞ니찰스王은國會軍의應募兵이多數에達키前에一擧粉碎ᄒᆞᆯ妙策을擧行코져ᄒᆞ야牙旗를놋팅홈城壁에樹立ᄒᆞᆫ後에一萬有餘의軍勢를整列ᄒᆞ고론돈市府를直向進擊ᄒᆞᄂᆞᆫ지라國會軍의元師엣섹스伯은此秘機를已知ᄒᆞ고一步를先進ᄒᆞ야尾擊을遂行ᄒᆞᆯ식兩軍이直地웰릭시아, 엣ᄃᆡ岡附近에逢着ᄒᆞ야激烈ᄒᆞᆫ戰端을開始ᄒᆞ엿더라　當時에兩陣을曠漠ᄒᆞᆫ平原에相對ᄒᆞ야戰鋒을

相交ᄒᆞ나紅塵은大地에高騰ᄒᆞ고砲烟은天半에漲熖ᄒᆞ야 一進一退ᄒᆞ고相衝相突ᄒᆞ야勝負를未决ᄒᆞ더라然ᄒᆞ나國會軍은元是烏合의衆이라訓鍊을已經ᄒᆞ고實戰에應馴ᄒᆞᆫ王軍을抵抗키難ᄒᆞᆯ뿐더러勇敢ᄒᆞᆫ루벨트親王이其部下를親率ᄒᆞ고騎兵을放出ᄒᆞ야國會軍의右翼을衝出ᄒᆞ매先鋒이先潰ᄒᆞ고中軍이亦潰하야本陣이紊亂이라카잉돈ᄭᆞ지退却ᄒᆞᆯ식크롬웰은其叔父한푸덴과ᄒᆞᆷ씌王軍의左翼을擊劍奮戰ᄒᆞ더니本軍이루벨트親王의突擊을被ᄒᆞ매크롬웰이其叔父를向言曰叔父여余ᄂᆞᆫ此處를抵當ᄒᆞ리니叔父ᄂᆞᆫ騎兵第十三隊를卒ᄒᆞ고루벨트親王의背後를衝擊ᄒᆞ라言畢에已率ᄒᆞᆫ三十七隊兵을整肅ᄒᆞ고猛虎가群羊中에奮馳ᄒᆞᆷ과如히舊約(聖書)詩篇을朗吟ᄒᆞ면서敵軍링세이陣을急擊ᄒᆞ매王軍이 一次破北를當ᄒᆞ고逡巡의氣色이顯出ᄒᆞᄂᆞᆫ지라한푸덴의勇敢一隊ᄂᆞᆫ루벨트王의背後를襲擊ᄒᆞ야奇勳을樹ᄒᆞ매카일돈ᄭᆞ지退却ᄒᆞ엿든本軍도乘勢返擊ᄒᆞ니王軍이大敗ᄒᆞ여놋팅감城壁을向ᄒᆞ여散走ᄒᆞᄂᆞᆫ지라크롬웰이乘勝前進ᄒᆞ야王軍旗手에트몬트웨네를追斬ᄒᆞ야牙旗를奪ᄒᆞ고大元帥링쎄이를擊斬ᄒᆞ니滿陣兵士가無不一當百으로찰쓰王도危機를難避ᄒᆞ엿더니루벨트親王의來援을得ᄒᆞ야 一身을僅抽ᄒᆞ야놋팅감으로遁入ᄒᆞ니王軍의死者ᄂᆞᆫ四千人이오餘存이二大隊에不過ᄒᆞᆫᄃᆡ國會軍의先鋒은놋팅감城壁에迫至ᄒᆞ엿더라

於戱크롬웰이여此役에一個크롬웰이若無ᄒᆞ엿더면國會軍이王軍의擊破를被ᄒᆞ야再起를未能ᄒᆞᆯ거시오國民의自由가永久히찰쓰王專制下에蹂躪을難免ᄒᆞ엿슬지니壯ᄒᆞ다自由의英傑크롬웰이여萬世에讚頌ᄒᆞ리

로다、今此一戰에크롬웰은多大ᄒᆞᆫ教訓을得ᄒᆞ엿스니非他라自己가堅信ᄒᆞᄃᆞᆫ信仰念에改正ᄒᆞᆯ必要도有ᄒᆞ겟고又ᄂᆞᆫ大事를經營ᄒᆞᆷ에ᄂᆞᆫ信神의念이堅固치아니ᄒᆞ면一事라도共論치못ᄒᆞ리라ᄒᆞ니라故로初役이告畢ᄒᆞᆫ後에叔父한푸덴을向言ᄒᆞ여曰余ᄂᆞᆫ今에懶弱ᄒᆞᆫ心志로不可不依賴ᄒᆞᆯ必要를透得ᄒᆞ엿노니見할지어다叔父여昨日戰事에其志가不堅이면國會軍이忽地瓦解됨을未知ᄒᆞ엿ᄉᆞ리라故로余ᄂᆞᆫ今後브터眞正信者(敎人)를多數募集ᄒᆞ여我軍의精神을作코져ᄒᆞ노니叔父ᄂᆞᆫ注意ᄒᆞ라今日國會軍將卒이無非信念이乏少ᄒᆞ고忍力이欠缺ᄒᆞ니如此ᄒᆞᆫ將卒로多年間訓鍊을馴積ᄒᆞᆫ王軍을豈抵ᄒᆞ리오然則今日急務ᄂᆞᆫ國會軍을組織ᄒᆞᆷ에志薄氣弱ᄒᆞᆫ者를一々除去ᄒᆞ고信仰이鞏固ᄒᆞᆫ清教徒만撰出ᄒᆞᆷ이可ᄒᆞ리라ᄒᆞ노라ᄒᆞ더라

如此히크롬웰이堅固ᄒᆞᆫ信念을持有ᄒᆞᆫ清教徒만召集ᄒᆞ고精神的訓鍊을試施ᄒᆞ야如何ᄒᆞᆫ艱難을當ᄒᆞᆯ지라도不撓不屈ᄒᆞᄂᆞᆫ壯兵을組織코져ᄒᆞ니此ᄂᆞᆫ마코ᅵᆯ네卿이所謂世界上의最上偉大ᄒᆞᆫ軍隊即크롬웰의鐵騎니其數가不過五千으로最高의理想을到達ᄒᆞ고最大의事業을建樹ᄒᆞ엿스니誰가其信仰力의贍富ᄒᆞᆫ거슬驚嘆치아니ᄒᆞ며誰가其嚇々ᄒᆞᆫ歷史를稱頌치아니ᄒᆞ리오、엣틔岡戰捷以後에크롬웰이發書遣人ᄒᆞ야한팅ᄯᅩᆫ周圍에警邏隊를設置ᄒᆞ야倫敦府中에王黨及王軍의交通을絕斷ᄒᆞ고各州에同盟軍을更組ᄒᆞ야各處王黨의交通을遮斷코져ᄒᆞ여議院을强勸ᄒᆞ야實地를着手케ᄒᆞ니於是에크롬웰의勢力이國會中에震動ᄒᆞ야建策ᄒᆞᆫ方畧은到處에奇功을建捷케ᄒᆞ니켄볼니틔、샛퍼ㅣ크、엣섹스、하ㅣ트노홋씨아、한티슈

쏜、링코룬農工商이最著ᄒᆞ야繁華富有ᄒᆞᆫ地方이從風靡附ᄒᆞ야有力ᄒᆞᆫ東方同盟이完全ᄒᆞᆫ組織을致ᄒᆞ엿더라

然ᄒᆞ나王軍의巢穴을衝破ᄒᆞ고英國의爭亂을剿平ᄒᆞ라면크롬웰이總大將地位에居ᄒᆞ여야可ᄒᆞ겟거늘國會ᄂᆞᆫ因循姑息ᄒᆞᄂᆞᆫ分子가多在ᄒᆞ야柔弱을未免ᄒᆞ고王軍과媾和ᄒᆞᆯ方策을猶究이미終是逡循未決ᄒᆞ더니幾日月間에王黨이此間을利用ᄒᆞ야不意의軍備를整頓ᄒᆞ미一衰ᄒᆞ엿든勢力이焰々히九天을更焦케ᄒᆞᄂᆞᆫ지라크롬웰이到底히默忍ᄒᆞᆯ心思가半点도無ᄒᆞ미書를議會에與ᄒᆞ야逡循未決ᄒᆞᆷ은王軍의게無限ᄒᆞᆫ勢를增與ᄒᆞᆷ이라痛論ᄒᆞ고方策을更提ᄒᆞ여今에王軍을破碎코져ᄒᆞ면도룬드에戰線을先設ᄒᆞ며링코룬을鞏守ᄒᆞ고미들늰드地方의要塞되ᄂᆞᆫ뉴켝을一擧之下에占領ᄒᆞ야찰스로左右翼을未張케ᄒᆞᆷ이可ᄒᆞ다ᄒᆞ엿스나國會ᄂᆞᆫ依前히猶違未決ᄒᆞᄂᆞᆫ지라크롬웰이奮氣를不勝ᄒᆞ야直時에大兵을發ᄒᆞ야疾風의勢로쓰레올린드를占取ᄒᆞ고링코룬에出ᄒᆞ여獨力으로뉴웍을衝突코져ᄒᆞ더니不幸히中路에王軍을撞着ᄒᆞ야三時間을激戰ᄒᆞᆫ後에敵將할네하우쓰의率兵僅破ᄒᆞ엿스나懸軍萬里路遠糧乏ᄒᆞ니到底히目的을未達ᄒᆞ겟ᄂᆞᆫ지라先軍을링코룬에送旋ᄒᆞ고同年六月에쓰레올린도를再擊拔之ᄒᆞ고五百八十里를長驅ᄒᆞ야뉴캇슬伯의統率ᄒᆞᆫ驍騎와켄스폴로우野에셔大戰ᄒᆞ야敵將킈쎈디손을擊斬ᄒᆞ니此ᄂᆞᆫ千六百四十三年七月二十八日이더라크롬웰이東部同盟軍委員의게書信을送馳ᄒᆞ야其時狀況을記遺ᄒᆞ니其書에曰

我兵이這間非常ᄒᆞᆫ疲勞에陷落ᄒᆞ야大敵과交戰ᄒᆞᆯ餘地가無ᄒᆞ엿스나余가上帝끠

祈禱ᄒᆞ자ᄂᆞᆫ一言을發ᄒᆞ면衆軍이淸泉水를飮홈과如히神祐를被홈과如히奮然起簇ᄒᆞ야敵軍을撕殺ᄒᆞ엿ᄉᆞ니於戱라余ᄂᆞᆫ到處에上帝의恩寵을多感ᄒᆞ노라ᄒᆞ엿ᄉᆞ니크롬웰의鐵騎勢力이此後로漸次國民의認得을致ᄒᆞ엿더라

敎師ᄂᆞᆫ無階級之尊卑ᄒᆞ고其責任은無輕重之等差

李奎澈

自古至今에不問何等社會ᄒᆞ고輕重之等差와尊卑之階級이必有ᄒᆞ니試就政治上社會

而觀之컨ᄃᆡ政府之制ᄂᆞᆫ專設等級ᄒᆞ야作爲制度ᄒᆞ고軍務社會도亦有上下等級ᄒᆞ야儼々乎無或踰越ᄒᆞ며實業社會도亦設等級ᄒᆞ야等級有分에責任之輕重이隨而存焉호ᄃᆡ惟在敎育社會ᄒᆞ야獨無等級之可分也ᄂᆞᆫ倘或强分之曰大學敎師地位ᄂᆞᆫ在於中等學校,敎師地位之上ᄒᆞ고中等學校敎師地位ᄂᆞᆫ在於小學校敎師地位之上이라ᄒᆞ면此亦不必尤之나然而非余所謂等級者也라且夫大學敎師等으로言之면同在大學ᄒᆞ야各授其徒에未曾有等級之可差別者오設曰有之라도亦不過待遇之法이略有等差而已오顧其責任則固不有何等之差別과何等異同也라中等學校敎師도亦然ᄒᆞ야雖甲敎師所敎授之學科와與乙敎師所敎授之學科ᄂᆞᆫ相有不同이나必無上下輕重之差別이오又以敎授下級生徒之敎師로比諸敎授上級生徒之敎師

亦無上下輕重之差으只在恪盡其務而已니然則敎師之敎育生徒에責任이皆同而無階級之可差等也瞭然明矣라或以學校長으로視敎師에其間에猶有些少區別而以敎師로視敎師에는全無有等級之可論이니此는敎育社會之所特有而在他社會則未必似此也라又以一道內制度로觀之컨딩方伯之下에有郡守ᄒᆞ고郡守之下에有屬吏ᄒᆞ야以職掌之不同으로責任이亦殊ᄒᆞ야上以御下ᄒᆞ고下以承上ᄒᆞ며上者는命之令之ᄒᆞ고下者는承之奉之ᄒᆞ야以階級之尊卑로爲差等ᄒᆞ며以責任之輕重으로爲區別호딩敎師之於敎師에는一視平等에固無彼此責任之輕重ᄒᆞ니又何有等級之高卑哉아但其間에或有薪水之多寡ᄒᆞ며或有莅任之久與不久ᄒᆞ며或有年齒之可序ᄒᆞ며或有所敎授之學問이異其科目이나然이나究竟非等級有差오亦非有命令奉承之關係也故로與彼一道內之制度에有等級有輕重으로는大有不同也라設或學校長이指揮敎師에使敎師로無脫出於法令規定之外而已오至敎師敎授之方法次序等ᄒᆞ야는亦不干涉焉이니盖敎師가在法令規定之範圍內ᄒᆞ야敎授其徒則校長이亦惡得干涉其間哉아然則敎師之於校長에는與屬吏之於方伯에尊卑儼然으로不同其趣ᄒᆞ니敎師가在講堂ᄒᆞ야敎授生徒時에有自主之權ᄒᆞ야特立而特行ᄒᆞᄂᆞ니誰能掣肘之리오故로敎師가在講堂에謂之主權者亦可也오綜而言之컨딩敎師가不悖法令規定則學校長이亦不得干涉敎師權內之事리니敎師가獨自擔負敎授之責任則以有己之權으로不得推諉於他人也亦可也라衆敎師는皆平等之人也라無等級之可問이나然이나試觀現時狀態컨딩爲敎師者或以薪水之多寡

로自以爲有等級而卑屈自甘ᄒᆞ니盖如是則豈非謬誤者哉아苟以薪水之多寡로爲等級之差者其意에謂吾所得之薪水가多於彼則曰我在彼上也라ᄒᆞ고吾所得之薪水가寡於彼則曰我在彼下也라ᄒᆞ야薪水之多者ᄂᆞᆫ隨而自滿ᄒᆞ야視寡者則輕易之ᄒᆞ고薪水之寡者ᄂᆞᆫ亦不自重ᄒᆞ야視多者則卑屈之ᄒᆞ야自以爲等級之別ᄒᆞ니嗚呼라此陋習이相循不已故로教育社會가靡然不振而日就頹敗也라或有難予說者曰教師等級이既無差別則待遇之道도亦無繁別ᄒᆞ야同一平等으로視之可也어ᄂᆞᆯ以上에胡爲待遇之法이有差等之云乎아曰教師之無等級은不必申複이ᄂᆞ然而教師가實非一人이오其間에或有閱歷之深淺ᄒᆞ며或有學術之厚薄故로待遇之法이似有差等이ᄂᆞ此亦現時待遇之道가未必盡善盡美也니繼此而教育社會가進步發達則待遇之法도必不至甚有等差也라余嘗聞德國之教育社會ᄒᆞ니小學校教師ᄂᆞᆫ必擧用師範學校畢業者ᄒᆞ고中學校教師ᄂᆞᆫ必修了大學三年之功課後에受師範教育一年或兩年者로擧用云ᄒᆞ니此盖最善之制度也라余甚望吾邦教育社會之進步가能追逐德國也로ᄃᆡ惜奎運이未到此地에奈何오然而倘傚此德國而實行之則也可以得待遇之法이오薪水도亦不如今日之甚有差等也니苟能如是則教師도亦不以薪水之多寡로作爲等級也哉ㄴ뎌教師ᄂᆞᆫ均是一也라其責任이固無輕重이로ᄃᆡ惟以學問之厚薄과歷鍊之深淺으로其待遇之法이略有差等이오薪水之多寡도亦因此而分爲等級也라夫苟若是면食厚俸者ᄂᆞᆫ更不可不思所以自奮이오食薄俸者도亦以其責任之無輕重無等級으로益不可不發揮自重之念이니此豈非振勵教育之

一方針耶아今夫敎育社會에有須要之敎師之常言ᄒᆞ니以本論所論으로觀之컨ᄃᆡ固無所謂須要與不須要之別이나然而現時에或有未能爲一律須要之敎師ᄒᆞ니斯爲可憾處耳라惟幸敎育社會가更進一層步武ᄒᆞ야以撤去此等差與謬見을實所希望者ㅣ니다

青年의心理學應用

研究生

自古로氣質이라云홈은元來吾人精神活動上에强弱遲速의差가有ᄒᆞ야此動作上에名稱을劃下ᄒᆞᆫ者니西歷紀元後二世紀頃에羅馬人싸렌트라稱ᄒᆞᄂᆞᆫ醫學者가有ᄒᆞ야一學說을新唱ᄒᆞ니其說의槪要를據ᄒᆞ건ᄃᆡ大凡吾人身体에ᄂᆞᆫ四個主要ᄒᆞᆫ液体가有ᄒᆞ야其加減으로搆成된者ㅣ가即吾人의氣質이라ᄒᆞ니果然其說과如히吾人의게四個氣質即多血質、神經質、膽汁質、粘液質、이皆有ᄒᆞ야此가相違ᄒᆞᆫ結果吾人이種々分異의性質을成ᄒᆞ얏도다左에各質을槪論컨ᄃᆡ

第一多血質、多血質은精神의動作이迅速ᄒᆞ고도其度가弱ᄒᆞᆫ者ㅣ니此質의爲人은外物의感觸을當ᄒᆞ면其心이容易히動搖ᄒᆞ야思量을速定ᄒᆞ고凡事를急行ᄒᆞᄂᆞᆫ고로此種人은成善ᄒᆞ면快闊敏捷ᄒᆞ나不然이면輕卒燥妄ᄒᆞ야忍耐力이乏少ᄒᆞ고薄志弱行의爲人을未免ᄒᆞᄂᆞ니라

第二神經質、神經質은精神의動作이遲鈍ᄒᆞ고도其度가强ᄒᆞ니此質의爲人은凡事를深思熟考ᄒᆞ야容易未斷ᄒᆞ다가一度決斷을得ᄒᆞ면動撓極難ᄒᆞ며又其擧動이落着每多

ᄒᆞᄂᆞ니故로此種人은成善ᄒᆞ면着實綿密ᄒᆞ나不然이면陰鬱沉存ᄒᆞ야優柔不斷ᄒᆞᄂᆞ니라

第三膽汁質、膽汁質은精神의動作이迅速ᄒᆞ고도其度가强ᄒᆞ니此質의爲人은事物에感動이容易ᄒᆞ고意志가鞏固ᄒᆞᄂᆞ니故로此種人은成善이면剛毅勇敢ᄒᆞ야堅實의人物이되나不然이면高慢無謀ᄒᆞ야强情의人物을未免ᄒᆞᄂᆞ니라

第四粘液質、粘液質은精神의動作이遲緩ᄒᆞ고도又弱ᄒᆞ니此質의爲人은思想과擧動이無非緩慢ᄒᆞ며又ᄂᆞᆫ事物에動搖키極難ᄒᆞᄂᆞ니故로成善이면誠實公平ᄒᆞ야沈着ᄒᆞᆫ人物을成ᄒᆞ나不然이면冷淡無氣ᄒᆞ야活潑ᄒᆞᆫ人物을未作ᄒᆞᄂᆞ니라

以上은氣質分類의主要ᄒᆞᆫ者니今日心理學者가多數採用ᄒᆞᄂᆞᆫ바ㅣ라如此히通常吾人의게ᄂᆞᆫ四個氣質이各樣交合ᄒᆞ야或者ᄂᆞᆫ多血質이大部分을占有ᄒᆞ야神經質과膽汁質의幾分이混和ᄒᆞ던지或者ᄂᆞᆫ粘液質이大部分을占ᄒᆞ고膽汁質과神經質의幾分이添加ᄒᆞ던지必也別々色々으로氣質을成立ᄒᆞ엿ᄉᆞ미感情이贍多ᄒᆞᆫ者ᄂᆞᆫ文學方面에步武를進出ᄒᆞ고冷情ᄒᆞᆫ人은科學硏究에甘味를調適ᄒᆞ며敏捷ᄒᆞᆫ人은事務에長技를作ᄒᆞ도록各其氣質을從ᄒᆞ야專門을定劃ᄒᆞ여야個人性과職業間에重大ᄒᆞᆫ關係가適中을始得ᄒᆞᆯ지로다

此外에天賦라云ᄒᆞᄂᆞᆫ거시有ᄒᆞ니此亦是其人의方針을確定ᄒᆞᆫ以上에可히缺無치못ᄒᆞᆯ쟈요吾人精神上働作一部에特色을持有ᄒᆞᆫ者니假令生世以後브터數學의妙才가有ᄒᆞ던지文學의長技가有ᄒᆞᆫ者類인ᄃᆡ此天賦를三種類로分柝ᄒᆞ면第一은平凡ᄒᆞᆫ天賦니何

事何業을勿論ᄒᆞ고勞力ᄒᆞᆫ結果가平凡以上에不出ᄒᆞᄂᆞᆫ者요第二ᄂᆞᆫ特殊의天才ᄅᆞᆯ持有ᄒᆞᆫ者니此ᄂᆞᆫ各樣階級이雖有ᄒᆞ나或一科目에特殊ᄒᆞᆫ才華ᄅᆞᆯ持有ᄒᆞᆫ者요第三은所謂天才라云ᄒᆞᄂᆞᆫ者니第二에超絶ᄒᆞᆫ才華ᄅᆞᆯ持有ᄒᆞᆫ者니라然則氣質은精神活動全体의作用이오天賦ᄂᆞᆫ精神活動一部의作用이니此二者ᄂᆞᆫ吾人이生時브터一是히具有ᄒᆞᆫ者요厚薄强弱의分別이有ᄒᆞᆯ而已니吾人이前途의方向과職業을確定ᄒᆞᆷ에當ᄒᆞ야ᄂᆞᆫ此兩者ᄅᆞᆯ參酌치아니면不可ᄒᆞᆯ거시요此外에靑年이志望을定ᄒᆞᆷ에當ᄒᆞ여ᄂᆞᆫ其家의職業도亦是參考ᄒᆞᆯ重大의要件이니假令醫師의子弟면醫學에關ᄒᆞᆫ書籍、器械、藥品等을其親의게遺受ᄒᆞᆷ이必要ᄒᆞᆯ지라故로其人의氣質及天賦가其家職業과霄壤間의大懸離가無ᄒᆞᆫ以上에ᄂᆞᆫ子弟가되여其父兄의職業을繼續ᄒᆞᆷ이便利ᄒᆞᆯ지요大部로言ᄒᆞ자면事實上國民의多大數가祖先의職業을繼續ᄒᆞᆷ일ᄉᆡ農家의子弟ᄂᆞᆫ鋤鍬ᄅᆞᆯ取ᄒᆞᄂᆞᆫ原則이요漁家의子弟ᄂᆞᆫ綱釣ᄅᆞᆯ取ᄒᆞᄂᆞᆫ元法이니多大數의國民中一二個農漁兩子弟로推測ᄒᆞᆫ지라도子弟가되여서ᄂᆞᆫ其父兄의遺業을更擇ᄒᆞᄂᆞᆫ以外에ᄂᆞᆫ他方法이更無ᄒᆞ리로다於戱라吾人은將來如何ᄒᆞᆫ方向으로進步ᄒᆞ며如何ᄒᆞᆫ職業을撰定ᄒᆞᆯ고此에躊躕ᄒᆞᄂᆞᆫ者가設有ᄒᆞ더리도是ᄂᆞᆫ不過少數일지라余ᄂᆞᆫ玆에彼少數人士에게向ᄒᆞ여其子弟된者가其父兄의遺業繼續ᄒᆞ기ᄅᆞᆯ勸코져ᄒᆞ노니元來我韓文明의程度가近十餘年內에可히驚嘆ᄒᆞᆯ마큼激變ᄒᆞᆫ結果로靑年이知得ᄒᆞᆫ新知識과其父兄이現保ᄒᆞᄂᆞᆫ職業間에現著ᄒᆞᆫ激變이生ᄒᆞ여職業의範圍ᄅᆞᆯ虛浪曠漠히取ᄒᆞᄂᆞᆫ者ㅣ가多有ᄒᆞ느니此點으로觀察ᄒᆞᆷ에ᄂᆞᆫ西洋靑年

보다今日我韓青年이倍徙困難ᄒᆞ리라ᄒᆞ노라何者오非他라西洋은完全ᄒᆞᆫ社會가已爲組織整頓되야其父時代와其子時代가懸隔지아님으로子가親職을繼受홈에如許ᄒᆞᆫ困難이無ᄒᆞ고極히簡便ᄒᆞ거니와我韓은現在及將來를槪括ᄒᆞ여도如許히便利安全치못ᄒᆞᆯ지라然ᄒᆞ나余ᄂᆞᆫ可成的으로親職을繼續홈이得策이라云ᄒᆞ노니大抵西洋에ᄂᆞᆫ假令學者가死去ᄒᆞ면其文庫等屬이屢出ᄒᆞᄂᆞᆫᄃᆡ此境遇에其子가其職을繼續ᄒᆞ엿스면空然ᄒᆞᆫ徒憂도無ᄒᆞᆯ거시오散賣도無ᄒᆞᆯ지니第一은經濟上、第二ᄂᆞᆫ親志를繼續ᄒᆞᄂᆞᆫᄃᆡ던지子가親業을不擇ᄒᆞ고他新業을更擇홈에셔尤甚ᄒᆞᆫ不策이更無라ᄒᆞ노라

子가親業을繼續ᄒᆞᆯ거시라홈은一般通涉된理由려니와萬一新方面을選定코져ᄒᆞᄂᆞᆫ青年이有ᄒᆞ면此ᄂᆞᆫ其人의天賦와氣質노基礎를作ᄒᆞ고社會大勢를照合取定ᄒᆞᄂᆞᆫ外에別策이更無ᄒᆞ겟고天賦에對ᄒᆞ여ᄂᆞᆫ何業何才가自巳의特長인거슬欲解ᄒᆞ자면本人의嗜好와學校成蹟이明白히表示ᄒᆞ겟고氣質에對ᄒᆞ여ᄂᆞᆫ本人自身도能解ᄒᆞ려니와其外의親族과善良ᄒᆞᆫ教師도善解ᄒᆞ겟고社會의大勢와事業의度量에對ᄒᆞ여ᄂᆞᆫ本人은經驗이短小ᄒᆞ고眼界가偏狹ᄒᆞ야皮相的觀察에不過ᄒᆞ난事가重々ᄒᆞᆫ즉此ᄂᆞᆫ其親族과先輩와或은自己가將來着手코저ᄒᆞᄂᆞᆫ職業을執得ᄒᆞ야成功을遂ᄒᆞᆫ者의게其事情을詳聞ᄒᆞ고綿密히相議ᄒᆞ며各種方向으로深熟히研究ᄒᆞᆫ後에心志를決ᄒᆞ면過失이庶無리라ᄒᆞ노라近來社會의競爭이恪別히激甚ᄒᆞᆫ結果로青年이職業을選定홈에意義업ᄂᆞᆫ機味를取計홈이不少ᄒᆞ니假令某學校를入學홈에當ᄒᆞ여某科ᄂᆞᆫ本人의志願이나當時他入學者

가多ᄒᆞ고某科에ᄂᆞᆫ志願者가少數니假想컨ᄃᆡ入學이容易ᄒᆞ리라ᄒᆞ여他人의志願으로自家의志願을取壓ᄒᆞ고又ᄂᆞᆫ入學試驗의難易를只觀ᄒᆞ여自家一生의莫大ᄒᆞᆫ方針을選定ᄒᆞ려ᄒᆞ니行動이始初브터若此히渺茫ᄒᆞ면後計가畢然若何ᄒᆞ리오特別ᄒᆞᆫ天賦와氣質로生來ᄒᆞᆫ者가아닌以上에ᄂᆞᆫ實行이果是容易ᄒᆞᆫ바ㅣ가아니로ᄃᆡ其經路를踏行ᄒᆞᆷ에ᄂᆞᆫ少許의損이不有ᄒᆞᆯ거시아닌즉最上正當ᄒᆞᆫ方法을云ᄒᆞ자면天賦氣質을基礎로ᄒᆞ고先輩의意見을參考ᄒᆞ야方針을定ᄒᆞᆷ이最上安全ᄒᆞ겟고又ᄂᆞᆫ姑今未攜ᄒᆞᆫ將來方針을待設ᄒᆞᆷ이適宜ᄒᆞ리라ᄒᆞ노라

學園

天然痘豫防法

金英哉

第一傳染의如何、天然痘病毒은皮痂에潛伏ᄒᆞᄂᆞᆫ者니痘泡의內容物이水液으로混濁되여鼻液、咯痰中에도存在ᄒᆞ고又ᄂᆞᆫ乾燥ᄒᆞᆫ空氣中에도混入되엿스미以上諸物이容易傳染ᄒᆞᄂᆞᆫᄃᆡ通常患者의手中物或은其周邊에在ᄒᆞᆫ物件假令手巾、蒲團、衣服、食器、食物、과又ᄂᆞᆫ同室ᄒᆞᆫ時며瀛車、電車를同乘ᄒᆞᆯ時에傳染ᄒᆞᄂᆞᆫ바이미其豫防의方法을未知ᄒᆞ면吾人은其病罹를自取ᄒᆞᆷ이라然則何法고非他라種痘니此ᄂᆞᆫ百施百治ᄒᆞ

리로다然ᄒᆞ나世人이常言ᄒᆞ기를種痘를設施ᄒᆞᆯ지라도天然痘의侵入을未免ᄒᆞᆫ다ᄒᆞ야効力을承認치아니ᄒᆞ나然ᄒᆞ나此는不可ᄒᆞ니大概病毒이潛伏期中에在ᄒᆞᆯ時에種痘ᄒᆞᆫ結果로効能을不能ᄒᆞᆫ이라潛伏期는二週間或은二十日인ᄃᆡ此間에는種痘를設施ᄒᆞᆯ지라도効力이薄弱ᄒᆞᆷ을不知ᄒᆞ고効力을謾疑ᄒᆞᆷ은果是誤解로다

第二、天然痘發見의如何、此에는六個方法이有ᄒᆞ니一은醫師의報明（政府及官府에通知）이요、二는家人의報明이요、三은密告及投書를依ᄒᆞᆷ이요四는警官의撿病的撿査로發見ᄒᆞᆷ이요、五는貧民部落及下層社會에行ᄒᆞ는健康診斷으로發見ᄒᆞᆷ이요六은死体撿査니以上諸方法으로發見ᄒᆞ는中에第二方法으로發見ᄒᆞᆫ것은曉天의星光이寂々ᄒᆞᆯ時에發見ᄒᆞ엿다가漸次寥々ᄒᆞᆷ에至ᄒᆞ여는實노悲慘ᄒᆞᆷ을未堪ᄒᆞ리니蒲團裡或은一室에潛伏케ᄒᆞᆫ非衛生의動作으로漫延의基因을作ᄒᆞᆷ은可히寒心ᄒᆞᆫ處이로다

第三豫防의如何、醫師는早速히發見ᄒᆞᆫ天然痘症을政府或官府에報告ᄒᆞᆷ이可ᄒᆞᆫᄃᆡ設或非似症이有ᄒᆞᆯ지라도注意的報告를勤懇히ᄒᆞᆷ이可ᄒᆞ며患者는隔離ᄒᆞ야家人의게不近케ᄒᆞ고病院에直入ᄒᆞᆯ거시니入院ᄒᆞᆫ後에는他人의게傳染ᄒᆞᆯ憂慮도無ᄒᆞ며完全ᄒᆞᆫ治療를得ᄒᆞᆯ지라元來此痘는全体에密生ᄒᆞ는者나治癒ᄒᆞᆯ時는精神이錯亂ᄒᆞᆷ에至ᄒᆞ며患者가手指로痘痕을搔起ᄒᆞ면治療가不速ᄒᆞ겟고設或治療ᄒᆞ면痘痕이又醜ᄒᆞ리니故로病者의手指를布片으로卷結ᄒᆞ고在傍人은恪別ᄒᆞᆫ看病으로極히操心ᄒᆞᆯ거시며患家에는家族의消毒食器患者室의什物、厠間等을반드시石炭酸水나或은昇汞水로淨拭ᄒᆞᆷ

이可ᄒᆞ고其次ᄂᆞᆫ患者를病院에輸送ᄒᆞᆯ時에
注意ᄒᆞᆯ것이니附添人及轎具、擔架、人夫
等의消毒을嚴重히行ᄒᆞ고
天然痘가身体에侵入ᄒᆞ기前에預防ᄒᆞᄂᆞᆫ方
法은種痘法이니此法에ᄂᆞᆫ刺切兩方法이有
ᄒᆞᆫᄃᆡ亦是一種技術노巧拙의差가有ᄒᆞ니
라

海의談

學海主人

海ᄂᆞᆫ다ㅣ互相連續ᄒᆞ야地球面의凡四分의
三을占據ᄒᆞᆫ者이니今日全地球上의陸地를
다ㅣ削取ᄒᆞ야此를海底에塡充할지라도海
水의深은別노히減ᄒᆞᆷ이無ᄒᆞ겟다ᄒᆞ니地球
上海水의容量이如何히多大ᄒᆞᆫ것을可想ᄒᆞᆯ
지라如此多大ᄒᆞᆫ水量은生物의生活上에直
接의關係를有ᄒᆞᆫ者ㅣ니萬一水가無ᄒᆞ면地
球上에生命이有ᄒᆞᆫ者一日이라도其生存을
保有키不能ᄒᆞ리로다

近來海의探究ᄒᆞᆫ結果를依ᄒᆞ면海에ᄂᆞᆫ實노
無數ᄒᆞᆫ動物이栖居ᄒᆞᄂᆞᆫ데大로言ᄒᆞ면萬物
의靈長되ᄂᆞᆫ人類가今日世界의統御權을掌
握ᄒᆞᆷ도海로由ᄒᆞᆷ이오人類의文化와國家發
達의歷史가ᄯᅩᄒᆞᆫ海로由ᄒᆞ얏고一國無盡藏
의財源을供給ᄒᆞᆷ도亦是海의絕大ᄒᆞᆫ效用이
라大抵海의地文을明確케ᄒᆞᆫ것은英國探險
般쟈렌챠ㅣ號의探險이니此探險ᄒᆞᆫ結果를
依ᄒᆞ면海中의種々ᄒᆞᆫ地文的性質은海表面
에ᄂᆞᆫ處所에從ᄒᆞ야多少有異ᄒᆞ나海底에下
ᄒᆞᆯ슈록其差異가漸少ᄒᆞ야一定ᄒᆞᆫ深處에達
ᄒᆞ면差異가全無ᄒᆞ야如何ᄒᆞᆫ大洋에라도다
ㅣ同一ᄒᆞᆫ狀態를呈ᄒᆞ나니此海深은表面에

셔略六百尺假量이오此境에棲息ᄒᆞᄂᆞᆫ動物의種類ᄂᆞᆫ大槪同一ᄒᆞ다ᄒᆞ며또大洋最深ᄒᆞᆫ海底에至ᄒᆞᆯ지라도動物이全혀棲息치아니ᄒᆞᄂᆞᆫ處ᄂᆞᆫ無ᄒᆞ도다

海底도淺處에ᄂᆞᆫ砂石礫等이有ᄒᆞ며海底中特히突出ᄒᆞᆫ處에ᄂᆞᆫ岩塊石片等이有ᄒᆞ고谷과如ᄒᆞᆫ凹處에ᄂᆞᆫ泥土가盤을成ᄒᆞ고또海岸附近海底에ᄂᆞᆫ河川에셔流出ᄒᆞᆫ土砂積礫等의流下物이覆積ᄒᆞ고또一層又深ᄒᆞᆫ海底에ᄂᆞᆫ海中에셔生活ᄒᆞᄂᆞᆫ無數ᄒᆞᆫ小動物의介殼이堆積ᄒᆞ야層을成ᄒᆞ엿도다元來海中에ᄂᆞᆫ何處에든지小介殼을有ᄒᆞᆫ動物이多生ᄒᆞᄂᆞᆫᄃᆡ此가死ᄒᆞ면其介殼은海底에沈積ᄒᆞᆷ으로水深이大槪三千三百尺可量되ᄂᆞᆫ大洋底에至ᄒᆞ면此等介殼이堆積ᄒᆞ야厚ᄒᆞᆫ泥層을成ᄒᆞ엿ᄂᆞᆫᄃᆡ其介殼中에最多ᄒᆞᆫ거ᄉᆞᆫ항우로피게리나라稱ᄒᆞᄂᆞᆫ有孔虫의一種이오其外種々ᄒᆞᆫ介類의破片과海藻珊瑚類의死骸와硅藻라稱ᄒᆞᄂᆞᆫ硅石質의下等植物等이混合ᄒᆞ엿고一層深ᄒᆞᆫ大洋底에ᄂᆞᆫ赤泥라稱ᄒᆞᄂᆞᆫ土가積覆ᄒᆞ니라

海中의塩類

海水ᄂᆞᆫ鹽類를含有ᄒᆞᆫ故로鹽味를帶ᄒᆞ야飮用에ᄂᆞᆫ適合치아니ᄒᆞ나니此鹽類의大部分은食鹽이요其他小量의雜多ᄒᆞᆫ物이含有ᄒᆞᆫᄃᆡ今日ᄭᆞ지種々ᄒᆞᆫ方法으로海水中에셔發見ᄒᆞᆫ元素가三十二種에達ᄒᆞ니金、銀、銅鐵、鉛、亞鉛、硅素、弗素、硼素、沃素砒素、硫黃燐、酸素、水素、炭素、臭素等其他種々ᄒᆞᆫ元素라

以上에列擧ᄒᆞᆫ바海水中에含有ᄒᆞᆫ元素ᄂᆞᆫ大槪互相化合ᄒᆞ야所謂鹽素를形成ᄒᆞᄂᆞᆫᄃᆡ此等鹽素ᄂᆞᆫ海水가凍結ᄒᆞᆯ時에ᄂᆞᆫ大槪分離ᄒᆞᆷ으로其氷은小量의鹽分를含有ᄒᆞᆯ지라도此

를溶解ᄒᆞ면可히飮料에用홈을得ᄒᆞ깃고또海水가蒸發홀時에도鹽素는殘留ᄒᆞ는故로此를利用ᄒᆞ야海水에셔食鹽을製出키能ᄒᆞ도다

海水中에鹽分이最少ᄒᆞᆫ處는陸地에셔大河가流入ᄒᆞ는內海요鹽分이最多ᄒᆞᆫ處는河川에셔流入ᄒᆞ는水量보다蒸發ᄒᆞᆫ分量이多ᄒᆞᆫ內海며大洋에는鹽量이水百斤中에平均三斤半을含有ᄒᆞᄂᆞ니라또海水中에炭酸石灰의分量이極히稀少ᄒᆞᆫ거슨一奇異ᄒᆞᆫ現象이니大抵河川으로流下ᄒᆞ야海에入ᄒᆞ는陸水는陸地土壤中에含有ᄒᆞᆫ石灰質即多量의鹽類를溶解ᄒᆞ야에海運去ᄒᆞ는데海中에는此等石灰質을取用ᄒᆞ는動物이多數히棲息ᄒᆞ니即介蛤類珊瑚、有孔虫、海膽類가自家의介殼骨骼을造成ᄒᆞ는原料는全혀海水中에含有ᄒᆞᆫ炭酸石灰를取用홈으로河川에셔流下ᄒᆞ는石灰質은大綱此等動物에게吸收됨이며또海水는空氣와炭酸瓦斯等을溶解홈으로魚類가水中에서生活홈을得ᄒᆞ는거도畢竟此溶解ᄒᆞᆫ空氣를呼吸홈이오또大凡水는流動치아니ᄒᆞ면또ᄒᆞᆫ腐敗할거시나海水는大抵上下로恒常水의循環이有ᄒᆞ고水平의方向으로는海流等이有홈으로恒常清淨을保去홈이라

海水의色

海水의色은大概藍綠色인데海水가純淸透明홀슈록藍色을呈ᄒᆞ고不純不透明홀슈록綠色에近ᄒᆞᄂᆞ니日本近海에流ᄒᆞ는黑潮中의一部와如ᄒᆞᆫ거슨最純最暖ᄒᆞ고또鹽類에最富홈으로濃密ᄒᆞᆫ藍色을呈ᄒᆞ도다故로海水가綠色或黃色又는褐色等을呈홀時에는其水는多少純粹치못ᄒᆞ야有機物、腐敗産物、泥土와如ᄒᆞᆫ者를含有ᄒᆞᆫ거스로知홀거

시라其一例를擧ᄒᆞ면波斯灣은其地人이此를綠海라稱ᄒᆞ고紅海는其海水中에無數ᄒᆞᆫ赤色의小有機物이浮動ᄒᆞ미海水가赤色을呈ᄒᆞᆷ으로此를紅海라名ᄒᆞ엿다ᄒᆞ며或은其海底에赤珊瑚가多少透見ᄒᆞᆷ으로名稱ᄒᆞᆷ이라ᄒᆞ고淸國의黃海는黃河에서流出ᄒᆞ는黃泥가海에注入ᄒᆞ미水色이泥色을帶ᄒᆞᆷ으로此海를黃海라名ᄒᆞᆫ것과如ᄒᆞ도다

日光은海水中에入ᄒᆞ면其光力을大減ᄒᆞ야深處에는到底透入키不能ᄒᆞ고이ᄲᅮᆫ아니라日光中의赤光線과黃色線은藍光線보다一層多量히水中에吸收됨으로白色板을表面으로브터漸次水中에入ᄒᆞ면此板이水의表面을距ᄒᆞᆫ數十尺下에至ᄒᆞ여는綠色으로보이고一層下에至ᄒᆞ면藍色을呈ᄒᆞ며다시一層深處에入ᄒᆞ면白色板은全히濃藍色을呈ᄒᆞ고其後에는드듸여보이지아니ᄒᆞᆷ에至ᄒᆞ는ᄃᆡ此白色板이보이지아니ᄒᆞᆷ에達ᄒᆞ는水深은處所에從ᄒᆞ야多少差異가有ᄒᆞ니波羅的海와北海에는海面下六十六尺이오地中海東部에는百六十五尺이오大西洋中央藻海에는二百尺乃至二百二十尺이니그러나此는決코日光線의透入ᄒᆞ는最下限界가아니오其最下限界는海面下凡千五六百尺可量이니無論此限界에達ᄒᆞ면光線의力이極히微弱ᄒᆞ야感키最易ᄒᆞᆫ寫眞種板에도一切感치아니ᄒᆞᆫ다ᄒᆞ고此界限以下는闇黑界卽恒常暗夜의處이니此邊에는動物中에燐光을放ᄒᆞ야餌食을探索ᄒᆞ는者有ᄒᆞᆷ으로幾分의微光이有ᄒᆞ다ᄒᆞ니라

極海의氷

南北兩極地方에宏大ᄒᆞᆫ氷이有ᄒᆞ야永年不解ᄒᆞ는거슨同地方에航海ᄒᆞ는者의다ㅣ目擊ᄒᆞ는바인ᄃᆡ其氷의一部는海面에서生ᄒᆞ

눈者이오一部눈陸上에서生ᄒᆞ눈者이라海面에서生ᄒᆞ눈氷은多少平坦ᄒᆞ야海面上에露出홈이僅少ᄒᆞ되陸上上에서來ᄒᆞ눈者눈此를氷山이라稱ᄒᆞ눈데此눈多少高山丘谷의形을成ᄒᆞ야航海者에大恐ᄒᆞ눈바이라氷山은氷河에서流ᄒᆞ눈者이니元來南北兩極地方에눈四時氣候가酷寒홈으로山野에눈永年의氷雪이積疊ᄒᆞ고河川은다ㅣ堅氷을長鎖ᄒᆞ야所謂氷河를成ᄒᆞᆫ거신데氷河눈山上으로브터谷에入ᄒᆞ고谷으로브터海에入ᄒᆞ니此海에入ᄒᆞᆫ氷의部分이往々氷河에서分離ᄒᆞ면氷山이되고此氷山은또海流에漂流ᄒᆞ야遠方海上ᄭᆞ지漂運홈이라北氷洋에서危險ᄒᆞᆫ大氷山을生ᄒᆞ눈거슨ᄭᅳ린란드氷河요南洋氷에서生ᄒᆞ눈氷山은南極地方陸地氷河에서流出홈인데南氷洋에서來ᄒᆞ눈氷山이北氷洋에서來ᄒᆞ눈氷山보다大槪大ᄒᆞᆫ것은南極의氷河가北陸보다大홈에由홈이라

駱駝譚

老農

駱駝의種類、駱駝눈無角翻芻獸에甲乙兩種으로分科된者ㅣ니一은亞非利加産인듸一背肉을有ᄒᆞᆫ者요一은亞剌比亞所産인듸二背肉을有ᄒᆞᆫ者니輓近識者間에鑽究ᄒᆞ눈者눈專혀甲種뿐이니라

駱駝의特性、駱駝눈体格이偉大ᄒᆞ고身長이畧四尺九寸乃至七尺餘니鼻端에서尾端에至ᄒᆞ기ᄭᆞ지身長이九尺乃至九尺有餘요体重은約七百五十兩乃至千兩間에在ᄒᆞ고軀幹은比較的短搐ᄒᆞᆫ듸腹部눈捲縮ᄒᆞ고背

에ᄂᆞᆫ隆凸이有ᄒᆞ니脂肪으로成充ᄒᆞ야營良이良沃ᄒᆞᆯ時ᄂᆞᆫ背肉의重量ᄲᅮᆫ이라도三百七十餘兩重에達ᄒᆞ나食物이不足ᄒᆞᆯ時에ᄂᆞᆫ五六十兩重에不過ᄒᆞ며四肢ᄂᆞᆫ比較的細長ᄒᆞ나도로혀剛硬ᄒᆞ고足蹄ᄂᆞᆫ幅廣ᄒᆞ고首頸은長脩屈折ᄒᆞ야上方이漸少ᄒᆞ며容貌ᄂᆞᆫ純良無雜ᄒᆞ고尾ᄂᆞᆫ牝牛와恰似ᄒᆞ며胸前、肘、腕前、膝等에ᄂᆞᆫ硬皮ᄅᆞᆯ持有ᄒᆞ야年齡의增加ᄃᆡ로容積이增大ᄒᆞ며平臥ᄒᆞᆯ時ᄂᆞᆫ此로ᄡᅥ自体ᄅᆞᆯ支撑ᄒᆞ야安息을得ᄒᆞ고毛ᄂᆞᆫ柔軟ᄒᆞᆫᄃᆡ冬季에ᄂᆞᆫ蜜毛ᄅᆞᆯ生ᄒᆞ며四肢ᄂᆞᆫ鼠色、褐色、黑色等이多ᄒᆞ니라

駱駝의飼料、飼養物은植物을專用ᄒᆞ되粗食과缺乏을忍耐ᄒᆞᄂᆞᆫ特性이有ᄒᆞᆷ으로不良ᄒᆞᆫ蒭秣ᄲᅮᆫ아니라數週日間을矮小無味ᄒᆞᆫ乾燥植物과强剛ᄒᆞᆫ草類며半乾ᄒᆞᆫ樹枝로ᄡᅥ飼養ᄒᆞᆯ지라도水飮업시能耐ᄒᆞᄂᆞ니故로冬季에ᄂᆞᆫ每五日乃至六日과夏期에ᄂᆞᆫ每二日或三日에一次式飮料ᄅᆞᆯ給ᄒᆞ면可ᄒᆞ리라大盖駱駝의第一胃(駝ᄂᆞᆫ四胃가有ᄒᆞᆷ)에ᄂᆞᆫ二房이具有ᄒᆞ되入口ᄂᆞᆫ極狹ᄒᆞᆫ故로食物을支撑ᄒᆞ며水ᄅᆞᆯ容納ᄒᆞ나房內面을覆ᄒᆞᆫ表皮ᄂᆞᆫ毫末도水分을吸收ᄒᆞᄂᆞᆫ性量이無ᄒᆞᄂᆞ니라

駱駝의繁殖、及生命、 妊娠은十二個月에一兒ᄅᆞᆯ産ᄒᆞ며一頭의種牲ᄂᆞᆫ十頭乃至三十頭의牝駱을相配ᄒᆞ고壽命은普通四十歲乃至五十歲요四歲에達ᄒᆞ면行用使役에就ᄒᆞ나單二歲에使役ᄒᆞᆷ도有ᄒᆞ니라

駱駝의原産地及種族、 現今은北緯十二度以下亞非利加地方과極東一部에서家畜으로飼養되ᄂᆞᆫᄃᆡ其産地ᄂᆞᆫ亞刺比亞ᄅᆞᆯ先屈ᄒᆞ겟스나埃及에ᄂᆞᆫ紀元前第十七世紀頃에已有ᄒᆞ야亞非利加로傳播되엿ᄂᆞᆫᄃᆡ只今其遺跡을硏究컨ᄃᆡ一面은수리아中央亞細亞波

斯를經ᄒᆞ야土耳其斯坦으로브터蒙古地方에傳及ᄒᆞ엿다ᄒᆞ나此ᄂᆞᆫ未詳ᄒᆞ고一面에ᄂᆞᆫ太西洋及北緯十二度ᄭᆞ지波及ᄒᆞ엿다ᄒᆞ고某學家의所報를據ᄒᆞᆫ즉亞剌比亞에ᄂᆞᆫ駱駝의種族이約二十인ᄃᆡ優種別種의分이有ᄒᆞ니라

駱駝의効用、

駱駝ᄂᆞᆫ乘御에可ᄒᆞᆫᄃᆡ速力은馬와比等ᄒᆞ야一日一百五十里를能行ᄒᆞ며積載ᄂᆞᆫ普通銀稱三千七百兩重乃至五千兩重을能載ᄒᆞ고肉은食饌에可供ᄒᆞ나幼者ᄲᅮᆫ이요乳ᄂᆞᆫ飮料에可供이나未馴ᄒᆞᆫ者ᄂᆞᆫ不便ᄒᆞ며毛ᄂᆞᆫ毛布帳幕等物을織出ᄒᆞ고皮革은應用處가最廣ᄒᆞ고糞은乾燥ᄒᆞ야燃料에可供ᄒᆞᄂᆞ니라

駱駝의損亡、 此獸의屢罹病은肺充血、 癬疥、 及四肢痛이니라

化學初步

朴廷義

酸素와窒素의化合物

酸素窒素에ᄂᆞᆫ一酸化窒素(氣体)二酸化窒素(氣)三酸化窒素(液体)四酸化窒素(液)五酸化窒素(固体)의五種이有ᄒᆞ나其中工業上에必要ᄒᆞᆫ五酸化窒素만記述ᄒᆞ노라

五酸化窒素(N_2O_5)ᄂᆞᆫ一名無水硝酸이라ᄂᆞᆫ白色固体라此를製得ᄒᆞᆷ에ᄂᆞᆫ硝酸銀中에五酸化燐을加ᄒᆞᆷ에在ᄒᆞ고其性質은急熱ᄒᆞ면爆發ᄒᆞ고徐熱ᄒᆞ면攝氏三十度에至ᄒᆞ야黃色의液体를成ᄒᆞ고四十五度에至ᄒᆞ야ᄂᆞᆫ沸騰ᄒᆞᄂᆞᆫᄃᆡ水를當ᄒᆞ면熱ᄒᆞᆫ鉄을投ᄒᆞᆷ과如히音響을發ᄒᆞ고化合ᄒᆞ야硝酸을生ᄒᆞᄂᆞ니라

酸素와水素의化合物

(一) 水 (H_2O) (二)二酸化水素 (H_2O_2)

水ᄂᆞᆫ味와臭가無ᄒᆞ고淺ᄒᆞᆫ處ᄂᆞᆫ色도無ᄒᆞ나

深ᄒᆞᆫ處ᄂᆞᆫ靑色이有ᄒᆞᆫ地球上에最多히撒布ᄒᆞᆫ液体인ᄃᆡ水蒸氣가되여서ᄂᆞᆫ空氣中에混在ᄒᆞ야地球의全面을包ᄒᆞ고液体로ᄂᆞᆫ地球表面의大部分되ᄂᆞᆫ沼湖、河海等을占ᄒᆞ며地中과밋物体中에有ᄒᆞᆫ其量도亦不少ᄒᆞ고氷雪等은固体의水로雪線以上地方에四時不絕ᄒᆞᄂᆞ니라

水의純不純

水의最良ᄒᆞᆫ者ᄂᆞᆫ雨水요最惡ᄒᆞᆫ者ᄂᆞᆫ海水鑛泉等인ᄃᆡ其中間되ᄂᆞᆫ水ᄂᆞᆫ河及井水라故로蒸溜法(水를熱ᄒᆞ야水蒸氣가되여不揮發性의夾雜物과分ᄒᆞ여진후에其水蒸氣를다시冷却ᄒᆞ야液体의水를得ᄒᆞᄂᆞᆫ法)에依ᄒᆞ야純粹ᄒᆞᆫ水를製得ᄒᆞᄂᆞ니라

水의容積과密度의增減

水ᄂᆞᆫ攝氏四度에極小容積과最大密度(重量)를有ᄒᆞ고四度以上及以下에ᄂᆞᆫ其容積이漸增ᄒᆞ며密度가漸少ᄒᆞᄂᆞᆫ故로四度의水로써通常固体及液体의比重測定ᄒᆞᄂᆞᆫ標準을作ᄒᆞ며또水가零度에凝固ᄒᆞ야氷이되ᄂᆞᆫᄃᆡ百容積의水가百九容의水를生ᄒᆞ난고로或冬日에水甁水管等의破壞ᄒᆞ난것을見ᄒᆞ겟고또水가百度에沸騰ᄒᆞ야水蒸氣가되난ᄃᆡ一容積의水가一六九六容의水蒸氣를作ᄒᆞᄂᆞᆫ고로此水의膨脹을蒸氣機關에利用ᄒᆞᄂᆞ니라、如此히水가凝固ᄒᆞ야氷이되며沸騰ᄒᆞ야水蒸氣가되ᄂᆞᆫᄃᆡ其質量은不變ᄒᆞ나其容積은增殖ᄒᆞ난故로水蒸氣난勿論水보다輕ᄒᆞ려니와氷도同容積의水브다輕ᄒᆞ야春日江上에浮流ᄒᆞ나니라

(二)二酸化水素난酸素三十二分重과水素二分重이化合ᄒᆞ야生ᄒᆞ난無色液体라此ᄂᆞᆫ天然히도存在치못ᄒᆞ고다못人工的으로製造ᄒᆞᆯ뿐인ᄃᆡ此液의性質은容易히酸素半分

文藝

廣 告

本學報代金을收入홈에便宜를從ᄒᆞ여京城과平安北道에ᄂᆞᆫ委托收金所를置ᄒᆞ엿싸오니京城서本報를購覽ᄒᆞ시ᄂᆞᆫ이ᄂᆞᆫ代金을

京城北署苑洞李甲氏宅留

金基玉 氏許로交付ᄒᆞ시고平安北道에서本報를購覽ᄒᆞ시ᄂᆞᆫ이ᄂᆞᆫ

平安北道定州南門內

洪成麟 氏許에交付ᄒᆞ심을敬要

太極學會 告白

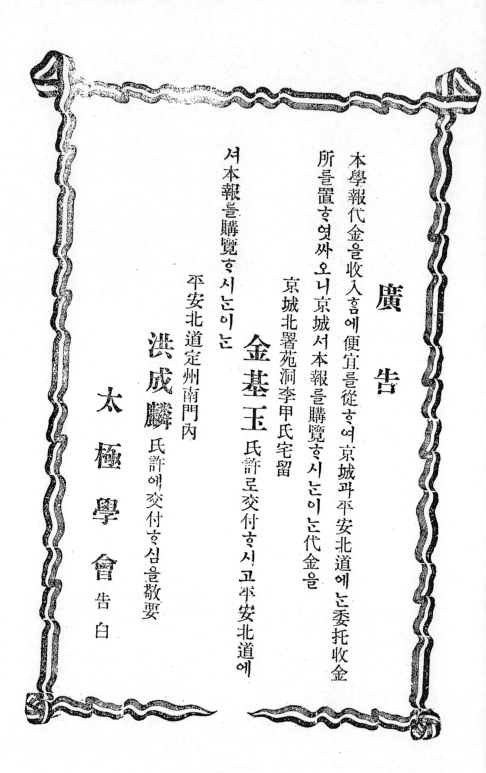

을放散ᄒᆞ야他物을酸化식히ᄂᆞᆫ고로現今絹毛等의漂泊劑로使用되ᄂᆞ니라

窒素와水素의化合物(NH_2)

암모니아난有臭無色ᄒᆞ고一石水에七八百溶解되난瓦斯인ᄃᆡ大氣中에와밋地中에도微量으로存在ᄒᆞ고또動植物等의腐敗ᄒᆯ時에도此를生ᄒᆞ며石炭은其組成中小量의窒素를含有ᄒᆞᆫ故로其製法은石炭을密閉ᄒᆞᆫ器中에두고熱ᄒᆞ며或은鹽化암모니움($2NH_4C$)에石炭(Ca)를混合ᄒᆞ야熱ᄒᆞᆷ에在ᄒᆞ고此氣体가水中에溶解되면암모니아水를作ᄒᆞ난거신ᄃᆡ此가現時암모니아의重ᄒᆞᆫ材料가되야此水를酸類에中和ᄒᆯ時난암모니아壚을生ᄒᆞ나니此壚은工業上醫療上에多用되고其粗製의物은肥料로使用되며또液体암모니아가蒸發ᄒᆯ時에난非常ᄒᆞᆫ寒冷을生ᄒᆞ난故로凍氷製造에所用되나니라

炭素C十二

炭素나動植物과鑛物中에多量으로存在ᄒᆞᆫ元素라

(一)金剛石、(二)黑鉛(石墨)、(三)木炭(四)石炭、(五)油烟、(六)動物炭、

(一)金剛石은萬物中에第一强堅ᄒᆞᆫ寶石인ᄃᆡ光線을屈折ᄒᆞ면電氣를導키難ᄒᆞ니라、純粹ᄒᆞᆫ金剛石은無色透明의結晶인ᄃᆡ美麗ᄒᆞᆫ光澤을有ᄒᆞ야甚히貴重ᄒᆞᆫ故로其價格이最高ᄒᆞ고些少ᄒᆞᆫ夾雜物을混合ᄒᆞᆫ者난種々ᄒᆞᆫ色을有ᄒᆞᆫ거시라此等粗品은硝子岩石等을切斷ᄒᆞᆷ에緊用ᄒᆞ나니라

또金剛石을酸素外에셔强熱ᄒᆞ면十二分重이酸素三十二分重과化合ᄒᆞ야無水炭酸四十四分重을生ᄒᆞ나니라

(二)黑鉛은半金屬과如ᄒᆞᆫ光澤을有ᄒᆞ고가쟝柔軟ᄒᆞᆫ灰黑色의鉛塊로生ᄒᆞ난ᄃᆡ熱과밋

電氣를導ᄒᆞ기容易ᄒᆞ며普通溫度에난融解치아니ᄒᆞ난故로粘土와和ᄒᆞ야坩堝（독안이）를製造ᄒᆞ며이外에鉛筆製造와器械間隙에너어其摩擦을減ᄒᆞ난ᄃᆡ多用ᄒᆞᄂᆞ니라

黑鉛도金剛石과如히酸素中에서十二分重을强熱ᄒᆞ면酸素三十二分重과化合ᄒᆞ야四十四分重의無水炭酸을生ᄒᆞᄂᆞ니라

（三）木炭은植物에서取ᄒᆞᆫ者라其特別ᄒᆞᆫ性質은物質이腐敗ᄒᆞᆯ時에生ᄒᆞᄂᆞᆫ臭惡의氣体와水中에含有ᄒᆞᆫ有害物을能히吸收ᄒᆞᄂᆞᆫ故로防臭劑와濾水料로最要ᄒᆞ고空氣中과밋水中에서木材와갓치容易히腐敗치아니ᄒᆞᄂᆞᆫ故로電線柱와如히土中에埋沒되ᄂᆞᆫ部分과或은垣墻갓치風雨를直當ᄒᆞᄂᆞᆫ表面等을燒ᄒᆞ야使用되나니라

木炭을空氣中에서燒ᄒᆞ면無水炭酸을生ᄒᆞᄂᆞᆫᄃᆡ其時에起ᄒᆞᄂᆞᆫ熱이日用上에第一必要ᄒᆞ니라

（四）石炭은古代에繁茂ᄒᆞ엿든植物이地中에埋沒ᄒᆞ여化生ᄒᆞᆫ物인ᄃᆡ炭素를含有ᄒᆞᆫ故로石炭을空氣에不觸케ᄒᆞ야熱ᄒᆞ면可燃性의氣体即炭酸瓦斯를生ᄒᆞᄂᆞᆫ지라이瓦斯ᄂᆞᆫ現今燃料와燈用에供要ᄒᆞ고其時의副產物노數種의重要ᄒᆞᆫ物을生ᄒᆞᄂᆞ니라

（五）油炟은甚히微細ᄒᆞᆫ粉炭이라油와樹枝에서取ᄒᆞᆫ거신ᄃᆡ製墨原料가되ᄂᆞ니라

（六）動物炭은牛馬의骨을燒ᄒᆞ야製得ᄒᆞᆫ炭인ᄃᆡ木炭과如히各色氣体를吸收ᄒᆞ며또溶解中에含有ᄒᆞᆫ色素를能히除去ᄒᆞᄂᆞᆫ故로砂糖精製等에用ᄒᆞᄂᆞ니라

社會와家庭

吳錫裕

風潮蕩潏ᄒᆞ고電雷吼轟ᄒᆞ야榮辱이雨注ᄒᆞ며議譽가波激ᄒᆞ니善舌惡口는珠春金爍ᄒᆞ고穩脚危脛은般簸陸坦ᄒᆞ는社會에馳驟ᄒᆞ야體腦가團凝ᄒᆞ니困泰의所遭가其志를奪치못ᄒᆞ고夷險의所經이其操를易치못ᄒᆞ는雄健ᄒᆞᆫ大膽兒의行色과通達ᄒᆞᆫ放眼子의識見으로殘鞭羸馬에草々行李로家庭에歸來ᄒᆞ니太行白雲에膽望ᄒᆞ던往夢이忽袪ᄒᆞ야案上塵卷을復閱ᄒᆞ니穉子의讀習이可嘉오樽中에舊醅를新蒭ᄒᆞ니荊妻의情念이頗洽이라憐街에竹馬友는多年風霜을惓々來慰ᄒᆞ며門庭에蓬頭奴는過經勤勞를津々說到ᄒᆞ니倫彛上快樂은於斯足矣오春雨簾纖ᄒᆞ야菜畦에潤澤ᄒᆞᆫ萌芽는甲圻ᄒᆞ고東風料峭ᄒᆞ야花塢에嫣媚ᄒᆞᆫ胚胎가破慳ᄒᆞ니物理邊情觀은由是洽矣라然이나大抵人生은穴居的物이아니라반드시社會에出ᄒᆞ야奮戰苦爭치아니치못ᄒᆞᆯ지니만일家庭洸樂에平生을寓托ᄒᆞ면守韝蒼鷹이奮飛의氣가消磨ᄒᆞ고蟄糟瘐馬가蹄嚙의志가頓挫ᄒᆞ야身分은衰朽物과無異ᄒᆞ고思想은幼穉時와彷彿ᄒᆞ야宋日이雖墜ᄒᆞ야도捧不捧의能力이無ᄒᆞᆫ줄노思量ᄒᆞ고杞天이蹤傾ᄒᆞ야도憂不憂의義務가缺ᄒᆞᆫ줄노認知ᄒᆞ느니個人的集合으로社會成立은可ᄒᆞ거니와集合體를離違ᄒᆞ야個人獨善은到底不可ᄒᆞ니況此二十世紀風飊潮呑ᄒᆞ는時代와六大洲雷馳電掣ᄒᆞ는世界에生存ᄒᆞ야消散澹寂ᄒᆞᆫ家庭의樂을取ᄒᆞ야結合活動ᄒᆞ는社會의義를負ᄒᆞ리오是故로鄒傳에不云乎아幽谷에出自ᄒᆞ야喬木에遷ᄒᆞᆷ은聞ᄒᆞ야도喬木에下ᄒᆞ야幽谷으로

入홈은未聞이라ᄒᆞ얏스니本人이風霜을久冒ᄒᆞ고兩肩에弊盡ᄒᆞᆫ貂裘로家庭에歸來ᄒᆞ니所感이不無ᄒᆞ기社會同胞에게仰陳홈을煩猥를不避ᄒᆞ노라

師弟의言論

隱憂生

余在本鄕時에有何所干ᄒᆞ야過一村塾타가於是乎見聞ᄒᆞᆫ師弟의時論問答을左에畧謄ᄒᆞ노니

讀者諸氏ᄂᆞᆫ一覽公評焉

年可十一二歲許書童이先生님先生님…브르면서

나ᄂᆞᆫ昨日城市에往ᄒᆞ엿ᄃᆡᆺ습니다

「先生」그릐셔ㅣ

「書童」市場에何許斷髮黑衣ᄒᆞᆫ人이演說ᄒᆞᄂᆞᆫ것을보왓ᄉᆞᆸ지요

「先生」耶蘇學징이가耶蘇를信ᄒᆞ라고演說ᄒᆞ드냐

「書童」아니요ᄎᆞᆷ滋味잇ᄂᆞᆫ演說이옵듸다

「先生」무ᄉᆞᆷ演說을聞ᄒᆞ엿기滋味가有ᄒᆞ다ᄒᆞᄂᆞ냐、어데말좀ᄒᆞ여라

「書童」그러나先生님ᄭᅴᄂᆞᆫ좀忤觸될듯ᄒᆞ옵니다

「先生」이놈아무ᄉᆞᆷ말이든지좀시원히ᄒᆞ려므나

「書童」네말ᄉᆞᆷᄒᆞ오리다、우리大韓國이今日此等悲境에落ᄒᆞᆫ것은數百年來로所謂國民教育을擔任ᄒᆞᆫ學究輩의罪孼이라고ᄒᆞ와요

「先生」이놈아듯기실타그런戮尸ᄒᆞᆯ놈덜……음ㅣ음ㅣ……

「書童」너가임의말ᄉᆞᆷ을先生님께傳達ᄒᆞᆫ것이오니좀息怒ᄒᆞ시고終末ᄭᆞ지드르시기

를바라옵ᄂᆞ이다

「先生」이놈、다시그런無嚴駭瞠ᄒᆞᆫ말은내암헤서一切吐ᄒᆞ지말어라 國家의垂亡ᄒᆞᆫ罪를聖門弟子의게돌녀보ᄂᆡ……………음ㅣ음ㅣ………已前歲月갓흐면이놈들을……吾道가盛行ᄒᆞ든時代에ᄂᆞᆫ國泰民安ᄒᆞ엿지！近來所謂耶蘇教ᄂᆡ天主學이ᄂᆡ天道教ᄂᆡ淨土宗이ᄂᆡ名々色々엣此等異道가我國에恣行ᄒᆞᆫ後로歲月이漸致紛亂ᄒᆞ엿지………

「書童」先生님ᄭᅴ서ᄂᆞᆫ그ᄅᆞᆺ洞燭ᄒᆞ셧습니다 그演說ᄒᆞ든人이儒教를背叛ᄒᆞ고耶蘇教나天道教로歸來ᄒᆞ기를演說ᄒᆞᆫ것이아니요教育의虛實만說明ᄒᆞ면서舊學이非不好也나挽近以來에虛文만崇尙ᄒᆞᆫ弊孼로人智가未進ᄒᆞ야今日此境에至ᄒᆞ엿스니從今으로ᄂᆞᆫ各社會有爲青年은虛文에奴隷를勿作ᄒᆞ고速히有實有美ᄒᆞᆫ新學文을崇學ᄒᆞ여舊日에腐敗ᄒᆞ엿든腦와暗縮ᄒᆞ엿든精神을變幻ᄒᆞ야一大壯健ᄒᆞᆫ男兒를遂成ᄒᆞ면國權之廻復이有何難哉리오今日局勢가一刻이猶忙ᄒᆞᄂᆞ青年의父母되신이와또青年諸位ᄂᆞᆫ

「先生」이놈아汝言은그만두고余言을좀드러라學校ᄂᆡ무엇이ᄂᆡ稱ᄒᆞᄂᆞᆫ名詞도不知ᄒᆞᆯ時에ᄂᆞᆫ緣何而國泰民安ᄒᆞ엿다드냐？

「書童」그러나저의學校구경ᄒᆞᆫ니야기를좀드러보옵소서제가그演說을聽了ᄒᆞ고廻來ᄒᆞ든路次에耶蘇教立小學堂前으로過ᄒᆞ다가該校內에서엇ㅣ둘ㅣ、엇ㅣ둘ㅣ、ᄒᆞᄂᆞᆫ소리를異常히듯고드러가보오니저와如ᄒᆞᆫ兒孩四五十名이斷髮輕裝으로曠平ᄒᆞᆫ庭園에셔体操ᄒᆞᄂᆞᆫ負樣！杳興味만有ᄒᆞᆯ뿐아니라大韓獨立을廻復ᄒᆞᄂᆞᆫ日에그學徒들이반ᄃᆞ시前鋒될材料라고快言ᄒᆞᆯ만ᄒᆞ옵더이다

「先生」体操ㅣ란지무엇인지前鋒되기ᄂᆞᆫ그만두고骨病들니지!

「書童」体操라ᄒᆞᄂᆞᆫ것은衛生上에크게效益이잇다ᄂᆞᆫᄃᆡ骨病들닐수가잇삼넷가

「先生」效益이다무엇이냐、나ᄂᆞᆫ体操를不知生長ᄒᆞ여서도年今七十일다

「書童」그릐도有益다ᄒᆞ든데요

「先生」더런迷惑ᄒᆞᆫ놈이어ᄃᆡ잇나! 네先生의말을信聽치안난고나이놈아汝家에서養蓄ᄒᆞ난牛를보지못ᄒᆞᄂᆞ냐秋収를畢了ᄒᆞ고廐內에閒臥ᄒᆞ야蒭餌만嚙ᄒᆞᆯ時난体도肥ᄒᆞ고도剛ᄒᆞ다가春畊이一來ᄒᆞ면還又瘦瘠ᄒᆞᄂᆞ니人이든지獸이든지動物은一般이라閑臥飽食ᄒᆞ난外에衛生之方更有ᄒᆞ다ᄃᆞ냐、또設或效益이有ᄒᆞᆯ지라도体肢난正重히ᄒᆞᄂᆞᆫ것이可ᄒᆞ니라

「書童」先生님말삼이참合理ᄒᆞ올시다、그러면學校에서教授ᄒᆞ난科程은何如ᄒᆞ오닛가

「先生」所謂學校에學科라ᄒᆞ난것이넘어複雜ᄒᆞ여알수ᄂᆞᆫ업ᄉᆞ나統而言之ᄒᆞ면다孟浪ᄒᆞ니라

「書童」졔의어린所見에난他學科ᄂᆞᆫ何如ᄒᆞ든지地理歷史算術은사람되고서ᄂᆞᆫ不可不學習ᄒᆞᆯ學科이옵듸다

「先生」地理歷史算術이別技가아니ᄉᆞ라다儒道에서偸錄抄集ᄒᆞᆫ것이니라

「書童」그러나、져ᄂᆞᆫ、史畧通鑑그만두고地理歷史算術비호기가願이올시다

「先生」네가地理ᄂᆞᆫ受學ᄒᆞ기를願치안트릐도天文ᄭᆞ지비홀석가有ᄒᆞ리라

「書童」엇지ᄒᆞ엿셔요

「先生」書傳에天文地理가、다잇ᄂᆞ니라基三百篇에ᄂᆞᆫ天文學이有ᄒᆞ고禹貢篇에ᄂᆞᆫ

地理學이有ᄒᆞ니라또歷史는今汝의現讀ᄒᆞ는史畧通鑑이萬古都歷史니歷史는不必加學이요또算術은千横百立에四頁三東이나知ᄒᆞ고加減이나知ᄒᆞ엿스면於斯에自足ᄒᆞ니라

「書童」그러면体操라ᄒᆞ는것은兒童의身体를害毒ᄒᆞᆯ病源이오또學科라ᄒᆞ는것은舊學問의一派枝葉과如ᄒᆞ오니學校에단일精神파라먹은놈어ᄃᆡ잇슴잇가

「先生」올타々々네말올타그러ᄒᆞ기내가恨歎ᄒᆞ는빈다아모것도不知ᄒᆞ는盲類들이日本과西洋에夷風을欽羡ᄒᆞ야所謂學校니무엇이니設立ᄒᆞ고常言ᄒᆞ기를學校敎育擴張ᄒᆞ면國權廓復절노된다ᄒᆞ니그런미친놈들!!國權回復ᄒᆞᆯ사람은卽今어ᄂᆡ山中에서深隱ᄒᆞ야됴흔天時를苦待ᄒᆞ나니라、鄭堪論에有云ᄒᆞ기를倭王三年이라ᄒᆞ엿ᄉᆞ니此秘訣이符合ᄒᆞ라고卽今東隣國의보호아ᄅᆡ忍辱屈名ᄒᆞ엿스나三年運厄이不遠辭去ᄒᆞ겟ᄉᆞ니其時에深隱待時ᄒᆞ든英雄이出世ᄒᆞ야兵双을不血ᄒᆞ고國權을回復ᄒᆞᆯ터히지、于斯時也엔幾年潛沉ᄒᆞ엿든儒道도中興ᄒᆞᆯ터하지、너는어서勤讀ᄒᆞ여라ᄎᆞᆷ詩賦만잘ᄒᆞ엿스면………

「書童」그러나學校에단이는學徒들이斷髮ᄒᆞᆫ것은ᄎᆞᆷ便利ᄒᆞᆯ듯ᄒᆞ옵듸다

「先生」우리나라四千年來로僧尼外에斷髮法이어ᄃᆡ잇섯드냐鄭堪論에僧血滿江이라ᄒᆞ엿ᄉᆞ니今世斷髮ᄒᆞᆫ놈을未久에洛東江大同江豆滿江갓흔大江으로驅逐ᄒᆞ여鉞下鬼魂이될터일다………엣다맘ᄇᆡ붓처오나라………

허々ㅣ………今日이내生辰日이로곤

書童이同類들을向ᄒᆞ여酒肴작만ᄒᆞ기를은

곤히議論ᄒᆞᆫ다、先生은知而不知ᄒᆞ고、실그머니밧그로出去ᄒᆞ여酒不到劉伶墳上土句만淚唫徘徊ᄒᆞᄂᆞᆫᄃᆡ貞樣……

述者曰허々可笑로다이리ᄒᆞ고야나라이엿지!!

必有悔

春田不種必有悔、靑年不學必有悔。酒中悖妄必有悔、平日荒淫必有悔。富家不儉必有悔、强者誇慢必有悔。愛財不仁必有悔、貪權不忠必有悔。良醫薄待必有悔、福音背斥必有悔。時去機去必有悔、人去事去悔奈何

除 夕　六 守 生

警鍾何故罷愁眠、渠亦今宵有意然。但願諸君知也否、天時人事共新年

有感三首　慷 慨 生

亞塵歐焰日紛々、壯士英雄欲斷魂。半島一兒能識否、猛然虎步出山村

仝 上

國勢艱難世事紛、九泉應泣烈忠魂。敵兵到處何其惡、血雨醒風漲野村

六 守 生

人生世事兩相紛、江戶客窓空斷魂。雲路鵬程長且遠、成功何日返鄕村

望西有感　隱 憂 生

捿屑今朝逢驟雨、暫時迴避古祠中。却思妻子今何在、會合難期破族風

◉乾元節慶祝

本月十日(陰二月初八日)我大皇帝陛下第一回乾元節에一般留學生이監督部에齊會ᄒᆞ야慶祝禮式을擧行ᄒᆞ고留學生監督申海永氏ᄂᆞᆫ一般留學生을代表ᄒᆞ

야
皇太子殿下씌進謁祝賀ᄒᆞ엿ᄂᆞᆫᄃᆡ
皇太子殿下씌옵서ᄂᆞᆫ茶菓費로金貨五拾圜
을 下賜ᄒᆞ옵셧더라

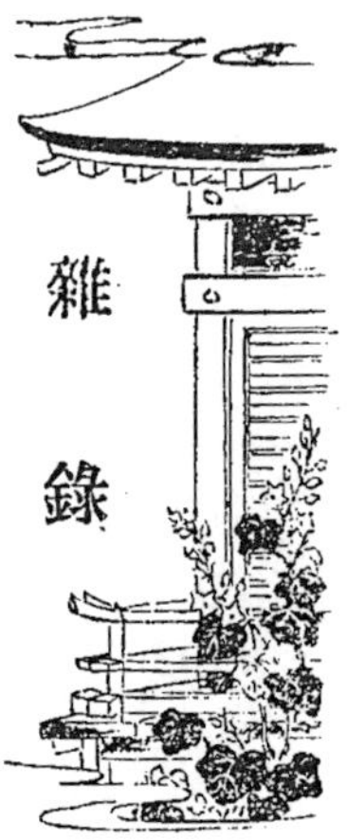

雜錄

●學相渡來 學部大臣李載崑氏가本月二十日下午五時半에無事히東京에到着ᄒᆞ엿더라

會事要錄

●本月은本會任員總撰擧期라一日上午에總會를本會舘에開ᄒᆞ고投票撰定ᄒᆞ엿ᄂᆞᆫᄃᆡ被任諸氏가如左ᄒᆞ니

會長 金洛泳　　副會長 李潤杜
總務員 金鴻亮　　評議員 朴相洛
金鎭初　　金志侃
文一平　　金淵穆
金壽哲　　李道熙
張啓澤　　李寅彰
金鉉軾

同日下午에任員會를本會所에開ᄒᆞ고事務員以下一般任員을撰定ᄒᆞ엿난ᄃᆡ被任諸氏가如左ᄒᆞ니

事務員 李源植　　金淵穆
崔允德　　金英哉
金淵祐　　郭龍周
會計員 李寅彰　　金鉉軾
書記員 金壽哲　　朴相洛
司察員 李殷燮　　崔時俊
金榮起　　編輯人 金洛泳

編纂員 金志侃 金鎭初
楊致中 張啓澤
金鴻亮 金壽哲
文一平 編輯部書記員李奎澈
崔允德 鮮于攫

◉本月八日通常總會에金鴻亮氏가本報擴張ᄒᆞ기를發論ᄒᆞᆷ이滿塲이一致相應ᄒᆞᄂᆞᆫ지라仍ᄒᆞ야財政方針을研究ᄒᆞᆯ식一般會員이爭先出義ᄒᆞ야即刻에醵聚ᄒᆞᆫ金額과氏名이如左ᄒᆞ니

金鴻亮	貳百圜	張啓澤	伍拾圜
崔時俊	貳百圜	金鉉軾	伍拾圜
金淵穆	貳百圜	趙雲龍	伍拾圜
金壽哲	貳百圜	白成鳳	伍拾圜
金鎭初	貳百圜	李奎澈	五拾圜
文一平	一百圜	朴義植	參拾圜
李潤柱	一百圜	李寅彰	貳拾圜
金鎭誐	一百圜	盧文燦	貳拾圜
李道熈	一百圜	吳翊泳	貳拾圜
申成鎬	一百圜	金淵玉	貳拾圜
金昌燮	一百圜	鮮于攫	貳拾圜
金志侃	一百圜	金英哉	拾圜
金淵祜	一百圜	趙章鎬	拾圜
金榮起	一百圜	金星起	拾圜
李源觀	一百圜	朴廷義	拾圜
朴相洛	拾圜	柳盛鐸	五圜
張膺萬	拾圜	邊鳳現	五圜
韓益燮	拾圜	李庭河	參圜
鄭庸瑗	拾圜	朴濟鳳	壹圜
金洛泳	拾圜	朴元熙	壹圓
金始英	伍圜	崔允德	金簪一個
柳公鐸	伍圜	柳種洙	拾圜

以上總合金額이金簪一個外에貳千五百五圜이더라

會員消息

○會員朴璇根氏난京都染織學校에修學次로去月二十八日下午三時三十分新橋發列車로出發ᄒᆞ다○會員李殷燮氏난本月二日下午三時半新橋發列車로發程歸國ᄒᆞ다○會員林會稷氏난本月九日下午三時半新橋發列車로發程歸國ᄒᆞ다○會員趙雲龍氏난京都染織學校에入學次로本月十日午後三時三十分新橋發列車로發程ᄒᆞ다○會員李相晋氏난本月十二日下午三時半에發程歸國ᄒᆞ야京城儆新學校에入學ᄒᆞ엿더라○會員李承鉉氏난昨年秋에歸國ᄒᆞ엿다가本月十三日에東京이渡來ᄒᆞ다○會員李寅彰、李珍河、李泰熙三氏난春季放學에覲親次本月二十日下午에發程歸國ᄒᆞ다○會員金志侗、申成鎬、朴濟鳳、吳翊泳四氏난群馬縣養蠶學校에入學次로本月二十四日下午에澁谷發列車로出發登途ᄒᆞ다○會員鄭庸瑗氏난芝區官立警察消防練習所에入學ᄒᆞ다○會員金基琨氏난昨年春期放學에歸國ᄒᆞ엿다가本月初에京都에渡來ᄒᆞ다○會員金基珽氏난昨年冬期放學에歸國ᄒᆞ엿다가本月初에名古屋에來渡ᄒᆞ다○會員金載健氏난東京畜産學校에서優等生으로本月에卒業ᄒᆞ엿더라

新入會員

李東肅、金德潤、李大衡、李淵迪、車景煥、具克昭、劉兢鎭、朴柄璇、洪淵鍍、洪炳殷、柳世鐸諸氏난今番本會에入會ᄒᆞ엿더라

龍義支會新入會員

金敬淮、朴芝篆、韓敬溫、金商欽、吳英豪、

李京燦、鄭義健、崔世春、趙寬珍、孔在明、林大榮、金天元、高承瓛、諸氏난今番龍義支會에入會ᄒᆞ다

太極學報義捐金第四回
平壤贊成人氏名連續

李萬熙氏 貳拾圜
尹起元氏 貳拾圜
金漢朝氏 貳拾圜
金然尙氏 貳拾圓
韓仁根氏 拾伍圜
尹夔璿氏 伍圜
尹濟璿氏 伍圜
崔順貞氏 伍圜
金明濬氏 再次 伍圜
金鍾濩氏 伍圜
李政秀氏 伍圜
金澤吉氏 伍圜
朴箕錫氏 再次 伍圜
朴容觀氏 再次 伍圜
金寬善氏 再次 伍圜
李興雨氏 伍圜
鄭熙悅氏 伍圜
安承烈氏 伍圜
白舜欽氏 伍圜
朴承健氏 伍圜
牟正豊氏 伍圜
金濱碩氏 四圜

李東稷氏 參圜
蔣儀鳳氏 參圜
李元鵠氏 貳圜
金炯湝氏 貳圜
郭逢學氏 貳圜
車廷鎬氏 貳圜
金秉一氏 壹圜
崔昇龍氏 壹圜
金仁澤氏 壹圜
李養元氏 壹圜
韓承殷氏 壹圜
崔應俊氏 壹圜
金啓憲氏 壹圜
朴應善氏 壹圜
崔翼模氏 壹圜
李炳乾氏 壹圜
盧士健氏 壹圜
金允永氏 壹圜
金胤善氏 壹圜
金基賛氏 壹圜
金瓚基氏 伍十錢
朴濟用氏 伍十錢
金啓默氏 伍十錢
金道益氏 伍十錢
全觀植氏 伍十錢
韓相庸氏 伍十錢
韓基爀氏 伍十錢
金利浚氏 伍十錢
金利鍵氏 伍十錢

光武十年八月廿四日創刊
隆熙二年三月二十日印刷
隆熙二年三月二十四日發行
明治四十一年三月二十日印刷
明治四十一年三月廿四日發行

●代金郵税並新貨拾貳錢

日本東京市小石川區中富坂町十九番地
編輯兼發行人 金洛泳
日本東京市小石川區久堅町四十五番地
印刷人 金志侃
日本東京市小石川區中富坂町十九番地
發行所 太極學會
日本東京市牛込區辨天町二十六番地
印刷所 明文舍

太極學報第十九號

光武 十 年九月二十四日
明治三十九年九月二十四日 第三種郵便物認可
隆熙 二 年三月二十四日
明治四十一年三月二十四日 發行（每月廿四日一回發行）

光武十年九月二十四日
明治卅九年九月廿四日
第三種郵便物認可

光武十年八月二十四日創刊

隆熙二年五月十二日發行

(每月一回)

太極學報

第二十號

太極學會發行

注意

△本報를購覽코저ᄒᆞ시ᄂᆞᆫ이ᄂᆞᆫ本發行所로通知ᄒᆞ시되居住姓名統戶를詳細히記送ᄒᆞ시며代金은郵便爲替로本會에交付홈을要홈

△本報를購覽ᄒᆞ시ᄂᆞᆫ僉君子씌셔住所를移轉ᄒᆞᄂᆞᆫ이ᄂᆞᆫ速히其移轉處所를本事務所로通知ᄒᆞ시옵

△本報ᄂᆞᆫ有志人士의購覽을便宜케ᄒᆞ기爲ᄒᆞ야出張所及特約販賣所를如左히定홈

皇城中署東闕罷朝橋越便
朱翰榮冊肆（中央書舘內）

平安南道三和鎭南浦港築垌
金元爕家

平壤貫洞
耶蘇教書院

平壤法首橋
大同書觀

平安北道定州郡南門內
洪成麟商店

北米國桑港韓人共立協會內
金永一住所

◎投書注意

一、諸般學術과文藝詞藻統計等에關ᄒᆞᆫ投書ᄂᆞᆫ歡迎ᄒᆞᆷ

一、政治上에關ᄒᆞᆫ記事ᄂᆞᆫ一切受納치아니ᄒᆞᆷ

一、投書의揭載與否ᄂᆞᆫ編輯人이撰定ᄒᆞᆷ

一、投書의添削權은編輯人의게在ᄒᆞᆷ

一、一次投書ᄂᆞᆫ返附치아니ᄒᆞᆷ

一、投書ᄂᆞᆫ完結ᄒᆞᆷ을要ᄒᆞᆷ

一、投書ᄂᆞᆫ縱十二行橫二十五字原稿紙에正書ᄒᆞᆷ을要ᄒᆞᆷ

一、投書ᄒᆞ시ᄂᆞᆫ이ᄂᆞᆫ居住와姓名을詳細히記送ᄒᆞᆷ을要ᄒᆞᆷ

一、投書當撰ᄒᆞ신이의게ᄂᆞᆫ本報當號一部를無價進呈ᄒᆞᆷ

太極學報第二十號目次

論壇

講壇

太極學報第二十號目次

論壇 講壇 學園

太極學報

第二十號

隆熙二年四月二十四日
明治四十一年四月廿四日 〔發行〕

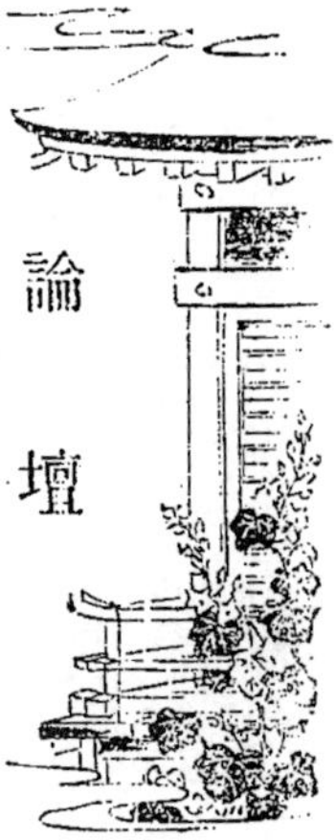

至誠의力

金鴻亮

嗚呼라彼天壤間에國의興亡과人의生死가接踵相連ᄒᆞ야於國於箇人에其經營行動이無非大成功大勝利를目的ᄒᆞ고此를貫徹ᄒᆞᆷ에孜々汲々ᄒᆯ而已니噫彼目的이여吾人々類는其性質을解키不能ᄒᆞᆫ者라도言念이此에一到ᄒᆞ면不期의滿足과空前의希望이心頭에舞到ᄒᆞ야生活의趣味를一加ᄒᆞ며未來의榮光을自約케ᄒᆞᄂᆞᆫ도다雖然이나自古로此를能히貫徹ᄒᆞᆫ者ᄂᆞᆫ其數가甚稀ᄒᆞ니吾人類가萬物의靈長이라自許自誇ᄒᆞᄂᆞᆫ物이되여其希望의目的을達키如此히至難ᄒᆞᆷ은實노搏案一憤과掩面自愧를自抑키不能토다果然吾人의品性上에如何ᄒᆞᆫ缺點이有ᄒᆞ야然ᄒᆞᆷ인지明確ᄒᆞᆫ理論과的實ᄒᆞᆫ據驗을不由ᄒᆞ면到底히安心을與키不能ᄒᆯ지라古今에此를能達能成ᄒᆞᆫ者의品性을考察ᄒᆞ면其

蘊蓄ᄒᆞᆫ種々美德의修養만完全ᄒᆞᆯ뿐아니라其他에一大能力이有ᄒᆞ야此等美德의發展作用을導之奬之ᄒᆞ야其終結의完全을効奏케ᄒᆞ엿스니其一大能者ᄂᆞᆫ何者오? 即高潔ᄒᆞᆫ至誠이是라吾人이此를有ᄒᆞ면足히罪惡을打破ᄒᆞ며虛僞를廢滅ᄒᆞ고我의自由를侮蔑ᄒᆞᄂᆞᆫ者를征服ᄒᆞᆯ지니美哉라至誠이여實노航海者의指針이며革命者의爆藥이며勝利者의武器로다至誠의人은其經營行動이沈且猛烈ᄒᆞ야戰務的關念으로天職에從ᄒᆞ며眞理를爲ᄒᆞ야逆境에奮戰ᄒᆞ되目的을不達ᄒᆞ면不止ᄒᆞ나니世界에偉人英傑이各其品性上에主宰者가有ᄒᆞᆯ지나至誠의一念이如欠이면彼等의存在ᄂᆞᆫ空華幻影에不過ᄒᆞ며彼等의功利ᄂᆞᆫ瞬間的에不過ᄒᆞ며世人의讃聲을永享키도不能ᄒᆞ며不滅의榮光을永戴키도不能ᄒᆞᆯ지라今日에吾人이讃美ᄒᆞ며敬拜ᄒᆞᄂᆞᆫ英雄傑士가擧皆至誠의產物이며彼等의活動도亦皆至誠의活動이라彼等의胸間에ᄂᆞᆫ至誠의焰火가猛燃ᄒᆞ야百般障害와萬種困難을銷鎔ᄒᆞ고彼等으로榮光의座를踏到케ᄒᆞ엿ᄂᆞ니至誠의人은地上에最大活動物이며最大榮光物이며最大神聖物이라可謂ᄒᆞᆯ지로다彼萬古聖雄華盛頓은農夫의出身으로獨立軍의總督을自擔ᄒᆞ고自巳의民族을奴隷中에救出ᄒᆞ엿스며마틴루터ᄂᆞᆫ草夫의門閭에生長ᄒᆞ야天權을掌握ᄒᆞᆫ當時法王을破門ᄒᆞ고新敎를首創ᄒᆞ야現代社會를一變케ᄒᆞ엿스니彼等도至誠의能力을不由ᄒᆞ엿스면如此ᄒᆞᆫ偉績을成키不能ᄒᆞᆯ지로다

嗚呼라被保護國人民들아爾를復ᄒᆞᆯ策과爾를昌ᄒᆞᆯ略은何를從ᄒᆞ야可得ᄒᆞᆯ고　卽曰敎育也政治也軍術也實業也等이라ᄒᆞᆯ지니此

誠至論이로다만은名譽를釣ᄒᆞᄂᆞᆫ教育家와同族을獵ᄒᆞᄂᆞᆫ政治軍術家와朝營暮收의利만是貪ᄒᆞᄂᆞᆫ實業家等은多ᄒᆞ면多ᄒᆞᆯᄉᆞ록國家ᄂᆞᆫ益傾ᄒᆞᆯ지니爾를復ᄒᆞᆯ教育은至誠家의教育이며爾를復ᄒᆞᆯ政治軍術도至誠家의政治軍術이며爾를昌ᄒᆞᆯ實業도至誠遠圖者의實業이니至誠은吾人의生命이며吾人의救主로다至誠이면感天이니土地見奪怨치말며自主束縛恨치다라至誠만我有ᄒᆞ면新土地도開拓ᄒᆞ며死自由도更生ᄒᆞ리니外敵內讐만怨치말고至誠으로基礎를鞏修ᄒᆞ고理想의樓閣을其上에建築ᄒᆞ면暴風驟雨가雖是急至ᄒᆞᆯ지라도確固不拔完全ᄒᆞ야太極旗下落成宴에우리의自由와우리의幸福이與天地無窮ᄒᆞᆯ진뎌

人生의運命

李 奎 澈

人生斯世에受天賦之良性ᄒᆞ야接物利用故로精神이一到에無事不成은其理固眞矣나然而人間萬事가多不如意ᄒᆞ야雖抱藏經綸之方ᄒᆞ며兼有道德之人이라도爲氣運所關ᄒᆞ야終莫能伸其平生之所懷ᄒᆞ고縮頭鬱々에恨送一世者가比々有焉故로所謂運命之說이良由以也라昔如孔子之聖으로도轍環四方에嘗有不遇時之歎ᄒᆞ고顔子之賢으로도簞食瓢飮으로甘受陋巷之苦ᄒᆞ엿ᄉᆞ니因是推想이면人果爲運命所制者亦信矣라盖一世界人類를不可以萬々으로數之로ᄃᆡ隨其人而異其業ᄒᆞ야或爲實業家ᄒᆞ며或爲教育家ᄒᆞ며其他에又有各種業務ᄒᆞ니雖未知宿志가均在此等事業이나亦須詳察之권ᄃᆡ

其間에非不有因種々事情而至此者也니然則豈非運命之所在者哉아吾人所職掌은實天之所以與我요決非吾人의貪意取捨故로知道者는專心一意에安其天職ᄒ야不復爲外物所誘가可也라如不以其業으로爲自足而反以他人之業으로爲可羨ᄒ야汲々營々에未嘗得一日之安者는盖不知運命之所以然也니輒捨其所能爲ᄒ고强求其所不能爲면其惑也甚矣라且平生從事於何等事業ᄒ야旣經許多年月則其於從事之事業에閱歷이亦必不淺은不要多言이어늘今忽見他人之職事ᄒ고欲改其業ᄒ야東西奔走에寢食이不安ᄒ되終無所得이오必貽笑於他人矣리니可不愼哉아若知運命이在其躬則不敢望其分外之事ᄒ고安居其業ᄒ야勉之不已면必有成功之日이니然則不知運命者之汲々營々으로較之컨ᄃᆡ其優劣이果何如오古語에云死生은有命이오富貴는在天이라ᄒ며又云安分身無辱이오知機心自閒이라ᄒ니此等格言은固當守而不失者어늘得隴望蜀에輒生無厭之欲ᄒ야不知其所止면雖享有百歲之稀齡이나惡得知一日之眞味乎아故로馳心外物ᄒ야爭地位之高下ᄒ며競財產之多寡ᄒ야不知賦命所關者는非吾之所與也라大抵在已者는責諸已以自勵ᄒ고在人者則宜委之於天命이可也니如擴充知識ᄒ며博探道德이雖未嘗不由天禀之才나然이나苟能盡其力이면斯有進境이오高其地位ᄒ며積其貲財도亦非不由人力이니然이나不待其期ᄒ고急々然如將失之而求之면究竟所得이必歸於烏有니盖有關於天之分數者也라由是觀之컨ᄃᆡ苟能安其命務其業ᄒ야不失爲人之本分이면樂在其中에不知老之將至온又何暇外求哉아雖然이나此天

之下에知足知止者ㅣ能幾人이며汲々營々者ㅣ又幾人고試即以教育社會로言之ᄒᆞ건ᄃᆡ有一人於此ᄒᆞ야旣爲小學教師則宜甘受薄俸ᄒᆞ야不改其樂이命也오或爲中學教師ᄒᆞ며或爲大學教師도亦命也어늘世固有不知其命者ᄒᆞ야爲小學教師則願爲中學教師ᄒᆞ고旣爲中學教師則又願爲大學教師ᄒᆞ야不顧其力之能不能ᄒᆞ고欲求其高ᄒᆞ야常慼々以終其身ᄒᆞ니孰若知命者之怡然自樂乎아故로運命二字ᄅᆞᆯ決不可泛忽也ㅣㄴ뎌

實力의希望

白鎭珪

蓋人이非常의事ᄅᆞᆯ做ᄒᆞᄂᆞᆫ者ᄂᆞᆫ能히非常의功을建ᄒᆞ거니와虛妄을信ᄒᆞ며僥倖을求ᄒᆞᄂᆞᆫ者ᄂᆞᆫ希望이雖切이나效愈가無ᄒᆞᄂᆞ니此ᄂᆞᆫ緣木求魚라其目的을何能得達이리오所謂宗力의希望者其事業을勤勉ᄒᆞ야功效ᄅᆞᆯ希望ᄒᆞᆷ이라先哲이有言ᄒᆞ되其事가有ᄒᆞ고其功이無ᄒᆞᆫ者ㅣ未之有라故로其國을治ᄒᆞ야天의永命을祈ᄒᆞ며其身을攝ᄒᆞ야長生不死에至ᄒᆞᆷ도分明是人力所做라ᄒᆞ엿스니其實力을積累ᄒᆞ면엇지希望의實效가無ᄒᆞᆯ이오今에吾人의希望中에最所希望者ᄂᆞᆫ國家의文明程度가月新日開ᄒᆞ야萬億年無窮ᄒᆞᆫ邦基ᄅᆞᆯ鞏固케ᄒᆞ며二千萬民族이其土地의團會ᄒᆞ야無上ᄒᆞᆫ幸福을享有ᄒᆞᄂᆞᆫ希望이人孰無之리오然ᄒᆞ나試問ᄒᆞ건ᄃᆡ此無上ᄒᆞᆫ幸福을希望ᄒᆞᄂᆞᆫ我二千萬同胞여此希望의原實力을曾已培養乎아否乎아若希望만徒有ᄒᆞ고實力이初無ᄒᆞ면緣木求魚와相似ᄒᆞᆯ뿐不啻라所謂後必有菑者ㅣ近之로다嗟呼라

我二千萬同胞ᄂᆞᆫ我國家文明程度에二千萬分子라各其二千萬分子中에一分子의義務를隨其力量ᄒᆞ야實地做去면何患乎國權之不回復이며何患乎民生之不安泰리오然則希望의原實力은同胞團合에在ᄒᆞ고團合의原實力은各其一分子의義務를着實做去홈에在ᄒᆞ니嗚呼라此希望이有ᄒᆞᆫ我二千萬同胞여

農業界의思潮

金志侃

農業은天下의大本이오人類의命途니吾人生活上에一日이라도暫缺치못ᄒᆞᆯ것은智者를不待ᄒᆞ고明知ᄒᆞᆯ바라近時所謂富强이라稱ᄒᆞᄂᆞᆫ列國中에或은工業으로國家를維持ᄒᆞᆫ다ᄒᆞ며或은商業으로國家를維持ᄒᆞᆫ다ᄒᆞ야世論이紛々ᄒᆞ나是ᄂᆞᆫ皆農業時代가過去에屬ᄒᆞ고商工業時代에達홈을謂홈이니彼所謂工業國이니商業國이니ᄒᆞᄂᆞᆫ國이라도最初에ᄂᆞᆫ農業發展ᄒᆞ기에專力ᄒᆞᆫ것은確然無疑ᄒᆞ도다然則我國은現今何業時代에處ᄒᆞ엿ᄂᆞ뇨몬저商工業時代라稱ᄒᆞ기ᄂᆞᆫ難ᄒᆞᆫ즉農業時代라稱ᄒᆞᆯ지라農業은如何ᄒᆞᆫ現狀에在ᄒᆞᆫ나ᄒᆞ면또ᄒᆞᆫ幼穉홈을免치못ᄒᆞᆯ지라其幼穉ᄒᆞᆫ것이許多ᄒᆞ나箇中에三大要素를擧言ᄒᆞ면第一은國內의荒蕪地를開墾ᄒᆞᆯ줄을（山林、川澤、海岸）不知ᄒᆞ고第二ᄂᆞᆫ土地利用ᄒᆞᄂᆞᆫ法을（畊地에ᄂᆞᆫ肥料關係山地에ᄂᆞᆫ造林의關係）不知ᄒᆞ고第三은農産物의供給等을（作物、牧畜、園藝、森林、）不知하니以上三大要素를不知홈은國民의學識程度가幼穉ᄒᆞᆯ뿐만아니라또ᄒᆞᆫ鎖

國時代의守舊的習慣에出ᄒᆞᆷ이니追不可深究이나但近日我國農業界에一大危物이現出됨을知ᄒᆞᄂᆞᆫ지不知ᄒᆞᄂᆞᆫ지即近日成立된동양척식회샤가是라嗟呼四千年遺族과三千里半島가此로由ᄒᆞ야休ᄒᆞ리니念이此에及ᄒᆞ미毛骨이竦然ᄒᆞ도다試觀ᄒᆞ라該회샤의名稱은拓殖이나其實은畊地收入ᄒᆞᆯ目的인ᄃᆡ此會社가中央에設立되고各道各郡에支社가林立ᄒᆞᄂᆞᆫ日이면我國農家의田地가該회샤로沒數收入될것을豫測ᄒᆞᄂᆞᆫ것은現今我國農家의貧困ᄒᆞᆫ狀態로該會社의資本을債用치안키難ᄒᆞ고만일債用ᄒᆞᄂᆞᆫ日이면田畓券을不可不典當이오山林券을不可不典當이라然則典當ᄒᆞᆫ文券이一々히還退되야我國農民의所有物이될는지못될는지今日我國農家의現狀으로一々히還退ᄒᆞ리라고斷言키難ᄒᆞ고또그뿐만아니라該會社로多數ᄒᆞᆫ金錢을出ᄒᆞ야直接으로我國農民의田土를買入ᄒᆞᆯ것도無疑ᄒᆞ도다農界前途가如此히危險ᄒᆞᆫ境遇를當ᄒᆞᆫ吾人은如何ᄒᆞᆫ方針으로我祖國土地를完全히維持ᄒᆞ야將來의大飛躍을試ᄒᆞᆯᄂᆞᆫ지速히此危急ᄒᆞᆫ問題를解決키爲ᄒᆞ야國內有志同胞의게良好ᄒᆞᆫ方針을要求ᄒᆞ오며兼ᄒᆞ야淺識의一言으로愛讀ᄒᆞ시ᄂᆞᆫ僉君子의게暫陳ᄒᆞ오니採納ᄒᆞ시ᄂᆞᆫ榮光을賜ᄒᆞᆯᄂᆞᆫ지오今日의危險ᄒᆞᆫ農業界의救濟方針은專히資本家同胞의게在ᄒᆞ오니有志ᄒᆞ신資本家同胞ᄂᆞᆫ더옥注意ᄒᆞ야一覽ᄒᆞ시오國內各地方에有志ᄒᆞᆫ資本家들이自己의親信ᄒᆞᆫ資本家와會議ᄒᆞ고境內의資本家를聯合ᄒᆞ야該地方에農會를發起ᄒᆞ야或合名이나或株式이나其便宜를從ᄒᆞ야組織ᄒᆞ고百圓以上으로幾千幾萬圓의資本金을募集積立ᄒᆞ야該地方의척식社支社와對

立케ᄒᆞ고農民의農作資本을供給ᄒᆞ되信用이有ᄒᆞᆫ農民의게ᄂᆞᆫ無慮히供給ᄒᆞ엿다가秋成을待ᄒᆞ야還報케ᄒᆞ고信用이不足ᄒᆞᆫ農民의게ᄂᆞᆫ典券을執持ᄒᆞᆷ도不可ᄒᆞᆷ이無ᄒᆞ되我國人의田畓及山林券이척식社에典入되지만토록만注意ᄒᆞ며或田土를該會社에放賣ᄒᆞᄂᆞᆫ者가有ᄒᆞ면理로曉喩ᄒᆞ야農會에買入케ᄒᆞ엿다가內國人의게互相賣買케ᄒᆞᆯ것이오또ᄂᆞᆫ農業을發達케ᄒᆞ기爲ᄒᆞ야農會의資本金으로農事模範場을設立ᄒᆞ야農作物及園藝、牧畜等을奬勵ᄒᆞ며肥料製造所를施設ᄒᆞ고肥料를製造販賣ᄒᆞ야土地生産力을增進케ᄒᆞ며本國에缺乏ᄒᆞᆫ種穀種木은外國에注文輸入ᄒᆞ야農産原料를豊富케ᄒᆞ야國家의實力을養成ᄒᆞ며個人의生活을安全케ᄒᆞᆯ지라以上數言이目下의大禍를防禦ᄒᆞᆯ뿐만안이라國力養成의實効도有ᄒᆞᆯ줄노思ᄒᆞ오니惟願有志同胞ᄂᆞᆫ時期를勿誤ᄒᆞ고速히實行勉之ᄒᆞᆯ지어다

科學의急務

金英哉

吾人이知悉ᄒᆞᄂᆞᆫ바科學은即實學이니空理空論도아니며想像도아니오實際의學問이니此를實際上에應用ᄒᆞ면國家社會의各種事業을發達케ᄒᆞᄂᆞᆫ同時에一般國民의常識을發達케ᄒᆞᆯ基礎가되나니大盖科學이發達普及ᄒᆞ면個人으로ᄂᆞᆫ各自의事業經營이完全히成行ᄒᆞ고富力이增殖ᄒᆞ야堅實ᄒᆞᆫ思想上에發展을計圖ᄒᆞᆷ으로國家事業上에現著ᄒᆞᆫ進步를成致ᄒᆞ야鞏富ᄒᆞᆫ基礎를建立ᄒᆞᆷ은自然의結果요國民의常識을發達ᄒᆞᆫ다ᄒᆞᆷ은

個人은勿論其然ᄒᆞ려니와國家全体를觀論ᄒᆞᆯ지라도亦是必要ᄒᆞᆯ거슨世界萬國의輿論이라米國有名ᄒᆞᆫ哲學者하리스의金言을據ᄒᆞ건ᄃᆡ國民의常識을發達케ᄒᆞᆷ은科學普及에在ᄒᆞ다ᄒᆞ엿ᄉᆞ니果然인가偶然인가歐米諸國에도常識發達에對ᄒᆞ여ᄂᆞᆫ大段苦心研究ᄒᆞᆫ結果에依然히科學普及이最上肝要處로歸着ᄒᆞ엿ᄉᆞ니所以로普及을計圖키爲ᄒᆞ야苦心ᄒᆞᆫ結果로思想이普及ᄒᆞ고趣味를皷吹ᄒᆞᆯ식或은著書或은雜誌、講演等各方面으로勸勵努力ᄒᆞ야有益ᄒᆞᆫ出版物이多大히流行ᄒᆞ니此一事로見度ᄒᆞᆯ지라도科學普及에多大ᄒᆞᆫ注意를惹起ᄒᆞᆫ거시分明ᄒᆞ도다常識의發達과科學은以上과如히歐米各國만不啻라我國과如ᄒᆞᆫ新進國도先進諸國과激甚ᄒᆞᆫ舞臺를比踏ᄒᆞᄂᆞᆫ以上에야其主要가一二에不止ᄒᆞ겟거ᄂᆞᆯ今日ᄭᆞ지我韓人은哲理政治에만熱心을奔馳ᄒᆞ고科學實學上에ᄂᆞᆫ輕向을妄置ᄒᆞ야學問이라言ᄒᆞ면治國平天下만但思ᄒᆞ여法律政治等學問만修得ᄒᆞ기에熱中ᄒᆞ고實業은捨而不顧ᄒᆞᆷ으로實際와實力을未樹ᄒᆞ고空理와空論에만浮動ᄒᆞ미國民子弟가無非空論家를馴成ᄒᆞ야悲慘ᄒᆞᆫ現象을出演ᄒᆞ엿나니此ᄂᆞᆫ國家를衰弱케ᄒᆞ고國力을退守케ᄒᆞᆯ뿐아니라國家社會의公賊이되리니嗚呼라今日을目睹ᄒᆞᄂᆞᆫ有志人士여如何ᄒᆞᆫ感想을抱有ᄒᆞ며如何ᄒᆞᆫ手段을將取ᄒᆞ겟ᄂᆞᆫ가要策을研究컨ᄃᆡ學者나民間有力者나諸般人士를總而勿論ᄒᆞ고力量을相合ᄒᆞ여科學普及을力效ᄒᆞ고常識發達을用意ᄒᆞ야堅實ᄒᆞᆫ思想을養成ᄒᆞ고事業의興起와實業의發達을促進ᄒᆞ야所謂富國强兵의基礎를確立ᄒᆞ면國家의發展이不遠自期라ᄒᆞ노라

以上所言을摘要ᄒᆞ면今日은國民의常識을
急々히奬勵發達ᄒᆞᆷ이可ᄒᆞᆫᄃᆡ此를實行ᄒᆞ쟈
면空理空論을沒數排斥ᄒᆞ야實學을尊尙ᄒᆞ
라實學은卽科學이니故로科學의普及이今
日急務라謂ᄒᆞᆯ지라近來各郡에學校設立이
撓々蜂起ᄒᆞ야少年國民과有志人社會間에
芳美ᄒᆞᆫ大觀念을相交ᄒᆞ니亦是鎻古의主義
를比見ᄒᆞ쟈면幸福됨이無量ᄒᆞ지만은此ᄂᆞᆫ
普通學卽言論上學問ᄲᅮᆫ이오實際上進展이
아닌즉余의所見으로ᄂᆞᆫ急々히實學을鑽究
ᄒᆞ고科學을發達ᄒᆞᆯ目的으로特殊主義의實
學校가多數設立ᄒᆞ기를企望ᄒᆞ노라

世界文明史

椒 海(譯述)

第二編 東洋의文明

第一章 總 說

所謂東洋이라云ᄒᆞᆷ은亞細亞와亞非利加를指ᄒᆞᆷ이니西人이云ᄒᆞᄂᆞᆫ바ㅣ오리엔트와同義라元來오리엔트라云ᄒᆞᄂᆞᆫ語ᄂᆞᆫ羅句語로日出이라云ᄒᆞᄂᆞᆫ바인ᄃᆡ漸次傳訛ᄒᆞᆫ者이니小亞細亞、와埃及中央亞細亞에서印度에至ᄒᆞ기ᄭᅡ지諸地方을稱ᄒᆞᆷ이요大韓、淸國、日本等國은西人이極東絕東이라別稱ᄒᆞ나此ᄂᆞᆫ地中海以東諸邦을云ᄒᆞᆷ이니邦國으로摘名ᄒᆞ면其主要ᄒᆞᆫ者ᄂᆞᆫ大韓、淸國、日本、埃及、波斯、亞叔利亞、巴比倫、파레스틔나요人種은아릐人種、함人種、셈人種、트란人種인ᄃᆡ其中大韓、淸國、日本、等國人은트란人種이오印度、波斯等國

人은아ᄅᆞᆯ人種이오埃及은ᄒᆞᆷ人種이오巴比倫、亞叙利亞、파레스틔나人은셈人種에屬ᄒᆞ니歷史上으로通觀ᄒᆞ면世界에三大潮流「支那、印度、歐羅巴」ㅣ가有ᄒᆞᆫᄃᆡ大体上으로見ᄒᆞ건ᄃᆡ歐羅巴의人文이根本印度와如히알人種의人文이라云ᄒᆞ나셈人種의게서遺受ᄒᆞᆫ影響과風土의差異ᄒᆞᆫ原因을因ᄒᆞ야印度人文과其發達의方向이全殊ᄒᆞ니라印度人文은熱帶地方에在ᄒᆞᆫ알人種의思想이自然히發達ᄒᆞᆫ者이니其勢力은佛佗敎의傳播를從ᄒᆞ야東方트란人種의게多少의影響을傳與ᄒᆞ엿스나然ᄒᆞ나歐羅巴人文은거의何等의較著ᄒᆞᆫ關係가無ᄒᆞ고支那人文은트란人種을代表ᄒᆞᆫ者인ᄃᆡ印歐兩人文과對峙ᄒᆞ야古來브터一種의面目을維持ᄒᆞ고長久히印度思想과接觸ᄒᆞ엿스되其本來의殊性을不失ᄒᆞ엿더라

第二章　트란人種

트란人種은亞細亞大陸에在ᄒᆞᆫ最古의歷史的民族이니아ᄅᆞᆯ과셈人種이遷移를始作ᄒᆞᆫ時에到處마다土着ᄒᆞᆫ民族을發見ᄒᆞ엿스니今日에考據컨ᄃᆡ此가트란民族이오淸帝國은最古트란人種이移住隆興ᄒᆞᆫ者로다

막묠ᄒᆞ레氏說을隨ᄒᆞ건ᄃᆡ트란人種의移動ᄒᆞᆫ方向이南北二種이有ᄒᆞ야各四回인ᄃᆡ其初南方에向ᄒᆞᆫ者ㅣ는메이ᄯᅩ、에이남、이라왓띄、ᄲᅳ라마프트라諸河에住ᄒᆞᆫ所謂타이民族이요其初에北方으로向ᄒᆞᆫ者ㅣ는아무ᄅᆞᆯ、레나諸河를沿住ᄒᆞᆫ所謂퉁규식民族이오次에南方에向ᄒᆞᆫ者ㅣ는大陸各地를已爲占住ᄒᆞ고海를渡ᄒᆞ야近傍諸島에移住ᄒᆞᆫ所謂馬來民族이오次에北方으로向ᄒᆞᆫ者는蒙古族이니알타이山脉을沿ᄒᆞ야漸次西部에移動ᄒᆞ엿고其次第三次北方으로向ᄒᆞᆫ

者ㅣ난土耳其民族을成ᄒᆞ야西方우랄山을從ᄒᆞ야歐羅巴境界에迫至ᄒᆞ엿고其次南方으로第三次移動ᄒᆞᆫ者ᄂᆞᆫ西藏印度를向ᄒᆞ야後에히말나야山脈을踰ᄒᆞ야天竺半島의最初土人이되고後에南方으로向ᄒᆞᆫ者ᄂᆞᆫ다믈民族이니後에알民族의게滅亡을被ᄒᆞ엿고其最後北方으로向ᄒᆞᆫ者ᄂᆞᆫ후힌民族의源頭니西伯利亞사모어즈人과西班牙의빠슥人等이此에屬ᄒᆞ엿ᄂᆞᆫᄃᆡ其移動의根據ᄂᆞᆫ中央亞細亞高地오其年代ᄂᆞᆫ有史以前이더라

막스뮬레氏의此說은專혀言語學上으로比較硏究ᄒᆞᆫ結果오何等古物學或은歷史上基礎가아니니故로言語와人種이期必一致치못ᄒᆞᄂᆞᆫ今日學界上에到底이信憑치못ᄒᆞᆯ거시ᄂᆞ然ᄒᆞᄂᆞ一種臆說로ᄂᆞᆫ他有力ᄒᆞᆫ反證이無ᄒᆞ면吾人의參考에可供ᄒᆞ리로다트란人種의事蹟이歷史에初現ᄒᆞᆫ者ᄂᆞᆫ巴比倫스타이帝國이니希臘國諸史家의記錄과近時로링손氏가유플라트河畔에서發見ᄒᆞᆫ것으로漸次確定ᄒᆞ엿도다此帝國의首府位置ᄂᆞᆫ後ᄀᆞᆯ듸아都府의地ᄃᆡ니니베가大都會로名聞ᄒᆞ기前에已爲繁昌을致ᄒᆞ엿스며其年代ᄂᆞᆫ紀元前二千四百五十八年브터二千二百三十四年ᄭᆞ지로되其詳細ᄒᆞᆫ事實은今日에漠然ᄒᆞ야由知ᄒᆞᆯ바가無ᄒᆞ도다스키유타이帝國과同時代에트란人種의大帝國이亞細亞大陸東岸에發興ᄒᆞ니此ᄂᆞᆫ支那帝國이라左에畧述ᄒᆞᆯ바가有ᄒᆞ니

此人種은今日도依然히亞細亞의大部分과歐羅巴의一部를包有ᄒᆞ엿ᄂᆞᆫᄃᆡ言語學上으로詳考ᄒᆞ건ᄃᆡ후힌라프마지알諸族과西藏土耳其、韃靼、蒙古、타무ᄅᆞᆯ、印度의ᄯᅳ라ᄲᅡᄯᅡ人種이오宗敎ᄂᆞᆫ明確히未知ᄒᆞ되아ᄅᆞᆯ셈人種과如히高尙偉大ᄒᆞᆫ宗敎觀을不有

ᄒᆞᆷ은無疑ᄒᆞᆫ事이니其最古의傳說에도거의神의觀念이無ᄒᆞᆫᄃᆡ何許學者가古代波斯의魔術을스키유타이民族의게로從來ᄒᆞ엿다ᄒᆞ나此ᄂᆞᆫ 確實ᄒᆞᆫ證據가無ᄒᆞᆫ즉憑信ᄒᆞᆯ餘地가無ᄒᆞ도다吾人은特別히注意ᄒᆞᆯ事實이有ᄒᆞ니非他라트란人種은人種學上에諸人種과如히明白히一致ᄅᆞᆯ未有ᄒᆞ엿ᄂᆞ니卽아날셈人種에分屬ᄒᆞ야其言語가多少有同ᄒᆞᆫ一群民族으로命名ᄒᆞᆫ傾向이有ᄒᆞ니라

今日트란人種의人文을代表ᄒᆞᆫ支那國民의特性을左에述ᄒᆞ건ᄃᆡ

支那ᄂᆞᆫ自古로中國中華라自稱ᄒᆞ고一切他邦을戎狄蠻夷라輕指目ᄒᆞ고亞細亞東部에建邦ᄒᆞ야面積이歐洲보다大ᄒᆞ고人民은世界人口의三分之一을占ᄒᆞ야建國以來四千餘年에其文學歷史經典이世界最古者의其一이되니此帝國의古代史ᄅᆞᆯ讀ᄒᆞᆫ者ㅣᄂᆞᆫ其現象의蒙昧未開ᄒᆞᆷ을知悉ᄒᆞᆯ바어니와今日의支那와先秦兩漢唐宋明淸의人文程度ᄅᆞᆯ比見ᄒᆞ면其差가果然如何ᄒᆞ뇨西歐羅巴森林에羅馬의文化가尙次片趾도不着ᄒᆞᆯ時브터已爲粲然ᄒᆞᆫ文物制度ᄅᆞᆯ持有ᄒᆞᆫ國民中柏林巴里가世界文華의中心點이된者도今日에猶然히故態ᄅᆞᆯ不改치아니ᄒᆞ엿나냐支那歷史ᄂᆞᆫ決코平靜無爲ᄒᆞᆫ歷史가아니오革命이相繼ᄒᆞ며爭奪이相追ᄒᆞᄃᆡ惟獨其人文의停滯未進ᄒᆞᆷ은何故ᄒᆞ뇨支那가雖舊나年光이尙稚ᄒᆞᆫ者가아닌가傳言을據ᄒᆞ건ᄃᆡ老聃이母胎에셔八十歲後에生ᄒᆞ야頭髮이已白ᄒᆞ엿다ᄒᆞ니然則老子ᄂᆞᆫ支那國性을善히体現ᄒᆞ엿다ᄒᆞ리로다支那의人文이其歷史의已久ᄒᆞᆫ것과比見ᄒᆞ면快히發展치못ᄒᆞᆫ者가多ᄒᆞ니何故ᄒᆞ뇨非他라其國民의性質이保守ᄅᆞᆯ是好ᄒᆞ여何許의方面에든지自由發達을

不作ᄒᆞ고回顧退嬰의傾向이多ᄒᆞ니如此ᄒᆞᆫ形式은國民의將來實現ᄒᆞ려ᄂᆞᆫ想想이아니오過去의實現된法制가有ᄒᆞᆷ이로다

國民의正學이라稱ᄒᆞ야一般遵奉되ᄂᆞᆫ者ᄂᆞᆫ儒教니距今二千數百年前에孔子ᄭᅴ셔堯舜을祖述ᄒᆞ고文武ᄅᆞᆯ憲章ᄒᆞ야所謂先王의道ᄅᆞᆯ演繹ᄒᆞ야後世의典膜을作ᄒᆞᆫ者이며國家로브터個人에至ᄒᆞ기ᄭᆞ지其理想ᄒᆞᄂᆞᆫ바가唐虞三代의國家와個人이며此ᄅᆞᆯ束縛ᄒᆞᄂᆞᆫ者ᄂᆞᆫ儒教가占先ᄒᆞ나니然則支那民族의人文은都是保守的精神을由ᄒᆞᆷ이로다

儒教ᄂᆞᆫ實踐道德이오宗教ᄂᆞᆫ아니니此主義가支那思想의正統이되여國民的活動의中心이되엿ᄂᆞᆫᄃᆡ其体象은內外氣運의變遷을隨ᄒᆞ야多少變化가不無ᄒᆞ니即三代의文化ᄂᆞᆫ姬周에至ᄒᆞ야頂點에達ᄒᆞ엿스ᄂᆞ秦이統一ᄒᆞᆫ後에ᄂᆞᆫ儒書ᄅᆞᆯ焚ᄒᆞ고儒者ᄅᆞᆯ抗拒ᄒᆞ엿고世漢에入ᄒᆞ여ᄂᆞᆫ德教가不振ᄒᆞ고佛陀教의東漸ᄒᆞᄂᆞᆫ時ᄅᆞᆯ際ᄒᆞ야人心이靡然盡附ᄒᆞ엿스되儒教精神은湮滅ᄒᆞᆷ이無ᄒᆞ다가宋에入ᄒᆞ야所謂宋學派가儒佛二教의調和ᄅᆞᆯ主張ᄒᆞ더니未幾에所謂古學派가勃興ᄒᆞ미周初의儒學이捲土重來의勢로써淸國思想의眞狀을發揚ᄒᆞ엿스니故로儒教ᄂᆞᆫ其始其終에淸民族의實行이되엿더라然ᄒᆞ나民性에不適ᄒᆞᆫ教義ᄂᆞᆫ自古로一國의民心을指揮키不能ᄒᆞ나니故로儒教의勢力은根本支那民族의現世主義인거슬可想ᄒᆞ리로다

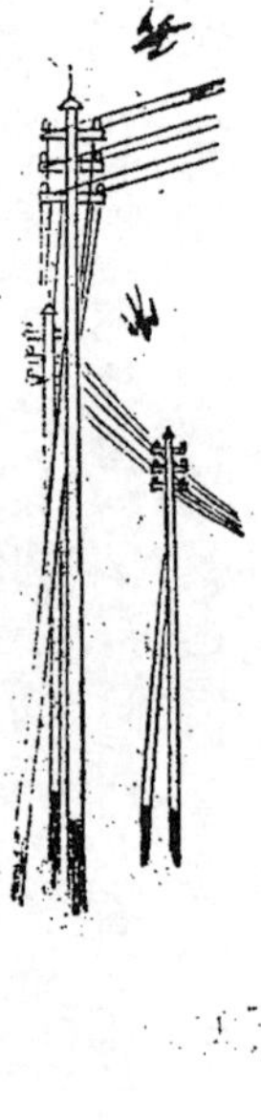

家庭教育法

金壽哲譯述

身體敎育

第二章、運 動

第一節 運動의意義

運動은身体敎育上에就ᄒᆞ야榮養의次로必要ᄒᆞᆫ者ㅣ니榮養作用의完全ᄒᆞᆷ을望ᄒᆞᆯ진ᄃᆡ亦是運動의力을不由ᄒᆞ면不可ᄒᆞ니라且運動의心理上에對ᄒᆞᆫ位置ᄅᆞᆯ考察ᄒᆞ건ᄃᆡ恒常榮養보다先在ᄒᆞᆫ듯ᄒᆞ니盖食物及飲料ᄅᆞᆯ要ᄒᆞ랴면必先飢渴의感覺이不無ᄒᆞᆯ지니此感覺은適度ᄒᆞᆫ運動을因ᄒᆞ야精神이快活ᄒᆞ여서同化作用을行ᄒᆞᆫ後에發ᄒᆞᄂᆞᆫ것이라或兒童이些少의病症이無ᄒᆞ고도食物을不要ᄒᆞᆯ時가有ᄒᆞ나니此ᄂᆞᆫ當時其原因을探求ᄒᆞ건ᄃᆡ多數ᄂᆞᆫ精神의憂鬱ᄒᆞᆷ으로從來ᄒᆞᆫ것인ᄃᆡ其不快ᄒᆞᆫ心情은運動의不足ᄒᆞᆷ으로從來ᄒᆞᆷ이特多ᄒᆞ니是ㅣ運動이榮養에必要ᄒᆞᆫ所以ㅣ라此와如하心理上에서임의運動의必要ᄅᆞᆯ認ᄒᆞᆯ時에ᄂᆞᆫ身体의發育이라ᄂᆞᆫ點으로ᄂᆞᆫ더욱一層의必要ᄅᆞᆯ見ᄒᆞᆯ지라盖幼時로붓터右手만使用ᄒᆞᆷ을慣習ᄒᆞ면其兒童은右手가特히發育되며또足을使用ᄒᆞ면腰部以下의發育이特히著ᄒᆞ나니壯人으로써見ᄒᆞᆯ지라도郵便遞夫의足의發育됨과舵手의手가强健ᄒᆞᆷ이다局部運動의結果ㅣ라此ᄂᆞᆫ一局部에偏ᄒᆞ야眞正ᄒᆞᆫ運動의目的에ᄂᆞᆫ不適ᄒᆞ다ᄒᆞᆯ지나運動의效力을證明ᄒᆞᆷ에ᄂᆞᆫ足ᄒᆞ다ᄒᆞᆯ지니此二種의必要ᄂᆞᆫ實노運動을身体敎育中에加ᄒᆞᆫ所以라ᄒᆞᆯ지로다更히進ᄒᆞ야幼兒의運動이如何ᄒᆞᆫ方法을由ᄒᆞ여야可ᄒᆞᆯ것은次節에讓ᄒᆞ노라

第二節 運動의種類及方法

幼兒의行ᄒᆞᆯ만ᄒᆞᆫ運動의種類에ᄂᆞᆫ大槪体操

步行、遊戲、乘車、手工、水浴等이有ᄒᆞ나其種類를選擇은무릇氣候를察ᄒᆞ며年齡에應케ᄒᆞᆯ지나此를全혀多數의運動에從事케ᄒᆞ야均齊ᄒᆞᆫ身体의發育을圖ᄒᆞᆷ이可ᄒᆞ니라今에此種運動에就ᄒᆞ야其方法의功能을左에述ᄒᆞ노라

第一、體操　體操라云ᄒᆞ면世人이往々히嚴格ᄒᆞ고困難ᄒᆞᆫ學科와如히思ᄒᆞ나此는甚ᄒᆞᆫ謬見이니體操의任務는實노身体의運動을營ᄒᆞᆷ에在ᄒᆞᆫ故로强히學校에서만行ᄒᆞᆯ것이아니라무릇身体의健康을保ᄒᆞ라면男女와老幼를勿論ᄒᆞ고可히行치아니치못ᄒᆞᆯ一種의運動이니라

凡體操는身体를平等히運動식혀均齊ᄒᆞᆫ發達을致ᄒᆞᆷ에在ᄒᆞ나니盖幼時로붓터此를嗜好ᄒᆞ는習慣을養成ᄒᆞᆷ에勉力ᄒᆞᆯ지라体操에는반다시棍棒、球杆、啞鈴等의器具를要

ᄒᆞᆷ은업인즉兒童으로ᄒᆞ여곰娛樂中에完全ᄒᆞᆫ運動을行케ᄒᆞᆷ이可ᄒᆞ니라

第二、步行　身体의各機關、各局部는此를使用치아니ᄒᆞᆯ時에는發達을不遂ᄒᆞ고곳止ᄒᆞᆷ은進化論의示ᄒᆞᆫ바ㅣ라此를實際에徵ᄒᆞ더라도恒常老婆나護兒者의背에負ᄒᆞᆫ바ㅣ되엿던兒童의步行은甚히遲緩ᄒᆞᆷ은果然現著ᄒᆞᆫ事實이니盖幼時에發育치못ᄒᆞᆫ部分은壯年된後에도容易히恢復치못ᄒᆞᆯ지니라만일幼兒로ᄒᆞ여곰少許라도步行을試치아닐樣이면小學校에入ᄒᆞᆯ年齡에達ᄒᆞᆯ지라도其步行이充足치못ᄒᆞᆯ지니故로幼時붓터徐々히步行을使習ᄒᆞ야練熟케ᄒᆞᆷ을要ᄒᆞᆯ지라步行의練習은兒童에게最히興味를與ᄒᆞ는者ㅣ니一步는一步로兒童의精神을鼓舞식힘으로漸進ᄒᆞ야長距離의步行을試ᄒᆞ기를努力케ᄒᆞ는者ㅣ니라

盖步行은運動의奧義ㅣ라各種의運動이다步行으로始營ᄒᆞ나니이믜步行으로由ᄒᆞ야身体全部의運動을行ᄒᆞᆷ을知ᄒᆞ면가장此에注意를加ᄒᆞ야其發達의神速ᄒᆞᆷ을計圖ᄒᆞᆯ지라兒童이三四歲에至ᄒᆞ야步行에慣熟케되면時々로郊外에散步케ᄒᆞ야自然의風景을接ᄒᆞ며新鮮ᄒᆞᆫ外氣를呼吸케ᄒᆞ며又寒暑의侵襲을抵抗케ᄒᆞᆷ을要ᄒᆞᆯ섇더러또ᄒᆞᆫ適宜簡易ᄒᆞᆫ材料로自然物에關ᄒᆞᆫ知識을啓發케ᄒᆞ면兒童은더욱興味를感ᄒᆞ야郊外에散步를嗜好ᄒᆞᆷ에至ᄒᆞᆯ지니라

第三、遊戲。

遊戲는敎育上에가장價値잇는運動法이니此를가장奬勵ᄒᆞᆯ바ㅣ니라盖小學校에서初年級兒童에게敎授ᄒᆞ는學科는다遊戲的으로愉快ᄒᆞᆫ裡에서敎育ᄒᆞᆷ과如히家庭에서도또ᄒᆞᆫ遊戲를盛히奬勵ᄒᆞ야運動의目的을達ᄒᆞ며一邊으로는知識의開發을計圖치아니치못ᄒᆞᆯ지니이믜此目的으로써遊戲를採用ᄒᆞᆷ에는또ᄒᆞᆫ其選擇上에도多大ᄒᆞᆫ注意를要ᄒᆞᆯ지니라

種類를撰擇ᄒᆞᆷ에는極히進步的으로또ᄒᆞᆫ社交的을兼ᄒᆞᆷ을第一노삼을지며遊戲는勝敗를爭ᄒᆞ는것이多ᄒᆞᆫ즉其勝負의結果로兒童의心意를刺激치아니케ᄒᆞᆷ을選擇ᄒᆞᆯ지니此目的에依ᄒᆞᆫ건ᄃᆡ多數의兒童으로組織的共同遊戲가가장宜當ᄒᆞ니此는敗ᄒᆞ나勝ᄒᆞ나多數의人에分配됨으로精神의映ᄒᆞ는感覺이弱ᄒᆞᆫ緣故ㅣ니라

遊戲는地方에依ᄒᆞ야其種類와其方法을殊異히ᄒᆞᆷ으로써此를槪論ᄒᆞ기極難일식玆에다맛遊戲의目的과種類選擇의標準을示ᄒᆞᆯ섇이오其選擇은自由에任ᄒᆞ노라

遊戲에就ᄒᆞ야更述ᄒᆞᆯ것은玩具가即是라凡

如何ᄒᆞᆫ遊戱를勿論ᄒᆞ고其遊戱에附屬ᄒᆞᆫ玩具를要ᄒᆞᄂᆞ니故로玩具의選擇에도ᄯᅩᄒᆞᆫ思考를加치아니치못ᄒᆞᆯ지니卽玩具도亦是遊戱의目的을達ᄒᆞᆷ에適合ᄒᆞᆷ을撰擇치아ᄂᆞ면不可ᄒᆞ도다然則進步的은勿論아고運動치안을時에ᄂᆞᆫ此를使用키不能ᄒᆞᆯ뜻ᄒᆞᆫ者가最宜ᄒᆞ니라

第四、乘車。 乘車ᄂᆞᆫ間接運動의一種이니或은汽車에乘ᄒᆞ며或은電車에乘ᄒᆞ며或은馬車人力車에乘ᄒᆞᄂᆞᆫ等의運動을謂ᄒᆞᆷ이라此等의運動은幼兒에게取ᄒᆞ야가장適當ᄒᆞᆫ方法이나그티ᄂᆞᆫ此를日々로遂行키不能ᄒᆞᆫ즉此에代ᄒᆞ야稍小ᄒᆞᆫ手車를造作ᄒᆞ야幼兒로ᄒᆞ여곰安載徐牽케ᄒᆞᆷ이可ᄒᆞ며又稍長ᄒᆞᆷ에至ᄒᆞ면驢馬等을用ᄒᆞᆷ이亦可ᄒᆞ니此ᄂᆞᆫ子守로ᄒᆞ여곰負養ᄒᆞᆷ보다其効가殆多ᄒᆞᄂᆞ니且一人으로ᄒᆞ여곰二三人을守養ᄒᆞᆷ을得ᄒᆞᆯ지니라

第五、手工。 手工도亦愉快의裡에運動을營ᄒᆞᄂᆞᆫ一種의方法이니元來幼兒은巧緻ᄒᆞᆫ手工을遂키不能ᄒᆞ니砂山을築ᄒᆞ며堤를造ᄒᆞ며土隅를製ᄒᆞᄂᆞᆫ等을不要ᄒᆞ고다맛可히煥得ᄒᆞᆯ만ᄒᆞᆫ바ㅣ卽紙를與ᄒᆞ야箱을造케ᄒᆞ며本片을給ᄒᆞ야家屋의模型을作爲케ᄒᆞᄂᆞᆫ等가장容易ᄒᆞᆫ것을行케ᄒᆞ야小許間이라도不倦ᄒᆞᆯ樣으로引導ᄒᆞᆯ지니라

第六、水浴。 水浴은身体의發育과不慮의災害를避ᄒᆞᄂᆞᆫ二種의利ㅣ有ᄒᆞ나危險이此에伴ᄒᆞᆷ으로써世人이往々히此를排斥ᄒᆞᄂᆞ니此ᄂᆞᆫ小過를見ᄒᆞ야大效를滅ᄒᆞᄂᆞᆫ者라云ᄒᆞᆯ지로다　水浴은呼吸器를强健케ᄒᆞ며血液의循環을善良케ᄒᆞ야四肢의發育을均齊케ᄒᆞᄂᆞᆫ等益點을枚擧키無暇ᄒᆞ도다故로兒童이能히步行ᄒᆞᆷ에至ᄒᆞ면반다시嚴密ᄒᆞᆫ看

護下에此를行케ᄒᆞᆯ자니라故로夏時에在ᄒᆞ야ᄂᆞᆫ特히適當의時間을定ᄒᆞ야水浴케ᄒᆞ야써皮膚를强壯케ᄒᆞ며寒冒의侵擊을防ᄒᆞ며游泳에熟練케ᄒᆞ야不慮의災禍를免ᄒᆞᆯ預備를要ᄒᆞᆯ지니라

第三節 運動의原則

第一、運動은淸潔ᄒᆞᆫ空氣中에서行ᄒᆞᆯ것이니不潔ᄒᆞᆫ空氣中或은室內에在ᄒᆞ야行ᄒᆞᄂᆞᆫ運動은反히害惡을招ᄒᆞᄂᆞ니라

第二、運動의種類ᄂᆞᆫ年齡에由ᄒᆞ야選擇ᄒᆞᆯ것이니初生兒에在ᄒᆞ야ᄂᆞᆫ手車를乘케ᄒᆞᆷ과如ᄒᆞᆫ靜平ᄒᆞᆫ運動을行케ᄒᆞ며漸長ᄒᆞᆷ에及ᄒᆞ야各種의運動을混合ᄒᆞ야行ᄒᆞᆯ지니라

第三、運動에ᄂᆞᆫ興味가有케ᄒᆞᆯ지니嚴格ᄒᆞᆫ規律下에運動케ᄒᆞᆯ時에ᄂᆞᆫ倦厭의情을發ᄒᆞ야運動의目的을達키不能ᄒᆞᄂᆞ니故로恒常各種의運動을混用變化ᄒᆞ야興味가津々ᄒᆞ도록兒童으로ᄒᆞ야喜悅從事케ᄒᆞᆯ지니라

第四、運動은適當ᄒᆞᆫ것을取ᄒᆞᆯ지니兒童의身体發育의程度를考察ᄒᆞ야適當의種類를選擇ᄒᆞᆷ이可ᄒᆞ니라故로身体의疲勞ᄒᆞ기ᄭᆞ지運動케ᄒᆞᆷ은도리혀害가되나니라

第五、運動을行케ᄒᆞᆷ에ᄂᆞᆫ大人이반다시指導치아니치못ᄒᆞᆯ지니兒童은아직運動의方法을發見키不能ᄒᆞᆷ으로써長者의指導를要ᄒᆞᆷ이多ᄒᆞ도다故로父母ᄂᆞᆫ恒常運動의模範을指示ᄒᆞ야其方法을敎授ᄒᆞᆯ지니라

歷史譚 第十八回

크롬웰傳(前號續) 崇古生

此時크롬웰은年已四十이라身体의勢力이益々盛壯ᄒᆞ야何處던지其理想을到達코져

ᄒᆞ는思想이鐵石과如ᄒᆞ미如干ᄒᆞᆫ失敗를遇ᄒᆞᆯ지라도少許도氣槩를挫折ᄒᆞᆷ이無ᄒᆞ더라然ᄒᆞ나國會는찰스를反抗ᄒᆞ랴는勇氣가無ᄒᆞ며急激黨의首領함은已爲病死ᄒᆞ고勇敢ᄒᆞᆫ한프뎬은流彈에中沒ᄒᆞ니其餘포ㅣ트노산헨린드、에섹스伯輩는依違逡巡ᄒᆞ야確固ᄒᆞᆫ定見이無ᄒᆞ미國會軍이不振太甚ᄒᆞ는지라크롬웰의鐵騎만無ᄒᆞ엿드면到底히王軍과對峙키未能케되엿는디찰스王은非常ᄒᆞᆫ熱心과非常ᄒᆞᆫ奮勵로軍備를整修ᄒᆞ미各州同盟軍이接踵蹂躪되야四方求助의聲이連出ᄒᆞ야國會를震動ᄒᆞ더라然ᄒᆞ나國會는猶然未決ᄒᆞ니至是ᄒᆞ야國民이漸次國會를依憑치못ᄒᆞᆯ줄노知得ᄒᆞ고王의專制政治를欲脫ᄒᆞ미自然一人의首領을廣求ᄒᆞᆷ에至ᄒᆞᆫ지라嗚呼라彼等의渴望ᄒᆞ는首領은果是如何ᄒᆞᆫ人物이뇨크롬웰以外에는他人이無ᄒᆞᆯ디히미크롬웰에게對ᄒᆞᆫ輿望이國會의信憑되지못ᄒᆞᆷ을知과如히人民의게는反是勃興ᄒᆞ더라當時에크롬웰은已爲링코룬에久劄ᄒᆞ야援兵을頻請ᄒᆞ되依違未決ᄒᆞ든國會도八月八日에一萬兵을更募ᄒᆞ야맨뒤스타ㅣ伯으로大將을拜ᄒᆞ고크롬웰노副將을拜ᄒᆞ야뉴왁을攻擊코저ᄒᆞᆯ식十一月十一日에敵兵三千餘騎를윙스쎄地에相遇ᄒᆞ야一大激戰舞臺幕을半空에高開ᄒᆞ니長途에久勞ᄒᆞᆫ크롬웰兵이一度敵軍을及見ᄒᆞ고俄然히勇氣를倍加ᄒᆞ야直時敵軍의中堅을衝突ᄒᆞ야三十分時間에敵軍을粉碎ᄒᆞ니此役에크롬웰의名勇이一國에震動ᄒᆞᆫ지라翌年一千六百四十四年에至ᄒᆞ야大將맨뒤스타ㅣ伯이윙스피氏를代ᄒᆞ야東方同盟軍의總督이되미國會軍의全權이크롬웰의게歸ᄒᆞᆫ는지라크롬웰이此機를利用ᄒᆞ야王軍과勝敗를擧

決코저ᄒᆞᆯ시 스코틀닌드淸敎兵二萬餘人을 會遇ᄒᆞ야兩軍을一處에合ᄒᆞ니國會軍의氣焰이漲天ᄒᆞᆯᄲᅮᆫ더러加之에크롬웰、페파ㅣ푹、레ㅣ풀諸將이맨틔스터ㅣ伯指揮下에陣勢를整頓ᄒᆞ고王軍의根據地를向往ᄒᆞ니王軍도戰備를長久히修整ᄒᆞᆫ所以로其勢가亦是頗壯ᄒᆞ더라七月二日에兩陣을욕ㅣ地方에相對ᄒᆞ고從此로有名ᄒᆞᆫ마스톤大戰을開始ᄒᆞ니當時兩軍의氣勢로互相衝突ᄒᆞ야死傷이太多ᄒᆞ나國會軍이得勝ᄒᆞ엿더라

於是에東北諸州가國會軍에歸屬ᄒᆞ니크롬웰의威力이天下에震動ᄒᆞ더라國會가國會軍을暫時倫敦에引返ᄒᆞ엿더니此時브터크롬웰과總督맨틔스터間에不和의釁端이發生ᄒᆞ니此ᄂᆞᆫ純然ᄒᆞᆫ貴族과平民의衝突이라

맨틔스타ᄂᆞᆫ一度自由權을喚出ᄒᆞᆫ以來로王의專制를排斥ᄒᆞ엿스나逡遁五年間에其害가反大ᄒᆞ다ᄒᆞ야王의專制를寧受를ᄒᆞᆷ이爲可ᄒᆞᆷ을主張ᄒᆞ고크롬웰의勢力이日日盛焰ᄒᆞᆷ을忌憚ᄒᆞ야中途에別個條件도不附ᄒᆞ고찰쓰王과和親을固願ᄒᆞ니熱誠兒크롬웰이默忍을豈肯ᄒᆞ라卽時私交를放捨ᄒᆞ고맨틔스타伯이마스톤戰의不美ᄒᆞᆫ行動을國會에提出ᄒᆞ니其言에曰余ᄂᆞᆫ何許의理由를不拘ᄒᆞ고맨틔스伯을攻擊ᄒᆞᆷ이아니오마스톤戰에伯이無責任無熱誠ᄒᆞᆫ行動을發見ᄒᆞ엿슴으로余ᄂᆞᆫ默視키未堪ᄒᆞ야伯의反省을要求ᄒᆞ엿더니傳聞을據ᄒᆞ건ᄃᆡ伯이國會事業을放棄ᄒᆞ고王과和親을請願ᄒᆞᆫ다ᄒᆞ니伯이何故를因ᄒᆞ야如此ᄒᆞᆫ行動을始擧ᄒᆞ엿ᄂᆞᆫ지余輩ㅣ確知ᄒᆞᆯ바가아니나ᄒᆞ니此等言으로크롬웰과맨틔스타間에情交를一破ᄒᆞᆫ지라伯이大怒ᄒᆞ야卽席에크롬웰의專斷進退를彈劾ᄒᆞ며下將이되여上官의命令을不服ᄒᆞᆷ이

罪責됨을攻擊ᄒᆞ고相當ᄒᆞᆫ處罰을要求ᄒᆞ니貴族과平民이兩派에自分ᄒᆞ야甲贊乙駁으騷擾가非常ᄒᆞ더라로

此次크롬웰이政治家가된最初의議論으로十二月廿九日國會에서弄辯ᄒᆞᆫ者니本是語訥ᄒᆞᆫ口舌로條理가紛亂ᄒᆞ고音調가荒蕪ᄒᆞ야演說로ᄂᆞᆫ少許도可取ᄒᆞᆯ바가無ᄒᆞᄂᆞ蕪雜ᄒᆞᆫ中에도無限ᄒᆞᆫ熱情과非常ᄒᆞᆫ誠心이現著ᄒᆞ야國會議員을一々히默然欲聽케ᄒᆞ니此次演說로敵黨中王黨에去ᄒᆞᄂᆞᆫ者가無非返附ᄒᆞᄂᆞᆫ지라크롬웰黨이多大數로成功을告ᄒᆞ미맨틔스타와엣섹스等이罷職을當ᄒᆞ고펠프악스가總督을被任되더라

펠프악스ᄂᆞᆫ本來크롬웰의心腹之友니其主義思想이少許도크롬웰과不異ᄒᆞᆯ뿐더러上帝를信仰ᄒᆞᄂᆞᆫ信力이亦是同一ᄒᆞ야何處던지王朝의專制를撲滅ᄒᆞ고自由人權의義旗를高擧코져ᄒᆞ니總督의名義ᄂᆞᆫ彼에在ᄒᆞᄂᆞ其實權은크롬웰의게在ᄒᆞ야勇敢ᄒᆞᆫ鐵騎가國會軍의中堅이되엿더라

杉樹及各種果木移植의注意

編輯人

杉樹植栽法에對ᄒᆞ야ᄂᆞᆫ本報第十三號에大畧을記載ᄒᆞ엿거니와昨年秋로브터今年春에至ᄒᆞ기ᄭᆞ지其間에內地有志人士間에時務의切迫을覺破ᄒᆞ신僉君子가日本杉樹를內地에培養키爲ᄒᆞ야屢次本會에周旋을請求ᄒᆞ니吾輩ᄂᆞᆫ同人士의게滿腔의同情을表ᄒᆞᄂᆞᆫ바어니와移植홈에ᄂᆞᆫ日本氣候가我國氣候에多少相異ᄒᆞ고相距가頗遠ᄒᆞ미此地에서內國에運去ᄒᆞ기에時間이自然延久ᄒᆞ

며所要의運金이依例過高ᄒᆞ니此ᄂᆞᆫ不得已ᄒᆞᆫ事情이로되特히注意ᄒᆯ所以ᄂᆞᆫ不少의金貨를費用ᄒᆞ고非常ᄒᆞᆫ熱心을向注ᄒᆞ야內地ᄭᆞ지運搬을已過ᄒᆞᆫ後에도完美ᄒᆞᆫ結果를未收ᄒᆞ고失敗를竟招ᄒᆞᄂᆞ니此ᄂᆞᆫ非他라移植의方法을未知ᄒᆞᄂᆞᆫ所以로다大抵此地에셔杉樹를貿買ᄒᆯ時에其即時로發送ᄒᆷ이아니오到底히數萬株數千株를苗田에셔拔萃ᄒᆞ야相當ᄒᆞᆫ東裝을經由ᄒᆞ고본즉自然三四日의遷延ᄒᆷ은通例이오厥後에야運輸會社와約定을始經ᄒᆞ고發送ᄒᆞ나니此運輸會社ᄂᆞᆫ各處通行의便宜를取ᄒᆞ야各鐵道會社及商船會社와相約ᄒᆞ고何處던지傳達ᄒᆞᄂᆞᆫ바이미何處에셔何處ᄭᆞ지ᄂᆞᆫ鐵路에發付ᄒᆞ고何處에셔何處ᄭᆞ지ᄂᆞᆫ商船에發付ᄒᆷ으로其間에自然히時間이遷延ᄒᆞ나니時間이遷延ᄒᆞ면氣候의不適을因ᄒᆞ야苗木이漸次乾枯ᄒᆯ터히오節期를擇ᄒᆞ자면春節에樹木의汁液이流通되기前即淸明節前에移植ᄒᆷ이最上必要ᄒᆯ지라何者오我國氣候가日本보다春晩秋早가依例인즉秋에ᄂᆞᆫ少許라도遲滯가有ᄒᆞ면寒氣가漸隆ᄒᆞ야土地가漸凍ᄒᆞ미着根이不完ᄒᆞ고夏節에ᄂᆞᆫ日陽이酷烈ᄒᆞ야乾枯가容易ᄒᆞᆫ즉其中에春節이最適ᄒᆯ터히나春節도亦是少許의遲晩이有ᄒᆞ면苗梢(苗木의新苗)가過長無力ᄒᆞ야即地枯死ᄒᆯ지니故로解氷된後에即時移植ᄒᆷ이上策일지라然ᄒᆞ나上陳과如히運搬ᄒᆷ에日數가遲晩ᄒᆞ면苗木이自然困悴를感ᄒᆞ야半枯의形을作ᄒᆞ리니만일到着된後即時植出地로分植ᄒᆞ면一々히枯死를未免ᄒᆯ터히오如或生成ᄒᆞᄂᆞᆫ者도發達이不完ᄒᆞ리니故로左에分植法의大畧을列擧ᄒᆞ노라

苗木이到着ᄒᆞ거든卽地에團束ᄒᆞᆫ苗包를

披拆ᄒᆞ야山麓下(北向處)陰濕地를揀擇ᄒᆞ야苗根이適當히稍沒될마큼地를一字形으로堀出ᄒᆞ고其中에苗木을橫臥入埋(苗梢ᄂᆞᆫ不埋ᄒᆞ도록注意ᄒᆞᆯ것)ᄒᆞ되陰濕地ᄂᆞᆫ土精이通常不良ᄒᆞᆫ故로其堀出ᄒᆞᆫ土를入用ᄒᆞ면着根의不美ᄒᆞᆯ憂慮가有ᄒᆞᆯ지미此를用치말고他處의潤澤(브드ᄅᆞᆫ土)ᄒᆞᆫ土를堀來ᄒᆞ야此로써塡埋ᄒᆞ면多日間土味를未嘗ᄒᆞᆫ苗木이於此에生氣가漸有ᄒᆞ리니生氣의漸有를看察ᄒᆞ야其後에ᄂᆞᆫ植林地에分植ᄒᆞ되分植ᄒᆞᆯ時에도亦是潤濕ᄒᆞ고颪向을直受치아니ᄒᆞᄂᆞᆫ處所를擇ᄒᆞ야地를堀出ᄒᆞ되穴은大槩深堀ᄒᆞᆫ後에亦是他處의潤澤ᄒᆞᆫ土를堀來ᄒᆞ야此를穴底에先入ᄒᆞᆫ後에其上에苗木을立ᄒᆞ고潤澤ᄒᆞᆫ土를塡充ᄒᆞ야堅固히踏壓ᄒᆞ라如或不然ᄒᆞ면苗木이風惱를受ᄒᆞ야着根이不完ᄒᆞ나니故로失敗를竟取ᄒᆞᆯ지라然則苗木의生氣가不完ᄒᆞ고時候가不適ᄒᆞ며土理가不合ᄒᆞᄂᆞᆫ弊端이無ᄒᆞᆫ以上에此法을用ᄒᆞ면大体上苗木의殖長이完美ᄒᆞ리라ᄒᆞ노라

以上은苗木의移植ᄒᆞᄂᆞᆫ方法을暫述ᄒᆞᆫ者이니生踈不知ᄒᆞᄂᆞᆫ人士의게ᄂᆞᆫ如或有補일듯ᄒᆞ되此가決코長全完美의策은아니니我殖産界의有意ᄒᆞᆫ人士ᄂᆞᆫ將次何如ᄒᆞᆫ方畧을講究ᄒᆞ여永久遠美의事業을全成發達ᄒᆞ려ᄂᆞᆫ가僉君子ㅣᄂᆞᆫ籌策이必有ᄒᆞᆯ터히나余ᄂᆞᆫ左에一言으로獻陳코져ᄒᆞ노니大凡我國時務를論ᄒᆞᄂᆞᆫ者ㅣ齊曰敎育敎育ᄒᆞ되特히我實業界를維持發展ᄒᆞ자면土地ᄂᆞᆫ我國陳荒地가多大ᄒᆞ니外國人의게見奪을不遇ᄒᆞᄂᆞᆫ以上에ᄂᆞᆫ固有의大實物이永々堅在ᄒᆞᆯ터히즉別般의擧措를不要ᄒᆞ겟고財政上에至ᄒᆞ여

는一二日에巨額을劇聚키難ᄒᆞ며如或一二日에巨款을得ᄒᆞᆯ지라도此ᄂᆞᆫ確固ᄒᆞᆫ團体의所營이아니면不可ᄒᆞᆯ지니團体의所營이면尤美의事實이나少數에不過ᄒᆞᆯ지니故로京城과地方을勿論ᄒᆞ고殖産界의有志ᄒᆞᆫ資本家가相合ᄒᆞ여資本을合聚ᄒᆞ고林業師範家를養成ᄒᆞᆷ이可ᄒᆞᆯ더힌ᄃᆡ此人을養成ᄒᆞᆷ에ᄂᆞᆫ青年中에農業의經驗이贍有ᄒᆞᆫ人으로志願者를選擇ᄒᆞ야日本에留學을命ᄒᆞ되特히注意ᄒᆞᆯ바를左에列擧ᄒᆞ건ᄃᆡ

一、修業期限은滿二年으로假定ᄒᆞᆯ事

一、留學中其人의一般行動은日本에在ᄒᆞᆫ本國人團体의指導를服受케ᄒᆞᆯ事、此ᄂᆞᆫ不得已多少說明을要ᄒᆞᆯ지니大抵本國셔日本에留學次渡來ᄒᆞᄂᆞᆫ同胞가勿論志堅行篤ᄒᆞᆫ人士ᄂᆞᆫ可論ᄒᆞᆯ바가無ᄒᆞ되如或不然ᄒᆞ야一時歆羡的志望으로確定ᄒᆞᆫ目的을未有ᄒᆞᆫ者ㅣᄂᆞᆫ初來ᄒᆞᆯ時에ᄂᆞᆫ同志間의引導를甘應ᄒᆞ나一二朔을經過ᄒᆞ면先進의指導를冷笑ᄒᆞ고文明天地에自由說을爭唱ᄒᆞ야縱心所爲로畢也不美ᄒᆞᆫ結果를作ᄒᆞ고甚至於學業上에도今日入學에明日退學을尋常作爲ᄒᆞ야貴重ᄒᆞᆫ時間을徒然히送盡ᄒᆞ며如或不良ᄒᆞᆫ同類와相從이되면數千里外國에留學ᄒᆞᄂᆞᆫ資格을地下에落下ᄒᆞ야學資金을不良ᄒᆞᆫ行爲上에用盡ᄒᆞ고疾病을假托ᄒᆞ고父母의게學資의增送을要求ᄒᆞᄂᆞᆫ等不良의事實이重々ᄒᆞ나니故로上陳과如히日本에在ᄒᆞᆫ我國人團体에付托ᄒᆞ야卒業時期ᄭᆞ지一切其行動을監督케ᄒᆞᆷ이上策일지라

一、束裝費及學資金、束裝費ᄂᆞᆫ京城에셔日本東京ᄭᆞ지其間에需用되ᄂᆞᆫ金額은（車費兼飮食費）二拾圓이면足ᄒᆞ겟고其他

는東京에來ᄒᆞᆫ後準備品（洋服等屬을包含ᄒᆞᆷ）所用金으로三十五圓을要ᄒᆞ겟고諸般準備가竣畢ᄒᆞᆫ後에는學資로每朔二十圓式可量ᄒᆞ면窘絀이無ᄒᆞᆯ터ᅵ나亦是用人의節儉與否에關ᄒᆞᆫ者ᅵ니故로用人의注意를要ᄒᆞ고二十圓式預算ᄒᆞᆯ事

一、留學志願者ᅵ는本國에在ᄒᆞᆯ時에日本語를十分研究ᄒᆞᆯ事、此에도亦是多少說明ᄒᆞᆯ必要가有ᄒᆞ니非他라近來日本留學을志願渡來ᄒᆞ는同胞中에本國에서日本語의研究를不有ᄒᆞᆫ이가不贍ᄒᆞᆫ學資로限二年間支用을豫算ᄒᆞ고渡來ᄒᆞ야先一年間은語學을研究ᄒᆞ기에貴重ᄒᆞᆫ時間과經費를浪盡ᄒᆞ고躊躕數個月에學費의困難을因ᄒᆞ야何許事業이던지着手를未及ᄒᆞ고新橋汽笛에歸國調를唱了ᄒᆞ는事가重々ᄒᆞ나니故로本國셔日本語를十分研究ᄒᆞᆷ이必要ᄒᆞᆯ事

以上과如히林業實習生을養成ᄒᆞᆫ後에는內地에招還ᄒᆞ야上項에己陳ᄒᆞᆫ바團体（學資를支給ᄒᆞ든團体）의指揮를隨ᄒᆞ야獻身케ᄒᆞ되林業試驗塲를先設ᄒᆞ야實施를漸行ᄒᆞ고一邊으로林業講習所를設置ᄒᆞ고隣近地方人民으로林業을講習ᄒᆞ며諸般實行을模得케ᄒᆞ면自初로林業의生利가遲緩ᄒᆞᆷ을非唱ᄒᆞ든者도觀念이漸近ᄒᆞ야一地方이면其地方의林業發展이自然成速ᄒᆞ리니各地方에如許ᄒᆞᆫ實習模範家가各有ᄒᆞ면不過幾個年에全國이皆是完美ᄒᆞᆫ效果를收ᄒᆞᆯ지라如此히不煩不雜ᄒᆞ고도巨大ᄒᆞᆫ利益을贏得ᄒᆞᆯ事業이何에更有ᄒᆞ리오만은近日我國民社會에恠異ᄒᆞᆫ風潮가流盪ᄒᆞ야學問이면玄微ᄒᆞᆫ哲理를先求ᄒᆞ며太濶ᄒᆞᆫ政治法律을只取ᄒᆞ고實業이면高尙ᄒᆞᆫ安身的事業을但望ᄒᆞ

야現今에ᄂᆞᆫ笑微ᄒᆞᆫ經營이라도將來에ᄂᆞᆫ大成功을得ᄒᆞᆯ者ᄂᆞᆫ置捨不顧ᄒᆞ나니此가我國將來發展의非常ᄒᆞᆫ病源이아닌가僉君子도泰西近世史를披閱ᄒᆞᆯ時에各國의文明發展이些微ᄒᆞᆫ事業에서基因됨을未見ᄒᆞ엿ᄂᆞᆫ가胡爲乎此等思潮가橫流ᄒᆞᄂᆞᆫ지ㅣ余玆에ᄂᆞᆫ長舌을不掉ᄒᆞ고但只諸君子의採納을悃望ᄒᆞ노라

學園

唾痰의衛生

金英哉

大抵痰은咽喉가不良ᄒᆞᆯ時나氣管或은氣管支、又ᄂᆞᆫ肺에何許病痛이有ᄒᆞᆯ時에出ᄒᆞᄂᆞᆫ粘液即半流動体物인ᄃᆡ鼻가不良ᄒᆞᆯ時에도亦是此物이出ᄒᆞ나니此ᄂᆞᆫ鼻汁이라云ᄒᆞ되亦是痰과同樣으로思量ᄒᆞ야注意ᄒᆞᆷ이可ᄒᆞᆯ지로다痰이不潔物인거슨本是知悉ᄒᆞᄂᆞᆫ바어니와痰이但只不潔物뿐아니라極히危險ᄒᆞᆫ것을左에暫陳ᄒᆞ노라

諸君이여病中에此人의게서彼人의게傳染되ᄂᆞᆫ病이有ᄒᆞ니可令黑死病、虎列刺病도亦是一種傳染病이오一人이被患ᄒᆞ면其傍에在ᄒᆞᆫ看病人及他人의게도傳染되ᄂᆞᆫ病이有ᄒᆞ나니己往我國人의迷信으로此等病의流行을當ᄒᆞ면其病의源因은何許暴惡ᄒᆞᆫ惡鬼가有ᄒᆞ야此人의셔彼人을侵入ᄒᆞ고此家에서彼家에移轉ᄒᆞᄂᆞᆫ줄노誤解ᄒᆞ고或은惡鬼를善待ᄒᆞ면無事ᄒᆞᆯ줄노思ᄒᆞ야萬般珍羞를盛備致祭ᄒᆞᄂᆞᆫ者도有ᄒᆞ며何許家庭에서ᄂᆞᆫ盲者巫卜을祗迎ᄒᆞ여經文呪文을勸誦ᄒᆞ고或者ᄂᆞᆫ幾十里許外地로逃難ᄒᆞ야其生을保救ᄒᆞᄂᆞᆫ事가有ᄒᆞ엿ᄉᆞ니勿論己往暗昧時

代에所爲가皆是噴飯이로ᄃᆡ特히他處로逃難ᄒᆞᄂᆞᆫ者가不知中에도横數를得ᄒᆞ엿다ᄒᆞ려니와大抵此等傳染病은前陳과如히鬼魔의所爲가아니오吾人眼目에ᄂᆞᆫ形色도不見ᄒᆞᄂᆞᆫ黴菌이라ᄂᆞᆫ小虫이有ᄒᆞ야二三千匹을列置ᄒᆞ여도其長이一分에僅達ᄒᆞᄂᆞᆫ菌虫이源因이되여病을成케ᄒᆞᄂᆞᆫᄃᆡ此菌이有ᄒᆞᆫ病人의게셔其黴菌이他人에게傳去ᄒᆞ면其人도亦是同樣의病을未免ᄒᆞ나니如或傳染이無ᄒᆞᆫ病도有ᄒᆞ거니와所謂痰이黴菌을含存ᄒᆞᆷ으로痰이不潔物ᄲᅮᆫ아니라實노危險ᄒᆞᆫ것을可知ᄒᆞᆯ지라然ᄒᆞ나痰이何時든지黴菌을持有ᄒᆞᆷ이아닌즉別노一般恐畏ᄒᆞᆯ바ᄂᆞᆫ아니로ᄃᆡ痰에對ᄒᆞ여ᄂᆞᆫ相當ᄒᆞᆫ注意가無ᄒᆞ면不可ᄒᆞ리로다然則痰으로브터傳染되ᄂᆞᆫ諸病을一々히此에陳述코져ᄒᆞ되到底히盡述키ᄂᆞᆫ難ᄒᆞᆯ식二三條를說明ᄒᆞ노라

第一、吾人의通常普識ᄒᆞᄂᆞᆫ肺病인ᄃᆡ醫者가此를名ᄒᆞ야肺結核라稱ᄒᆞ니熱도有ᄒᆞ고咳嗽도出ᄒᆞ며痰도生ᄒᆞ야漸次身体가成瘦ᄒᆞ고顔色이靑白ᄒᆞ나니其流行의源因은黴菌으로從生ᄒᆞᄂᆞᆫ바오

第二、醫家가云ᄒᆞᄂᆞᆫ바質扶的里亞라稱ᄒᆞᄂᆞᆫ病인ᄃᆡ亦是傳染病이니此ᄂᆞᆫ咽喉의病患이나亦是黴菌이有ᄒᆞᆫ者니此病에罹ᄒᆞ면咽喉가痛極ᄒᆞ야飮食에不安ᄒᆞ고咳도出ᄒᆞ며熱과痰이出ᄒᆞ야口內에津液이險呑ᄒᆞᆫ中에黴菌이包存ᄒᆞᆫ者니라

第三、黑死病이니亦是傳染ᄒᆞᄂᆞᆫ病이나肺黑死病이라云ᄒᆞ여肺內에黴菌이包存ᄒᆞᆫ者도有ᄒᆞ고又ᄂᆞᆫ色々으로痰에黴菌이出ᄒᆞᄂᆞᆫ病도有ᄒᆞ고又ᄂᆞᆫ鼻汁에셔出ᄒᆞᄂᆞᆫ者도有ᄒᆞ니如此ᄒᆞᆫ痰은往々히惡疾의媒介가되ᄂᆞᆫ故로其危險을十分注意ᄒᆞᆯ바로다

諸君이여病患에罹ᄒᆞ거든即時醫家를招請ᄒᆞ여診斷을受ᄒᆞᆷ은常事거니와如或痰이出ᄒᆞ거든上陳과如히極惡ᄒᆞᆫ病이아닐지라도痰에ᄂᆞᆫ相當ᄒᆞᆫ注意點을持有ᄒᆞ라他人의病을見ᄒᆞᆯ時에恐懼ᄒᆞᆷ과如히自己의病도他人의게傳染되지안도록注意ᄒᆞ야痰은特別히唾壺에吐ᄒᆞ고決코房隅庭下에ᄂᆞᆫ吐出ᄒᆞᆷ이無ᄒᆞᆯ지어다

化學初步

朴廷義

酸素　炭素　化合物

(一)酸化炭素 CO　(二)無水炭酸又ᄂᆞᆫ炭酸瓦斯 CO_2 (一)酸化炭素ᄂᆞᆫ無色無味無臭ᄒᆞ고甚히毒ᄒᆞᆫ氣体라無水炭酸을赤熱ᄒᆞᆫ木炭에通ᄒᆞ면此瓦斯를生ᄒᆞ고또酸化炭素二容과酸素一容을混合ᄒᆞ야電氣의火花를通ᄒᆞ면化合ᄒᆞ야二容의無水炭酸을生ᄒᆞᄂᆞ니라

(二)無水炭酸은無色無臭ᄒᆞ고弱ᄒᆞᆫ酸味를有ᄒᆞᄂᆞᆫ瓦斯인데其所在ᄂᆞᆫ空氣中과礦泉中에도有ᄒᆞ고往々古井及石炭坑中에도存在ᄒᆞ며또炭素를含有ᄒᆞᆫ物質의燃燒ᄒᆞᆯ時와動物의呼吸ᄒᆞᆯ時에生ᄒᆞᄂᆞᆫ고로蠟燭薪炭等을燒ᄒᆞ던지或은金屬酸化物을炭素와갓치熱ᄒᆞ면此를製得ᄒᆞ나다못實驗室에셔簡便이製ᄒᆞᄂᆞᆫ法은酸으로써炭酸塩을處理ᄒᆞᄂᆞᆫ데有ᄒᆞ도다

炭素와水素의化合物

炭素ᄂᆞᆫ水素와化合ᄒᆞ야炭化水素라稱ᄒᆞᄂᆞᆫ數多化合物을生ᄒᆞᄂᆞᆫ데石腦油中과밋動植物中에存在ᄒᆞ고또動植物노由來ᄒᆞᆫ物体의化成으로부터生ᄒᆞᄂᆞᆫ거시니此等炭化水素가有機化合物의大部分을占ᄒᆞᆫ故로此를講究ᄒᆞᄂᆞᆫ學文은有機化學인줄을可知ᄒᆞᆯ지라,

地中에셔產出ᄒᆞᄂᆞᆫ石腦油ᄂᆞᆫ此等炭化水素로由ᄒᆞ야된混合物이라한번地上에出ᄒᆞ면壓力을減ᄒᆞᄂᆞᆫ고로瓦斯의分量을放散ᄒᆞᆫ다ᄒᆞ나ᄒᆞᆼ상多量의揮發性炭化水素를含有ᄒᆞ야空氣와混合될時에ᄂᆞᆫ爆發ᄒᆞᄂᆞᆫ고로使用치못ᄒᆞ고此瓦斯를分析法으로除去ᄒᆞ면(一)揮發油(二)燈油(三)機械油等의三種을餾出ᄒᆞ나니라

炭化水素中에가장簡單ᄒᆞᆫ거슨(一)沼氣CH_4(二)에디ㅣ렌C_2H_4(三)아세티ㅣ렌C_2H_2等이라

(一)沼氣ᄂᆞᆫ石油產地와밋石炭坑에셔地中으로發生ᄒᆞᄂᆞᆫ氣体中에混在ᄒᆞ고沼澤等에셔草木腐敗ᄒᆞᆯ時에도生ᄒᆞᄂᆞᆫ無色無味無臭ᄒᆞᆫ氣体인고로池中에器를倒置ᄒᆞ고棒으로器의下部卽泥中을攪拌ᄒᆞ면可燃性의氣体를得하며此瓦斯에點火ᄒᆞ면淡靑色의火焰을發ᄒᆞᄂᆞᆫ데其時에水와無水炭酸을生ᄒᆞ며또空氣를混合ᄒᆞ야點火ᄒᆞ면爆發ᄒᆞᄂᆞᆫ고로石炭坑에서此原因으로往々爆發ᄒᆞᆯ時가有ᄒᆞ야大端히危險하니라

(二)에디ㅣ렌은無色ᄒᆞ고特種의臭氣가有ᄒᆞᆫ瓦斯인데點火ᄒᆞ면光輝ᄒᆞᆫ火焰을發ᄒᆞᄂᆞᆫ고로此가石炭瓦斯中에小量으로混在ᄒᆞ야其火光을더옥발케ᄒᆞ며此에同容의鹽素를混ᄒᆞ면互相化合ᄒᆞ야油狀의液体를生ᄒᆞᄂᆞᆫ特性이有ᄒᆞᆫ고로一名은生油氣라ᄒᆞ며其製法은一百七十度以上에强熱ᄒᆞᆫ硫酸中에酒精蒸氣를通ᄒᆞ면酸素及水素의一部分은水가되여抽出ᄒᆞ고次第에黑色液体中으로此瓦斯를發生ᄒᆞ나니라

(三)아세티ㅣ렌은炭化갈시움에水를加ᄒᆞ면生ᄒᆞᄂᆞᆫ無色有臭ᄒᆞᆫ瓦斯니點火ᄒᆞ면有光ᄒᆞᆫ火焰을發ᄒᆞ나니라

硝酸　NHO_3

硝酸은色이無ᄒᆞ고甚히强ᄒᆞᆫ酸化力을有ᄒᆞ야日常空氣中에서發烟ᄒᆞᄂᆞᆫ液体라此液을攝氏八十五度ᄭᅡ지熱ᄒᆞ면氣体가되고零下七十五度ᄭᅡ지冷ᄒᆞ면固体가되ᄂᆞᆫ거신데此液에白色毛織을浸入ᄒᆞ면黃色으로變ᄒᆞ고皮膚에着ᄒᆞ면黃色의汚點을生ᄒᆞ며諸礦物과밋金屬(白金과黃金以外)도此液体中에投入ᄒᆞ면溶解되ᄂᆞᆫ데其溶液에서最初에投入ᄒᆞ엿던金屬或은礦物을다시取ᄒᆞᆯ슈잇나니此亦物質不滅ᄒᆞᄂᆞᆫ理라

硝酸製法及用途

硫酸(H_2SO_4)에硝酸加里(KNO_3)或은硝酸曹達($NaNO_3$)을加ᄒᆞ야熱ᄒᆞ면氣体를生ᄒᆞᄂᆞᆫ데此氣体를冷ᄒᆞ게ᄒᆞ면液体의硝酸을生ᄒᆞ나니라

硝酸은化學研究ᄒᆞᄂᆞᆫ데와밋各種工業上에가장有要ᄒᆞᆫ物인데其大略은(一)火藥(二)爆發藥(三)染物(四)硫酸、硝酸鹽等製造에供要ᄒᆞ나니라

硝酸中에白綿을浸入ᄒᆞ엿다가取出ᄒᆞ면所謂火綿이라ᄂᆞᆫ거시되ᄂᆞᆫ데外視에ᄂᆞᆫ無異白綿이나火綿에點火ᄒᆞ면無烟ᄒᆞᆫ火焰을生ᄒᆞ며燃燒되ᄂᆞᆫ데此를急히爆發시키면火力이甚이强大ᄒᆞᆫ고로此를壓搾ᄒᆞᆫ即壓搾火綿은軍用에必要ᄒᆞ야흔이奧形水雷艇에用ᄒᆞᄂᆞᆫ데其水雷가破裂ᄒᆞᆯ時에ᄂᆞᆫ多量의瓦斯를發ᄒᆞᄂᆞᆫ고로猛烈히軍艦을破傷ᄒᆞ나니라

無烟火藥은火綿을薄延ᄒᆞ야製造ᄒᆞᄂᆞᆫ거신데烟氣가無ᄒᆞ고火力이强烈ᄒᆞᆫ火藥이라故로現今文明各國에서無烟火藥을發明ᄒᆞ야戰爭時에要用ᄒᆞ나니라

果樹剪定法

金 志 侃

果樹剪定의目的은左와如ᄒᆞ니

(一)果樹의姿勢를均整케ᄒᆞ야美觀을呈케홈이오

(二)最小ᄒᆞᆫ地面에最多히有效ᄒᆞᆫ枝幹을成育케홈이오

(三)土壤中에在ᄒᆞᆫ養分과施與ᄒᆞᆫ肥料分을無益ᄒᆞᆫ枝幹에消費치아니케홈이오

(四)大氣의流通을適當케ᄒᆞ야日光의照射를充分히ᄒᆞ고病虫害에對ᄒᆞᆫ抵抗力을强ᄒᆞ게홈이오

(五)形狀이豊滿ᄒᆞᆫ美果를每年多數히結實케홈이오

(六)病害虫의驅除豫防을容易ᄒᆞ게홈이라

以上의目的을達ᄒᆞ기爲ᄒᆞ야左記의手術을果樹의枝、幹、根、과諸附屬機

關에施行케홈이니

甲 夏期剪定

一摘梢、 二徒長枝除去、 三摘芽、 四摘葉、

乙 冬期剪定

一剪葉枝 二剪果枝

丙 樹勢抑壓

一環狀剝皮 二砧木變更 三剪根 四更植 五斜植

丁 樹勢助長

一表皮剝削 二外皮開截

夏期剪定

摘梢의目的及方法

摘梢라ᄒᆞᄂᆞᆫ것은枝梢의先端을爪로除去홈을云홈이니春期新蓢이發芽後로부터枝幹의勢力을觀察ᄒᆞ야間斷업시行홈이라摘梢ᄂᆞᆫ葉芽가開展ᄒᆞ야枝梢가綠色이된後에施

行ᄒᆞ되梢端의二三分을瓜로除去ᄒᆞ며又ᄂᆞᆫ枝幹의全長의三分之一이나二分之一을除去ᄒᆞᄂᆞ니라

摘梢ᄒᆞᄂᆞᆫ目的은專히其枝上의葉腋에包在ᄒᆞᆫ小芽로花芽가되게ᄒᆞ며又ᄂᆞᆫ直接으로花蕾가되게ᄒᆞᄂᆞᆫ手術이라摘梢時에注意ᄒᆞᆯ것은其果樹의狀態를觀察ᄒᆞ야果樹枝梢의勢力이強ᄒᆞᆫ것만摘梢ᄒᆞ고枝梢의勢力이弱ᄒᆞᆫ것은摘梢를行치아니ᄒᆞᆯ지라摘梢ᄒᆞᆫ後에其切口로부터二芽나或三芽가萌出ᄒᆞᆯ時에ᄂᆞᆫ其中에勢力이第一弱ᄒᆞᆫ것만殘置ᄒᆞ고其餘ᄂᆞᆫ基部ᄭᆞ지剪除ᄒᆞᆯ지라（基部ᄂᆞᆫ芽가出ᄒᆞᆫ枝의基라）

徒長枝ᄂᆞᆫ主幹의附近에生ᄒᆞ야發育이強大ᄒᆞ고迅速ᄒᆞ야果樹生長의平均을失케ᄒᆞ며開花結果를阻害ᄒᆞᄂᆞᆫ枝라그ᄃᆡ로放置ᄒᆞ면樹勢를攪亂케ᄒᆞ고樹姿를變化케ᄒᆞᆷ이多ᄒᆞ나速히除去ᄒᆞᆯ지며又ᄂᆞᆫ伸長ᄒᆞ기前에除去ᄒᆞ라貴重ᄒᆞᆫ養分만消費ᄒᆞ고結果ᄂᆞᆫ得치못ᄒᆞᄂᆞ니라

摘芽의目的及方法

摘芽ᄂᆞᆫ春季에新芽가장차萌發ᄒᆞᆯ時에無用ᄒᆞᆫ位置에在ᄒᆞᆫ芽를摘除ᄒᆞᆷ이나指頭로搔除ᄒᆞᆷ이可ᄒᆞ도다無用ᄒᆞᆫ芽가貴重ᄒᆞᆫ樹液을消耗ᄒᆞᆷ이不可ᄒᆞ니枝葉이伸長ᄒᆞ기前에摘芽法을行ᄒᆞᆯ지라

摘葉의目的及方法

樹木의葉은植物體를組織ᄒᆞᄂᆞᆫ同化液을製造ᄒᆞᄂᆞᆫ處라故로何枝던지其勢力이強ᄒᆞ야他枝를壓ᄒᆞ고獨히生長코자ᄒᆞᄂᆞᆫ時에ᄂᆞᆫ其葉을適當ᄒᆞ게摘除ᄒᆞ면其枝의勢力이衰弱ᄒᆞ야他枝와平均이되ᄂᆞ니라그러나其枝의全部의葉을摘採ᄒᆞᆷ이아니오恒常上部로부터漸次下部에ᄭᆞ지行ᄒᆞ되一時에急激ᄒᆞ게

ᄒᆞᆷ은不可ᄒᆞ도다摘葉은枝幹의勢力을衰弱케ᄒᆞᆯ뿐만아니라또ᄒᆞᆫ樹頂의葉이過多히繁盛ᄒᆞ야果樹에光線이充分이照射치못ᄒᆞᄂᆞᆫ時에ᄂᆞᆫ葉을摘ᄒᆞ야光線을充分이照射케ᄒᆞᆷ이라

冬期剪定

冬期剪定은秋季의落葉後로부터春季의新芽가萠出ᄒᆞ기前ᄭᅡ지果樹의休眠期間에行ᄒᆞᆷ이라

果枝와葉枝의別區업시大抵其全長의三分之一이나二分之一을剪定ᄒᆞᆷ이라總히果樹의葉芽ᄂᆞᆫ冬期에其先端部를剪除치아니ᄒᆞ면春期에至ᄒᆞ야其枝上에在ᄒᆞᆫ葉芽ᄂᆞᆫ다만其樹梢近邊에만萠出ᄒᆞ고其下部에ᄂᆞᆫ休眠ᄒᆞᄂᆞᆫ狀態에在ᄒᆞ야枝上에空處를生ᄒᆞ야樹姿를害ᄒᆞᆯ뿐만아니라其空處ᄂᆞᆫ다만貴重ᄒᆞᆫ樹液만消費ᄒᆞ야果樹養成上에不利ᄒᆞ도다

果樹ᄂᆞᆫ冬期에其枝幹의全長의若干部를剪除ᄒᆞ면그리로向ᄒᆞ던樹液은枝上에鬱滯ᄒᆞ야其上에在ᄒᆞᆫ芽를刺擊ᄒᆞ고其全部의發展伸長ᄒᆞᆷ을催促ᄒᆞ야樹枝의何部分이던지小枝를抽出ᄒᆞ야樹勢의平均ᄒᆞᆷ을得ᄒᆞᄂᆞ니라

果枝의枝定

冬期剪定은또ᄒᆞᆫ果實의品質을改良ᄒᆞᆯ目的으로果枝上에行ᄒᆞᄂᆞ니即果枝의數가多ᄒᆞ면其果枝에分配ᄒᆞᆯ同化液의量이少ᄒᆞᆯ것은當然ᄒᆞᆫ事이오또ᄂᆞᆫ此로由ᄒᆞ야果實의形狀이甚小ᄒᆞ게되ᄂᆞ니라其果枝의全長의二分之一이나三分之一이나剪枝ᄒᆞ고剪定ᄒᆞᄂᆞᆫ方法은果枝와葉枝를勿論ᄒᆞ고芽의附着點으로부터너무上便으로長ᄒᆞ게剪截ᄒᆞ면此部난枯死ᄒᆞ야其切口가癒合치아니ᄒᆞ며芽의附着點으로부터너무近ᄒᆞ게剪截ᄒᆞ면切口로부터發散ᄒᆞᄂᆞᆫ水分으로由ᄒᆞ야芽가乾涸

ᄒᆞ게되야萌發치못ᄒᆞᄂᆞᆫ故로芽의附着點으로부터芽上의枝幹을長히 一分쯤殘置ᄒᆞ고剪截ᄒᆞᆯ지라 未完

天文學講話

仰天子

諸遊星

(甲)我太陽系의諸遊星은一般히太陽으로中心을作ᄒᆞ고各自의軌道를從轉ᄒᆞ며太陽의光을受ᄒᆞ야此反射로燦爛ᄒᆞᆫ光彩를發ᄒᆞᄂᆞᆫ者니我地球도地球以外의星球에서窺ᄒᆞᄒᆞ면月이清夜에照ᄒᆞᆷ과如히煒煌ᄒᆞᆫ光彩를生ᄒᆞᆯ지라元來遊星이라云ᄒᆞᆷ은何를云ᄒᆞᆷ이뇨今에其稱義를考究ᄒᆞ건ᄃᆡ希臘國語로漂泊者라稱ᄒᆞᆷ이니太古브터遊星이漂泊ᄒᆞᆷ을已爲發見ᄒᆞ엿도다然則遊星과恒星을何로分別ᄒᆞ랴ᄒᆞ면此ᄂᆞᆫ非難의現象을擧ᄒᆞ여도足히證明ᄒᆞ려니와凡恒星은燦爛ᄒᆞᆫ光彩를發出ᄒᆞ고遊星은沈靜ᄒᆞᆫ明光을發ᄒᆞᄂᆞ니此로도足히證明ᄒᆞ리로다

(乙)遊星의軌道、軌道ᄂᆞᆫ遊星이太陽의周圍를廻轉ᄒᆞᄂᆞᆫ바를云ᄒᆞᆷ이니其形이皆是楕圓形(長而圓形)인ᄃᆡ太陽이其中心의位置를占據ᄒᆞ미中心에서圓周에至ᄒᆞᄂᆞᆫ距離가或長或短ᄒᆞ고或遠或近ᄒᆞᄂᆞ니라

(丙)諸遊星의由來、諸遊星中에水星、金星、火星、木星、土星、此五者ᄂᆞᆫ吾人의肉眼으로도能見ᄒᆞᄂᆞᆫ者니古人들도已爲知悉ᄒᆞ엿스나天王星은西歷紀元一千七百八十一年三月十一日에英國天文學者하ㅣ쉘氏가發明ᄒᆞ엿더라左에하ㅣ쉘氏의事歷을暫擧ᄒᆞ건ᄃᆡ氏가西歷一千七百三十八年에德國하노싸라云

ᄒᆞᄂᆞᆫ處에서生ᄒᆞ니其父親은微賤ᄒᆞᆫ音樂師라其父業을繼承ᄒᆞ야音樂을學習ᄒᆞ니其雅曲이當時列邦에有名ᄒᆞᆫ聲價를持有ᄒᆞ되但只音樂으로만人生의慰安을自充치못ᄒᆞ리라ᄒᆞ야閑隙이有ᄒᆞ면語學과數學을勤實히講究ᄒᆞ더니畢竟天文學의興味를感得ᄒᆞ고千萬의辛苦를經盡ᄒᆞ야大望遠鏡을製造ᄒᆞ고此를使用ᄒᆞ야天休觀測을實行ᄒᆞᆯ싀始業ᄒᆞᆫ지一年有半에一夜ᄂᆞᆫ七尺焦點距離의望遠鏡을用ᄒᆞ야天의一方을窺見ᄒᆞᆫ즉其光輝가恒星과懸殊ᄒᆞᆫ一個星이群星中에現出ᄒᆞᄂᆞᆫ지라數日間을連續ᄒᆞ야觀測ᄒᆞᆫ後에一遊星인것을確定ᄒᆞ고天下에發表ᄒᆞ니當時英王의名이쪼치인고로此星을쪼치로命名ᄒᆞ엿더니現今은天王星으로通稱되엿더라

海王星은一千八百四十六年에德國天文學者살라博士가發見ᄒᆞᆫ者니最初發見의事歷을據ᄒᆞᆫ되當初天王星의運轉行動이[illegible]不完ᄒᆞ야確定ᄒᆞᆫ時間을難知ᄒᆞ겟숨으로當時各國天文學者가疑豫不決ᄒᆞ더니佛國天文學者루々발네아가此問題를十分研究ᄒᆞ고其距離와其運行을詳細히記錄ᄒᆞ야同年九月十三日에巴里京에報告ᄒᆞᆫ지라셜라氏가强力의觀天機를使用ᄒᆞ야其指示되ᄂᆞᆫ天의一方을搜到ᄒᆞ니曾前에未知ᄒᆞ던一個星이有ᄒᆞᆫ지라其翌夜에詳細히探見ᄒᆞᆫ즉前夜位置를忽變ᄒᆞ엿거늘遊星됨을始知ᄒᆞ고海王星이라命名ᄒᆞ니라

(丁)諸遊星의比較、하쉘氏가諸遊星과其軌道의比較를理解ᄒᆞ기爲ᄒᆞ야下와如ᄒᆞᆫ方法을用ᄒᆞ니

平坦ᄒᆞᆫ廣野에直經二尺의球를置ᄒᆞ야太陽이라假定ᄒᆞ면直經二百六十四尺圓周上에芥子粒은水星과水星의軌道를表ᄒᆞ고直經

二百八十四尺圓周上의大豆粒은金星과金星의軌道를表ᄒᆞ고直徑四百三十尺圓周上에大豆粒은我地球와地球의軌道를表ᄒᆞ고直徑六百五十四尺圓周上에稍大ᄒᆞᆫ留針의頭와如ᄒᆞᆫ者ᄂᆞᆫ遊星과遊星의軌道를表ᄒᆞ고直徑千尺으로千二百尺圓周上의砂粒은小遊星과其軌道를表ᄒᆞ고直徑半哩의圓周上에銀杏實과如ᄒᆞᆫ者ᄂᆞᆫ木星과其軌道를表ᄒᆞ고直徑一哩의五分之四圓周上에小銀杏實과如ᄒᆞᆫ者ᄂᆞᆫ土星과其軌道를表ᄒᆞ고直經一哩半餘圓周上에　桃實과如ᄒᆞᆫ者ᄂᆞᆫ天王星과其距離를表ᄒᆞ고直徑二里半圓周上에大梅實과如ᄒᆞᆫ者ᄂᆞᆫ海王星과其軌道를表ᄒᆞ리라ᄒᆞ니라

(戊)諸遊星에生物의有無、此問題ᄂᆞᆫ自古로多數學家가一般苦心焦思로無上ᄒᆞᆫ經驗을積盡ᄒᆞ엿스ᄃᆡ尙今ᄭᆞ지確實ᄒᆞᆫ證明을未得ᄒᆞ엿스니可令他遊星도我地球와如히人類가有ᄒᆞ다假定ᄒᆞᆯ지라도我地球上人類와ᄂᆞᆫ懸殊ᄒᆞ리니何者오非他라温度와重力과雰圍氣며萬般狀況이各殊不一ᄒᆞᄂᆞ니然則其上에在ᄒᆞᆫ生物도狀態種類가各殊不同ᄒᆞᆯ거슬推測ᄒᆞ리로다

水星、水星은太陽에最近ᄒᆞᆫ遊星이니日沒或은日出時에數分間吾人肉眼에도通常能見ᄒᆞᄂᆞᆫ者로ᄃᆡ大槪太陽과同時出沒ᄒᆞᆷ을因ᄒᆞ야其光輝가十分煒煌치못ᄒᆞᆷ으로圓滿히望見ᄒᆞᆯ機會ᄂᆞᆫ無ᄒᆞ거니와如或見得ᄒᆞ면三等星位로見ᄒᆞ며他遊星과ᄂᆞᆫ特異ᄒᆞ야微紅色을放ᄒᆞ며반듯반듯ᄒᆞ고望遠鏡으로觀見ᄒᆞ면月輪이滿月노新月을成코져ᄒᆞᆯ時와如히變化ᄒᆞᆷ을認得ᄒᆞᄂᆞ니此ᄂᆞᆫ水星이時々로太陽面에相照되고아니됨을因ᄒᆞᆷ이니따今日ᄭᆞ지觀測ᄒᆞᆫ바를據ᄒᆞᆫᄃᆡ水星은其[illegible]

에雰圍氣가無ᄒᆞᆫ듯ᄒᆞ며又ᄂᆞᆫ一個斑點이存在치아니ᄒᆞᆷ으로其自轉을證明ᄒᆞ자면其變化로ᄂᆞᆫ依據키難ᄒᆞ다ᄒᆞ니故로自轉의有無ᄅᆞᆯ未知ᄒᆞᆯ거시며其熱量은其自生熱이아니고太陽에게서受ᄒᆞᄂᆞᆫ者인ᄃᆡ地球보다七倍의熱量을受ᄒᆞᆫ다ᄒᆞ고其溫度ᄂᆞᆫ水의沸騰ᄒᆞᆷ과如ᄒᆞ다ᄒᆞ니라

實業地理

學海主人

地球總論、 地球ᄂᆞᆫ吾人의通常知悉ᄒᆞᄂᆞᆫ바와如히圓形을成ᄒᆞᆫ故로其名稱을地球라命ᄒᆞ엿ᄂᆞ니라

地球의表面은陸과水로成立되엿스나水가거의陸地의三分之二를占有ᄒᆞ엿ᄂᆞ니라

地球ᄂᆞᆫ吾人의目見ᄒᆞᄂᆞᆫ바 一般遊星과如히太陽의周圍를廻轉ᄒᆞᄂᆞᆫ一遊星이니라

地球의直經은三萬二千餘里요周圍ᄂᆞᆫ九十萬二千餘里니라

地球의陸上에ᄂᆞᆫ山이高聳ᄒᆞ며谷이低凹ᄒᆞᆫᄃᆡ地球上의最上高峯이二萬九千尺이니라

陸地ᄂᆞᆫ海水에包在ᄒᆞ엿ᄂᆞᆫᄃᆡ其小者ᄅᆞᆯ島라稱ᄒᆞ고大者ᄅᆞᆯ大陸이라云ᄒᆞᄂᆞ니라

地球ᄂᆞᆫ東西兩大部로分割ᄒᆞ야東에在ᄒᆞᆫ者ᄂᆞᆫ東半球라云ᄒᆞ고西에在ᄒᆞᆫ者ᄂᆞᆫ西半球라云ᄒᆞ니東半球에ᄂᆞᆫ亞細亞洲歐羅巴洲、亞非利加洲、大洋洲의五大洲가有ᄒᆞ고西半球에ᄂᆞᆫ南亞美利加洲、北亞美利加의兩大洲가有ᄒᆞ니故로世界六大洲라稱ᄒᆞ니라

水의大部分을點有ᄒᆞᆫ者ᄂᆞᆫ海水니何處의셔何處까지라ᄂᆞᆫ際限은原無ᄒᆞ되其水幅의廣狹을區別ᄒᆞ야小ᄒᆞᆫ者ᄅᆞᆯ海或灣이라云ᄒᆞ고

大ᄒᆞᆫ者를大洋이라云ᄒᆞ니海와灣은其數不億이로ᄃᆡ大洋은五洋으로分稱ᄒᆞ야太平洋太西洋、印度洋、北氷洋、南氷洋이라云ᄒᆞᄂᆞ니라

地球表面의氣候ᄂᆞᆫ大盖不同ᄒᆞ니其中央卽太陽에最近ᄒᆞᆫ地ᄂᆞᆫ極熱ᄒᆞ고其南北으로遠離홈을從ᄒᆞ야漸次寒帶에至ᄒᆞ야畢竟生物의生活이不能ᄒᆞᄂᆞ니其寒暖의大体를三大帶로分別ᄒᆞ되몬져地球表面南北中央의一線을假設ᄒᆞ야赤道라稱ᄒᆞ고其次ᄂᆞᆫ南極北極에至ᄒᆞ기ᄭᆞ지各々九十度에分ᄒᆞ고赤道로브터南北各二十三度半線을南北의回歸線이라云ᄒᆞ며南北兩端에서各二十三度半線을南北의極圈이라云ᄒᆞ며赤道로中心을作ᄒᆞ고兩回歸線間을熱帶라ᄒᆞ고兩回歸線과兩極圈間을溫帶라ᄒᆞ고兩極圈과兩極間을寒帶라ᄒᆞᄂᆞ니라

世界의人口、廣漠ᄒᆞᆫ世界中에亞細亞와亞非利加의大沙漠과如ᄒᆞᆫ處와一人의住居도無ᄒᆞᆫ處가有ᄒᆞ나如此ᄒᆞᆫ等處ᄂᆞᆫ除去ᄒᆞ고現今吾人의住居處만擧言ᄒᆞ면農業으로主務를作ᄒᆞᄂᆞᆫ國은人口가稀薄ᄒᆞ고工業으로主務를作ᄒᆞᄂᆞᆫ國은人口가溜集ᄒᆞᄂᆞᆫᄃᆡ未開國은人口가次第로減少ᄒᆞ고文明國은人口가急劇增加ᄒᆞᄂᆞ니歐洲ᄂᆞᆫ世界文明國이라云ᄒᆞᄂᆞᆫ者일ᄉᆞ록人口의密集이劇甚ᄒᆞᆫ中에惟獨異常ᄒᆞᆫ現象은佛國이何故로人口가增加치못ᄒᆞ고年々히減少ᄒᆞᄂᆞᆫ지吾人의一大注意處가되엿거니와何如間一變狀이오其他의歐洲諸國은年々히增加되ᄂᆞᆫᄃᆡ其中其度가甚劇ᄒᆞᆫ者ᄂᆞᆫ北米合衆國이니此ᄂᆞᆫ其文明의速度가甚速ᄒᆞᆫ正比例를表示ᄒᆞᄂᆞᆫ者요亞細亞諸國은文明速度가大概遲緩홈을因ᄒᆞ야人口의增殖도大概遲緩ᄒᆞ되左右間人口

가漸次繁殖홈은無疑혼事實이니然則全世界人口의總數가現今幾許인지由來統計가不確ᄒᆞ야到底히精微혼數를定算치못ᄒᆞ엿스되大綱十六億以上으로計算ᄒᆞ니土地의廣大를從ᄒᆞ야亞細亞人口가最多ᄒᆞ야總數의半分以上을占有ᄒᆞ고其次는歐洲니總數의四分之一可量이되ᄂᆞ니라

世界의人種、世界住民의言語風俗과宗教道德이며文明의度數와立國의國是며其他萬般事가無非有異호ᄃᆡ生理學上으로人体組織을論究ᄒᆞ건ᄃᆡ差異의點이殆無ᄒᆞ고但止皮膚毛髮이各有不同이라此를五派에分系ᄒᆞ니

一曰蒙古人種、 蒙古人種은一名黃人種이라又稱ᄒᆞ니皮膚가黃色이오顏面은廣扁ᄒᆞ고顴骨이出秀ᄒᆞ며眼이小ᄒᆞ고目眦가擧裂ᄒᆞ며頭髮은硬黑ᄒᆞ고鬢髥이槪少혼ᄃᆡ此人種의人口가凡五億이오

二曰古加索人種 一名은白人種이라又稱ᄒᆞ니皮膚가白色을帶ᄒᆞ고額은廣ᄒᆞ고長ᄒᆞ며顏은細長ᄒᆞ고鼻는隆高ᄒᆞ며目眦는不擧ᄒᆞ고頭髮은鳶色을帶ᄒᆞ고鬢髥은甾多ᄒᆞ니此人種의人口가凡五億이요

三曰亞非利加人種、 一名은黑人種이라又稱ᄒᆞ니皮膚는黑色을帶ᄒᆞ고鼻는肥大ᄒᆞ며頷이擧前ᄒᆞ고唇이太厚ᄒᆞ며額은扁平ᄒᆞ고頭髮은黑短ᄒᆞ여鬢髥은少ᄒᆞ나니此人種의人口가凡一億五千萬이오

四曰馬來種이니皮膚가鳶色을帶ᄒᆞ고外容은蒙古人과殆同ᄒᆞ고頭蓋와眼目은古加索人種과恰似혼ᄃᆡ此人種과但리네시아人種을合倂ᄒᆞ야其人口가四千五百萬이오

五曰亞美리加人種이니皮膚가赤銅色을帶ᄒᆞ고頭髮은黑色이며鬢髥은少ᄒᆞ니此人種

文藝

廣告

本學報代金을收入홈에便宜를從ᄒᆞ여京城과平安北道에ᄂᆞᆫ委托收金所를置ᄒᆞ엿사오니京城서本報를購覽ᄒᆞ시ᄂᆞᆫ이ᄂᆞᆫ代金을

京城北署苑洞李甲氏宅留

金基玉 氏許로交付ᄒᆞ시고平安北道에서本報를購覽ᄒᆞ시ᄂᆞᆫ이ᄂᆞᆫ

平安北道定州南門內

洪成麟 氏許에交付ᄒᆞ심을敬要

太極學會 告白

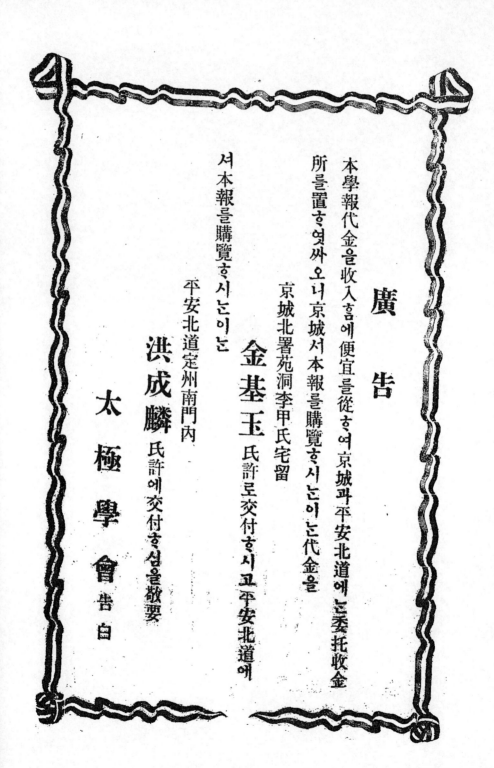

과他雜種을合ᄒᆞ야其人口가凡三千四百萬이오

其外에印度뜨라쌔타人種과파부及오스트랄리아土人種이更有ᄒᆞ나前者ᄂᆞᆫ凡六千萬人口요後者ᄂᆞᆫ凡三百萬人口니라

世界의言語、言語의種類가千百其數로各自의差異가有ᄒᆞᆫᄃᆡ廣用與否를論據ᄒᆞ자면學術上으로ᄂᆞᆫ羅甸希臘等國語가其先을占有ᄒᆞ고工商及實業上語ᄂᆞᆫ英語及支那語가其先을占有ᄒᆞ며其次ᄂᆞᆫ西班牙國語요外交國際上과上流社會에多數通用되ᄂᆞᆫ者ᄂᆞᆫ佛蘭西國語니라

世界各國이大概特殊의國語를持有ᄒᆞ되스워스(瑞士)國民은佛、德、以、諸國語를用ᄒᆞ고오스트리아헝가리國々民도一國民이數多의言語를用ᄒᆞ나니라

世界의宗教、世界宗教中에重ᄒᆞᆫ者가四種이有ᄒᆞ니其源은皆是亞細亞로從出ᄒᆞᆫ者인ᄃᆡ其中佛教ᄂᆞᆫ釋迦의教旨니發元地即印度에ᄂᆞᆫ今日의發達이無ᄒᆞ나日本에ᄂᆞᆫ信奉ᄒᆞᄂᆞᆫ者가多ᄒᆞ며波羅門教ᄂᆞᆫ佛教와如히印度에서起ᄒᆞᆫ者인ᄃᆡ印度人이信奉ᄒᆞᄂᆞᆫ바오基督教ᄂᆞᆫ耶蘇基督을救世主로信奉ᄒᆞᄂᆞᆫ一神教니新教、舊教、希臘의三大派로分ᄒᆞ엿고回々教ᄂᆞᆫ마호멧드를最大豫言者로信奉ᄒᆞᄂᆞᆫ者인ᄃᆡ亞細亞西部及亞弗利加에現行ᄒᆞᄂᆞ니라

各邦土의領域、現今世界의獨立國이凡五十인ᄃᆡ其中强國의班列을參得ᄒᆞᄂᆞᆫ者五分一에不過ᄒᆞᄂᆞᆫᄃᆡ國土의面積은廣大ᄒᆞᆯ지라도國勢ᄂᆞᆫ微弱ᄒᆞᆫ者도有ᄒᆞ고國土ᄂᆞᆫ偏小ᄒᆞᆯ지라도列强과位置를同齊히ᄒᆞᄂᆞᆫ者가有ᄒᆞ니國土가廣大ᄒᆞ고强ᄒᆞᆫ者ᄂᆞᆫ露國과美國이오本土ᄂᆞᆫ偏少ᄒᆞ되列邦의强名을同受ᄒᆞ

者는英國、佛國、德國、葡萄牙國、和蘭國이니此等諸國은本土는雖小ᄒᆞ나其領土가本土의幾百倍或幾十倍式됨으로世上이列强이라稱ᄒᆞᄂᆞ니라

世界의主要ᄒᆞᆫ物產、世界의物產을大別ᄒᆞ면鑛、植、動三者인ᄃᆡ鑛物中에最必要者는鐵金石炭의三種이오植物中의最必要者는穀類와棉花의二種이오動物中의最必要ᄒᆞᆫ者는羊과蠶絲니라

鐵、石炭의產額은美國이第一高位를占據ᄒᆞ고其次는英國이오其次는德國이며金은墺國과南非트란스발、北美合衆國이主要ᄒᆞᆫ產地니라

穀物中白米의產地는東洋이요小麥의產地는西洋이니北米合衆國이小麥의多產地가되여世界產額의四分之一을產出ᄒᆞ고英國은穀物產額이不足ᄒᆞ야每年外國에서輸入

ᄒᆞᄂᆞ니라羊毛는歐羅巴、墺國、南部亞非利加、알헨지나가主要ᄒᆞᆫ產地요蠶絲는歐洲南部와亞細亞諸邦이其主要ᄒᆞᆫ產地며諸般關係上에大要ᄒᆞᆫ者는牛馬니라

世界의貿易、各國이貿易上에皆是年々의進步를致ᄒᆞ는中에英國이第一先位를點有ᄒᆞ고其次는北美合衆國과德國이發展度數가非常히甚速ᄒᆞ고其次는人口一人에付ᄒᆞᆫ輸出入額을考見ᄒᆞ니和蘭、白耳義、瑞西等諸國은其額이甚低ᄒᆞ니라左에輸出入額表를列擧ᄒᆞ노니(單位는磅)

人口一人에對ᄒᆞ야輸出入ᄒᆞ는額表

各國	輸出額	輸入額
和蘭	二七、七	三一、五
瑞西	一〇、四	三、五
白耳義	一一、〇	一三、三
英國	六、八	一一、六

德國	四、○	五、一
美國	三、七	二、五
伊太利	一、七	二、一
西班牙	一、五	一、八
凶牙利	一、八	一、五
露國	○、七	○、六

世界의交通、世界交通上에特別히注意홀者ㅣ三이有ᄒ니一은大陸을橫斷ᄒ는鐵路오二는大洋을橫斷ᄒ는海底線이오三은海洋을聯絡ᄒ는大運河니라

北美洲를橫斷ᄒ는數多의鐵道가同大陸開發上에重要ᄒᆫ關係가有ᄒ고西伯利亞鐵路의開通은世界交通에多大ᄒᆫ變化를與ᄒᆫ者로다만일此後亞弗利加를橫斷ᄒ는鐵道와中央亞細亞를橫斷ᄒ는二鐵道가完成ᄒ면世界陸上의交通이全新의與味를與ᄒ리로다

海底線은太西洋을橫斷ᄒ야新舊兩大陸間을聯通ᄒ고太平洋도已爲橫斷線이有ᄒ니通信上便利는更言홀必要가無ᄒ며北米合衆國에經營始役ᄒᆫ바ᄂ마運河가開鑿을竣畢ᄒ면世界交通上에新福音을作ᄒ리로다

文藝

無何鄕

李奎瀓

春日이方暢에山川草木은一層精彩를釀出ᄒ고異域旅懷는万般이散亂이라一日은[illegible]學餘暇에鬱積ᄒᆫ懷抱도消遣ᄒ고淸爽ᄒᆫ興致도賞玩코저兩三友人으로上野公園드러서니花香은隨風觸鼻ᄒ고物色은挽人

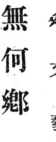

留連이라於是乎緩步徐行으로動物園博物館等處에闖入ᄒᆞ야異常ᄒᆞᆫ禽獸와奇妙ᄒᆞᆫ物品을次第觀盡ᄒᆞ고下宿에歸來ᄒᆞ니時已五點鍾이라夕飯後에一時間을經ᄒᆞ야如干ᄒᆞᆫ學科를復習ᄒᆞ즉夜色이已深ᄒᆞ고睡魔가來侵이라薄言就寢ᄒᆞ야莊蝶이無何鄕에飛入ᄒᆞ니宛然故國에一鄕曲村庄이라맛참日暮를當ᄒᆞ엿스나投宿ᄒᆞᆯ店幕이無ᄒᆞ야彷徨ᄒᆞ다가勢無奈何ᄒᆞ야養客ᄒᆞᄂᆞᆫ一家를尋入ᄒᆞ니蒼顔白髮에儼然ᄒᆞᆫ老先生이烏几를倚坐ᄒᆞ엿거ᄂᆞᆯ爲先初面의禮를畢ᄒᆞ고房內文具를獵視ᄒᆞ니四書三經이堆案滿架ᄒᆞᆯ뿐더러詩賦表策이秩々具備ᄒᆞ엿스니必是舊學에有名ᄒᆞᆫ巨儒러라少焉에隣家一老人이宕巾上에程子冠을加着ᄒᆞ고入來ᄒᆞ야寒暄을問ᄒᆞ고慷慨ᄒᆞᄂᆞᆫ皃樣으로言호ᄃᆡ一自甲午兵革以後로蠻夷의惡風이東方禮義國에傳染되여幾千年遵行ᄒᆞ든孔孟聖道가否運을卒當ᄒᆞ며甚至科擧ᄭᆞ지廢撤ᄒᆞ엿스니治國安民의英才를何處에서選用ᄒᆞ리오爲聖門弟子者에眞是痛哭流涕之事어ᄂᆞᆯ某村某進士ᄂᆞᆫ反以僧頭黑衣로如逢好機ᄒᆞ야白晝大路上에서舊學文을抛却ᄒᆞ고新學問에從事ᄒᆞ라ᄂᆞᆫ問題로演說ᄒᆞ데그려万一皇天이有知된如許背恩忘本ᄒᆞᄂᆞᆫ人類를엇지此世間에寄存케ᄒᆞ리오제가舊學文의功效로進士의榮光을享有ᄒᆞ고今日ᄭᆞ지誰某라稱ᄒᆞᄂᆞᆫ名譽가一鄕에彰聞ᄒᆞ엿지忿氣嚇々ᄒᆞ야万般詬辱이不絕於口ᄒᆞ거ᄂᆞᆯ主人도ᄯᅩᄒᆞᆫ同聲相應ᄒᆞ야勃然變色曰그놈의其演說을자네가親히目擊ᄒᆞ엿나昨日同里某々人이來言其事由호ᄃᆡ余不信聽ᄒᆞ고反歸咎於傳者ᄒᆞ야衆人叢中에或有容貌相似之人矣러니子不誤見乎아某進ㅣᄂᆞᆫ本來聖門修德之高弟로

設或千慮一失이有홀지라도엇지此等朦昧혼境遇에야至ᄒ리오ᄒ엿더니今聞子言ᄒ니果是的確事로곤그놈이年近六十에斷髮혼貌樣즘킷다貌樣은姑捨ᄒ고身體髮膚는受之父母니不可毁傷이라ᄒ는訓誡가聖經賢傳에載在ᄒ엿거ᄂᆯ自暴自棄ᄒ야旣不孝於父母ᄒ고又得罪於先聖ᄒ엿스니日後何面目으로見於地下리오그놈이나와竹馬朋友뿐아니라某先生의三年을同門受學혼故로情誼가最爲親密ᄒ나至今은背逆聖道ᄒ엿스니卽吾之仇敵이라若有逢着이면必叱辱絶交ᄒ리라ᄒ며恨歎不已ᄒ더라隣翁이綜而言之호디近日에新學文이라ᄒ는册子를深々件으로間或閱覽혼즉或古談册과갓치純國文으로製述혼것도有ᄒ며或國漢文으로交作혼것도有ᄒ는其趣旨는大槪儒道에糟粕을偸抄ᄒ엿스니生來에不讀一行書ᄒ야難辨魚魯字ᄒ는無知無識之人이나上夫홀 시대우리儒教야天下에有一無二혼聖道지主人이應答曰唯々라現今浮浪無賴혼少年들이多數錢財를費用ᄒ고日本과西洋國에航海往來혼면셔夷風을效倣ᄒ야學校敎育을擴張ᄒ고社會敎育이完全ᄒ여야國權을恢復혼다ᄒ니學校敎育이무어시며社會敎育이무엇신고二列四列作隊ᄒ야兵丁갓치操鍊ᄒ며洋服洋靴斷髮ᄒ고路上에셔演說ᄒ는거스로容易히天運을挽回홀가一盛一衰와否退泰來는万古不易之定理니淩夷ᄒ엿든聖道가復興ᄒ는日에야國祚가自然鞏固ᄒ여지지우리少年時代에는學校敎育이니社會敎育이니名稱도不聞ᄒ엿스되康衢煙月에國泰民安ᄒ엿스리아마國家衰運이不遠辭去ᄒ고深山窮谷에셔待時ᄒ든眞君子가出脚ᄒ야形々色々혼異端을排

斥ᄒᆞ고聖道를尊崇ᄒᆞ야科擧를다시設始ᄒᆞ면其時에ᄂᆞᆫ우리들의幾年蟄縮ᄒᆞ엿든詩賦表策이有勢ᄒᆞ겟지자ㅣ風月이나一首吟弄ᄒᆞ세이에韻字를拈得ᄒᆞ고무合驚人句를做出ᄒᆞᄂᆞᆫ지흥얼흥일

噫々悲哉라余聞此腐言陳說ᄒᆞ고不勝胸塞膽落ᄒᆞ야拍按大叫에便作囈語라適因傍人搖覺ᄒᆞ야驚破默想ᄒᆞ니춤딱ᄒᆞᆫ일이로곤

愁心歌一首 (自唱自和)

「自唱」三千萬生靈우리同胞님네、이내말ᄉᆞᆷ들어보소、죽자ᄒᆞ니可憐ᄒᆞ고、살자ᄒᆞ니難處로다、有寃事而誰訴ᄒᆞ고、有痛心而誰叫ᄒᆞᆯ고、父携母抱에혐봇짐싸셔메고、避亂가세避亂을가세深々山谷無人處로避患이나ᄒᆞ여볼가、앗다! 여보三千里江山안에、深山深谷이그어ᄃᆡ냐、金剛山이냐、智[illegible]山이냐、金剛山으로가랴ᄒᆞ니、豺狼이[illegible]立이라、生命이可畏ᄒᆞᆯ슈업고、智異山으로가려ᄒᆞ니、長遠ᄒᆞᆫ前途ᄂᆞᆫ溝堅이重々[illegible]ᄃᆡ、前後左右에侵入ᄒᆞᄂᆞᆫ鞭笞의侮辱이야[illegible]아이구!、춤아딘정설어난죽겟소、[illegible]으로收盡ᄒᆞ엿스니、銅山도崩頹ᄒᆞ고、[illegible]泉도涸渴이라、人身은本無翼이라雲[illegible]釣도ᄒᆞᆯ수업고大鵬이在後로다、失巢之[illegible]어ᄃᆡ가며、勇獺이驅逐이라、無穴之魚[illegible]ᄃᆡ가며、四野가風浪이라失棲ᄒᆞᆫ蛇群이[illegible]身ᄒᆞᆯ곳全혀업네、楚漢時節에、力拔山[illegible]盖世ᄒᆞ든項將軍도路窮力盡ᄒᆞᆯ수업서、[illegible]江水中에世上離別ᄒᆞ엿섯고、當世英雄[illegible]破倫도赤手空拳ᄒᆞᆯ길업서、一孤島에悲[illegible]이되엿지、아이구! 無識無慮ᄒᆞᆫ軟々弱[illegible]우리人生이야、엇지ᄒᆞᆯ고、엇지ᄒᆞᆯ고、[illegible]

地를欲尋ᄒᆞᆫ들、헐수업ᄂᆞᆫ此時로다、「自和」春이야風이야花야月이야春風花月도라왓네北陸에窮陰이已盡ᄒᆞ고、四郊에積雪이消盡ᄒᆞ엿스니、春風花月이分明ᄒᆞ지、南山西苑에姸花芳草ᄂᆞᆫ、好時節을歡迎ᄒᆞ며、梅梨杏桃千萬枝에、욧、봉울은紅々白々、아이구好時節、花時節、이아닌가、茫々ᄒᆞᆫ宇宙間에、寥々寂々如睡眠ᄒᆞ든万山平野가、不知轉眄之頃에、完然 和氣入堂을粧飾ᄒᆞ엿지、아이구是誰之功고、春神의功인가、山野의功인가、아니아니라多愛多憐多情多權ᄒᆞ신、惟一의造物主上帝의功이로다、嗚呼嗟乎吾輩人類야、可憐可哀吾輩青年들아、如此ᄒᆞᆫ和氣春風月노、吾人의三冬間做業ᄒᆞᆫ疲苦精神을慰勞케ᄒᆞ며、多惡ᄒᆞᆫ心臟을一層清潔케ᄒᆞ건만……아이구、無智多愚ᄒᆞᆫ人類들아、不知此節之意味ᄒᆞ고、安樂不爲에悠々虛送ᄒᆞ며、戲花遊月에誤落惡着ᄒᆞ야、反作大罪ᄒᆞ니、無智ᄒᆞᆫ人類中에青年輩더욱可惜、日後其罪價ᄂᆞᆫ何也오、死刑이지……上帝의愛情으로一等을若減ᄒᆞ면、暗々地獄에無期徒形이지、念之思之여다、青年輩青年輩여

餘興一首

冊床을歛坐ᄒᆞ고、四載昔事를生覺ᄒᆞᆫ즉、悲感ᄒᆞᆫ눈물、自然이지、路柳가、실실ㅣ히交拂ᄒᆞ엿스니、寒食東風이分明ᄒᆞ고、夜深五更에、天氣가爽凉ᄒᆞ니、三五月이、네아닌가、沓々沓々、이니가슴、무엇ᄒᆞ면써원홀가、沓々鬱々心亂中에、글一首를生覺ᄒᆞ니

百花落盡綠陰新、乳雀殘鶯啼送春、此身未得歸耕計、獨對釰書思其人、

恭祝太極學報　甑山　金鵬珏

明々大極本無極、太極復明太極旌、東社騷壇豪傑士、大韓天地壯功名、也知蒼海圖鵬搏、幾聽緇林習鳥鳴、學界昇平文藻發君山翠滴五湖聲、

晩春偶拈　蓬洲閒人

軒窓鳥語惜餘春、欲趁晨晴理釣緡、高竹低花烟靄々、新蒲細柳水涓々、齊門誰學吹竽客、野性余追折角巾、半代徒爲風月主、文章經世果何人、

海底旅行　冒險生

第十回　偶視沈船思航海險　密謀脫艦待機會到

却說아氏가콘셀의驚起ᄒᆞᄂᆞᆫ樣子를見ᄒᆞ고胸膽이轟落ᄒᆞ야手中에把讀ᄒᆞ던圖書를放棄ᄒᆞ고艦窓에接觀ᄒᆞ니노티라스가進航을中止ᄒᆞ고艦窓을完開ᄒᆞ야電光을海天에遠照ᄒᆞ니海中天地가混然히不夜城을作ᄒᆞ엿ᄂᆞᆫᄃᆡ萬種魚族은如湔來集ᄒᆞ야背鰭를相連ᄒᆞ니片々木葉이微風을從飄ᄒᆞ고雙々蝴蝶이硏花에遊戲ᄒᆞᄂᆞᆫ듯粲爛ᄒᆞᆫ光景이人目을感奪ᄒᆞ더라아氏ᄂᆞᆫ餘念업시聊然孰視ᄒᆞᆯ而已러니콘셀이海底를指視ᄒᆞ여曰相公은彼邊을請看ᄒᆞ라彼가沈沒船이아니뇨、아氏瞠目視之ᄒᆞ니大鯨이海底에偃臥ᄒᆞᆫ듯果是一個沈沒艦인ᄃᆡ舷檣은毁折ᄒᆞ엿스나船体ᄂᆞᆫ依然不傷ᄒᆞ엿스니推想컨ᄃᆡ沈沒ᄒᆞᆫ지가過爲不久ᄒᆞᆫ듯ᄒᆞᆫ지라아氏不意의大聲을發揚ᄒᆞ여曰沈沒船沈沒船이로다在傍ᄒᆞᆫ넷氏가舷檣下에橫臥ᄒᆞᆫ人体를指示ᄒᆞ니아氏ㅣ潛然下淚에拭目詳視ᄒᆞᆫ즉男子가四人이오

女子가一人인ᄃᆡ女子ᄂᆞᆫ年可廿五六에容貟가非凡ᄒᆞ고風彩가秀美ᄒᆞ며頭上에幼兒를捧出ᄒᆞᄂᆞᆫ듯愛兒를救助ᄒᆞᆯ듯시心力을盡供ᄒᆞ다가渺然히海中孤魂이된듯ᄒᆞ고幼兒ᄂᆞᆫ楓葉갓흔小手를擧ᄒᆞ야其母親의襟幅을欲握ᄒᆞ엿ᄉᆞ니其慘狀은眞不可目睹ㅣ라아氏ㅣ一見에其身을忘却ᄒᆞ고淚頰을頻拭ᄒᆞ며故鄕을遠思ᄒᆞ니妻子親眷이漂然無跡이라愛然惜之ᄒᆞ야垂頭歔泣ᄒᆞ더니皷動소리轟然一發에船体가颶風ᄀᆞᆺ치進航ᄒᆞ더라콘셀이沈沒船体에「푸로리다、산다ㅣ란드」라書列ᄒᆞᆷ을瞥見ᄒᆞ고아氏의게告ᄒᆞ니아氏沈默良久에留心ᄒᆞᆯ而已오此後로ᄂᆞᆫ아氏沈沒船을思到ᄒᆞᆯ時아다鼻腰가往酸에枕食을忘却ᄒᆞ더라

却說노티라스가進路를東南으로取ᄒᆞ야晝夜를不分ᄒᆞ고進行ᄒᆞ야赤道直下處에至ᄒᆞ미方針을更轉ᄒᆞ야西北으로向進ᄒᆞ니此處ᄂᆞᆫ太陽의光線이頭上에直射ᄒᆞ야暑氣가極烈ᄒᆞ되當時노티라스艦은水底一百二十尺乃至一百五十處를進航ᄒᆞᆷ으로熱氣ᄂᆞᆫ秋毫도不侵이라아氏ㅣ客室에獨坐ᄒᆞ야壁上에掛在ᄒᆞᆫ地圖를案察ᄒᆞ야地理를考究ᄒᆞ더니네모ㅣ突然入來ᄒᆞ야아氏를向ᄒᆞ야地圖의一方을指示ᄒᆞ여曰至今노티라스進航處ᄂᆞᆫ那邊이니即싸니콜島로다아氏ㅣ此言을一聞ᄒᆞ고愕然良久에一言을不出ᄒᆞ니大抵아氏가싸니콜島名을聞驚ᄒᆞᆷ은偶然의事가아니라一千八百七八十年頃에歐洲各國이全世界의航海를目的ᄒᆞ고堅牢ᄒᆞᆫ船舶을製造ᄒᆞ며水利測量에能通ᄒᆞᄂᆞᆫ人士를撰擇ᄒᆞ야航行을奬勵ᄒᆞᆯ식當時에ᄂᆞᆫ航路가區々未定ᄒᆞᆷ으로或은颶風의翻覆을當ᄒᆞ며或은暗礁의觸碎을被ᄒᆞ야完美ᄒᆞᆫ效果를未得ᄒᆞ엿

ᄂᆞᆫᄃᆡ佛國도一千七百八十五年路易第十四世가라페로쓰卿을命ᄒᆞ야ᄲᅮ솔、아스트로라베兩艦을修繕派送ᄒᆞ엿더니其後五六年의星霜이已過ᄒᆞᄃᆡ音信이頓絶이라政府ㅣ苦悶不一ᄒᆞ야探索次로一千七百九十一年에ᄯᅡᆫ트레카스ᄯᅳ로船將을命ᄒᆞ고렛셀스、에스페란스兩艦을領率派送ᄒᆞ엿더니에스페란스號ᄂᆞᆫ不幸히ᄲᅡ니콜島에셔岩礁에抵觸ᄒᆞ야海底에沈沒ᄒᆞᆫ바가되엿고렛셀스號ᄂᆞᆫ沈沒船을引出ᄒᆞ기爲ᄒᆞ야海底를探索ᄒᆞ다가意外에ᄲᅮ솔號의沈沒을發見ᄒᆞᄆᆡ아스트로라베號도此近海에沈沒ᄒᆞ엿ᄉᆞ리라ᄒᆞ야百方盡力에遑々探索이나目的을未遂ᄒᆞ고情景을佛國政府에報告ᄒᆞᄆᆡ政府ᄂᆞᆫ레셀스號의勝利를大賞키爲ᄒᆞ야死者遺族에相當ᄒᆞᆫ恩給을布與ᄒᆞ엿ᄉᆞ니如此ᄒᆞᆫ履歷이有ᄒᆞᆷ으로ᄲᅡ니콜島라云ᄒᆞ면佛國에셔ᄂᆞᆫ婦人小兒도未知者가無有ᄒᆞ엿더니至是에아氏ㅣᄲᅡ니콜島의名稱을及聞ᄒᆞ니驚愕의懷가不無ᄒᆞᆫ지라네모ㅣ를向言曰然則아스트로라號도此處에沈沒ᄒᆞ엿슬지니之子ㅣᄂᆞᆫ能知아否아네모ㅣ아氏의게答曰余를從來ᄒᆞ라ᄒᆞ고甲板上에踏登코져ᄒᆞ거ᄂᆞᆯ아氏其意思를斟酌ᄒᆞ고네모ㅣ의後를從ᄒᆞ야甲板에至ᄒᆞ니東北方에二個火山質島가有ᄒᆞ야其周圍가四百里許에不過ᄒᆞ나草木이生茂ᄒᆞᆫ處에野蠻人이多數來集ᄒᆞ야노타라스艦을望見ᄒᆞ고恐怖의色을帶ᄒᆞ더라時에네모ㅣ錫製一小函을取出ᄒᆞ야아氏의게示與ᄒᆞ나其中에鹽水의浸入을因ᄒᆞ야黃色을早帶ᄒᆞᆫ書類幾葉이有ᄒᆞᆫᄃᆡ此ᄂᆞᆫ路易十四世가親筆노아스트로라베艦長라펜로스卿에게命與ᄒᆞᆫ世界周航命令書여ᄂᆞᆯ아氏大驚ᄒᆞ야其裏許를詳聞ᄒᆞᆫ즉네모ㅣ答曰余曾往에아스트

로라베號의蹤跡을未知ᄒᆞᆫ다ᄒᆞ기로ᄲᅡ니콜島에至ᄒᆞᆯ時마다海底를探索ᄒᆞ야此書를得ᄒᆞ엿스며該船은即ᄲᅮ솔號沈沒地에서數里를隔在ᄒᆞ미今日에至ᄒᆞ도록一人도知者가無ᄒᆞ니라아氏ㅣ此言을聞ᄒᆞ고心中에自許ᄒᆞ되余ㅣ他日에本國春色을件歸커든此顚末을仔細報告ᄒᆞ야向日獨斷으로怪物討伐隊에乘入ᄒᆞᆫ罪를贖免ᄒᆞ리니該船沈沒狀態等에詳細ᄒᆞᆫ것ᄭᆞ지知悉ᄒᆞᆷ이可ᄒᆞ리라ᄒᆞ야說去說來ᄒᆞᆯ식當時노티라스艦이西南으로轉ᄒᆞ야一時間一百五十里速力으로晝宵進航ᄒᆞ야오스트랄니아北東海岸에直到ᄒᆞ엿ᄉᆞ니向日日本近海크레스포ㅣ島邊에서는相距가三萬三千四百里오時節은一千八百六十三年一月一日이니海底에新年儀式이無ᄒᆞᆫ즉아氏主從과及넷氏ᄂᆞᆫ客室에會同ᄒᆞ야雜談으로時間을移過ᄒᆞ더라忽然네모ㅣ突入曰余ᄂᆞᆫ從此로톨레스海門을逾過ᄒᆞ야印度洋에至ᄒᆞ리라ᄒᆞ니此톨레스海門은오스트랄리아와其西北에在ᄒᆞᆫ핏파인島間에夾在ᄒᆞᆫ海門인ᄃᆡ廣이一千三百里요數多ᄒᆞᆫ小島와岩礁가此處彼處에散布ᄒᆞ엿고海底에ᄂᆞᆫ珊瑚가多産ᄒᆞ엿ᄉᆞ니可謂險絶ᄒᆞᆫ處이라노티라스艦이左避右奔ᄒᆞ야險惡을不關ᄒᆞ고一向進航ᄒᆞᆯ식一月四日午后三時頃에至ᄒᆞ여ᄂᆞᆫ汐水가漸落에進航이從難이라如何ᄒᆞᆫ失數가有ᄒᆞ엿던지勇迅ᄒᆞᆫ노티라스艦이暗礁上에乘坐되야進退에自由를未能ᄒᆞ미水夫等은皆是惶㥘ᄒᆞ되네모ㅣᄂᆞᆫ悠然自若ᄒᆞ야駭慮의氣色이毫無ᄒᆞ고笑顏을常帶ᄒᆞ더라然ᄒᆞ나아氏ᄂᆞᆫ憂色을隱帶ᄒᆞ고네모ㅣ를向言曰本艦이暗礁에乘坐되엿ᄉᆞᆫ즉別般詮術이無ᄒᆞ리니嗟呼라吾輩與君으로此島住民을作ᄒᆞᆯ外에他策이無ᄒᆞ리로다哀

哉라可惜지아니ᄒᆞ냐네모ㅣ答曰否라今日이即一月望이니汐水가十分退落ᄒᆞ야進航케困苦가有ᄒᆞ거니와今後五日을經ᄒᆞ면滿潮가되리니好時機를固待ᄒᆞ야大海로出航ᄒᆞ면何難이有ᄒᆞ리오言畢에窓外로出去ᄒᆞᄂᆞᆫ지라客室에ᄂᆞᆫ三人이會坐ᄒᆞ야談笑로時間을移送ᄒᆞ더니넷氏아氏를向言曰今에吾輩의逃免ᄒᆞᆯ時機가到來ᄒᆞ엿ᄉᆞ니吾輩ᄂᆞᆫ此機를不失ᄒᆞ고隱密遁歸ᄒᆞ야鄕國春光을作伴ᄒᆞᆷ이不難의事實이니相公의意思ᄂᆞᆫ何如오氏ㅣ答曰君의所言도無理ᄂᆞᆫ아니로ᄃᆡ此地에셔ᄂᆞᆫ吾輩의逃走ᄒᆞᆯ時機가아니니數日을尙航ᄒᆞ야英領海岸에至ᄒᆞ거든吾輩ㅣ脫走ᄒᆞᆷ이似好似好라ᄒᆞ미콘셀도此意見을贊成ᄒᆞ되넷氏ᄂᆞᆫ半里許에在ᄒᆞᆫ길샏아島를望見ᄒᆞ고逃脫의動心을未抑ᄒᆞ야아氏를催促曰相公은陸地上食物을不嗜ᄒᆞᄂᆞᆫ가余ᄂᆞᆫ彼島에往獵ᄒᆞ면鳥獸의食料品을多數獲取ᄒᆞ리니果然爽快치아니ᄒᆞ뇨、콘셀이亦是催請曰넷君의所言이心意에最合ᄒᆞ오니相公은네모ㅣ의許可를請得ᄒᆞ시옵쇼셔아氏應諾ᄒᆞ고네모ㅣ를往見ᄒᆞ니不意에네모ㅣ快諾ᄒᆞᄂᆞᆫ지라콘、넷兩人은喜踊雀躍ᄒᆞ며아氏와明日早天에該島에進赴ᄒᆞ기를約定ᄒᆞ니라此夜에넷氏ᄂᆞᆫ一時가三秋와如ᄒᆞ야熟眠을不成ᄒᆞ고轉輾不寐ᄒᆞ다가翌日未明에아氏를呼起ᄒᆞ야喫飯을了畢ᄒᆞᆫ後에네모ㅣ의게셔銃砲斧鉞等을借出ᄒᆞ야艇舟에乘入ᄒᆞ니時己午前八時頃인ᄃᆡ海面은波穩如畵ᄒᆞ야淸風이徐吹ᄒᆞ니其快活ᄒᆞᆫ趣味ᄂᆞᆫ所言을未知러라此處彼處에鯨鯢ᄂᆞᆫ水線을噴擧ᄒᆞ고水禽은群翼을齊飛ᄒᆞ니海上風光이客懷를頗慰ᄒᆞ더라넷氏ᄂᆞᆫ舵를把ᄒᆞ고아氏及콘셀은擢을盪ᄒᆞ야縱與漕出ᄒᆞ니舟子ᄂᆞᆫ疾

風과如ᄒᆞᆫ듸三人이同聲齊歌로길쌋아島의東端을向ᄒᆞ고航進ᄒᆞ니라

雜錄

恭呈太極學會

敬啓者吁我二千同胞中孰無耳目孰無志氣彼有耳目相同而不能觀聽其時代之如何者亦有志氣均賦而未嘗念向其事務之先後者顧謂之有耳目有志氣也哉我必曰否而當聽而聰當視而明惟志斯行惟氣斯勇觸處伸之引類長之必有超然有爲者然後乃可謂之有也歟我諸公當此國辱民死之日以其莫先之公義抱其不世之艱忠奮然乎萬里海洋之外而親戚之愛而不之念羈旅之困而不之顧風土之殊而不之慮需用之艱而不之虞惟以保我國扶我族相爲是我之責而使我祖國不得難復則非我卒業使我同胞不專自由則亦非卒業終始一心斷々無他則其所奮發之志超越乎二千萬中忠愛之性熱溢於三千里外其志其性不啻吾國礎柱而誠可謂吾生門之樞鑰也況不顧費與勞而每以月報于全國各校諸族責其聾眇攪其懵懦者無非義務作句熱血成字而幾度于此則諸公亦有此耳目而何其察時代之居先亦有此志氣而何其得事務之大宜哉吾亦不無耳目志氣而猶不早此爾則於此焉實難敢與同日而言矣故全國同胞不期而同曰大韓興復之基未嘗非從此諸公權與矣踴熱相頌而日望東天以齊祝焉勉々諸公益加振勵以副諸望顒頌贍愛之地不暇文飾其衷而如干幾圓金聊表微忱徒增諸愿幸勿以物爲而休却焉

隆熙二年四月十四日平北博川振明學校

寄書

太極學會 貴中

恭呈太極學會

㽣者嘗聞非常之時에는非常之人이出ᄒᆞ야非常之業을行ᄒᆞᆫ然後에야非常之名을現ᄒᆞᆫ다ᄒᆞ니竊爲貴會僉君子ᄒᆞ야準備ᄒᆞᆫ格言이로다盖自太極肇判으로人物이活動ᄒᆞᆷ의人爲物靈이라智巧日增而治亂無常ᄒᆞ야彼一此一이稽古昭々라現今西勢東漸에風潮振盪ᄒᆞ야生存競爭舞臺上에優勝劣强幷弱ᄒᆞ니此는非常之時局也라僉君子ㅣ如此ᄒᆞᆫ時局을察ᄒᆞ고自覺心이大發ᄒᆞ야國家의獻身的으로聞見을博ᄒᆞ며智識을明케爲ᄒᆞ야離父母棄親戚ᄒᆞ고万里海外에挺出ᄒᆞ니其氣宇也ㅣ濶潑ᄒᆞ고其度量也ㅣ卓犖이라此는時勢를造ᄒᆞ는非常之人也오多年風霜을冒ᄒᆞ면셔百折不撓ᄒᆞ며萬難不屈ᄒᆞ고團合力으로新學을研究ᄒᆞᆯ시太極은其理無極而我大韓帝國旗章也라取此理名此報ᄒᆞ고逐月刊行也에次第條理가果非玉成之方歟아使全國內同胞로蒙昧之心을變進文明ᄒᆞ고懦弱之態를振起勇强ᄒᆞ니實是警世之鍾이며指南之針이로다此는天工을代ᄒᆞ는非常之業也오古語에曰有志者ㅣ事竟成이라ᄒᆞ니以是而目的ᄒᆞ며以是而奮勵ᄒᆞ면天下事가皆其分內라其蒸進ᄒᆞ는効力을孰能沮之며孰能禦之리오己墜ᄒᆞᆫ國權도由此而可復이오既失ᄒᆞᆫ人權도由此而可伸이며太極旗를世界에光輝케ᄒᆞ야列强과並駕齊進ᄒᆞᆯ리니然則

皇國의楨幹이오國民의標準이라地球歷史上에大韓中興事業을論ᄒᆞ는者必曰僉君子智靈發達之功이라ᄒᆞ리니此는萬世不朽ᄒᆞᆯ非常之名이로다此事業을擔着ᄒᆞ신僉君子

여極力極力ᄒᆞ시오貴報十三號브터屢度惠風은何其波及고感謝感謝라玆에蕪言을謹呈ᄒᆞ야祝辭를代ᄒᆞ옵ᄂᆞ이다

隆熙二年四月四日

平南肅川郡隆興學校敬呈

太極學會 貴中

會事要錄

本月五日에會員張啓澤氏의卒業祝賀兼送別會를本會舘에開ᄒᆞ다

本月十二日에本國紳士楊基薰張永翰梁寅鐸三氏의歡迎會를本會舘에開ᄒᆞ다

本月十九日總會에서本會評議員張啓澤氏가辭任ᄒᆞᆫ代에柳世鐸氏로補選ᄒᆞ다

會員消息

○會員金讚永氏ᄂᆞᆫ今年春에其慈親喪故를因ᄒᆞ야歸國ᄒᆞ엿더니去月晦에東京에渡來ᄒᆞ야依前通學ᄒᆞ더라

○會員蔡奎丙氏ᄂᆞᆫ昨年冬에觀親次로歸國ᄒᆞ엿더니本月初旬에東京에渡來ᄒᆞ엿더라

○會員李寅彰、李泰熙兩氏ᄂᆞᆫ春期放學에覲親次로歸國ᄒᆞ엿더니本月中旬에東京에渡來ᄒᆞ야依前通學ᄒᆞ더라

○會員李殷燮氏ᄂᆞᆫ三月初에暫時歸國ᄒᆞ엿다가本月中旬에東京에渡來ᄒᆞ여如前做業ᄒᆞ더라

○會員張啓澤氏ᄂᆞᆫ昨年秋에明治大學警務課를卒業ᄒᆞ고十月分에警視廳第三回鍊習所에入學ᄒᆞ여全課를畢業ᄒᆞ고一月分에警視廳消防練習所에入學ᄒᆞ야全課를畢業ᄒᆞ엿슴으로本月六日에發程還國ᄒᆞ엿더라

○會員李源植氏ᄂᆞᆫ本月六日에發程歸國ᄒᆞ다

○會員金始英氏는學費의困難을因ᄒᆞ야鵬志를大成치못ᄒᆞ고本月十八日에發程歸國ᄒᆞ다

○會員李庭河、崔基恒兩氏는本月初에發程歸國ᄒᆞ다

○會員朴徠均、金鉉載、金昌燮、方鏞柱、盧文燦、李東肅諸氏는明治學院中學一年級에入學ᄒᆞ다

○會員崔允德、崔時俊、李始馥三氏는明治學院中學二年級에入學ᄒᆞ다

○會員金壽哲、朴相洛、鮮于攫諸氏는明治學院中學三年級에入學ᄒᆞ다

○會員張膺萬、安炳玉兩氏는私立順天中學一年級에入學ᄒᆞ다

○會員金淵玉、金榮起、金鎭韺三氏는私立郁文館中學二年級에入學ᄒᆞ다

○會員李熙廸、具克昭、車景煥、柳世鐸諸氏는青年學院에入學ᄒᆞ다

○會員金鎭鳳、朴義植兩氏는私立青山學院中學一年級에入學ᄒᆞ다

○會員朴元熙氏는白金高等小學校二年級에入學ᄒᆞ다

○會員李潤柱氏는東洋大學師範科에入學ᄒᆞ다

○會員申成鎬、吳翊泳、朴濟鳳、金志僩諸氏는群馬縣養蠶學校에入學ᄒᆞ다

○會員李元鵬、李昌均、趙雲龍、朴璇根諸氏는京都市立染織學校에入學ᄒᆞ다

○會員金載健氏는東京蓄產學校에서卒業ᄒᆞᆫ後千葉縣藥學校에入學ᄒᆞ다

新入會員

方鏞柱、朴徠均、金基柱、李東薰、李東熙、崔錫根諸氏가今番本會에入會ᄒᆞ다

張啓澤氏의事歷

氏ᄂᆞᆫ黃海道長連郡人이니幼時브터文明의新精神을透得ᄒᆞ고同郡公立普通學校에通學ᄒᆞ야出群ᄒᆞᆫ才華로名價가一地方에素聞ᄒᆞ더니往者光武九年夏에日本에留學次로渡來ᄒᆞ여先一年間은語學과普通學을硏究ᄒᆞᆯ식不幸이學資가末由ᄒᆞ야不可不歸國ᄒᆞᆯ境遇를當ᄒᆞ엿스되氏ᄂᆞᆫ己爲確定ᄒᆞᆫ主旨가有ᄒᆞᆫ지라三旬九食으로千萬의辛苦를嘗盡ᄒᆞ며半年을經過ᄒᆞ더니天運이循回ᄒᆞ야學資가辦備되미即時明治大學에入學ᄒᆞ야警務全科를卒業ᄒᆞᆫ後에實習을目的ᄒᆞ고日本警視廳第三回練習所에入學ᄒᆞ여全科를修畢ᄒᆞ고其後第三回로警視廳消防練習所에入學ᄒᆞ야全科를修畢ᄒᆞ고渡來ᄒᆞᆫ지四年에本日初五日로成功歸國ᄒᆞᄂᆞᆫ紀念日을作ᄒᆞ엿더라

太極學報義捐人氏名

林景燁氏 壹圜
韓炳魯氏 五拾錢
以下平北博川郡振明學校中僉氏
金尙七氏 壹圜　朱履漸氏 五拾錢
朱昌漸氏 五拾錢　朱益漸氏 五拾錢
沈成薰氏 壹圜　許　爕氏 五拾錢
朴永燦氏 拾　錢　金寅協氏 五拾錢
康履恒氏 拾　錢　沈京薰氏 參拾錢
金商壎氏 五拾錢　崔鎭恒氏 參拾錢
金泰淳氏 壹圜　金松鶴氏 貳拾錢
廉浚根氏 參拾錢　卓日淸氏 貳拾錢
金龍孫氏 五拾錢　朴承浩氏 貳拾錢
金贊興氏 貳拾錢　金七星氏 貳拾錢
金章洙氏 五　錢

光武十年八月廿四日創刊
隆熙二年五月九日印刷
隆熙二年五月十二日發行
明治四十一年五月九日印刷
明治四十一年五月十二日發行

●代金郵税並新貨拾貳錢

日本東京市芝區白金三光町二百七十三番地
編輯兼發行人　金洛泳

日本東京市小石川區中富坂町十九番地
印刷人　金志侃

日本東京市芝區白金三光町二百七十三番地
發行所　太極學會事務所

日本東京市牛込區辨天町二十六番地
印刷所　明文舍

太極學報第二十號

光武十年九月二十四日
明治三十九年九月二十四日 第三種郵便物認可

隆熙二年五月九日
明治四十一年五月十二日 發行（每月一回發行）

태극학보

인쇄일: 2023년 4월 25일
발행일: 2023년 5월 01일
지은이: 태극학회
발행인: 윤영수
발행처: 한국학자료원
서울시 구로구 개봉본동 170-30
전화: 02-3159-8050 팩스: 02-3159-8051
문의: 010-4799-9729
등록번호: 제312-1999-074호
ISBN: 979-11-6887-289-9

전 4권 정가 500,000원